मध्यप्रदेश एवं राजस्थान के सोंधवाड़ अंचल के सामाजिक-सांस्कृतिक परिवेश का अध्ययन

मध्यप्रदेश एवं राजस्थान के सोंधवाड़ अंचल के सामाजिक-सांस्कृतिक परिवेश का अध्ययन

डॉ. श्यामसुन्दर निगम

GYAN

भारतीय सामाजिक विज्ञान अनुसंधान परिषद, नई दिल्ली द्वारा दी गई आंशिक आर्थिक सहायता से यह पुस्तक प्रकाशित हुई है
पुस्तक में दिये गये तथ्य, प्रस्तुत किये गये विचार या निष्कर्ष पूर्णरूप से लेखक के हैं। परिषद इसके लिए उत्तरदायी नहीं है; तथा
परिषद की ओर से इस शैक्षिणिक अध्ययन का मूल्यांकन आई.सी.एस.एस.आर. पर्यवेक्षक (सलाहकार) प्रोफेसर आर.एन.द्विवेदी एम काशी विद्यापीठ द्वारा किया गया है।

मध्यप्रदेश एवं राजस्थान के सोंधवाड़ अंचल के
सामाजिक-सांस्कृतिक परिवेश का अध्ययन

ISBN: 978-81-212-1053-9

प्रकाशन वर्ष–2010
ज्ञान पब्लिशिंग हाउस
23, मेन अंसारी रोड, दिल्ली–110002
फोन : 23282060, 23261060
फैक्स: 011-23285914
ई–मेल: books@gyanbooks.com
अक्षर मुद्रांकन: क्विक मीडिया, दिल्ली
ज्ञान रिधी ऑफसेट प्रिंटिग प्रेस, दिल्ली

धन्यवाद एवं आभार

प्रस्तुत परियोजना को भारतीय
सामाजिक विज्ञान अनुसंधान परिषद्, नई दिल्ली
एवं उसके पदाधिकारियों ने जो वित्तीय एवं
अकादमिक सहयोग एवं सम्बल प्रदान किया है,
तदर्थ हम उनके कृतज्ञ एवं आभारी हैं।
समान आभारी हूँ मैं इस ग्रन्थ
के प्रकाशक ज्ञान पब्लिशिंग
हाउस, नई दिल्ली का जिन्होंने तत्परतापूर्वक
इस ग्रन्थ का प्रकाशन किया है।

सबको कोटिशः धन्यवाद,

–डॉ. श्यामसुन्दर निगम
परियोजना – निदेशक

विषयनुक्रमणिका

प्रस्तावना			9
प्रथम	:	परिशिष्ट : सामाजिक अध्ययन का प्रविधि का अनुसंधानात्मक विश्लेषण	21
द्वितीय	:	सोंधवाड़ का भौगोलिक परिवेश	29
तृतीय	:	सोंधवाड़ की ऐतिहासिक एवं पुरातत्त्वीय पृष्ठभूमि	37
चतुर्थ	:	सोंधवाड़ की सामाजिक परिवेश	57
पंचम	:	सोंधिया समुदाय के सामाजिक जीवन के कतिपय पहलू	131
षष्ठ	:	सोंधवाड़ की सांस्कृतिक परिवेश	171
सप्तम	:	सोंधवाड़ व सोंधिया–जन का आर्थिक जीवन	197
अष्टम	:	सोंधिया समाज में सामाजिक परिवर्तन	213
नवम	:	पुनरवलोकन एवं सार	239
		परिशिष्ट	265
		सन्दर्भ सूची	297

मालवांचल एवं झालावाड़
का सोंधवाड़ क्षेत्र

प्रस्तावना

भूमिका

भारत न केवल विभिन्न राज्यों एवं भाषाई क्षेत्रों में विभक्त रहा है, अपितु अनेक सांस्कृतिक अंचलों में भी वह अपनी पहचान एवं परम्पराओं को उद्भासित करता रहा है। इन अंचलों की विशिष्ट पहचान उनकी बोलियों, उनमें बसने वाली जातियों तथा उनमें विकीर्ण सांस्कृतिक एवं सामाजिक परिवेश से होती है। इनका समन्वेषण, अध्ययन एवं अनुशीलन एक सामाजिक दायित्व तो है ही, आंचलिक वैशिष्ट्य को सुरक्षित एवं संरक्षित करने का प्रयास भी है। सामान्यतया अनेक लघु अंचलों का परिगणन उसे समाहित करने वाले बृहद् अंचलों में कर लिया जाता रहा है, इस कारण लघु अंचलों की पहचान एवं उनके सामाजिक-सांस्कृतिक रेखांकन पर प्रश्न-चिह्न ही लगता रहा है। मध्यप्रदेश के मालवा क्षेत्र को ही लें। यह शस्य-श्यामल अंचल केन्द्रीय मालवा, उमटवाड़, कांठल, रजवाड़ा, गोंडवाना, सोंधवाड़ आदि उपांचलों में विभक्त रहा है। इनमें सोंधवाड़ का अंचल अत्यंत विशिष्ट है जो मध्यप्रदेश के निकटवर्ती क्षेत्र राजस्थान के झालावाड़ क्षेत्र तक विस्तीर्ण होने से हमारे प्रस्तावित अध्ययन का विषय रहा है।

सामान्यतया मध्यप्रदेश के पश्चिमी **क्षेत्र मालवा एवं राजस्थान का पूर्वी** क्षेत्र झालावाड़ अंचल के नाम से प्रसिद्ध है, किन्तु इन दोनों अंचलों में अवस्थित एक विशिष्ट अंचल सोंधवाड़ भी है। सोंधिया नामक एक विशिष्ट अर्द्ध-क्षत्रिय जाति के इस अंचल में बहुतायत से निवास के कारण यह क्षेत्र सोंधवाड़ कहलाता है। इस अंचल के उत्तर में हाड़ौती क्षेत्र तथा उत्तर-पश्चिम में राजस्थान का मेवाड़ क्षेत्र अवस्थित है। मूल सोंधवाड़ वस्तुतः मालवा के पठार पर ही अवस्थित है। यह लावा

मिट्टी से बना है। बीच-बीच में नदियों तथा नीचे की ओर भी पठार है, जिनकी ऊँचाई 300-450 मीटर के बीच है। चम्बल, कालीसिन्ध, कांठल, लखुन्दर, आहू, अंसर एवं चँवली इसकी प्रमुख नदियाँ हैं। अरावली एवं विन्ध्याचल के बीच यह पठार स्थित है। यहाँ की काली मिट्टी बहुत उपजाऊ है। चम्बल की घाटी में भूमि बहुत कटी-फटी होने से यहाँ बीहड़ बन गये हैं।

सोंधवाड़ के लोग अधिकांशतः एक विशिष्ट सोंधवाड़ी बोली बोलते हैं, जो सामान्यतया मालवी की ही एक उप-बोली मानी जाती है। बोली के साथ-साथ सांस्कृतिक जीवन-पद्धति एवं सामाजिक संरचना में भी एक विशिष्टपन अन्तर्निहित है। सोंधवाड़ अंचल की इन विशेषताओं पर बहुत कम सर्वेक्षण एवं लेखन हुआ है और उसे सोंधवाड़ क्षेत्र से बाहर स्थित मालवा क्षेत्र के अध्ययन के अंतर्गत ही मान लिया गया है।

दिन-प्रतिदिन यातायात के द्रुत साधनों, संचार माध्यमों, औद्योगिक व प्रौद्योगिक आदि कारखानों के तेजी से लुप्त होती हुई लोक-परम्पराओं एवं उनके सांस्कृतिक व सामाजिक वैशिष्ट्यों का आधुनिक समष्टि में विलीनीकरण की गतिमान प्रक्रियाओं के कारण उनका परम्परागत स्वरूप अत्यधिक तेजी से परिवर्तित होता हुआ क्रमशः लुप्त होने की कगार पर है। सोंधवाड़ अंचल भी इस स्थिति का अपवाद कतई नहीं है। यही कारण है कि सोंधवाड़ अंचल का सामाजिक सर्वेक्षण करना अभीष्ट हुआ है। इस परियोजना के प्रमुख उद्देश्य निम्नलिखित रहे हैं–

1. सोंधवाड़ अंचल को सुपरिभाषित करना,
2. सोंधवाड़ अंचल की सामाजिक संरचना की खोज करना,
3. सोंधिया जाति की उत्पत्ति विषयक विभिन्न मतों का समीक्षात्मक अध्ययन करना,
4. सोंधिया जाति की उप-शाखाओं, गोत्रों एवं पारिवारिक संगठन का अन्वेषण करना,
5. सोंधवाड़ क्षेत्र के जनसांख्यिक घटकों का विश्लेषण करना,
6. सोंधिया जाति में विद्यमान संस्कारों, रीति-रिवाजों, प्रथाओं, तिथि-त्यौहारों, व्रतादि के स्वरूप का विवेचन करना,
7. सोंधवाड़ अंचल के बदलते सामाजार्थिक ग्रामीण परिवेश का अनुशीलन करना,
8. अंचल की सांस्कृतिक विधाओं, भाषा-बोलियों एवं लोक-जीवन विषयक गतिविधियों का परिज्ञान करना, तथा
9. सामाजिक जीवन से संबंधित अन्य विषयों को उद्घाटित करना।

पूर्ववर्ती कार्यों पर पुनदृष्टि एवं अनुसंधान (Review of Previous Work and Research)

सोंधवाड़ क्षेत्र के सामाजिक जीवन एवं संरचना पर अभी तक कोई गम्भीर समन्वेषण एवं अध्ययन सम्भव नहीं हो पाया है। इसका कारण यह रहा है कि इस अंचल को या तो मध्य प्रदेश के मालवा या राजस्थान के झालावाड़ अंचल के अंतर्गत मानकर उस पर पृथक् सोच का अभाव रहा है, जबकि इस अंचल पर पृथक् अध्ययन होना चाहिए था, क्योंकि इस अंचल का एक विशिष्ट निजत्व स्पष्टतया परिलक्षित होता है, साथ ही उसकी सांस्कृतिक अस्मिता भी। वास्तविकता यह है कि इस अंचल की जातीय संरचना, धार्मिक चेतना, आर्थिक परिवेश, उपबोलियों तथा सांस्कृतिक पद्धतियों आदि में ऐसा बहुत कुछ है, जो एक पृथक, सामाजार्थिक एवं सांस्कृतिक परिदृश्य प्रस्तुत करता है।

अभी तक विभिन्न आलेखों व छिटपुट लेखन द्वारा सोंधवाड़ क्षेत्र के लोक-गीतों और सोंधवाड़ी बोली पर प्रकाश अवश्य डाला गया है। कुछ महत्त्वपूर्ण प्रयासों का उल्लेख सम्प्रति समीचीन होगा।

डॉ. चिन्तामणि उपाध्याय ने अपने शोध-ग्रंथ 'मालवी : एक भाषाशास्त्रीय अध्ययन', डॉ. श्याम परमार ने 'मध्यभारत की बोलियाँ और मालवा' नामक लेख तथा 'मालवी और उसका साहित्य' नामक ग्रंथ, डॉ. कन्हैयालाल शर्मा ने अपनी कृति 'हाड़ौती क्षेत्र तथा सीमावर्ती बोलियाँ', डॉ. बंशीधर शर्मा ने अपने ग्रंथ 'मालवी : एक भाषाशास्त्रीय अध्ययन' में सोंधवाड़ी बोली एवं उसके क्षेत्र पर पर्याप्त प्रकाश डाला है। 'सोंधवाड़ी बोली और उसके व्याकरण' पर डॉ. प्रहलादचन्द्र जोशी ने एक महत्त्वपूर्ण ग्रन्थ लिखा है। इस कृति में अन्य ग्रन्थों की अपेक्षा सोंधवाड़ी बोली पर अधिक प्रकाश डाला गया है। श्री कन्हैयालाल गौड़ को सोंधवाड़ क्षेत्र के कतिपय लोक-गीतों के संग्रह का श्रेय जाता है।

इतना होने पर भी सोंधवाड़ के सामाजिक एवं सांस्कृतिक जीवन पर सामान्य रूप में एवं सोंधिया जाति पर विशेष रूप में प्रकाश पड़ना शेष था। यह कार्य व्यापक सर्वेक्षण एवं अध्ययन की अपेक्षा रखता रहा। इस कमी की पूर्ति पहले ही हो जानी चाहिए थी। जो भी हो, इस परियोजना द्वारा उस दिशा में गम्भीरतापूर्वक कदम बढ़ाने का प्रयास किया गया है। वस्तुतः सोंधवाड़ क्षेत्र के सामाजिक जीवन एवं संरचना पर अभी तक कोई क्रमबद्ध एवं समग्र कार्य नहीं हो पाया था। सोंधवाड़ क्षेत्र का यह निजत्व एवं अस्मिता-बोध तेजी से बदलते हुए वैज्ञानिक एवं तकनीकी वातावरण में शीघ्र ही आधुनिकता के नाम पर तिरोहित हो जानेवाला है। इस कारण इस क्षेत्र के सामाजिक जीवन को समेटना एक अंचल विशेष का खोजपूर्ण एवं मौलिक दस्तावेज़ प्रस्तुत करना है। प्रस्तुत अध्ययन इस रिक्तता की पूर्ति करने का प्रयास है।

अवधारणात्मक संकल्पना (Conceptual Framework)

भारत में आज भी ऐसे अनेक सांस्कृतिक अंचल हैं, जो अपने सीमित क्षेत्र एवं सीमित जनसंख्या के कारण पृथक् से रेखांकित नहीं हो पाये। उनकी सांस्कृतिक व्यष्टि किसी आंचलिक समष्टि का अंग मान ली गयी और इस कारण उनकी पृथक् पहचान और उससे सम्पृक्त सामाजिक वैशिष्ट्यों का न तो सम्यक् अध्ययन हो पाया है और न ही उन पर समुचित अनुसन्धान ही सम्भव हो सका। आदिवासी एवं जनजातीय कबीलों पर भी लेखन हुआ, किन्तु अर्द्ध-क्षत्रिय क्षेत्रीय जातियों पर लेखन की कमी ही रह गयी। सोंधवाड़ के सामाजिक जीवन का अध्ययन इस कारण मौलिक भी था और प्रेरक भी। स्वतंत्रताप्राप्ति के उपरान्त सामाजिक परिवर्तन की प्रक्रिया इतनी घनीभूत हुई है कि अनेक अंचलों की लोक-अस्मिता एवं उनकी मूलभूत सामाजिक संरचना क्रमशः अतीत का विषय बनती जा रही है। विगत हो रही इन स्थितियों को वर्तमान एवं भावी के लिये सुरक्षित रखना न केवल एक लोक-धर्म है, अपितु सामाजिक चेतना का एक अपरिहार्य दायित्व भी है। सोंधवाड़ अंचल का निकट अतीत पशु-पालन, पशुधन-हरण, यायावरी वर्ग की उद्धत गतिविधियों, स्वातन्त्र्य-चेतना के प्रति समर्पित एवं स्वयंस्फूर्त सक्रियताओं, कृषि विषयक लोक-धर्मिताओं, वन्य साहसिकताओं एवं यायावरी उद्‌भावनाओं से सम्पृक्त रहा है। इनमें अनेक ऐसे तत्त्व भी रहे हैं, जिन्हें अन्यत्र खोज पाना सम्भव नहीं है, यहाँ तक कि बृहत्तर मालवा और राजस्थान में भी नहीं, जिनका कि सोंधवाड़ एक उपक्षेत्र माना जाता है। इन समस्त स्थितियों को दृष्टिगत रखकर प्रस्तुत अध्ययन एवं अनुसन्धान को हाथ में लिया गया।

शोध-प्रश्न (Research Questions)

प्रस्तुत परियोजना से सम्बन्धित निम्न प्रश्नों का उत्तर तलाशने का प्रयास किया गया है :—

1. वर्तमान में सोंधवाड़ क्षेत्र की स्थिति क्या है?
2. सोंधिया जाति की उत्पत्ति विषयक अनुश्रुतियाँ क्या हैं?
3. सोंधवाड़ क्षेत्र की जातियों एवं उपजातियों का वार्णिक स्वरूप क्या है?
4. अतीत में सोंधिया ठाकुरों के सदस्यों की व्यावसायिक संरचना और उसका स्वरूप क्या रहा है?
5. सोंधवाड़ क्षेत्र के सामाजिक जीवन को उसकी लोक-परम्पराओं ने कहाँ तक निर्धारित किया है।

6. सोंधवाड़ से सम्बन्धित विशिष्ट रीति-रिवाज, प्रथाएँ, पर्व, उत्सव आदि क्या रहे हैं?

7. सोंधवाड़ी बोली की सांस्कृतिक विरासतें क्या हैं?

शोध-प्रविधि (Research Methodology)

1. अध्ययन का समग्र (Universe of Study) : प्रस्तुत अध्ययन का क्षेत्र समग्र मध्यप्रदेश के मालवांचल एवं राजस्थान के झालावाड़ क्षेत्र में अवस्थित सोंधवाड़ अंचल है। इस अंचल के बहुसंख्यक सोंधिया लोगों के सामाजिक जीवन का विशिष्ट अध्ययन इस परियोजना का विशिष्ट उद्देश्य रहा है। सोंधिया समुदाय के इस अंचल की विभिन्न जातियों से सामाजिक एवं सांस्कृतिक अन्तः सम्बन्धों का विश्लेषण भी अभीष्ट रहा है।

2. प्रतिरचना एवं प्रक्रिया (Sampling Framework and Procedure) : सोंधवाड़ अंचल का अधिकांश क्षेत्र मध्य प्रदेश एवं राजस्थान राज्यों के 6 जिलों एवं 13 तहसीलों में अवस्थित है :

मध्यप्रदेश में –

1. उज्जैन जिले की घटिया व महिद्पुर तहसीलें,
2. रतलाम जिले की आलोट तहसील,
3. शाजापुर जिले की आगर, सोयत व सुसनेर तहसीलें,
4. मन्दसौर जिले की गरोठ, भानपुरा एवं सीतामऊ तहसीलें,
5. राजगढ़ जिले की राजगढ़, नरसिंहगढ़, जीरापुर-माचलपुर व खिलचीपुर तहसीलें।

राजस्थान में –

1. झालावाड़ जिले की पिड़ावा, पचपहाड़ व गंगधार तहसीलें,
2. हाड़ौती अंचल में बूँदी जिले का कुछ क्षेत्र।

इन क्षेत्रों के सर्वेक्षण एवं अध्ययन के लिये निम्न विधियाँ अपनायी गई–

अ. क्षेत्र परिभाषा – प्रत्येक क्षेत्र को भौगोलिक एवं सांस्कृतिक आधार पर परिभाषित किया गया।

ब. सूचीकरण – उन कस्बों एवं ग्रामों की सूची बनायी गई, जो सोंधवाड़ क्षेत्र में आते हैं।

स. क्षेत्र की जनजातीय एवं यायावरी-जन की परम्पराओं को प्रत्यक्ष रूप से निरखने-परखने का प्रयास किया गया। यह कार्य व्यक्तिगत सर्वेक्षण द्वारा सम्पन्न किया गया।

3. अवलोकन का इकाई व प्रतिचयन का आधार (Unit of Observation and Size of Sample): उपरिलिखित दो प्रदेशों में से प्रत्येक के सर्वेक्षण एवं अध्ययन के लिये शोध-सहायक को प्रभारी बनाया गया। प्रस्तुत अनुसंधान में तथ्यों एवं उनसे जुड़ी सूचनाओं का संकलन एक महत्त्वपूर्ण प्रक्रिया थी, जिसका समुचित प्रशिक्षण प्रस्तावक संस्थान की ओर से शोध-सहायकों एवं सहयोगी सर्वेक्षकों को दिया गया। उपरान्त उन्हें उनसे सम्बन्धित क्षेत्रों में सूचना एवं सामग्री-संकलन हेतु भेजा गया। निदेशक द्वारा इस कार्य में उन्हें सहकार, निदेशन एवं मार्गदर्शन प्रदान किया गया।

सामग्री-संकलन हेतु आंशिक रूप में समग्र (Census) एवं प्रतिचयन (Sample) दोनों ही विधियाँ अपनायी गईं। छोटे खेड़ों, जहाँ शत-प्रतिशत सोंधिया जाति के लोग निवास करते हैं, समग्र पद्धति अपनायी गई। ग्राम व कस्बे में जहाँ विभिन्न जातीय-समूह निवास करते हैं, प्रतिचयन पद्धति (Random) अपनायी गई। विशेष निर्देश सोंधवाड़ क्षेत्र के विशेषज्ञ स्व. डॉ. प्रहलादचन्द्र जोशी का रहा, जो सोंधवाड़ी बोली के अप्रतिम विशेषज्ञ रहे हैं। उन्होंने प्रस्तुत परियोजना के निदेशक के साथ निम्न प्राथमिक जानकारी के लिये निम्न स्थानों का सर्वेक्षण किया। परियोजना निदेशक ने अपने शोध-सहायकों के साथ सोंधवाड़ी बोली एवं संस्कृति को जानने के लिये अपनी समय-सीमा एवं सुविधा की दृष्टि से निम्न नगरों, कस्बों एवं ग्रामों का प्राथमिक सर्वेक्षण किया। यह कार्य परियोजना के गतिशील रहते आवश्यकता एवं सुविधानुसार सम्पन्न किया गया। शोध-सहायक इस कार्य में समन्वयक एवं मार्गदर्शक रहे।

सर्वेक्षित ग्रामों की समग्र सूची

मध्यप्रदेश (मालवांचल का सोंधवाड़ क्षेत्र)

बड़ौद क्षेत्र (आगर तहसील) – बीजानगरी, आंबा, ऊँचवास, रामनगर, पींडला खजूरी, छाण, फरपुरा, मारूबल्डिया, देव का आंबा, सांगल्या, डाबरयां, आक्या, खजूरी पंथ वाली गंगापुर, कनाली, रणायरी, छायड़ा, रणांयरा, रलायती, छारड़ा, गढ़ी सारंग्याखेड़ी, सारसी, उमरिया।

बड़ौद-नलखेड़ा-सुसनेर क्षेत्र – पीपल्यसेंत, पड़ाना, गुदरावण, सीजनी, मनासा,

रींछी, बसनी पीपल्या, उमरिया, सुईगाँव, पालड़ा, टोलक्याखेड़ी, परसूल्या, मेघाखेड़ी, बीजनाखेड़ी सामरी, भंडावद, कन्डेली, लसूल्ड़िया, लोया का पीपल्या, नादरी।

आगर तहसील (पूर्वी क्षेत्र)– गराड़ी, चोमा, राजाखेड़ी, करमड़ी, लाल, मेंडकी, गरुखेड़ी, लालाखेड़ी, कंछालिया, कानड़, नान्याखेड़ी, जामली, मारुबल्ड़िया, कंडेली, अरनिया, भड़का, हरनावदा, गराड़ी, चिकली, गिरनावदा, कांकड़ी, बिजाना, रायपुरिया, ढंठेड़ा, परसूखेड़ी, मोयाखेड़ा, आमला, फतेगढ़, पांचारुंडी, नरवल, बर्डारावजी, चम्मड़दे, बीजानगरी, हनुमान निपानिया, रामपुरा-भूंडवास, तनोड़िया, सुंठेली, जेसिंगपुरा, जींजपुरा, हायरी, झोंटा, टोटी, राजाखेड़ी, गरुखेड़ी, लालाखेड़ी, तेल्याखेड़ी, थड़ौदा, जवासिया, पिपलोनकलां, कूबड्याखड़ी, आवर, ढाबला, बड़ौदिया, चिराती, कछालिया।

जिला राजगढ़ (उमटवाड़ अंचल) – कालीसिन्ध नदी का पूर्वोत्तरी क्षेत्र–खारखेड़ा, नाल्ड़ा, नायड़ो, खारपो, पगारिया, टपर्याहेडी, धतरावदा, मीणाखोड़ी, कोड़क्या, काछीखेड़ी, कोलीखेड़ा, मीणागाँव, गोगड़पुर, धानोदा, बटावदा, नानोर-बड़ाय (राज.), बकानी (राज.), कन्डेली, लसूल्ड़िया, लोया का पीपल्या।

कालीसिन्ध नदी के पूर्व का क्षेत्र (खिलचीपुर के दक्षिण पूर्व में स्थित)–रूपारेल, बाबड़ीखेड़ा, अमानपुरा, मेलूखेड़ा, मोतीपुरा, बड़वेली, रामपुरिया, बावड़ी बे, सेमला बे, जालमपुरा।

जीरापुर व खिलचीपुर – खिलचीपुर का उत्तरी-पूर्वी क्षेत्र, जालमपुरा, भोजपुर, काचलपुर, कोड़क्या, जीरापुर, काछीखेड़, कोलीखेड़ा मीणागाँव, कोड़क्या, खारखेड़ा, नाल्डा, नायड़ो, खारपो, पगारिया, टयर्याहेडी, धतरावदा, मीणाखेड़ी।

खिलचीपुर का समीपवर्ती सोधवाड़ी क्षेत्र – रामगंज, रूपारेल, बावड़ीखेड़ा, अमानपुरा, मेलूखेड़ा, रूपाहेड़ा, मोतीपुरा, धामन्या, मुकमपुरा, भोजपुर, बावड़ीखेड़ी आलमपुरा, कुन्डीबे, बाईहेड़ा, फतेहपुर, रामपुरिया, बावड़ीबे, सेकलाबे, बड़वेली।

महिदपुर व तराना तहसीव – रसूलपुरा, कंटालिया, [illegible]ाखेड़ी, लोट्या आक्या, सावन भादवा, मोनाखेड़ा, भीन, जगोटी, महिदपुर, बड़गूंन, झलारा, गूंदी, राघोगढ़, आसन्द्या, माकड़ौन, तराना, महिदपुर रोड़।

सीतामऊ (मन्दसौर का सोंधवाड़ी क्षेत्र) – सुवांसड़ा, शामगढ़, वस्सी (बसई), बेलारी, दूणां, रामपुरा, इसानपुर, खारवा, निपानिया, बलड्या गोयल।

गरोठ (जिला मंदसौर)– गोपालपुरा, श्यामगढ़, नाथूखेड़ी, चंदवासा, खड़ावदा,

हरोद, मोगरा, लुक्का, निपाणियाँ, मिट्ठासाहब का पीपल्या, टाकणी, कलाशी, साठखेड़ा (दक्षिणी क्षेत्र), रतनपुरा, चोकड़ी, कल्याणपुरा, बोरखेड़ी, खमला, निपानिया, मनपुरा, पिपल्या मन्दरवाला, म्दादर पाल्ला, खूँटी, भरपुरा, घसोई, रुणीजा, धान्याखेड़ी, खेड़ा धान्याखेड़ी, अमानलिया, मंदरवाला खेजड्या, माली गुराड्या, टोंकड़ा, रामपुरा, बावड़ीखेड़ा, मलखेड़ा।

भानुपरा तहसील – कालाकोट, नावली, गांधी सागर, सीताबर्डी, मोदी, कंवला, सुजानपुरा, मनोटी, धुँआखेड़ा, केथूली, कोहला, हिंगलाजगढ़, ताखाजी, अठाना, जावद।

आलोट तहसील (जिला रतलाम) – कलस्या, मेघा सोलंकी, लक्ष्मीपुरा, गोयल, पालनगरा, ताजुली, रावटी, पावटी, पाट, दर्याखेड़ी, पचनखेड़ी, लंगरखेड़ी, भोजाखेड़ी, भीम, बल्ड्या राठौर, केवड़ा, सशी, कुमट्या, सत्तीखेड़ा, रावतखेड़ा, ताल, खारुआ, असावता, गोगापुर, लोद।

राजस्थान (झालावाड़ व हाड़ौती का सोंधवाड़ अंचल)

पिड़ावा तहसील जिला झालावाड़ – करकड़िया, आदाखेड़ी, बीजनाखेड़ी, ढाबला भोज परमारों का, रम्बा, पगारिया, आत्या गोड़, पीतापरो, मराड्यो, बालदा, पीपल्या, रामटी, दाँता, सेमली, चौहान, कोटडो, कोटड़ी, खेड़ा भगवानपुरा, देवरिया, दौलतपुरा, गुराड़िया, अड़मल्यो, मोना, पायरी, सेमली गेहलोत, हागड्यो, बोलिया, केसरपुरा, नवागाँव, रम्भा, कादरनगर, बोरबन्द, लोटी, टकटक्यो, ओसाव, खटखट खेराना, कोलवी, कोलीखेड़ो, पायता, हरखेड़ी, वांखेड़ी, ढाबला गेलोत, गोविन्दपुरा, परमारां का ढाबला, भूरखेड़ी, ठींकरी, खाचरोद, हूराखेड़ो, वरखेड़ी, ठींकर्यो, हरवर, मेनपर तरलोकपुरो, रसूलपुरो।

गंगधार व डग – क्यासरो (महादेव), हारंगाखेड़ो, भेड्यो, कुंडी खेड़ो, गोरांयाताको, धतूरयो कबीरी, पोंडली, अणावदो, महूड़ीखेड़ो, गणावी, कुण्ड्यो, धतूरयो, लुहार्यो, छावनी, लुहारिया, मंगवालिया (पूर्वी क्षेत्र), घाटी, डोड़ी, डोबड़ा, टोंकड़ा, कल्लूखेड़ा, नारगट्टी, बानीखेड़ी, गेलोत, वानीखेड़ी, बगड़ावत, पड़ासली, बीरमाखेड़ी, कनाल्या, सगतपुर, बोरखेड़ी, करनाल्या, सालरिया, सींगपुर, परथीगढ़, वरखेड़ी, रणायरा, चोमहला, डग, उन्हेल, बोलिया बुजुर्ग (पश्चिमी क्षेत्र) परथीगढ़, पीपल्या, गढ़ां, बरखेड़ा, खमला, अंगारी, उमर्या, खूँटी, भरपूर।

सुनेल एवं भवानी-मण्डी का निकटवर्ती क्षेत्र – हरनावदा, खेड़ा, लूलड़ा, मोल्ड़ा, राजगढ़, कोटरा, जीजनी।

पचपहाड़ तहसील – भगवानदास का गुराड़िया, मुगल गुराड़िया, सरोद, मोगरा, रणायरा, हनमत्या, आकाखेड़ी का खेड़ा, आमखेड़ी, सांगड्या, सरकन्या, देवरिया, मोयखेड़ा, आवर, सींगपुरा, पगारिया।

गंगधार तहसील– वरावली, तरावली, भाटखेड़ी, पिपलई, गऊ गुराड़िया, दलकी रूंडी, पाल्यो, लाखाखेड़ी, देवर्यूं रणायरा, कुंडलूं, जकणी, आक्यूं, छेपर्यूं, रूपावरा, मामटखेड़ा, पारसीर, टादली।

डग से पश्चिम और गंगधार का पूर्वी क्षेत्र – जगीपुरा, भड़का, मन्दरपुर, परथीगढ़, पिपल्या, मोरुखेड़ी, ददलाई, पतलाई, देवगढ़, दरकपुरा, झलारा, कंकड़ेल, हरीपुरा, ददालिया, चाचन्नी, आकड़ी, माकड़ी, मंडूया, बाबच्चा, काचर्यो, वारां, हवाखेड़ी, टगर्यूं, गराड्यो, ताई, अदेपुर, जामूनियां, नयाखेड़ा, खूचण्यां, पिपल्यो, रोजाणो, झालां का गुराड़िया, सामगी, होनारी, मोलकी, झाबलूं, पंवारखेड़ी, गंगधार, डग, लोहारिया।

मिश्रित परिक्षेत्र (सोंधवाड़)

कण्ठाल नदी का क्षेत्रः उत्तर-पश्चिमी क्षेत्र – लटूरी, गूजर, नाहरखेड़ा, उमरिया, पीपल्यानानकार, बीड़पीपल्या, पालड़ा, (सीमावर्ती क्षेत्र आहू नदी राजस्थान), अरन्या का खेड़ा, वोरखेड़ी लड़ा, नवाखेड़ा, देहरिया छोटा, गरड़ा, डोंगर, गाँव, सेमली सुसनेर, श्यामपुरा, बीड़, माधोपुर, गुराड़ी, कलरिया, मैना, धान्याखेड़ी, बोरखेड़ी कावल, सरसी, शत्रुखेड़ी, खेजड़ी, मालनमासा, ननोरा, बायरा, फरसपुरा, सालरिया, कादमी, लोधाखेड़ी, मेहतपुर, पटपड़ा, खोयरिया, जेतपुरा, तिलोकपुरा, अमरकोट, जीवापुरा, पीथापुरा, खेमापुरा, देहरिया कुल्मी, करकड़िया;

उत्तरी क्षेत्र – लोहारिया, प्रेमपुरा, बीजनाखेड़ी, निपानिया, रावली, देवली, खेरिया, सालियाखेड़ी, श्रीपतपुरा, सकलपुरा, गुराड़िया, पीपल्याखेड़ा, किशनपुरा, बरई, खिंदियाखेड़ी;

दक्षिण क्षेत्र – खनोटा, कड़िया, आकली, खेरिया, निपानिया, गुराड़िया, ढाबला, केलवा, जामून्या, कायरा, नांदना, ढाबली, परसूल्या-खुर्द, कजलास, अंत्रालिया, देवपुर, सिरपोई;

उत्तर-पूर्वी क्षेत्र – धारुखेड़ी, पायली, तोलाखेड़ी, धाराखेड़ी, बाजना, रिंछड़िया, मोमकमपुरा, लोंगड़ी, मेहंदी, खजूरी, खेराना तथा

मध्यवर्ती – बड़िया मगीसपुर, भुवानीपुरा, कीटखेड़ी, मगरिया, लालाखेड़ी, गुराड़ी, खेजड़ाखेड़ी, दांत्याखेड़ी, दुल्याखेड़ी, कंटालिया, कंटालिया का खेड़ा, कंवराखेड़ी, कल्याणपुरा, खेरिया सोयत।

तथ्य एकत्रित करना (Data Collection)

प्राथमिक एवं द्वितीयक स्रोतों से तथ्यों व सूचनाओं को एकत्रित किया गया। प्राथमिक तथ्यों के संकलन हेतु साक्षात्कार अनुसूची का प्रयोग किया गया। यह सूची नगर व कस्बाई शिक्षित-जन एवं विद्वानों हेतु सुरक्षित की गई। 1000 अनुसूचियाँ भेजी गईं । उत्तर केवल 568 के प्राप्त हुए। इस अनुसूची का प्रारूप परिशिष्ट क्र. 1 में दिया गया है। निम्नलिखित स्थलों पर जाकर यह साक्षात्कार सूचीबद्ध किया गया–

नगर व कस्बे – शाजापुर, राजगढ़, सारंगपुर, जीरापुर, माचलपुर, आगर, नलखेड़ा, कानड़, सुसनेर, सोयत, डोंगरगाँव, महिदपुर, झार्डा, तराना, माकड़ोन, आलोट-ड़गुच्या, लूणी-रींछा, गरोठ, रामपुरा, भानपुरा (मध्य प्रदेश); तथा डग, बड़ोद, गंगधार, पिड़ावा, पचपहाड़, सुनेल, भवानी मण्डी, रामगंज मण्डी, झालावाड़, झालरापाटन, खानपुर, गागरोन (राजस्थान)।

अध्ययन हेतु जानकारी पत्रक दो खण्डों में विभक्त किया गया। प्रथम खण्ड में सूचना-प्रदाता का विवरण रखा गया तथा दूसरे खण्ड में 25 प्रश्न रखे गये।

लगभग 2500 पत्रक भेजे गये किन्तु उत्तर 1,680 ही प्राप्त हुए। जानकारी पत्रक में उत्तरदाता के सोंधिया और सोंधवाड़ सामाजार्थिक एवं संस्कृति विषयक एवं उससे जुड़े अन्य प्रश्न थे। एक अनुसूची को भरने में लगभग 20-30 मिनट का समय लगना सहज था। अनुसूचियों में कुछ विकल्प वाले प्रश्न भी थे। प्राथमिक तथ्यों का संकलन हेतु अवलोकन पद्धति भी प्रयोग में लायी गई। इस हेतु अवलोकन पुस्तिकाएँ भी अन्वेषकों को वांछित सूचनाओं को लेखबद्ध करने के लिए दी गई थीं। जानकारी-पत्रक का प्रारूप परिशिष्ट 2 में प्रदत्त है।

द्वितीयक स्रोतों के अंतर्गत विभिन्न लोक-गीतों, लोक-कथाओं, लोकाभिव्यक्तियों, उपलब्ध पाण्डुलिपियों, जंनगणना रिपोर्टों, गजेटियरों, जातीय पंचायतों एवं विभिन्न प्रशासकीय विभागों द्वारा प्राप्त जानकारियों को संकलित किया गया।

विषय-प्रस्तुति

सामग्री-संकलन एवं उनके तुलनात्मक अध्ययन एवं विश्लेषण के उपरांत विषय-वस्तु को विभिन्न अध्यायों में विभक्त किया गया। प्रथम अध्याय का शीर्षक है – **'प्रस्तावना'** जिसके अंतर्गत परियोजना की उपादेयता, शोध-प्रविधि, क्षेत्र-विस्तार, विषय की रूपरेखा एवं प्रस्तुतिकरण की सीमाएँ एवं कठिनाइयों का निरूपण किया गया है। **द्वितीय अध्याय** में सोधवाड़ अंचल का भौगोलिक परिवेश तथा **तृतीय अध्याय में** उसकी ऐतिहासिक एवं पुरातात्त्विक पृष्ठभूमि प्रस्तुत की गई है। **चतुर्थ अध्याय** में सोंधवाड़ क्षेत्र की जातीय संरचना का संक्षिप्त विवेचन प्रस्तुत किया गया है, इसी अध्याय में सोंधिया-जन की उत्पत्ति, इस क्षेत्र में आगमन तथा वर्तमान अवस्थिति पर प्रकाश डाला गया है। **पंचम व षष्ठ अध्याय** सोंधवाड़ अंचल के सामाजिक एवं सांस्कृतिक प्रस्थिति में सोंधिया समाज की भूमिका निरूपित की गई है। **सप्तम अध्याय** में सोंधिया समाज का आर्थिक परिप्रेक्ष्य प्रस्तुत करने का प्रयास किया गया है। **अष्टम अध्याय** में सोंधवाड़ व सोंधिया समुदाय में आये सामाजार्थिक परिवर्तनों को रेखांकित करने का प्रयास किया गया है। इस सारे कथ्य को अन्तिम अध्याय में साररूप में प्रस्तुत करने का उपक्रम किया गया है।

तथ्य-प्रक्रियाकरण (Data-Processing)

प्रस्तावित साक्षात्कार-अनुसूचियों, प्रश्नावलियों, साक्षात्कार डायरियों एवं अन्य स्रोतों से प्राप्त सूचनाओं और तथ्यों के आधार पर संकेत पंजी (Code Book) बनायी गई जिसमें विभिन्न स्रोतों को संक्षिप्तिकृत किया गया। प्रतिमास प्राप्त सूचनाओं एवं तथ्यों का संकलन शोध-सहायकों द्वारा नियमित रूप से किया गया। तथ्यों एवं सूचनाओं के संकलन होने पर उनका तुलनात्मक अध्ययन (Comparative Analysis) शोध-सहायकों द्वारा परियोजना-निदेशक के मार्ग-दर्शन में किया गया। अन्ततः पृथक्-पृथक् अन्वेषकों को एक टीम के रूप में जोड़कर समूची सामग्री का वर्गीकरण एवं विश्लेषण अन्तिम रूप से किया गया।

भारतीय सामाजिक अनुसंधान परषिद् द्वारा अत्यंत उदार अनुदान इस परियोजना हेतु दिया गया था।

सीमाएँ – इस अनुदान एवं उसकी संरचनात्मक प्रक्रिया को यथासंभव पूर्ण करने का प्रयास किया गया। अनुदान की द्वितीय किश्त बहुत विलम्बित होने तथा कार्य-क्षेत्र पर्याप्त व्यापक होने से प्रतिवेदन प्रस्तुत करने में निश्चित ही विलम्ब हुआ है। हमारी यह विवशता क्षम्य मानी जानी चाहिए।

आभार एवं कृतज्ञता

इस परियोजना का श्रेय भारतीय सामाजिक अनुसंधान परिषद्, नई दिल्ली को जाता है जिसके सुधी और उदारमना पदाधिकारियों ने इस परियोजना को यथा-प्रस्ताव स्वीकृति प्रदान कर इस कार्य को सम्बल एवं वांछित सहयोग प्रदान किया। इस हेतु कार्य सम्पन्न किया डॉ. रामसखाजी गौतम, निदेशक मध्यप्रदेश सामाजिक विज्ञान शोध संस्थान, उज्जैन ने। वस्तुतः वे तो हमारे 'राम' ही हैं, सखा तो हम लोग हैं। उन्हें अनेकानेक धन्यवाद। उनके युवा सहयोगियों ने सर्वश्री डॉ. डी. सी. साह, डॉ. गोपालकृष्ण शर्मा, डॉ. यतीन्द्रसिंह सिसोदिया, डॉ. संदीप जोशी, डॉ. आशीष भट्ट आदि ने जो प्रोत्साहन एवं तकनीकी सहयोग प्रदान किया, वह सदैव स्मरणीय रहेगा। इस परियोजना की सफलता के लिये मेरे सुयोग्य शोध-सहायकों सर्वश्री प्रकाशचन्द्र जैन एवं विनोदकुमार कानुनगो ने बड़ी तत्परता एवं अध्यवसाय से कार्य किया है। मैं उनका कृतज्ञ हूँ। इस परियोजना की पूर्णता में बड़े आत्मीय उत्साह एवं स्वयंस्फूर्तता से सर्वश्री स्व. डॉ. प्रहलादचन्द्र जोशी, कैलाशचन्द्र निगम, डॉ. पूरन सहगल, ललित शर्मा, गौतम, डॉ. गोपालकृष्ण शर्मा, डॉ. रामप्रताप भावसार, डॉ. लक्ष्मी कान्ता सक्सेना, 'सुसनेरी', श्री कुंजबिहारी निगम (एडवोकेट), संजय जोशी, धर्मेन्द्र निगम, डॉ. दशरथ मसानिया, श्री मुकेश शाह ने पर्याप्त सहयोग प्रदान किया है। इनके ऐसे सहयोग मेरे एवं शोध-सहायकों के साथ इस कार्य में मेरे साथ जुड़कर कंधे से कंधा मिलाकर सामग्री-संकलन एवं विश्लेषण में डॉ. पूरन सहगल (मनासा), श्री ललित शर्मा (झालावाड़), श्री कुंजबिहारी निगम (गंगधार) ने दक्षता एवं तत्परतापूर्वक आत्मीय एवं अकादमिक योगदान प्रदान किया है। मानचित्रों के निर्माण में सर्वश्री प्रवीण जोशी एवं श्री सोलंकी का आत्मीय सहयोग मेरे लिये एक निधि है। इस परियोजना को पूर्णता में उनकी भागीदारी स्तुत्य है। समस्त सूचनादाताओं का न चुकाये जाने वाला ऋण तो सदैव मेरे मस्तक पर रहेगा। एक बार सबका पुनः आभार।

डॉ. श्याम सुन्दर निगम

1

परिशिष्ट : सामाजिक अध्ययन का प्रविधि का अनुसंधानात्मक विश्लेषण

भूमिका

आधुनिक काल में सामाजिक नृतत्वशास्त्र ने अपने कलेवर को पर्याप्त व्यापक बना लिया है। इसमें कृषक एवं सामुदायिक जीवन, ग्रामीण एवं नगरीय सामाजिकी, सामाजिक–सांस्कृतिक सामंजस्य, समाजशास्त्रीय विवेचन, निर्धन एवं पिछड़े वर्गों का अध्ययन आदि विषय होने लगे हैं। समाजशास्त्रियों ने भी अब अपने परम्परागत बंधनों से मुक्ति पा ली है और इस कारण नृतत्वशास्त्र, इतिहास एवं समाजशास्त्र मिल कर मानविकी शास्त्र के रूप एक बृहद् अनुशासनात्मक विधा बनकर उभर आये हैं और प्रागैतिहास एवं पुरातत्त्व से अपने स्रोत खोजने लगे हैं। सामाजिक एवं सांस्कृतिक मानविकी अध्ययनों ने अपने विविध क्षेत्रों में कई नई शोध-विधाओं को अपना लिया है जो दिग्काल को दृष्टि में रख कर अनुसंधान के नित-नवीन आयामों का पुरस्सरण कर रही है।

प्रविधियों की इस विकासशील यात्रा ने समष्टिगत या बृहद् निर्णयों की सार्वभौमिकता को चुनौती दी है और व्यष्टिनिष्ठ, क्षेत्रनिष्ठ एवं लघु अध्ययनों एवं अनुसंधानों का प्रश्रय प्रदान किया है, जैसा कि मेयर्स ने कहा है कि–

> "Away are the days of knowing less and less about more and more, we are now in the danger of knowing more and more about less and less."

आधुनिक काल में विभिन्न देशों के अध्येताओं एवं अनुसंधानकर्ताओं को यह स्पष्ट हो चुका है कि अब किसी एक पूर्व–मान्य निष्कर्ष पर अवलम्बित होना किसी पूर्वाग्रह से कम नहीं है जो सिद्धांत रूप में परम्परागत मान्यता तो रखता है किन्तु व्यावहारिक नृततववादियों एवं समाजशास्त्रियों का अवधान केन्द्रीभूत हुई परम्परागत मान्यताओं से हट कर क्षेत्रीय, आंचलिक एवं स्थानीय समस्याओं एवं उनके निराकरण एवं निष्कर्षों की ओर अधिक व्यावहारिक एवं विशिष्टीकृत रूप में सामने लाने की प्रक्रिया में संलग्न हो रहा है। इस विषय में निम्न कथन की अर्थवत्ता स्पष्ट हो जायेगी –

> "And as these questions are posed, anthropologists shift the focus of their attention from groups to networks, from communities to associations, from highly institutionalized to informal relationships. The newer literature is characteristically full of discussions on networks and friendship. We are in a world of quasi-groups, action-sets, fields, factions, brokers, and patrons. When anthropolgy has got over its enthusiasm for these and similar novelties, it will be able to settle down to a more balanced treatment of the sorts of society whose complexity has long been understood by other scholars. - Main Trends of Research in the Social and Human Sciences, Pt. 2, Vol. I, page 123. (Mouton Publishers UNESCO, Hague, 1978).

नवीन प्रविधियों एवं तदनुरूप अनुसंधानों की सार्थकता की संभावना भारत में अधिक उभार कर सामने आयी है। यद्यपि परम्परागत नृतत्वशास्त्रीय एवं समाजशास्त्रीय अनुसंधानों के आधार पर अभी कार्य हो रहे हैं, किन्तु अब पर्याप्त मात्रा में आधुनिक सभ्यता में आ रही सामाजिक, आर्थिक एवं सांस्कृतिक परिवर्तनों की जटिल समस्याओं का बौद्धिक विवेचन होने लगा है और उसके परिणाम भी भिन्न, किन्तु अधिक उपयोगी, रूप में सामने आने लगे हैं। इस कारण लघु एवं सूक्ष्म विधाओं की ग्रामीण, नगरीय, आंचलिक एवं क्षेत्रीय स्थितियों और परिस्थितियों को अधिक वस्तुनिष्ठ रूप में सामने लाने का प्रयास किया जा रहा है ताकि क्षेत्रीय एवं लघुस्तरीय नियोजनों, निराकरणों एवं संभावनाओं पर ध्यान दिया जा सके ताकि समष्टि–चिन्तन में व्यष्टि–चिन्तन ओझल न हो जाय।

उक्त विवेचन को दृष्टि में रखते हुए प्रस्तुत कार्य को हाथ में लिया गया। सोंधवाड़ क्षेत्र की अपनी क्षेत्रीय सीमाएँ एवं पृथक् सांस्कृतिक-सामाजिक पहचान रही है, थोड़ी बहुत ज्ञात और अधिकांशतः अज्ञात। इस हेतु प्रतिचयन (sample)

की अपेक्षा समग्र (census) सर्वेक्षण पर अधिक ध्यान दिया गया है। इस हेतु दो शोध-सहायकों सर्वश्री डॉ. प्रकाशचन्द्र जैन एवं विनोदकुमार कानुनगो को शोधावधि के लिये नियुक्ति की गई। प्रथम को मध्यप्रदेश के मालवा क्षेत्र एवं द्वितीय को राजस्थान क्षेत्र के सोंधवाड़ अंचल का प्रभार सौंपा गया।

ऐसे समाजशास्त्रीय अध्ययनों के प्रमुखतः दो वर्ग रहे हैं – प्रथम सैद्धान्तिक एवं द्वितीय व्यावहारिक। इसी तरह सामाजिक अनुसंधान को भी दो प्रकारों – शुद्ध (या मौलिक) तथा व्यावहारिक में विभक्त किया गया है।

प्रस्तुत परियोजना सोंधवाड़ के सांस्कृतिक–सामाजिक जीवन एवं घटनाओं से खोजपूर्ण सम्बन्ध रखती है, इस कारण वह मौलिकता का दावा कर सकती है। यह पूर्व अध्ययनों को आधार तो बनाती है, साथ ही अनेक अधतन अज्ञात पक्षों को रेखांकित करती है और पुराने तथ्यों व घटनाओं का परिमार्जन, संशोधन एवं प्रमाणन भी करती है।

सैद्धान्तिक विवेचन के साथ-साथ प्रस्तुत अध्ययन कई व्यावहारिक एवं उपयोगी पहलुओं पर भी विचार करता हैं। सोंधवाड़ के सामाजिक एवं सांस्कृतिक जीवन पर कार्य करनेवालों, नियोजनकर्ताओं एवं इतिहास–वेत्ताओं के लिये प्रस्तुत परियोजना द्वारा अत्यन्त प्रामाणिक एवं वस्तुनिष्ठ सामग्री जुटाई गई है।

सुसनेर में मण्डी समिति के अध्यक्ष सोंधिया
श्री ठाकुर से सामुख्य

एक सोंधवाड़ ग्राम में सोंधिया जन के साथ

झालावाड़ में प्रबुद्ध जन से भेंट-वार्ता

पिंड़ावा में सोंधिया जन से सामुख्य

विनायगा की एक बौद्ध-गुहा

गागरोन राजमहल में सर्वेक्षण दल

पिड़ावा में सोंधिया-जन से सामुख्य

गागरोन का जल-दुर्ग व सर्वेक्षण टीम

2

सोंधवाड़ का भौगोलिक परिवेश

भारत की हृदय-स्थली मालवा की शस्य-श्यामल उच्चसम भूमि भारत की युगयुगीन भौगोलिक, ऐतिहासिक, सांस्कृतिक एवं सामाजिक परिस्थिति में अपना एक विशिष्ट स्थान रखती रही है। यह अंचल विन्ध्य पर्वत श्रेणी के उत्तरी अंचल में फैला हुआ एक विस्तृत पठार है, जो सम्पूर्ण मध्यभारत क्षेत्र में एक उभरे हुए भूखण्ड के रूप में अपनी भौगोलिक सीमाएँ स्वतः निर्धारित करता हुआ सा प्रतीत होता है। इसे मालवा का पठार भी कहते हैं, जिसकी समुद्र से ऊँचाई लगभग 450 मीटर है। दूसरे शब्दों में यह भी कहा जा सकता है कि विन्ध्याचल की यह उच्चसम प्रदेश मालवा की प्राकृतिक सीमाओं में आबद्ध है। फिर भी इसकी सीमाओं के सम्बन्ध में यत्र-तत्र बहुत अलग-अलग उल्लेख हुआ है। कतिपय विद्वानों ने इसकी सीमाओं के निर्धारण में सम्पूर्ण भौगोलिक इकाई को स्वीकारा, तो अन्य कुछ विद्वान् इसके सांस्कृतिक स्वरूप के अन्तर्गत मालवी बोली के क्षेत्र के विस्तार अथवा प्रशासनिक व्यवस्था आदि को महत्त्व प्रदान करते हैं।[1] यह निर्विवाद सत्य है कि मालवा के पठार का कुछ भाग राजस्थान के दक्षिण एवं पूर्वी भाग में विस्तृत पाया जाता है।

मालवा का भौगोलिक दृष्टि से विस्तार 23°–30′ से 24°–30′ अक्षांश उत्तर तथा 74°–24′ से 78°–25′ पूर्व देशान्तर के मध्य है। मोटे रूप में विचार किया जाय तो दक्षिणी सीमा 22′ उत्तरी अक्षांश तक विस्तृत है।[2]

यदि हम इस क्षेत्र के अन्तर्गत सागर, दमोह का पठारी क्षेत्र एवं निमाड़ के

मैदानों को भी सम्मिलित कर लें, तो इसका विस्तार और भी अधिक हो जाता है। इन्हीं बातों के आधार पर मालवा के पठार का विस्तार 73°–45′ पूर्व देशान्तर तथा 25°–10′ से 25°–70′ उत्तरी अक्षांशों के मध्य पाया जाता है।[3]

प्रसिद्ध इतिहासकार विन्सेण्ट स्मिथ ने लिखा है – मध्य भारत की एजेंसीज के सम्पूर्ण भू-भाग के साथ ही मालवा का क्षेत्र-विस्तार दक्षिण में नर्मदा नदी, उत्तर में चम्बल नदी, पश्चिम में गुजरात एवं पूर्व में बुन्देलखण्ड तक है।[4] इनसाईक्लोपीडिया ब्रिटेनिका में मालवा की जो सीमा–रेखा प्रस्तुत की गयी है, वह विन्सेण्ट स्मिथ द्वारा निर्देशित उक्त सीमा-रेखा से ज्यादा व्यापक है। इसी में चम्बल और विन्ध्य पर्वत-श्रेणियों के मध्य स्थित भू-भाग के अतिरिक्त सुदूर दक्षिण तक फैली नर्मदा उपत्यका का भी समावेश कर लिया गया है। इस तरह यहाँ मालवा की भौगोलिक सीमाएँ नर्मदा नदी को लांघकर उसे दक्षिण में बसे निमाड़ तक पहुँचा देती है।[5]

निष्कर्ष रूप से यह कहा जा सकता है कि यद्यपि मालवा के नाम से लोकप्रिय रूप में नर्मदा, बेतवा और चम्बल नदियों द्वारा घिरा हुआ पठारी भू-भाग जाना जाता है, किन्तु ऐतिहासिक क्रम में मालवा का सांस्कृतिक विस्तार इससे भी आगे रहा है।[(*)] निमाड़ क्षेत्र नर्मदा के दक्षिण में होने पर भी कभी मालवा का ही एक अंचल माना गया था। इसी प्रकार चम्बल के उस पार उत्तर-पश्चिम दिशा में स्थित राजस्थान का झालावाड़ क्षेत्र तथा मध्यप्रदेश का उत्तर पश्चिमी सीमान्त निश्चित रूप से मालवा का अभिन्न अंग माना जाता रहा है। परमार काल में झालावाड़ जिले में स्थित झालरा-पाटन नामक नगर मालवा का एक अभिन्न भाग तथा परमारों का एक महत्त्वपूर्ण व्यापारिक, सांस्कृतिक एवं प्रशासकीय केन्द्र रहा था। गुप्त काल में दशपुर के औलिकरों के अधीन गंगधार नामक स्थान मालवा अंचल का एक महत्त्वपूर्ण केन्द्र था। आज यद्यपि गंगधार एवं झालरा-पाटन प्रशासकीय दृष्टि से राजस्थान में स्थित हैं, किन्तु यह निर्विवाद है कि सांस्कृतिक एवं भाषयिक दृष्टि से यह आज भी मालवा अंचल के ही क्षेत्र हैं।

सोंधवाड़ क्षेत्र में निर्धारण हेतु तीन माप-दण्ड अपनाये गए हैं–

1. सोंधवाड़ी बोली का प्रचलन,

(*) इस संबंध में एक अनुश्रुति को उद्धृत करना आवश्यक है–

इत चम्बल उत बेतवा, मालव सीम सुजान।
दक्षिण दिसि है नर्मदा, यह पूरी पहचान।।

2. सोंधिया समुदाय का बहुतायत में निवास, तथा

3. लोक-मान्यताओं के अनुसार सोंधवाड़ अंचल।

1. **सोंधवाड़ी बोली का प्रचलन** – मालवा क्षेत्र एकाधिक सांस्कृतिक अंचलों का समष्टिगत नाम है। इस सांस्कृतिक विभाजन का प्रमुख आधार इन क्षेत्रों में प्रचलित बोलियाँ एवं सामाजिक परिस्थितियाँ हैं। मालवा क्षेत्र में एक बहु-प्रचलित कहावत है कि बारह कोस (लगभग 20 किलोमीटर) पर बोलियाँ बदल जाती हैं। यह एक मोटा परिगणन है जिसका कोई गणितीय आधार नहीं है। बोलियों के आधार पर मालवा क्षेत्र को केन्द्रीय मालवी–रांगड़ी, रजवाड़ी, सोंधवाड़ी, उमटवाड़ी, कांठल, राठ आदि अंचलों में विभक्त किया जा सकता है।[6]

डॉ. चिन्तामणि उपाध्याय के अनुसार, 'मालवा प्रदेश की विस्तृत सीमा में भी मालवी के रूपों में यत्किंचित परिवर्तन प्राप्त होता है किन्तु यह भेद स्थूल रूप से अध्ययन करने की वस्तु नहीं है। मेनरियाजी ने मालवी के ऊपरी स्वरूप को तो अवश्य पहचाना है, किन्तु उसकी अन्तरात्मा और उसके विस्तृत वर्गीकरण की विशेषताओं की ओर उनका ध्यान आकर्षित नहीं हो सका।[7] डॉक्टर ग्रियर्सन ने मालवी के दो उपभेदों का उल्लेख मात्र किया है। मालवी का सबसे अधिक व्यापक, विस्तृत एवं अध्ययनपूर्ण विवेचन श्री रामाज्ञा द्विवेदी 'समीर' ने प्रस्तुत किया। द्विवेदीजी ने मालवी को बुन्देली तथा गुजराती की मध्यवर्ती राजस्थानी का एक रूप मानकर उसके दो भेद किये हैं–मालवी और रांगड़ी। अभी तक मालवी और गुजराती के निकटतम सम्बन्ध की ओर किसी का ध्यान नहीं गया था। वस्तुतः मालवी पर राजस्थानी, गुजराती और मराठी का समान रूप से प्रभाव पड़ा है। द्विवेदीजी ने उज्जैन के निकटवर्ती मध्य–भाग की मालवी को मुख्य भाषा माना है और रांगड़ी के अनेक उपभेद प्रस्तुत किये हैं, जिनमें इस क्षेत्र से सम्बन्धित निम्न उपभेद हैं[8]–

1. रजवाड़ी–राजपूतों की बोली, इसमें मेवाड़ी और मारवाड़ी का मिश्रण है,
2. निमाड़ी–नर्मदा के दक्षिण में बोली जाने वाली बोली, (*)
3. सोंधवाड़ी,
4. भोपाल की मालवी,
5. होशंगाबाद की मालवी,
6. कोटा की मालवी ... (डंगसेरी) यह चम्बल के डांग की भाषा है।

(*) अनेक निमाड़ी विद्वान्, निमाड़ी को मालवी की उपबोली न मानकर उसे एक स्वतंत्र बोली मानते हैं।

समीरजी द्वारा प्रस्तुत मालवी भाषा का यह अध्ययन वास्तव में मालव प्रदेश की (भाषा की दृष्टि से) सीमा-रेखा प्रस्तुत करने में आधारयुक्त मार्ग-दर्शन का काम करता है। मालवी के स्थान-सूचक उपभेदों के अतिरिक्त उन्होंने इस क्षेत्र विस्तार की स्थूल सीमा-रेखा भी प्रस्तुत की है। विस्तृत रूप से मालवी का विस्तार निम्नलिखित हैं--

पूर्व--मध्य-प्रान्त के होशंगाबाद, बेतूल आदि जिले,

उत्तर--ग्वालियर, टोंक तथा कोटा के कुछ भाग,

पश्चिम--झालावाड़,

दक्षिण--भीली बोलियों में जाकर समाप्त।

डॉ. श्याम परमार के अनुसार[9] सोंधवाड़ी शाजापुर जिले की उत्तरी सीमा से लगे हुए पार्वती नदी के परिक्षेत्र से प्रारंभ करते हुए काला पीपल के उत्तर में अवस्थित आगर, सुसनेर, जीरापुर, महीदपुर, तराना का उत्तरी क्षेत्र, चौमहला, गरोठ तहसील में चम्बल के पूर्वी-दक्षिण भाग से लेकर राजस्थान के झालावाड़ जिले के अधिकांश भागों में बोली जाती है। लगभग यही क्षेत्र सोंधवाड़ कहलाता है। बोलियों के आधार पर इस विभाजन की पृष्ठभूमि में मध्य युग में हुए राजनीतिक एवं प्राकृतिक कारण रहे हैं। इन कारणों से निकटवर्ती अंचलों एवं क्षेत्रों की विभिन्न जातियाँ मालवा आकर बस गईं। इनकी बोलियों का यहाँ पर पूर्व में प्रचलित स्थानीय बोली पर व्यापक प्रभाव पड़ा था। इस कारण मालवा क्षेत्र में अनेक उपबोलियाँ प्रचलन में आ गईं। स्थान विशेष की दृष्टि से मालवी के ये बोलियाँ निम्नानुसार रखी जाती जा सकती हैं--

मालवी

- उत्तरी मालवी (सोंधवाड़ी)
- दक्षिणी मालवी (निमाड़ी का प्रभाव)
- पूर्वी मालवी (उमटवाड़ी)
- पश्चिमी मालवी (बागड़ी)

इस परियोजना का मूल सम्बन्ध उस क्षेत्र का अध्ययन है जहाँ अधिकांशतः सोंधवाड़ी बोली जाती है और इस कारण वह सोंधवाड़ के विशिष्ट नाम से पुकारा जाता है। इस क्षेत्र में बसने वाले लोगों में सोंधिया-जन प्रमुख हैं।

डॉ. प्रह्लादचन्द्र जोशी ने सोंधवाड़ी के क्षेत्र--विस्तार की निम्न व्याख्या की है[10]--

नवीनतम सर्वेक्षण के अनुसार सोंधवाड़ के पूर्व में कालीसिन्ध नदी एवं इससे लगा जीरापुर—माचलपुर का क्षेत्र, खिलचीपुर तहसील, जिला राजगढ़ के उत्तरी-पश्चिमी सीमावर्ती गाँव, शाजापुर जिले का आगर एवं सुसनेर परगना तथा अवन्तिपुर बड़ौदिया का सीमावर्ती क्षेत्र, आगर के दक्षिण में तनोड़िया को छोड़कर शेष पिपलौन, ढलारा, रामपुरा, भूंडवास तथा बड़ौद एवं बड़ौद टप्पे के समस्त सीमावर्ती गाँव, उज्जैन जिले की तराना तहसील के उत्तर-पश्चिम में लगा घोंसला, ढाबला हर्दू, महिदपुर एवं झार्डा तथा झार्डा के सीमावर्ती गाँव। उज्जैन जिले की सीमाओं को छूता रतलाम जिला है। रतलाम का आलोट क्षेत्र एवं इसके निकटवर्ती गाँव, मन्दसौर जिले के भानुपुरा एवं गरोठ तहसील के समस्त सीमावर्ती गाँव। सुसनेर परगने के उत्तर में स्थित झालावाड़ जिला (राजस्थान) की समपूर्ण पिड़ावा तहसीन एवं इसके समीपवर्ती समस्त गाँव। इसी प्रकार मन्दसौर जिले की सीतामऊ तहसील का चम्बल से लगा व उसका पूर्ववर्ती बेलारी, सुवांसड़ा, बस्ती आदि क्षेत्र। सीतामऊ के पूर्व में स्थित राजस्थान का परगना डग तथा लोहारिया, देवगढ़ और सारंगाखेड़ा आदि गाँव, पिड़ावा तहसील से पश्चिमोत्तर दिशा में अवस्थित पंचपहाड़ मण्डी का सम्पूर्ण क्षेत्र। इसी के ठीक उत्तर में स्थित भवानीमण्डी क्षेत्र के लूलड़ा, मोल्डा आदि गाँवों में सोधवाड़ी का क्षेत्र विस्तार है। कुल मिलाकर मालवा के पाँच जिलों एवं राजस्थान के हाड़ौती क्षेत्र जिला झालावाड़ के 3 परगनों में सोंधवाड़ी अपना अस्तित्व बनाये हुए है।

2. सोंधिया जाति का बहुतायत में निवास– सोंधवाड़ का पूर्वी भू-भाग मध्य मालवा के पठारी क्षेत्र में अवस्थित है। यह क्षेत्र दक्कन ट्रेप की चट्टानों से युक्त है। समुद्रतल से इसकी सामान्य ऊँचाई 450 से 500 मीटर है। इस क्षेत्र में विस्तीर्ण विन्ध्य की उत्तरी श्रेणियाँ ऊँचाई में कम तथा चौड़ाई में सँकरी हैं तथा V का आकार बनाती हुई आगर तहसील के दक्षिण-पूर्वी भाग सुसनेर तहसील के पूर्व तथा राजगढ़ जिले के पश्चिमी सीमांत होती हुई राजस्थान में प्रवेश कर जाती हैं। इस क्षेत्र की सरिताओं में सबसे प्रमुख बड़ी कालीसिंध है। अन्य नदियों में लखुन्दर, कण्ठाल, छोटी कालीसिंध, आहू, अंसर, चँवली आदि हैं, जिनमें अधिकांश चम्बल नदी की सहायिकाएँ हैं। अलबत्ता आहू और बड़ी कालीसिंध राजस्थान में प्रविष्ट होकर गागरोन में सम्मिलित हो जाती है।[11]

मालवा का उत्तर-पश्चिमी भाग भी काली मिट्टी वाला पठार है जो बीच-बीच में मैदानी स्वरूप ग्रहण कर लेता है। इस क्षेत्र की प्रमुख नदी चम्बल है जिसमें मध्य मालवा की शिप्रा, छोटी कालीसिंध, चामला तथा पश्चिमी मालवा की शिवना, रेतम आदि नदियाँ समाहित होती हैं। राजस्थान में प्रवेश करने के पूर्व इन नदियों और

उनकी सहायिकाओं तथा बाघनी, गंभीर आदि का जल अपने आपमें समाविष्ट करती है।[12]

राजस्थान का सोंधवाड़ क्षेत्र अधिकांशतः झालावाड़ जिले में स्थित है। झालावाड़ जिला 23° से 45′ 20″ से 24° 52′ 17″ उत्तरी अक्षांशों तथा 75° 27′ 35″ से 76° 56′ 48″ पूर्वी देशान्तरों के बीच स्थित है। मालवा पठार के किनारे स्थिति यह जिला विन्ध्याचल पर्वतमाला से घिरा हुआ है। इसके पश्चिम, दक्षिण एवं दक्षिण–पूर्व में मध्यप्रदेश राज्य है। उत्तर–पश्चिम में राजस्थान राज्य का कोटा तथा उत्तर–पूर्व में बारां जिला स्थित है। झालावाड़ जिले का कुल क्षेत्रफल 6,619 वर्ग किलोमीटर है।[13]

दक्षिणी झालावाड़ में मालवा पठार के सभी गुण विद्यमान हैं। यह क्षेत्र पहाड़ियों व मैदानों से घिरा हुआ है। झालाचाड़ मैदान भवानी मण्डी से पश्चिम में एक लम्बा क्षेत्र है जो पूर्व में असनावर तक फैला है एवं उत्तर–पूर्व एवं दक्षिण में मुकन्दरा पहाड़ियों से घिरा हुआ है। यह क्षेत्र उपजाऊ है एवं अच्छे पानी का क्षेत्र है जो आहू तथा कालीसिंध आदि नदियों एवं छोटे-छोटे अन्य स्रोतों से सिंचित है। जिले की नदियाँ एवं सोते चम्बल से सम्बन्धित हैं। गंगधार तहसील को छोड़कर बहाव दक्षिण से उत्तर की ओर है। सुविधा की दृष्टि से झालावाड़ जिले की नदियाँ दो समूहों में विभक्त की जा सकती हैं : पश्चिमी समूह व पूर्वी समूह। पश्चिमी समूह की नदियाँ आहू, पिपलाज, क्यासरा, कंताली, रेवा कालीसिंध एवं चन्द्रभागा हैं। पूर्वी समूह में परवन, अंधेरी, नेवज, धार व उजाड़ नदियाँ हैं। मुख्य नदियाँ आहू, परवन एवं कालीसिंध हैं। इन समस्त नदियों का प्रारंभ मध्यप्रदेश के मालवा पठार से है। परवन नदी अजनार एवं घोड़ा पछाड़ नदी के संगम से बनी है। कालीसिंध, परवन, उजाड़ छापी एवं आहू नदियाँ बारहमासी हैं। अन्य नदियाँ मौसमी हैं जो वर्षा ऋतु के दौरान प्रवाहित होती हैं।[14]

3. लोक-मान्यताएँ – सोंधिया समुदाय का क्षेत्र–विस्तार को लोक-जीवन ने सुरक्षित रखा है। यह कहावत है–

सिंध अरे चम्बल परे, हरवा बोले बोल।

लेंगो, चूड़ो लाख को, कामण मोंगो मोल।।

अर्थात् चम्बल और (बड़ी कालीसिंध) नदियों के मध्य का क्षेत्र सोंधवाड़ कहलाता है। एक अन्य दोहा सोंधवाड़ अंचल की स्थिति को और भी अधिक स्पष्ट करता है–

छोटी बड़ी सिंध के बीचाँ, घन राड़ी, घन झाड़।
सौगंध्या बस ग्या अठे, ज्यों वाज्यो सुंधवाड़।।

अर्थात् छोटी और बड़ी कालीसिंध सरिताओं के मध्य स्थित क्षेत्र में सोंधिया-जन के बसे होने से यह क्षेत्र सुंधवाड़ (सोंधवाड़) कहलाता है। इस संदर्भ के अनुसार यह क्षेत्र घनी झाड़ियों एवं सघन-जन से आच्छादित रहा है।[15]

सोंधवाड़ का वर्तमान क्षेत्र है सदियों से चम्बल एवं उसमें अपना जल समर्पित करने वाली नदियों की निर्जन या अल्प-बसी घाटियों, कटीली वन्य–झाड़ियों एवं सघन बीहड़ों से आच्छादित रहा है। समकालीन सभ्यता से परे यह क्षेत्र आगन्तुकों, लुटेरों एवं वन्य जातियों के लिये निरापद क्षेत्र रहा है जिसके कारण यह सदैव अवैध गतिविधियों एवं दुर्दमनीय साहसियों का केन्द्र बना रहा है। इसी क्षेत्र का अध्ययन हमारे सर्वेक्षण एवं अध्ययन का विषय है जिस पर आगे के अध्यायों में सविस्तार प्रकाश डाला जा रहा है।

उपसंहार

सोंधवाड़ क्षेत्र के भौगोलिक विवरण के कुछ विचारणीय तथ्य निम्नानुसार हैं–

स्वतंत्रता–प्राप्ति के पूर्व इस क्षेत्र के लगभग 21 प्रतिशत भाग में बीहड़ वन था। यह वन प्राचीन काल से लेकर आज तक अविच्छिन्न रहा है। इसमें सदाबहार नदियाँ प्रवाहित होती रहती थीं। चीतल, सांभर, हिरण, सियार, लोमड़ी, नीलगाय, लकड़बग्गे, बाघ, चीते, वन्य वराह, जंगली भैंसे आदि का इनमें अबाध विचरण होता रहता था। ये वन धावड़ा, बिंया, गूलर, पीपल, महुआ, वट, कबीट, गूंदी, करंज, अर्जुन, बेहड़ा, खेर, खेजड़ा, बबूल, जामुन, खजूर, आम, तेंदू, करौंदी, बोर पलाश, झरेबरी आदि के वृक्षों एवं झाड़ियों से भरपूर रहा करते थे। इनमें समाहित या निकटवर्ती चरागाहों में गाय, बैल, भैंस, भेड़, बकरी, ऊँट आदि पशु अपना आहार प्राप्त करते थे। ऐसे बीहड़ों एवं वन्य क्षेत्र को आखेटक लुटेरे, पारदी, राजनीतिक व सैनिक भगोड़े अपराधी आदि अपना सुरक्षित शरण-स्थल मानते थे। कई विदेशी या समाज-च्यूत राजपूत भी अपने-अपने क्षेत्रों से चलकर इतिहास के अंतराल में इस क्षेत्र में आ बसे थे, जैसे मंगोल, हूण, कंजर आदि। सोंधिया–जन, जिनकी चर्चा आगे की जायेगी, भी एक ऐसा ही मानवीय-समूह था। वर्तमान में वनों की भारी कटाई हुई है, जनसंख्या के दबाव में वनों को कृषि-भूमि में परिवर्तित किया गया है, जल-स्रोत सूखते जा रहे हैं एवं औद्योगिक माँग के परिणामस्वरूप प्राकृतिक संसाधनों का विदोहन हो रहा है। पूर्व की स्थितियों में काफी कुछ

परिवर्तन आ गया है। प्रस्तुत अध्ययन न केवल अतीत को समेटने का प्रयत्न है अपितु सोंधवाड़ की परिवर्तित होती जा रही सामाजार्थिक परिस्थिति के अध्ययन का एक प्रयास भी है।

संदर्भ

1. उपाध्याय चिन्तामणि, मालवी लोकगीत का विवेचनात्मक अध्ययन, पृ. 32।
2. Singh, R. L. (Ed.) India-Regional Geography, p. 265.
3. *Ibid*
4. Oxford History of India, p. 265.
5. निगम, श्यामसुन्दर, मालवा के इतिहास एवं संस्कृति के कतिपय पहलू, पृ. 5।
6. De, Upendranath, Medievel Malwa, p. 2.
7. उपाध्याय, चिन्तामणि, मालवा लोकगीत – एक विवेचनात्मक अध्ययन, पृ. 55।
8. द्विवेदी, रामाज्ञा समीर, आलेख – मालवी के भेद और उनकी विशेषताएँ पृ. 51।
9. उद्धृत – उपाध्याय चिन्तामणि, पूर्वोक्त, पृ. 57।
10. जोशी, प्रह्लादचन्द्र, मालवी और उपबोलियों का व्याकरण, पृ. 18।
11. Gazetteer of India, Madhya Pradesh, Shajapur, pp- 3-5; Rajgarh, pp. 3-5.
12. Madhya Pradesh District Gazetteers, Ujjain, pp. 3-5.
13. गुप्ता, मोहनलाल, राजस्थान – जिलेवार सांस्कृतिक एवं ऐतिहासिक अध्ययन, भाग 1, पृ. 71।
14. उक्त
15. द्रष्टव्य, परिशिष्ट क्र. 04।

3

सोंधवाड़ की ऐतिहासिक एवं पुरातत्त्वीय पृष्ठभूमि

सोंधवाड़ अंचल पश्चिमोत्तरी और उत्तरी मालवा एवं राजस्थान के झालावाड़ क्षेत्र में फैला हुआ है। अतः दोनों ही अंचलों की ऐतिहासिक एवं पुरातत्वीय पृष्ठभूमि जानना आवश्यक है।

मालवांचल

मालवांचल का इतिहास अति प्राचीन काल से आज तक अविच्छिन्न बना रहा है। पुरैतिहासिक काल में मालवापुरा–पाषाण, मध्य–पाषाण, अपर-पाषाण, सूक्ष्माश्म एवं नवाश्म काल का अनेक सहस्राब्दियों तक साक्ष्य लेता रहा। ताम्राश्म–युग में लघु एवं नव-प्रस्तर उपकरणों के साथ-साथ ताम्र–उपकरणों का प्रयोग भी मालवा के निवासियों ने सीख लिया। शीघ्र ही वह पशुपालन के युग से आगे निकलकर कृषि-युग में प्रवेश कर गया तथा मिट्टी, गोबर, काष्ठ, बाँस तथा घास-फूस की झोंपड़ियाँ बनाकर उसमें निवास करने लगा। वह चाक की सहायता से आकर्षक पात्र भी बनाने लगा। इन पात्रों में कायथा पात्र, लाल व काले पात्र तथा काले चित्रण वाले लाल पात्र (मालवा पात्र) प्रमुख थे। ये पात्र ज्यामितीय या पशु-पक्षियों के चित्रण से युक्त रहे तथा विशेष रूप से आकर्षक थे। मालवा में आवरा, मनोटी, मन्दसौर, रुनीजा, दंगवाड़ा आजादनगर, नागदा, बेसनगर, कायथा, महेश्वर, नावड़ाटोड़ी, ऐरण, महिदपुर आदि स्थानों पर हुए उत्खनन से मालवा की

ताम्राश्मयुगीन संस्कृति का पता लगा है।[1] अभी भी ऐसे कई ताम्राश्म स्थल हैं जिनका उत्खनन होना शेष है। सोंधवाड़ क्षेत्र में गुल बालोद, सिपावरा, कलस्या, गंगधार आदि स्थल इनमें परिगणित किये जा सकते हैं।[2] ठीक इसी काल में पुराणों में वर्णित इक्ष्वाकु, हैहय, यदु, भार्गव, वीतिहोत्र आदि वंशों की सैनिक एवं राजनीतिक गतिविधियाँ इस क्षेत्र में निरन्तर चलती रहीं।[3] भारत युद्ध में भी मालवा के शासकों ने ससैन्य भाग लिया था।[4] ई. पू. छठी सदी से भारतीय इतिहास का ऐतिहासिक काल प्रारंभ होता है। इस काल में मालवा क्षेत्र अवंती जनपद के नाम से अभिहित रहा। उस समय इस जनपद की राजधानी उज्जैन थी।

प्रद्योत से ही मालवा का क्रमबद्ध इतिहास प्रारंभ हो जाता है। क्रोधी होने के कारण वह चण्ड–प्रद्योत कहलाता था। उस समय बौद्ध ग्रंथ 'अंगुत्तर निकाय' के अनुसार षोडस जनपदों का युग था, जिनमें मगध, कोशल, वत्स और अवंती प्रमुख थे, किन्तु विस्तारवादी महत्त्वाकांक्षा के सिलसिले में अवन्ती और मगध प्रमुख दावेदार थे।[5] प्रद्योत की मृत्यु के उपरान्त उसके उत्तराधिकारी या तो कमजोर निकले या अन्यायी। परिणामस्वरूप उज्जैन में एक जनक्रान्ति हुई;[6] किन्तु उससे मगध का प्रसार नहीं रुका। मालवा क्षेत्र मगध के शिशुनाग और नन्द वंशों की साम्राज्यीय महत्त्वाकांक्षा का शिकार बना और इस प्रकार यह क्षेत्र मगध साम्राज्य के अधीन आ गया। चन्द्रगुप्त मौर्य के समय उज्जयिनी एक प्रमुख प्रान्तीय राजधानी थी। बिन्दुसार के समय उज्जैन का राज्यपाल अशोक था। अशोक की मृत्यु के उपरान्त उसके उत्तराधिकारी कमजोर निकले और मौर्य साम्राज्य को विभाजन और विघटन का सामना करना पड़ा।[7] परवर्ती मौर्य काल में उज्जैन का शासक सम्प्रति बना, जो जैन मतावलम्बी था।[8]

अवन्ती जनपद कालान्तर में विभाजित हो गया। उत्तर का क्षेत्र अवन्ती और दक्षिण का क्षेत्र अनूप कहलाया। इसी प्रकार मध्य और पश्चिम का क्षेत्र अवन्ती तथा पूर्व का क्षेत्र आकर कहलाया।[9] मौर्यों के पतन के बाद मालवा शुंगों, सातवाहनों तथा अनेक स्थानीय शक्तियों की गतिविधियों का केन्द्र रहा। ईसा पूर्व की प्रथम सदी में उज्जैन पर गर्दभिल्ल वंश का शासन था। इस वंश का संस्थापक गर्दभिल्ल शकों से युद्ध करते हुए मारा गया। परिणामस्वरूप उज्जैन निवासियों ने राजकुमार विक्रमादित्य के नेतृत्व में शकों को परास्त कर उन्हें मालवा से खदेड़ दिया। विक्रमादित्य को इससे बहुत प्रसिद्धि मिली और उसके व्यक्तित्व से कालान्तर में अनेक चमत्कारिक गाथाएँ आ जुड़ीं।[10] पूर्वी मालवा में शुंग काफी समय तक सत्ता में रहे। इस वंश के एक शक्तिशाली शासक भागभद्र के शासन

काल में तक्षशिला के यवन शासक अन्तलिकितस का दूत हेलियोडोर विदिशा आया था और वहाँ उसने भागवत धर्म ग्रहण किया था।[11]

शक शान्त नहीं बैठे। नहपान के अधीन उसकी क्षहरात शाखा ने पश्चिमी मालवा स्थित दशपुर को अधिकृत किया।[12] इन क्षहरातों की सत्ता को उन्मूलित करते हुए सातवाहन नरेश गौतमीपुत्र शातकर्णि ने सम्पूर्ण मालवा को अधिकृत कर लिया,[13] किन्तु गौतमीपुत्र के मरने के साथ ही शकों की कार्दमक शाखा ने उसके नेता चष्टन और उसके पोते रुद्रदामन के नेतृत्व में समूचे मालवा को अधिकृत कर लिया।[14] इन पश्चिमी शकों की मुद्राओं से ज्ञात होता है कि ये शक क्षत्रप मालवा में गुप्त सम्राट चन्द्रगुप्त विक्रमादित्य के समय तक बने रहे।

गुप्तों का मगध में अभ्युदय होने पर उन्होंने साम्राज्यवादी अभियान प्रारंभ किया। समुद्रगुप्त ने पूर्वी मालवा में ऐरिकेण को हस्तगत करके उसे अपना स्वभोग–नगर बनाया।[15] प्रयाग–प्रशस्ति उसे इस बात का श्रेय प्रदान करती है कि उसने साम्राज्य–विस्तार की अपनी योजना के अधीन पूर्वी मालवा के प्रार्जुन, सनकानिक, काक और खर्परिक नामक गणराज्यों का उन्मूलन किया।[16] उसके पुत्र चन्द्रगुप्त के समय पूर्वी मालवा का विदिशा–साँची क्षेत्र गुप्तों के अधीन आ गया।[17] इसी बीच चौथी ईस्वी में मध्य और पश्चिमी मालवा में औलिकर शक्ति का विकास हुआ। नरवर्मा इसका प्रथम स्वतंत्र नरेन्द्र था, किन्तु उसके उत्तराधिकारी विश्वकर्मा, बन्धुवर्मा और प्रभाकर स्वतंत्र न रह पाये और दशपुर मुख्यालय से गुप्तों के गोप्ता के रूप में शासन करते रहे।[18]

जब पाँचवीं सदी के अन्त और छठी सदी के प्रारंभ में उत्तर से हूणों के और दक्षिण से वाकाटकों के आक्रमणों के परिणामस्वरूप पतनशील गुप्त–शक्ति को मालवा में पराभव का सामना करना पड़ा तो औलिकर नरेश प्रकाशधर्मा[19] और यशोधर्मा–विष्णुवर्मा[20], दशपुर के स्वतंत्र शासक, हूणों को पराजित कर प्रमुख बन गये; किन्तु औलिकर अधिक समय तक शासन नहीं कर पाये। छठी सदी के मध्य के पूर्व ही उनका सहसा पतन हो गया और पश्चिम की ओर से गुजरात के मैतृकों, दक्षिण की ओर से कलचुरियों तथा उत्तर–पूर्व की ओर से परवर्ती गुप्तों ने मालवा पर आक्रमण करके उसके विभिन्न भाग हस्तगत कर लिये।[21] इन शक्तियों में पारस्परिक घात–प्रतिघात चल ही रहा था कि दक्षिण के चालुक्य भी मालवा पर गिद्ध-दृष्टि डालने लगे। अन्त में नर्मदा कांठे में उत्तरापथपति हर्षवर्धन और चालुक्य नरेश पुलकेशी द्वितीय के मध्य निर्णायक युद्ध हुआ।[22] हर्ष पराजित तो हुआ किन्तु फिर भी मालवा पुष्यभूतियों के प्रभाव में रहा।[23] सन् 623 ई. में

हर्षवर्धन की मृत्यु के साथ ही भारत में कोई केन्द्रीय सत्ता नहीं रही। राजनीतिक बिखराव के दृश्य दिखाई देने लगे। अनेक राजपूत शक्तियों का प्रादुर्भाव हुआ। मालवा में भी एक या एकाधिक स्थानीय शासक राज्य करने लगे, जिन पर कभी चालुक्य तो कभी राष्ट्रकूट शक्ति आक्रमण करने लगी। शीघ्र ही कन्नौज पर अधिकार को प्रतिष्ठा का प्रश्न बनाकर प्रतिहारों, राष्ट्रकूटों और पालों के मध्य त्रिकोणात्मक संघर्ष प्रारंभ हो गया। मालवा भी इन शक्तियों के घात-प्रतिघात का केन्द्र बना।[24] एक अवसर पर मालवा का एक राजा पालों की ओर से कन्नौज जाने को बाध्य हुआ था। इस समय मालवा कभी तो राष्ट्रकूटों और कभी गुर्जर-प्रतिहारों का कठपुतली बना रहा और उनकी ओर से मालवा के शासक सामन्तों की हैसियत से शासन करते रहे।[25] उत्तर भारत में प्रभुता स्थापित करने की दृष्टि से तीन शक्तियों का यह संघर्ष लगभग दो सौ वर्षों तक चला। मालवा में इस समय अधिकांशतः राष्ट्रकूटों के अधीन जो शासक राज्य कर रहे थे, वे परमार वंश के थे। उनकी प्रारंभिक राजधानी उज्जैन थी। कालान्तर में मुख्यालय परमारों की कुल–राजधानी धारा नगरी ले जाया गया।[26]

सन् 972 ई. में सीयक द्वितीय मालवा का प्रथम स्वतंत्र शासक बना।[27] उसके उपरान्त इस वंश में वाक्पतिराज मुंज, सिंधुराज, भोजदेव जयसिंह, उदयादित्य, लक्ष्मवर्मदेव, नरवर्मन आदि अनेक उल्लेखनीय शासक हुए। इनमें सर्वाधिक प्रतापी राजा भोज था जो न केवल स्वयं बहुश्रुत विद्वान् था, अपितु अनेक विद्वानों का आश्रयदाता भी था। इन सभी परमार नरेशों ने कला, साहित्य, धर्म एवं दर्शन को भरपूर संरक्षण प्रदान किया।[28] सन् 1235 में दिल्ली के सुलतान इल्तुतमिश ने मालवा पर आक्रमण कर अनेक मन्दिरों का ध्वंस किया तथा भारी लूटमार मचाकर परमार शक्ति को जबर्दस्त आघात पहुँचाया।[29] सन् 1305 ई. में खिलजी आक्रमण के साथ ही मालवा से परमार सत्ता का समापन हो गया।[30]

मालवा के स्वतंत्र शासक – तैमूर के आक्रमण के कारण जब दिल्ली की तुगलक सत्ता डाँवाडोल हुई तो मालवा के सूबेदार दिलावरखाँ गौरी ने सन् 1401 ई. में स्वतंत्र सत्ता की घोषणा कर दी।[31] स्वतंत्र मालवा की राजधानी माण्डव घोषित की गयी। मालवा के गौर वंश का सबसे उल्लेखनीय शासक होशंगशाह गोरी था, जिसने सन् 1406 ई. से 1435 ई. तक शासन किया। उसने चारों ओर अपना शौर्य प्रकट किया तथा मालवा की जनता को एक सहिष्णु प्रशासन दिया। मेवाड़, गुजरात, खेरला, उड़ीसा आदि के शासकों से उसका युद्ध होता रहता था। उसका उत्तराधिकारी मोहम्मदशाह गोरी था। वह बड़ा कमजोर सिद्ध हुआ। परिणामस्वरूप

उसके मंत्री महमूद खिलजी ने सन् 1436 ई. में उसे अपदस्थ कर माण्डव का सिंहासन हस्तगत कर लिया।[32] महमूद एक वीर और सहिष्णु शासक था। उसने अनेक युद्ध किये। गुजरात और मेवाड़ इस समय भी मालवा के परम्परागत शत्रु थे। महूमद का उत्तराधिकारी गयासुद्दीन खिलजी था, जिसने सन् 1469 से 1501 ई. तक शासन किया। यह भी एक सहिष्णु शासक था। वह अनवरत गुजरात के सुलतानों की महत्त्वाकांक्षा व आक्रमणों से जूझता रहा। उसका उत्तराधिकारी नासिरूद्दीन खिलजी सन् 1511 तक शासन करता रहा। इस विलासी किन्तु सहिष्णु शासक के समय माण्डव की स्वतंत्र सत्ता के पाँव लड़खड़ाने लगे थे, जिसका दुष्परिणाम सन् 1511 से 1531 ई. तक शासन करने वाले उसके उत्तराधिकारी महमूद खिलजी द्वितीय को भोगना पड़ा।[33] महमूद के समय मुस्लिम असहिष्णुता का युग मालवा में आ गया। माण्डव दरबार फूटग्रस्त हो गया। यह देख गुजरात की बन आई। वहाँ के सुलतान बहादुरशाह ने सन् 1531 ई. में मालवा पर आक्रमण कर उसे बन्दी बना लिया और गुजरात ले जाते हुए उसे मार डाला।[34]

माण्डव से खिलजी राज्य का पतन होते ही मालवा गुजरात का एक प्रान्त बन गया, किन्तु यह स्थिति अधिक समय तक नहीं रह पाई। सन् 1534 ई. में मुगल सम्राट् हुमायूँ ने बहादुरशाह को मालवा से खदेड़ दिया और वहाँ मल्लूखाँ को अपना सूबेदार बनाया।[35] हुमायूँ जब शेरशाह से हारकर ईरान चला गया तो शेरशाह ने मालवा को हस्तगत करके सन् 1542 ई. में शुजाअतखाँ को मालवा का सूबेदार बनाया। शेरशाह की मृत्यु के बाद शुजाअतखाँ ने मालवा में स्वतंत्र अफगान सत्ता की नींव डाली।[36] सन् 1554 ई. से 1565 ई. तक उसका पुत्र मलिक बयाजिद, बाजबहादुर के नाम से मालवा का सुलतान रहा। बाजबहादुर की सत्ता का उन्मूलन अकबर के एक क्रूर सेनापति आधमखाँ ने करके एक बार मालवा को फिर से मुगलों के अधीन ला दिया। अकबर, जहाँगीर, शाहजहाँ और औरंगजेब के समय मालवा मुगलों का एक प्रान्त रहा तथा उसकी राजधानी उज्जैन बनी। मुगल काल में आधमखाँ, अब्दुलखाँ, शिहाबुद्दीन, फखरुद्दीन, मिर्जा शकेब, शिहाबखाँ, नकीबखाँ, मोतमिदखाँ, जसवन्तसिंह, सवाई जयसिंह आदि मालवा में मुगल सूबेदार रहे।[37] सन् 1707 ई. में औरंगजेब की मृत्यु हो गयी। उसके उत्तराधिकारी अत्यन्त निर्बल सिद्ध हुए। परिणामस्वरूप मुगल साम्राज्य का तेजी से विघटन हुआ। मालवा भी इसका अपवाद नहीं रहा। यहाँ की अस्थिरता का लाभ मराठों ने लिया।

सन् 1707 ई. में औरंगजेब की मृत्यु होने से मुगलों का ध्यान उत्तराधिकार के प्रश्न की ओर चला गया। औरंगजेब के संभावित उत्तराधिकारी बहादुरशाह ने बड़ी

चालाकी से संभाजी के पुत्र साहू को बंदीगृह से मुक्त कर दिया।[38] उसने खानदेश लौटने पर छत्रपति पद हेतु अपना दावा प्रस्तुत किया। इस कारण मराठा शक्ति आन्तरिक कलह से ग्रस्त हो गयी, जिससे कुछ समय के लिए मालवा सुरक्षित हो गया।[39] इस बीच मालवा की सूबेदारी के प्रश्न को लेकर मुगल खेमे में काफी उतार-चढ़ाव आये। इस स्थिति का लाभ लेने मराठे पुनः मालवा की ओर बढ़े। इस बार उनके नेता थे कानोजी भोंसले, खाण्डेराव दाभाड़े, देवलजी सोनवंशी, संताजी भोंसले आदि। स्थिति यहाँ तक डाँवाडोल हुई कि एक मुगल सामन्त नन्दलाल मण्डलोई ने मराठों को मालवा अधिकृत करने का खुला आमंत्रण दिया। यह वह समय था, जब छत्रपति शाहू सतारा में भली प्रकार प्रतिष्ठ हो चुका था और पेशवा मराठाशक्ति में निर्णायक बन चुके थे। सन् 1720 ई. में प्रथम पेशवा बालाजी विश्वनाथ की मृत्यु हो गयी।[40] उसका पुत्र बाजीराव प्रथम शाहू के अधीन दूसरा पेशवा बना। बाजीराव प्रथम ने मराठा साम्राज्यवाद की नींव डाली। परिणामस्वरूप उसके सेनापतियों, यथा उदाजी पवार, मल्हारराव होलकर, राणोजी सिंधिया आदि ने मालवा पर आक्रमण करना प्रारंभ किया। ये आक्रमण अठाहवीं सदी के तीसरे दशक के प्रारंभिक वर्ष में हुए थे। अन्त में निर्णायक क्षण आ गया। बाजीराव के अनुज चिमनाजी अप्पा के नेतृत्व में एक शक्तिशाली मराठा सेना ने 29 नवम्बर, 1728 ई. को अमझेरा के युद्ध में मालवा के मुगल सूबेदार गिरधरबहादुर और उसके अनुज दयाबहादुर को मार डाला।[41] मराठा सेनाएँ मालवा में चारों ओर फेल गयीं और वहाँ काफी धन वसूल किया। इस घटना के बाद मुगल प्रशासन मालवा में लगभग अस्तित्वहीन हो गया। मालवा का सुयोग्य मुगल सूबेदार सवाई जयसिंह भी निरीह हो गया। परिणामस्वरूप उसके द्वारा मराठों और मुगल सम्राट् के मध्य तालमेल बिठाने का प्रयास किया गया। सवाई जयासिंह की समझौतावादी नीति न तो मुगल दरबार और न ही मराछों को रुचिकर लगी। परिणामस्वरूप मल्हारराव होलकर ने मन्दसौर में उसे चारों ओर से घेर कर 6 लाख रुपया नगद और बकाया राशि का वायदा प्राप्त किया।[42] 21 जुलाई, 1732 ई. तक मराठों का मालवा पर पर्याप्त प्रभुत्व जम गया था। सिंधिया, होलकर एवं पवार घरानों ने पेशवा को मालवा जीतने में अत्यधिक सहयोग दिया था, अतः सुशासन की दृष्टि से इस प्रदेश का निम्न प्रकार से विभाजन कर दिया गया– 21.75 प्रतिशत सिंधिया, 21.75 प्रतिशत होलकर, 16 प्रतिशत धार के पवार, 2.75 प्रतिशत देवास बड़ी पांती के पवार, 2.75 प्रतिशत देवास छोटी पांती के पवार तथा शेष 35 प्रतिशत पेशवाओं के पास रहा।[43] कालान्तर में पेशवा ने इस विभाजन में कुछ और

परिवर्तन किये। यहाँ यह स्मरण रखना आवश्यक है कि सन् 1818 ई. में जब पेशवा का पद समाप्त कर दिया गया तो मालवा में मराठा राज्य मराठा संघ से पूर्णरूपेण कट गये और अंग्रेजों के अधीनस्थ राज्य बन गये। अठारहवीं सदी के चौथे दशक में यद्यपि मराठे मालवा में निर्णायक हो चुके थे और उन्नीसवीं सदी के दूसरे दशक में कम्पनी मालवा के राज्यों के सम्प्रभु हो चुकी थी, फिर भी बहुत से वे राज्य, जो मुगल काल की देन थे, अभी भी अपना अस्तित्व प्रदर्शित कर रहे थे। इन राज्यों में कुछ तो राजपूत राज्य थे, तो कुछ मुस्लिम। राजपूत राज्यों में बड़वानी, झाबुआ, मथवाड़, कट्ठिवाड़ा, रतलाम, सैलाना, सीतामऊ, जोबट, नरसिंहगढ़, खिलचीपुर, राजगढ़, अलीराजपुर, पिपलोदा आदि थे, जबकि मुस्लिम राज्यों में भोपाल, कुरवई, मोहम्मदगढ़, पठारी तथा जावरा राज्य थे।[44]

मराठा शासन सिंधिया, होलकर एवं पवार ने राजस्थान के राज्यों की आंतरिक स्थिति में भरपूर हस्तक्षेप किया। उनकी चौथ और सरदेशमुखी की नीति एवं हर राजनीतिक परिवर्तनों में हस्तक्षेप के कारण राजस्थान के राजपूत राज्य अत्यन्त त्रस्त हो गये और ब्रिटिश कम्पनी से अहस्तक्षेप की नीति समाप्त कर मराठों और उनके आश्रित पिडारियों से संरक्षण की माँग करने लगे। हाड़ौती, ढूंढारी, मेवाड़, मारवाड़ आदि सभी क्षेत्रों के राजपूत राज्यों में मराठों के राजनीतिक हस्तक्षेप एवं उनके द्वारा किये जाने वाले आर्थिक विदोहन के कारण त्राहि-त्राहि हो उठी। झालावाड़ सहित कोटा राज्य भी इसका अपवाद नहीं रहा। अंततः कम्पनी ने अपनी नीति में परिवर्तन कर दिया और उन्नीसवीं सदी के दूसरे दशक में एक-एक कर समस्त राजपूत राज्यों ने अंग्रजों से संधि कर ली।[45] ठीक इसी समय तृतीय आंग्ल–मराठा युद्ध में मराठों की निर्णायक पराजय हो चुकी थी। यही स्थिति मालवा के अन्य देशी राज्यों यथा, देवास सीनियर एवं जूनियर, धार, झाबुआ, बड़वानी, रतलाम, सैलाना, सीतामऊ, राजगढ़, नरसिंहगढ़, खिलचीपुर, भोपाल, जावरा, आदि राज्यों की भी हुई।[46] सन् 1948 में भारत स्वतंत्र होने के उपरान्त मध्यभारत राज्य का निर्माण हुआ।

सन् 1956 ई. में मध्यभारत भी नवनिर्मित मध्यप्रदेश में विलीन हो गया। मालवा के इतिहास में एक नवीन अध्याय जुड़ गया।

झालावाड़

राजस्थान का झालावाड़ क्षेत्र भी कम महत्त्व नहीं रखता। ईसा की प्रारंभिक शताब्दियों में इस क्षेत्र का उत्तर-पश्चिमी सीमांत मालव-गण का केन्द्र रहा। आज के टोंक क्षेत्र में मालव–गण के अभिलेख एवं सिक्के प्राप्त हुए हैं।[47] मौर्यों के

पतन के बाद, ऐसा लगता है, औलिकर इस क्षेत्र में प्रमुख हो गये। नरवर्मन का विहार–कोटरा (नरसिंहगढ़ के निकट) एवं गंगधार का विश्ववर्मन का अभिलेख इस तथ्य को प्रमाणित करते हैं।[48] गुप्त–औलिकर काल का समापन होने पर यह क्षेत्र एकाधिक राजनीतिक शक्तियों का केन्द्र रहा। परमार काल के अभ्युदय के पूर्व सातवीं और आठवीं सदी में यहाँ मौर्य एवं राष्ट्रकूट शासकों का राज्य रहा।[49] संभव है प्रारंभ में वे सम्राट् हर्षवर्धन के अधीन सामंत रहे व कालान्तर में स्वतंत्र हो गये। सन् 690 ई. के झालरापाटन के एक अभिलेख में मौर्यों का उल्लेख आया है।[50] संभव है यह उल्लेख कणस्वा अभिलेख में उल्लिखित मौर्य–शासक धवलात्मक से सम्बन्धित हो जिसके अधीन शंकरगण, दुर्गगण और शिवगण जैसे शासक इस क्षेत्र में शासन कर रहे थे।[51] स्मरण रहे, इस समय यह क्षेत्र चित्तौड़ के मौर्यों के अधीन था। इस वंश का सर्वाधिक उल्लेखनीय शासन धवलप्प था जिसकी उपाधियाँ परम भट्टारक, महाराजाधिराज, परमेश्वर थीं।[52]

इसी प्रकार इन्द्रगढ़ में सन् 710-11 का एक अभिलेख प्राप्त हुआ है। इस अभिलेख में भामाण के पुत्र नण्णप्प का उल्लेख आया है।[53] कतिपय इतिहासविदों की धारणा है कि यह नण्णप्प मुल्ताई तथा संगलोदा के समकालीन ताम्रपत्रों में उल्लिखित राष्ट्रकूट शासक नन्नराज हो जो संभवतः मौर्यों का प्रभुत्व स्वीकार करते हुए शासन कर रहा था।[54]

आठवीं से दसवीं सदी तक यह क्षेत्र अनेक राजनीतिक उच्चावचनों एवं सैनिक अभियानों को देखता रहा। आठवीं सदी के तीसरे और चौथे दशकों में यह क्षेत्र जुनैद या तमिन के नेतृत्व में अरब आक्रमण का साक्ष्य लेता रहा।[55] आठवीं सदी के मध्य का महुआ अभिलेख इस क्षेत्र के एक शासक वंश का उल्लेख करता है जिसमें आर्यभाष, नागवर्धन, तेजोवर्धन, उदित, वत्सराज नामक ब्रह्मक्षत्र शासक हुए।[56] कोषवर्धन (आधुनिक शेरगढ़) के सन् 790 ई. के एक अभिलेख में एक नाग–सामन्त देवदत्त का उल्लेख आया है जिसके पूर्वज क्रमशः बिन्दुनाग, पद्मनाग एवं सर्वनाग थे।[57] और फिर पालों, प्रतिहारों और राष्ट्रकूटों के मध्य त्रिकोणात्मक संघर्ष का युग आया। यह क्षेत्र गुर्जर-प्रतिहारों और राष्ट्रकूटों के मध्य अनवरत दसवीं सदी तक चलते हुए संघर्ष को निरीह हो देखता रहा।[58] उपरान्त इस क्षेत्र के संप्रभु बने मालवा के परमार। मालवा के परमारों की एक शाखा चन्द्रावती (आधुनिक झालरापाटन) पर शासन करती रही। चौदहवीं सदी के प्रारंभ में यह सत्ता भी समाप्त हो गई। कुछ समय के लिये यह क्षेत्र दिल्ली व गुजरात के सुलतानों के अधीन रहा। इस राजनीतिक उच्चावचन का लाभ लेकर तेरहवीं सदी में इस क्षेत्र में

डोड राजपूतों ने अधिकार जमाया।[59] उपरान्त यह क्षेत्र चौहानों की खीची शाखा के हाथों में आ गया।[60] इस क्षेत्र के प्रमुख केन्द्र गागरोन के जल–दुर्ग पर सन् 1303 में खिलजियों एवं सन् 1378 में फीरोज तुगलक का आक्रमण हुआ; किन्तु वे इस गढ़ को अधिकृत करने में असफल रहे।[61] सन् 1423 ई. में स्वतंत्र मालवा के सुलतान होशंगशाह गोरी ने गागरोन के वीर शासक अचलदास खीची पर आक्रमण कर यह गढ़ जीत लिया। गागरोन के खीची शासक की सहायता को आ रही मेवाड़ी सेना समय पर नहीं पहुँच पाई।[62]

उपरोक्त सारे वर्णन से ज्ञात होता है कि झालावाड़ पहले तो दिल्ली के मुस्लिम शासकों के अधीन था। उनसे यह गुजरात के मुस्लिम शासकों के हाथ में चला गया। उसके बाद माण्डू (मालवा) के मुस्लिम शासकों ने इस पर शासन किया और मुगल काल में यह मुगलों के अधीन मालवा के नियंत्रण में रहा। डग कस्बा राठौड़ राजकुमार जयवन्तसिंह के अधिकार में था। उसके पुत्र मानसिंह ने काफी कीर्ति अर्जित की। मानसिंह के पुत्र कल्याणसिंह ने ई. 1611 में कल्याण सागर तालाब बनवाया। ई. 1665 में मुगल गवर्नर होशंदारखाँ ने डग जीत लिया। उसके पुत्र हिदायत खाँ ने ई. 1685 में डग का नाम बदलकर हिदायतनगर रख दिया। ई. 1691 में दामोदर ने डग पर अधिकार कर लिया तथा एक सरोवर का निर्माण करवाया। ई. 1715 में यह क्षेत्र मल्हारराव पवार के अधीन चला गया। ई. 1728 में जयपुर नरेश सवाई जयसिंह ने यह क्षेत्र अपने अधिकार में लेकर मिश्रीमल को यहाँ का हाकिम नियुक्त किया। ई. 1736 में यह क्षेत्र पुनः पवारों के हाथ में चला गया। पवार आनन्दराव यहाँ राजा बना। उसके मंत्री अवधूतराव ने केशवराय का मन्दिर बनवाया। ई. 1801 में यह पूरा क्षेत्र कोटा महाराव के अधीन आ गया। ई. 1801 से पहले झालावाड़ का सारा क्षेत्र मालवा क्षेत्र में आता था। अतः इसका राजनीतिक इतिहास मालवा क्षेत्र के साथ ही जुड़ा हुआ था, ई. 1801 से यह क्षेत्र राजस्थान के साथ जुड़ा।[63] सन् 1817 में कोटा राज्य के जालिमसिंह ने अंग्रेजों से पिंडारियों और मराठों के आतंक से पीड़ित हो सहायक संधि की। इस शासक ने सन् 1791 में झालावाड़ नगर बसाया था। सन् 1834 में कोटा का राज–वंश गृह-कलह से ग्रस्त हो गया। तब अंग्रेजों ने मध्यस्थ बनकर झालावाड़ क्षेत्र मदनसिंह को देकर उसे झालावाड़ का प्रथम शासक नियुक्त किया और उसे राजराणा की उपाधि प्रदान की।[64] सन् 1899 में अनेक कारणों से इस राज्य का पुनर्गठन किया गया और नवीन झालावाड़ राज्य का शासक भवानीसिंह को बनाया। भारत के स्वतंत्र होने पर कोटा, बूँदी, टोंक, झालावाड़, शाहपुरा, डूंगरपुर,

बाँसवाड़ा, प्रतापगढ़ किशनगढ़ तथा कुशलगढ़–इन 10 रियासतों को एक संघ का रूप दिया गया।[65] कालान्तर में इस संघ का नवीन राजस्थान में विलय कर दिया गया।

सोंधवाड़ का पुरा–वैभव

ऐतिहासिक घटनाओं और गतिविधियों का सीधा प्रभाव धार्मिक एवं कलात्मक गतिविधियों पर पड़ता है। सोंधवाड़ क्षेत्र भी इसका अपवाद नहीं रहा। अति प्राचीन काल में जब पाषाणकालीन मानव पेबुल उद्योग, हस्तकुठार उद्योग या ब्लेड–ब्यूरिन उद्योग से सम्बन्धित प्रस्तर उपकरणों सहित इस क्षेत्र में यायावरी एवं आखेटक जीवन बिताता था, तो चम्बल एवं उसके बीहड़ उसके आश्रयदाता थे, प्राप्त उपकरण प्रमाणित करते हैं। सभ्यता के विकास के साथ-साथ इस क्षेत्र का ताम्राश्मीय मनुष्य अन्न–संग्राहक की अपेक्षा अन्न–उत्पादक बनने लगा था, कृषि कला सीख गया था, विभिन्न प्रकार के मृद्भाण्ड निर्मित करने एवं ताम्र व सूक्ष्माश्म उपकरणों का प्रयोग करने लगा था। लौह युग के प्रारंभ होने पर वह आहत सिक्के भी प्रयुक्त करते हुए वस्तु-विनिमय प्रणाली के साथ-साथ मौद्रिक अर्थव्यवस्था को अपनाने लगा था। महिदपुर, कलस्या, गुल बालोद, सिपावरा, गंगधार आदि के पुरा–टीलों से यह तथ्य स्पष्ट होता है, जहाँ काले व लाल एवं चित्रित मालवा मृद्भाण्ड भारी मात्रा में प्राप्त होते हैं।

सोंधवाड़ क्षेत्र दुर्लभ स्मारकों की दृष्टि से अत्यन्त सम्पन्न है। प्रारंभिक औलिकर शासकों ने बौद्ध धर्म को पर्याप्त प्रश्रय दिया था। उससे प्रेरित होकर पतनशील बौद्ध धर्म के अनेक भिक्षु सोंधवाड़ क्षेत्र में आ गये थे। पाँचवीं से आठवीं सदी के मध्य उन्होंने परस्पर मिलकर अनेक शैलोत्कीर्ण बौद्ध गुफाएँ निर्मित कीं। आज भी धमनार में 70, पोला डोंगर में 100, बिनायका में 16, खेजड़िया भोप में 5, कोलवी में 45, हथिया गौड़ तथा गुनई में 4 बौद्ध गुफाएँ देखी जा सकती हैं, किन्तु इन बौद्धों का शरण पाने का अभीष्ट अधूरा ही रह गया। इन्हें संरक्षण देने वाले परवर्ती औलिकर शासक शैव मत के अनुयायी हो गये थे। तोरमाण एवं मिहिरकुल के नेतृत्व में क्रूर हूण इस क्षेत्र में दूर-दूर तक सैनिक अभियान कर रहे थे। वे बौद्धों के कट्टर शत्रु थे। बहुत संभव है कि बौद्ध-भिक्षुओं को उनकी हिंसक गतिविधियों का शिकार होना पड़ा। पराजित होकर हूण तो लौट गये किन्तु चम्बल की बीहड़ों को सुरक्षित शरण-स्थली मान उनमें से कई इस क्षेत्र में बस गये। इस कारण परमार काल तक इस अंचल में एक हूण-मण्डल अस्तित्व में रहा।[66] इन परिस्थितियों में ये बौद्ध–गुफाएँ अर्ध-निर्मित होकर मात्र अध्येताओं एवं पर्यटकों

के आकर्षण का केन्द्र रह गईं। राजा और प्रजा की परिवर्तित सांस्कृतिक मनोदशा का परिज्ञान मात्र इससे हो सकता है कि धमनार की इन बौद्ध–गुफाओं के मध्य 7वीं–8वीं सदी में एक विशाल एकाश्मीय पंचायतन वैष्णव मन्दिर शैलोत्कीर्ण किया गया।[67] बौद्ध धर्म के तेजी से लुप्त होने का यह एक ज्वलन्त उदाहरण है।

गुर्जर–प्रतिहार काल के अनेक निर्माण भी हमें इस क्षेत्र की पुरा–सम्पदा का परिचय देते हैं। चन्द्रावती (झालरापाटन) के शीतलेश्वर, कालिका एवं वराह मन्दिर तथा इन्द्रगढ़ एवं शेरगढ़ के ध्वंसावशेष इसके जीवन्त प्रमाण हैं। इस काल में सोंधवाड़ में हिंगलाजगढ़ एवं गागरोन के सुप्रसिद्ध गढ़ अस्तित्व में आये। ये विशाल एवं सुदृढ़ किले सैनिक एवं सांस्कृतिक दृष्टि से भारत के प्रसिद्ध किलों में अपना स्थान रखते हैं। मन्दिरों और प्रतिमा–निर्माण की दृष्टि से परमार काल अत्यन्त उल्लेखनीय है। इस काल में महिदपुर तहसील के झार्डा, मकला व इन्दौख, आगर के निकट नरवर, आगर–बड़ोद मार्ग पर बीजानगरी, कालीसिंध तट पर बरई, झालावाड़ का सूर्य मन्दिर व शान्तिनाथ का जैन मन्दिर तथा हिंगलाजगढ़, केथूली, नीमथूर, कँवला, मोड़ी, संधारा, भानपुरा, बारोली, रातादेई आदि के धार्मिक निर्माण बड़ा महत्त्व रखते हैं। इन स्थानों की प्रतिमाओं का कलात्मक वैभव भारत की मूर्ति–कला में अपना विशिष्ट स्थान रखता है।[68]

राजपूत, उत्तर मुगल एवं मराठा काल में भी अनेक नगर अस्तित्व में आये एवं अनेक पुरानी बस्तियों का नव-निर्माण संभव हुआ। इन स्थानों पर प्राकार, प्रवेश–द्वार, राजमहल, हवेलियों एवं आकर्षक धर्मस्थलों का निर्माण हुआ। मध्यप्रदेश के सोंधवाड़ क्षेत्र में ऐसे स्थल महिदपुर, पिपलोन, झार्डा, इन्दौख, आगर, सोयत, सुसनेर, नलखेड़ा, कानड़, अमरकोट, जीरापुर, माचलपुर, खिलचीपुर, राजगढ़, नरसिंहगढ़, आलोट–गुड़गुच्या, गरोठ, रामपुरा, भानपुरा आदि हैं; जबकि राजस्थानी सोंधवाड़ में बड़ौद, डग, कोटरी, पिड़ावा, पचपहाड़, झालरापाटन, झालावाड़, खानपुर, अकलेरा, भवानीमण्डी, सुनेल आदि हैं।

संदर्भ

1. Dutta, Jatindra Mohan, Prehistoric Demography, M.P., Vol. 39, p. 269; Wakankar V.S. **Chalcolithic Cultures of Malwa** (Prächya Pratibhä, Vol, IV, 2, pp. 1-2.
2. व्यक्तिगत सर्वेक्षण
3. वायु पुराण, 94.6, 52.52; मत्स्य पुराण, 13-30 एवं 43.49; लिंग पुराण, 68.9
4. कानुनगो, शोभा, उज्जयिनी का सांस्कृतिक इतिहास, पृ. 5–6; महाभारत, भीष्म पर्व, 17.37

5. अंगुत्तर निकाय, 1.213, 4.252–53; महावस्तु, 1.34, 2–3
6. उपाध्याय, भगवतशरण, मध्य प्रदेश नमामि, पृ. 44–48
7. Comprehensive History of India, Vol. 2, pp. 46-47
8. Jain, K.C. Malwa Through the Ages, p. 104
9. गोयल, श्रीराम, प्राचीन भारतीय अभिलेख संग्रह, भाग 1, पृ. 334
10. Pandey, Rajbali. Vikramāditya of Ujjaiyini, pp. 49-50
11. Sarkar, D.C., Select Inscriptions, pp. Vol. I, 88-89
12. Epigraphia Indica, VIII, p. 78.....
13. गोयल, श्रीराम, पूर्वोक्त, पृ. 441
14. उक्त, पृ. 335 व आगे
15. उपाध्याय, वासुदेव, गुप्त अभिलेख, पृ. 125
16. उक्त, पृ. 123
17. Corpus Inscriptionum Indicarum, Vol. 3, pp. 25-31
18. *Ibid*, pp. 44 onwards
19. Journal of Epigraphical Society of India, X (1983), pp. 96-103
20. उपाध्याय, वासुदेव, पूर्वोक्त, पृ. 220 व आगे
21. Buddha Prakash, Aspects of Indian History and Civilisation, p. 100
22. Indian Antiquary, XIX, p. 7 onwards
23. पांथरी, भगवतीप्रसाद, राजवंश मौखरी और पुष्यभूति, पृ. 100
24. The Age of Imperial Kanauja, p. 40
25. Bhatia, Pratipal, The Paramaras, pp. 30-33
26. पद्मगुप्त, नवसाहसांक चरित, 1.90
27. धनपाल, पाइअलच्छीनाममाला, 1–3
28. निगम, श्यामसुन्दर, मालव की हृदयस्थली अवन्तिका, पृ 4।
29. उक्त
30. A Comprehensive History of India, Vol. 5, p. 395
31. De, *U, N.*, Medieval Malwa, pp. 20-21
32. विक्रम स्मृति ग्रन्थ, पृ. 563 (सुंगंधी गोपालचन्द्र का लेख)
33. उक्त, पृ. 567
34. उक्त, पृ. 568
35. De, *op. cit.*, p. 329
36. *Ibid*, p. 336
37. कानूनगो, शोभा, पूर्वोक्त, पृ. 300
38. सरदेसाई, गोविन्द सखाराम, मराठों का नवीन इतिहास, भाग 2, पृ. 4–5

39. उक्त, पृ. 10–11
40. गुरु. शंभुदयाल, **आधुनिक इतिहास के संदर्भ में मालवा** (जनधर्म : मालवा विशेषांक, भाग 2, पृ. 44)
41. Raghubir Singh, Malwa in Transition, p. 163
42. Malcolm J. M., A Memoir of Central India including Malwa, Vol. I, p. 321
43. भालेराव, भास्कर रामचन्द्र, **शिन्द्रे राजवंश तथा पुण्य–क्षेत्र उज्जयिनी,** उज्जयिनी दर्शन (1957), पृ. 104
44. Memoranda of the Indian States, 1936
45. निगम, श्यामसुन्दर, भारत का नवीन इतिहास, पृ. 246
46. निगम, श्यामसुन्दर, मालवा के इतिहास और संस्कृति के कतिपय पहलू, पृ. XI
47. Jain, K. C.. *op. cit.*, pp. 6-7
48. Epigraphia Indica, XXXVI, pp. 130 ff.; Corpus Inscriptionum Indicarum, III. pp. 44 ff.
49. Jain, K.C., *op. cit,* pp. 319
50. कँवल, रामलाल, प्राचीन मालवा की मन्दिर वास्तु–कला, पृ. 134
51. Indian Antiquary, XIX, p. 55
52. *Ibid*, p. 57
53. Jain. K.C., op. cit, p. 320
54. *Ibid*
55. *Ibid*, p. 321
56. Epigraphia Indica, XXXVII, No. 11
57. *Ibid*, XXIII, p. 132
58. मजूमदार, रमेशचन्द्र, प्राचीन भारत, पृ. 244–45
59. देसाई, लल्लूभाई श्री भीमभाई, भाग–1, पृ. 92–93
60. मिश्रण, सूर्यमल्ल, वंश भास्कर, पृ. 600
61. De, U.N., *op. cit.*, 48
62. *Ibid*, p. 50
63. गुप्ता, मोहनलाल, पूर्वोक्त, पृ, 74
64. उक्त, पृ, 76
65. उक्त, पृ. 78
66. पद्मगुप्त, नवसाहसांकचरित, 11.50
67. Patil, D.R., The Cultural Heritage of Madhya Bharat, p. 124-25
68. व्यक्तिगत सर्वेक्षण

धर्मराजेश्वर मन्दिर

धमनार का बौद्ध-स्थल

सोंधवाड़ क्षेत्र के चतुर्भुजनाला के
प्रागैतिहासिक शैल-चित्र

झालरापाटन का सूर्य मंदिर

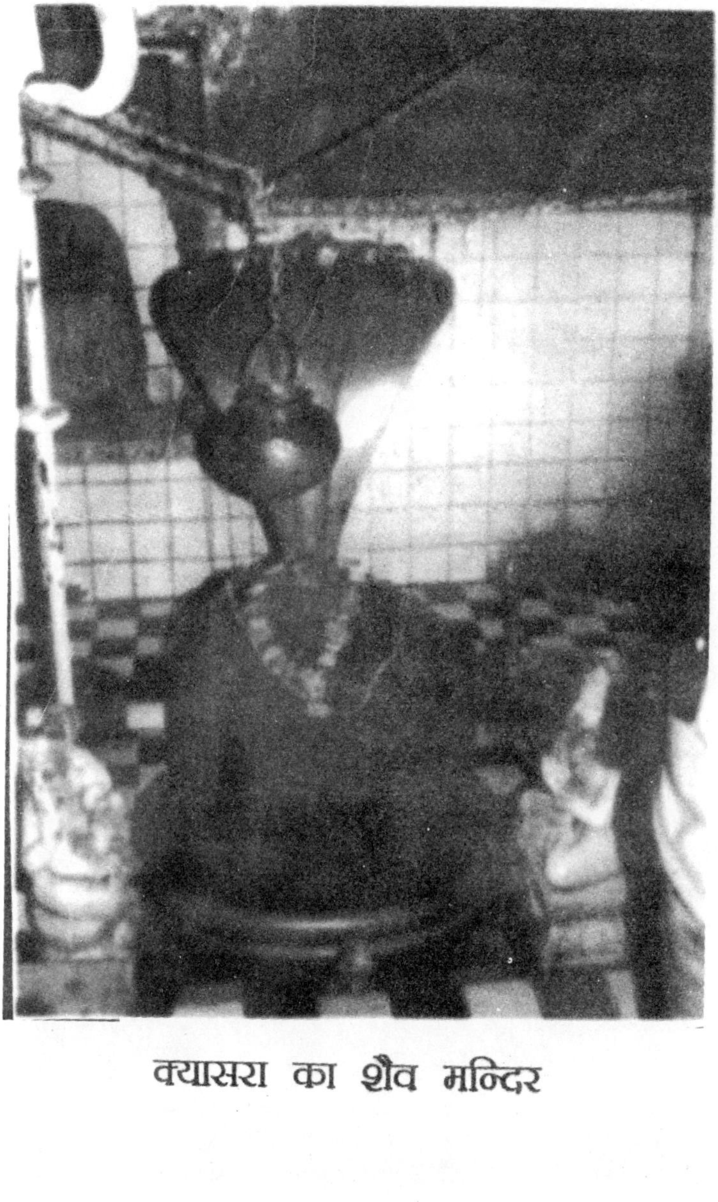

क्यासरा का शैव मन्दिर

हिंगलाजगढ़ की एक आकर्षक पार्वती प्रतिमा

संत पीपाजी एवं साध्वी सीता

बड़ा महादेव, भानपुरा

हिंगलाजगढ़ पर सर्वेक्षण टीम

सोंधिया-जन की आराध्या पिछावा माता मन्दिर

पंच पिछावा माता

4

सोंधवाड़ की सामाजिक परिवेश

(खण्ड-अ)

सोंधवाड़ क्षेत्र सामाजिक दृष्टि से एक विशिष्ट सामाजिक क्षेत्र रहा है जिस पर मालवा, मारवाड़ हाड़ौती, मेवाड़, ढूंढार, झालावाड़, वागड़ आदि अंचलों का सामाजिक प्रभाव होने पर भी एक पृथक् सामाजिक परिस्थिति रही है। पूर्व में मालवांचल का एक भाग होने से निश्चित ही मालवा के सामाजिक जीवन ने सोंधवाड़ के सामाजिक धरातल को बहुत–कुछ निर्धारित किया। आवश्यक तत्त्वों का अनुशीलन अन्यथा न होगा–

वर्ण एवं जाति – प्राचीन भारतीय वर्ण-व्यवस्था अब मात्र एक सैद्धान्तिक एवं परम्परागत आग्रह रह गया है। दूसरे शब्दों में कहा जाय तो अब इस आग्रह को पालने वाले जातियों, उपजातियों और उनसे जुड़ी शाखा–प्रशाखाओं के रूप में विभक्त हो गये हैं। सोंधवाड़ अंचल की सामाजिक परिस्थिति इस तथ्य को पूरी तरह उजागर करती है।

प्रस्तुत परियोजना वस्तुतः सोंधिया क्षेत्र एवं समुदाय पर अधिक केन्द्रित है। इस कारण सोंधिया समाज का जातिगत स्वरूप देखना उचित होगा।

यह एक विडम्बना ही मानी जायेगी कि सोंधवाड़ सहित मालवा क्षेत्र में ऐसी जातियाँ नगण्य ही हैं तो स्वयं को मूल रूप में मालवा की ही निवासी मानती हैं। विगत एक सहस्राब्दी से सोंधवाड़ जातीय उत्थान–पतन एवं मानवीय गमनागमन

का साक्ष्य लेता रहा है। ऐतिहासिक काल में जिन अनेक देशी-विदेशी जातियों ने शैव, वैष्णव, जैन या बौद्ध स्वरूपों को ग्रहण करते हुए इस अंचल में अपनी प्रमुख भूमिका सम्पादित की, उनमें प्रद्योतों, नन्दों व मौर्यों, शक–सातवाहनों गर्दभिल्लों एवं औलिकरों, नागों, गुप्तों एवं उत्तर–गुप्तों आदि के नाम प्रमुख हैं। पूर्व मध्य काल में सोंधवाड़ चालुक्यों, राष्ट्रकूटों, प्रतिहारों और पाल शासकों के सैन्य-पर्यटन एवं राजनीतिक स्पर्धा से जनता को निरीह करने वाले घटनाक्रमों से गुजरता चला गया। यद्यपि राजवंशों का परिचय तो मिल जाता है किन्तु स्रोतों के अभाव में प्राचीन मालवा की जातीय संरचना पर प्रकाश डालना संभव नहीं है। इस स्थिति में पर्याप्त परिवर्तन उत्तर मध्य काल में दिखाई देता है। अभी ऐसे कई साहित्यिक, अभिलेखीय एवं आनुश्रुतिक साक्ष्य प्राप्त होते हैं जिनके आधार पर इस क्षेत्र की जातीय संरचना पर पर्याप्त प्रकाश पड़ता है।

राजपूत काल में परमार–शक्ति लगभग तीन शताब्दियों तक निर्णायक बनी रही। मालवा व पूर्वी राजस्थान के सामाजिक जीवन में इस काल में पर्याप्त उच्चावचन उपस्थित हुए। परमार नरेश सीयक, मुंजराज एवं भोजदेव के राज्य–काल में अनेक ब्राह्मण, राजपूत व जैन परिवार निकटवर्ती क्षेत्रों से इस अंचल में विभिन्न कारणों से प्रविष्ट हुए। भारत के विभिन्न क्षेत्रों से अनेक ब्राह्मण परिवारों को परमारों ने ससम्मान अपने राज्य में आमंत्रित किया एवं उन्हें उदारतापूर्वक भूमि–अनुदान भी प्रदान किये। परमार नरेशों के विभिन्न अभिलेखों से यह तथ्य स्पष्ट होता है। राजपूत जातियों में गुहिल, चौहान, चन्देल, कलचुरि, चालुक्य एवं होयसल शासक मालवा की ओर अपनी विस्तारवादी दृष्टि को क्रियान्वित करने में चतुःसीमान्त संलग्न थे। पश्चिमोत्तर क्षेत्र में नाग, मौर्य एवं हूण शक्तियाँ भी अपना राजनीतिक अस्तित्व प्रकट कर रही थीं। बारहवीं, तेरहवीं और चौदहवीं सदी में दिल्ली के तुर्क सुलतानों ने सोंधवाड़ पर सफल सैनिक-अभियान सम्पन्न किये थे। इस कारण अनेक सुन्नी तुर्कों ने इस क्षेत्र को अपनी बर्बर सामन्तीय महत्त्वाकांक्षाओं का शिकार बना दिया था। पतनशील परमार-शक्ति धीरे-धीरे अस्त हो रही थी। मुस्लिम आक्रमणों के कारण उत्पन्न हुई अराजकता का लाभ उठाकर अनेक आदिवासी सरदारों और भूमियाओं ने कई क्षेत्रों, विशेषकर पिछड़े एवं वन्य प्रदेशों, में अपनी–अपनी सत्ता स्थापित कर ली थी। परमार काल के अनेक विकसित क्षेत्र इस कारण धीरे-धीरे भील-भिलालों, राठियाओं, पाटलियाओं और बारेलाओं के आखेटन एवं कृषि क्षेत्रों में तब्दील हो चुके थे। विभिन्न पुरा–प्रमाण एवं आदिवासी परम्पराएँ इस तथ्य को प्रमाणित करते हैं।(*)

---

* पूर्व में प्रदत्त सोंधवाड़ की ऐतिहासिक पृष्ठभूमि के प्ररिप्रेक्ष्य में ही इसे देखा जाना चाहिए। अतः एतद् विषयक संदर्भ वहीं देखे जाने चाहिए।

मालवा की परमार सत्ता के पतन के साथ ही सोंधवाड़ दिल्ली के सुलतानों के आधीन अवश्य हो गया, किन्तु सर्वत्र अराजकता एवं विघटन के दृश्य उपस्थित हो गये थे। क्षेत्रीय मुस्लिम प्रशासक इस स्थिति को संभाल पाने में लगभग असमर्थ थे। इस कारण अनेक जनजातीय एवं अर्ध–क्षत्रिय जातियों के विद्रोहों और विप्लवों का सामना करने के लिये राजपूत शक्तियों को सामन्तीय पद प्रदान किये गये। यह स्थिति मुगल व मराठा काल में न्यूनाधिक अन्तर से जारी रही। मालवा के कई पतनोन्मुखी परमार परिवार विभिन्न दिशाओं में पलायन कर गये। बहुसंख्यक परिवार ग्रामीण क्षेत्रों में दुबक कर कृषि–कार्यों में संलग्न हो गये। कुछ मेवाड़ की ओर प्रस्थित हुए। उनमें से बिजौलिया का वीर पुरुष साबूसिंह छत्रपति शिवाजी की सेवा में दक्षिण चला गया जिसे सूपा की जागीर मिली। सूपा का यह परिवार पेशवा के मालवा पर आक्रमण का सहयोगी बन मालवा के धार व देवास राज्यों के कर्णधार बना। इसी काल में राठौर–सामन्त सोंधवाड़ के अनेक स्थानों पर शासन-प्रशासन की वल्गा थामे रहे। टोंक एवं जावरा का नवाबी शासन अस्तित्व में आया।

इन संक्रमणशील परिस्थितियों के कारण मालवा में चारों दिशाओं से अनेक जातियों ने प्रवेश किया। इनका नामोल्लेख इस प्रकार है–

ब्राह्मण जातियाँ

गुजरात से – नागर, औदीच्य, दशोरा, अमेठा, चौबीसा, बाईसा, मोड़;

राजस्थान से – श्रीमाली, श्रीगौड़, आदिगौड़, गुर्जर गौड़, पुष्करणा, शाक्यवाल, चित्तौड़ा, मेवाड़ा, जोधपुरा, खण्डेलवाल, पालीवाल, नागदा, दाधीच, भोजक, मग आदि;

नर्मदा कांठे से–भार्गव, नार्मदेव;

उत्तर भारत से – जूझौतिया, गढ़वाली, सारस्वत, कनौजिया, सनाढ्य, मैथिल, जम्बूसर, औदुम्बर आदि;

दक्षिण से – तेलंग, देशस्थ, कोकणस्थ, सारस्वत, द्राविड़, गुरव आदि।

राजपूत व क्षत्रिय जातियाँ

स्थानीय – परमार

गुजरात से – सोलंकी, चावड़ा, काठी, झाला;

पश्चिमी भारत व राजस्थान से – प्रतिहार, गुहिल व सिसौदिया, चूंडावत, शक्तावत, राणावत, चन्द्रावत, चौहान, (सोनगरा, हाड़ा, खीची), कछवाह, राठौर, भाटी, उमट, आदि;

उत्तर भारत से– मौर्य, कुशवाह, सेंगर, भदोरिया, तंवर, चन्देल, बुन्देल, बघेल, सिकरवार;

महाराष्ट्र से – मराठा, एवं

पूर्वी भारत से – पूरबिया, बेस व कलचुरि;

वैश्य व जैन जातियाँ

गुजरात से – मोड़, नीमा, दीसावाल;

राजस्थान से – माहेश्वरी, खण्डेलवाल, बघेरवाल, ओसवाल, हूँमड़, पोरवाल, जैसवाल, श्रीमाल; एवं

उत्तर भारत से – अग्रवाल, माथुर, तारणपंथी।

कृषक एवं पशुपालक जातियाँ– पाटीदार (कुलमी), सैंधव, जाट, आंजना, खाती, लोधी, कलोता, माली, ब्रह्मछत्र, रघुवंशी, मीणा, दांगी, धाकड़, सिरवी, बंजारा, सतनामी, गुवाल (गुड़रिया), यादव, अहीर, घोसी, गुनई, सोंधिया, गूजर आदि।

व्यापार व उद्योग केन्द्रित जातियाँ – सुनार, सुतार (बढ़ई), लुहार, कसेरा, ठठेरा, कुमावत, तेली, दर्जी, चर्मकार, लखारा, कलाल (जायसवाल), भांभी, साहू, रंगरेज (रंगारा), छीपा, सालवी, सोड़ी, कोरी, गायरी, कुम्हार (प्रजापत), गंधी, सिलावट, पटवा, भावसार, खेराती, लोधी, चितेरा, बंसफोड़ जीनगर, सीकलीगर, तम्बोली (चौरसिया), खत्री आदि।

श्रमिक एवं वन्य जातियाँ– बागरी, पारदी, नाई, भोई, बैरवा, कहार, बरगुण्डा, खारोल, टकारा, नगारची, ढोली (दमामी), नायक, धीमर, कुर्मी, कोष्टी, ज्योत्सी, महार, पासी, खटिक, बलाई, मेहतर, बांछड़ा, मांझी, किरार, मोघिया आदि।

विशिष्ट जातियाँ – कायस्थ, बैरागी, गुसाई, प्रभुनाथ, साधु-संन्यासी, सिख, पारसी आदि।

यायावर – कंजर, सांसी, बेड़िया, साठिया, नट, रहवारी, गाड़ोलिया, कालबेलिया आदि।

इस्लाम धर्मावलम्बी जातियाँ – पठान, बोहरा, सूफी, फकीर, नागौरी, मेव, कच्छी, नायता, जुलाहा, पिंजारा, रंगरेज, कूंजड़ा, छीपा, खटिक, कसाई आदि।

आदिवासी जातियाँ – भील, भिलाला, राठिया, बारेला, निहाल, कोरकू, पाटलिया, भूमिया आदि।

अफगान एवं ईरानी यायावरी व्यापारी स्वतंत्रता के उपरांत अब इस क्षेत्र में नहीं आते।

इन विभिन्न जातियों में परस्पर रोटी-बेटी व्यवहार सामान्यतः नहीं होते रहे हैं। जातीय पंचायतें एवं संगठन महत्त्वपूर्ण रहे हैं। विभिन्न परिवारों को जाति से बाहर निकालने एवं पुनः जाति में सम्मिलित करने का अधिकार इन्हें प्राप्त था। विवाह, जन्म, मृत्यु, नातरा, रीति-रिवाज आदि से सम्बन्धित पद्धतियों का निरूपण भी इन संगठनों या जाति–पंचों के पास होता था। अब जबकि जातीय बंधन शिथिल हो रहे हैं, विभिन्न जातियाँ आज उपजातियों, शाखाओं, संबाओं, अल्लों आदि में विभक्त हैं और अपने पारिवारिक गोत्र–विधानों एवं परम्पराओं का पालन करने में सुविधा एवं गौरव अनुभव करती हैं।

सर्वेक्षण से मध्यप्रदेश एवं राजस्थान के सोंधवाड़ अंचल के बारे में मोटे रूप से निम्नलिखित महत्त्वपूर्ण तथ्य सामने आये हैं–

अ. सोंधवाड़ क्षेत्र में बसने वाले निवासियों का मूल-स्थान

सारणी क्र. 1

क्र.	मूल क्षेत्र	सोंधवाड़ में प्रतिशत
1.	मारवाड़	14
2.	मालवा	22
3.	मेवाड़ का वागड़	21
4.	हाड़ौती (कोटा व बूंदी)	19
5.	गुजरात	07
6.	अन्य	17
	कुल	**100**

टिप्पणियाँ – स्रोत–सर्वेक्षण

1. सोंधवाड़ क्षेत्र की 57 प्रतिशत जनसंख्या राजस्थान के विभिन्न क्षेत्रों से आये हुए लोगों की है। ऐसे लोगों में राजपूत, जैन, ब्राह्मण, महाजन व शिल्पी जातियाँ प्रमुख हैं।

सारणी क्र. 1

सोंधवाड़ क्षेत्र में बसने वालों का मूल स्थान

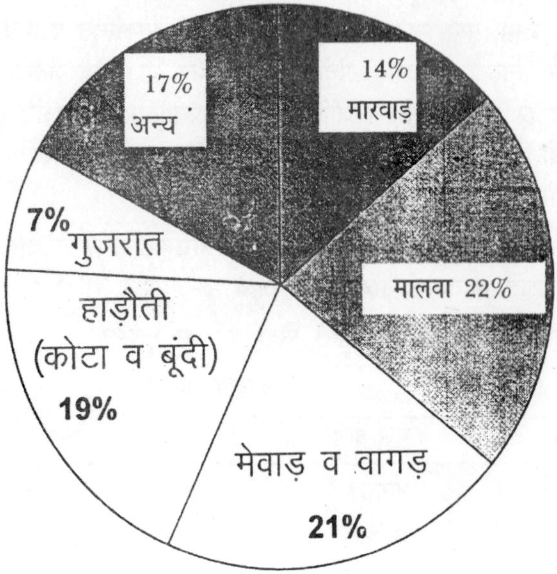

स्रोत – सर्वेक्षण

2. मालवा क्षेत्र के वे लोग जो परम्परागत रूप में सोंधवाड़ में बसे हैं, 22 प्रतिशत हैं। ऐसे लोगों का जातीय विवेचन प्रदत्त जातीय सारणी में किया गया है।

3. सोंधवाड़ क्षेत्र में मेवाड़ियों एवं वागड़ियों की विशिष्ट भूमिका है। इनमें जैन, राजपूत, ब्राह्मण, कृषक व शिल्पी–जन अधिकांशतः परिगणित होते हैं।

4. हाड़ौती क्षेत्र से आकर इस क्षेत्र में बसी जातियों में राजपूत, जैन, महाजन, कृषक एवं दस्तकार जातियाँ विशेष महत्त्व रखती हैं।

5. गुजराती के विभिन्न क्षेत्रों से आकर सोंधवाड़ में बसे लोग 7 प्रतिशत हैं। ऐसे लोगों में विशेषकर राजपूत, ब्राह्मण, पाटीदार व महाजन हैं।

6. **'अन्य'** के अन्तर्गत उत्तर प्रदेश, दिल्ली, पंजाब, हरियाणा, निमाड़ एवं महाराष्ट्र के मूल निवासी आते हैं।

सारणी क्र. 2

ब. अनुसूचित जनजाति एवं अनुसूचित जातियों का अनुपात – यद्यपि मध्य प्रदेश एवं राजस्थान में आदिवासियों, जनजातियों एवं अनुसूचित जातियों का प्रतिशत लगभग 45 है, किन्तु सोंधवाड़ क्षेत्र में यह अनुपात जनसंख्या का केवल 14 प्रतिशत ही है। इन जातियों में मीणा, भील-भिलाले, मोघिया आदि आते हैं। इनमें 10 से लेकर 11 प्रतिशत लोग मीणा हैं।

सारणी क्र. 2
सोंधवाड़ क्षेत्र की अनुसूचित जातियाँ
मध्य प्रदेश एवं राजस्थान में

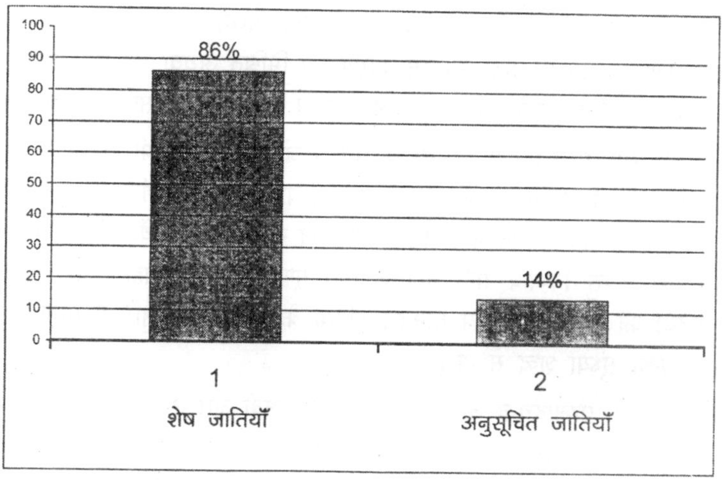

सोंधिया–समाज का जातिगत आधार

यह एक आम धारणा रही है कि सोंधिया एक जाति है जो प्रमुख रूप से उस क्षेत्र में बसी है जो आजकल सोंधवाड़ कहलाता है। सामान्यतया उसे एक निम्न जाति माना गया, विशेषकर इस संदर्भ में कि सोंधिया समुदाय के लोग यायावरी, लूटमार व डाकाजनी करने या फसलों एवं पशुओं का अपहरण करने जैसे समाज-विरोध गतिविधियों में लिप्त रहे हैं। प्रस्तुत परियोजना के पूर्व सर्वेक्षण–विषयक यही अवधारणा थी किन्तु जैसे-जैसे क्षेत्रीय सर्वेक्षण, सामुख्य भाटों को पोथियों एंव बारहठों के वचनों का अध्ययन किया गया, यह निष्कर्ष सामने आया कि सोंधिया–जन जाति नहीं होकर विभिन्न राजपूत जातियों का एक समष्टिगत स्वरूप है। यह

तथ्य भी प्रकाश में आया कि इस क्षेत्र में जो विभिन्न राजपूत समुदाय के लोग अपने-अपने मूल क्षेत्रों को त्याग कर इस क्षेत्र को सुरक्षित और निरापद मानकर आ बसे, वे एक दूसरे के निकट आकर एक विशिष्ट समूह का रूप धारण करने में समर्थ हुए। इस दृष्टि से विभिन्न विद्वानों ने जो मत प्रकट किये हैं, उन्हें प्रस्तुत करना सम्प्रति समीचीन होगा—

रामाज्ञा द्विवेदी 'समीर' सोंधिया शब्द की उत्पत्ति 'संध्या' शब्द से मानते हैं। श्री उनका कहना है कि इस समुदाय की उत्पत्ति मिश्रित जातियों के मिलन से हुई। वे कहते हैं कि "किसी राजकुमार का मुँह जन्म से ही शेर जैसा था। इस कारण उसके माँ--बाप ने उसे घर से निकाल दिया। वह जंगल में रहने लगा। वहीं रहकर उसने भिन्न-भिन्न वर्ग एवं जातियों की स्त्रियों से विवाह कर लिये और उससे जो संताने पैदा हुईं, वे मिश्रित संतानें थीं। 'संध्या' का अर्थ भी। दो समयों का मिश्रण या मिलन होता है। इस कारण उस मिश्रित अथवा वर्णसंकर जाति को 'संध्या' कहा गया। यही जाति आगे चलकर संध्य → सुंध्या → सोंधिया कहलाई।"[1]

डॉ. रामाज्ञाजी द्विवेदी 'समीर' के मत से जो शायद कोई भी विद्वान् तो क्या, सामान्यजन भी सहमत नहीं हो पायेगा। संध्या शब्द का वर्णसंकर के अर्थ में प्रस्तुत करना तर्क—संगत नहीं लगता। भले ही समीरजी का सर्वेक्षण एवं अध्ययन सही हो किन्तु निष्कर्ष सही नहीं लगता। गुणार्थी ने भी चौहानों को लालगढ़ बरड़िया की एक मुख्य खाँप मानकर बड़िया के चौहानों को मुखिया माना। यही सब जत्था सुंध्या शब्द से अलंकृत हुआ।[2]

स्व. डॉ. प्रह्लादचन्द्र जोशी ने अपने ग्रंथ मालवी और उपबोलियों के व्याकरण में लिखा है कि "उनकी उत्पत्ति का मूल सूर्यवंशीय जातियों से संबंध रखता है। ये मूलतः राजपूत वंशज हैं। भगवान् राम इनके आराध्य देव हैं। ये रघुवंशी परम्परा से अपना नाता जोड़ते हैं। कहते हैं इनकी उत्पति भगवान् राम के पुत्र 'लव' से हुई है जिसने लावर में अपना राज्य स्थापित किया।" श्री जोशी ने इनकी उत्पत्ति पर तो अपना यह अप्रामाणिक मत प्रकट तो कर दिया किन्तु सोंधिया संबोधन पर कोई टिप्पणी नहीं की। संभवतः वे श्री रामाज्ञा द्विवेदी 'समीर' के मत से सहमत हों। श्री जोशी आगे लिखते हैं कि बगड़ावत गोत्र 'बाग' से निकली। इसके लिये वे राव भाटों की पोथियों से एक पद भी उद्धृत करते हैं—

"बाग से बगड़ावत हुआ, आदि मूल चौहान।

देवी आसावरी पूजतां, बाजे तारमांगल ढोल निसाण।

बगड़ावत आया बाड़ियाँ, महलाँ में हुआ डेलाण।

माता खजरू मारजो, फर-फर देखाँ राण।

जैसल आंबा पूजियो, दिया दूध, पूत परवार।

दूजो आंबो रस भरो, आप बदजो चौगणी नार।[3]

इस पद को आधार बनाकर डॉ. प्र.च. जोशी ने सोंधिया वर्ग की एक खाँप बगड़ावत पर तो प्रकाश डालने का प्रयत्न किया है किन्तु यहाँ भी वे 'सोंधिया' शब्द पर मौन ही हैं। डॉ. जोशी बगड़ावतों की ख्यात के आधार पर सोंधिया समुदाय का मूल पुरुष बाघा रावत को मानते हैं। यह बाघा रावत चौहान कुल का था। वह पृथ्वीराज चौहान का कुलीन वंशज माना जाता है। बगड़ावतों की वंशावली में इसे 24 बगड़ावतों का पिता माना जाता है।[4] बगड़ावतों के पूर्व पुरुष सूर्याराव से ये बाघा रावत पाँचवीं पीढ़ी में उत्पन्न हुए। ये राण प्रदेश के थे। बाघा रावत तीन भाई थे। बड़े बाघा रावत थे। राण की गादी पर इनका अधिकार था। इनका एक पगड़ी—बदल भाई था—राणा वेंडाराव पड़ियार तथा एक और भाई था—लीमजी। यह भी सगा भाई न होकर राणा वेंडाराव (वेन्द्राराव) पड़ियार का भाई था। किन्हीं कारणों से राणा बंडाराव पड़ियार राण प्रदेश का राजा बन बैठा। इससे बाघा राव ने बगावत कर दी। बाघाराव के साथ विभिन्न वंशों के राजपूत थे, जो उसके पक्ष में मरने—मारने को तत्पर रहते थे। बाघा रावत अपने सैनिकों सहित जंगलों में रहकर राण राजा के प्रदेश में उत्पात मचाता रहा किन्तु वह राजगद्दी पर अधिकार नहीं कर सका। राण राजा ने बाघा रावत और उसके सहयोगियों को राजज्ञ बागी घोषित कर दिया और घोषणा करवा दी कि जो भी व्यक्ति इन राजबागियों को शरण देगा या किसी भी प्रकार की सहायता करेगा वह भी राज का बागी माना जाएगा। राजबागी की जो सजा होती है, वह उस बागी की सजा होगी जो बाघा अथवा उसके साथियों को सहयोग देगा या रिश्ते स्थापित करेगा।

लोक—साहित्यकार डॉ. पूरन सहगल डॉ. जोशी से आंशिक सहमति रखते हुए कहते हैं कि ये राजपूत वंश, राजपूतों के वंश—गोत्र के वंशज होने पर भी त्याज्य थे तथा उपेक्षित जीवन बिता रहे थे। अन्त में इन्होंने मारवाड़—मेवाड़ छोड़ देने का निर्णय लिया। अपनी इष्टदेवी आसावरी के मन्दिर में सब इकट्ठे हुए। वहाँ सबने मारवाड़ छोड़ने का निर्णय लिया। इनके सामने सबसे बड़ा प्रश्न था—अपनी पहचान बताने का। सबने माता आसावरी के सामने सौगंध उठाई कि आज से हम **'भायप'** माने जायेंगे। जहाँ भी जायेंगे, साथ जियेंगे, साथ मरेंगे। राजपूतों ने अपनी

जाति से जिन्हें बहिष्कृत कर दिया था, वे सब अपनी नई पहचान बनाकर जैसलमेर आये। वहाँ उन्होंने आम्र वृक्ष को देराड़ी मानकर पूजन किया और वहाँ से चलकर लुहारिया नामक स्थान पर बस गये और स्वयं को सौगंध्ये कहने लगे। इसके साथ बगड़ावत एवं सोढ़िया आदि गोत्रज भी स्वयं को साथ लेकर आगे बढ़े। सबने बाघा रावत को अपना नायक माना और सौगंध्ये भाई के रूप में पहले राजस्थान में इधर–उधर बसने लगे। फिर वहाँ से भी उन्होंने मेवात होकर हाड़ौती–झालावाड़ की ओर प्रस्थान किया। ये लोग पहले हाड़ौती में बसने का मन बनाकर आये थे किन्तु यहाँ तो पहले से ही मीणे लूट–पाट करते हुए राज्य में आतंक फैला रहे थे–

छोड़ मेवाड़ी हीम घुस गया हाड़ोती की हीम।

याँ बी पग नी ठेरिया, आई फँस्या अधबीच।।

होगंद्र्या ती बढ़े मीणका, नी लग पायो दाव।

घण जब्बर गादी तपे, हाड़ौती का राव।

–सेवकदास कृत बाघा रावत की ख्यात का एक अंश (*)

(हीम=सीम; ठेरिया=रुकना)

तो कठिन है कि सेवकदास कौन था और उसने 'बाघा रावत की समय लिखी? लेकिन उसके वर्णन को नकारा भी नहीं जा सकता। अपने विषय को और स्पष्ट करते हुए डॉ. सहगल कहते हैं कि स्व. डॉ. प्र.च. जोशी ने अपने ग्रंथ **'मालवी लोक कथाएँ'** (पृ. 452) में जो पूरी वंशावली छापी है, उसका आधार राव श्री मांगीलाल की पोथी है जो उन्होंने राजावली गाँव के उपरोक्त राव से प्राप्त की। इसी पोथी में उन्होंने एक दोहा भी उद्धृत किया है–

काज़ल से माडल हुआ, माडल से हरिराम।

हरिराम से बाग हुआ, बाग से बगड़ावतराम।।

इस दोहे के अनुसार काज़ल और बाग (बाघ) के मध्य दो पीढ़ियाँ अनुपस्थित हैं। काज़ल→माडल→हरिराम→बाग (बाघ) आगे की वंशावली में भी ये दोनों नाम नहीं हैं। इससे यह लगता है कि 24 लड़के जो बगड़ावत कहलाये, बाग के पुत्र न होकर या तो माडल और हरिराम की संतानें अथवा भाईबंद (वंशज) थे। बाग अथवा बाघ से बगड़ावत होना भी सिद्ध नहीं होता। इस प्रकार निरंतर

(*) ख्यात हेतु देखिये परिशिष्ट क्र. 04

डॉ. पूरन सहगल, डॉ. जोशी के मत को संशोधित करते हुए मानते हैं कि बाघा राव बगड़ावत गोत्र के गूजर (चौहान) राजपूत नहीं थे। वे पृथ्वीराज के वंशज चौहान थे। चौहानों में बगड़ावत नाम की कोई खाँप नहीं होती है। मूलतः गूजर और जाट भी राजपूत वंशज हैं तथा इनकी भी गोत्रें राजपूतों की गोत्रों से मिलती हैं। इसी कारण सोंधिया समुदाय की एक गोत्र बगड़ावत है। सोंधिया बगड़ावतों ने अब स्वयं को बगड़ावत की जगह पवार लिखना शुरू कर दिया है। ऐसा उन्होंने क्यों किया, इसका कोई संतोषजनक प्रमाण इनके पास भी नहीं है। चूँकि बगड़ावत गोत्र राजपूतों में नहीं होती इसलिए इसे त्याग देना ही उनका उद्देश्य रहा। संभवतः बाघा के किसी पवार रानी के पुत्र ने स्वयं को पवार कहा हो और बगड़ावत सोंधिया स्वयं को उसी से जोड़ने का प्रयास कर रहे हों। (संभवतः वह सोढ़ी रानी ही रही होगी) क्योंकि यह भी मान्यता है कि बाघा रावत की एक रानी सोढ़ी थी। उससे उत्पन्न संतानों ने भी अपनी पहचान इसी नाम से 'सोढ़िया' राजपूत के रूप में निर्धारित कर ली। सोढ़ियों का प्रभाव अधिक था। बाघा के वे ही असली वारिस कहलाते थे। इन्हीं सोढ़ियों से ही होड़िया और फिर होडिया या होंदिया नाम बन गया।[5] डॉ. श्याम परमार भी यही मत अपने ग्रंथ **'मालवी और उसका साहित्य'** में प्रकट करते हैं। उनके अनुसार "ये लोग स्वयं को होंड़िया कहते हैं। आज भी ग्रामांचल में जब ठेठ सोंधवाड़ी बोली में वे अपना परिचय देते हैं तब स्वयं को होंदिया क्षेत्र को होंदवाड़ तथा अपनी बोली को 'होंदवाड़ी' कहते हैं। इसका कारण सोंधवाड़ी में 'स' कार का उच्चारण 'ह' कार में होने की प्रवृत्ति है। सन् 1933 की जनगणना में इन्हें 'होंडिया' या 'होंदिया' ही लिखा गया है। सौगंधिया होना भी इनके भाट-बड़वे स्वीकार करते हैं। यही सौगंधिया→सोंधिया हो गया। इनके बड़वे–भाट राजस्थान में निवास करते हैं तथा समय-समय पर आकर अपना 'बखाण' सुनाकर नेग (भेंट) प्राप्त करते हैं।[6]

सर जान मालकम सोंधवाड़ क्षेत्र में 18वीं सदी में निवास कर रहे ग्रासिया राजपूतों के इस क्षेत्र में आगमन तथा यहाँ उनके पूर्व में बसे सोंधिया–जन से उनके सम्बन्ध पर प्रकाश डालते हुए इन जातियों का संकरत्व स्वीकार करते हुए उन्हें मिश्रित जाति का मानकर कुछ ऐसा ही निर्णय प्रस्तुत करते हैं। उनके मतानुसार सदियों से ये जातियाँ आपराधिक गतिविधियों में संलग्न रहीं। मालवा के इस क्षेत्र में सोंधिया राजपूतों का आगमन 11वीं से 14वीं सदी के मध्य मानते

हैं।(*) झालावाड़ डिविजन के गजेटियर में भी इस मत की पुष्टि की गई है।[7]

(*) The Grassiah chiefs are all Rajpoots. They are very numerous in Central India; and from being of the same tribe, from intermarriages, and from motives of common interest, they were so leagued together, that it would have been difficult, had it been desirable, to destroy them; but the object was to connect their interest with that peace and good order which they had so long violated. This has been effected. Instead of money payments, a commutation has in many cases been given in land, that these plunderers might become industrious, and where this arrangement has not been made, the amount fixed in lieu if their claims is paid by the Government officers, and they are no longer permitted to employ their adherents if collecting it—a practice which, while it was oppressive of the inhabitants, afforded them the means of disturbing the tranquillity of the country.

Several of the Grassiah chiefs had settled in Sondwarra; but this large district, which stretches from Gungraur to Oojein North and South, and from Aggur to the Chumbul East and West, received its name from a class of more ancient and more desperate plunderers, called Sondees. They are often called Rajpoots, but are a mixture of all classes or rather descendants of a mixed race. In their origin they were probably outcasts; and their fabulous history (for they consider themselves as a distinct people) traces them from a prince, who, in consequence of being born with the face of a tiger, was expelled to the forest, where he seized upon women of all tribes, and became the progentitor of the Sondees or, as the term implies, "mixed race," some of whose leaders soon after settled in Malwa, where they have ever since maintained themselves as petty Zemindars, or landholders, as well as plunderers.

That the Sondees have a claim to antiquity, there can be no doubt; but we have no record of their ever having been more than petty robbers, till the accident of their lands being divided among four or five local authorities, always at variance and often at war with each other, combined with the anarchy of Central India during the last thirty years, raised them into importance as successful freebooters. Though often opposed to the Grassiahs who are settled in the same tract, a congeniality of pursuit has led to their being much associated with the latter, and particularly since the insanity of Jeswunt Row Holkar. From that date neither life nor property was secure within the range of the lawless bands of Sondwarra, most of whom, from breding their own horses, were well-mounted. At the peace of Mundisor, the Sondees were

ग्रासिया और सोंधिया जन ने अपनी अश्वारोही एवं पैदल सैनिक-टुकड़ियाँ बना ली थीं और उनके प्रमुखों ने अपनी गढ़ियाँ एवं सुरक्षित मोर्चे निर्मित कर लिये थे। इनसे परेशान होकर अंग्रेजी शासन, होलकर राज्य एवं कोटा के राजराणा जालिमसिंह ने इन्हें पराजित कर उनकी गढ़ियाँ आदि नष्ट कर दीं। बाध्य होकर

estimated in number at twelve hundred and forty-nine horse and nine thousand two hundred and fifty foot, all subsisting by plunder; for the possessions they claimed as their own were in a state of complete desolation. The reduction of this formidable body of robbers appeared essential to the re-establishment of tranquillity; and two strong British detachments (one of which has a battering-train), a few of Holkar's horse, and a very efficient and well-equipped body of Kotah troops under a distinguished leader, proceeded on this service. The Grassiah and Sondee chiefs were required to give up their forts and to surrender their horses to be sold for the benefit of their owners; and to induce them to accept these conditions, every attention was promised to their rights as landholders, and lands were offered at their native villages, to such as had none, on very indulgent terms. The impression of the power of the English government, the completed union and cordial co-operation of all the Native states who had possessions in Sondwarra, combined with the active and spirited conduct of the troops employed, particularly those of the Raj Rana Zalim Singh, soon made the Sondees lose all hopes of successful resistance. Some of their forts were taken by storm, othere were abandoned, several of the strongest were razed to the ground; and the dispirited plunderers, assailed at every quarter, and with all their wonted places of refuge barred against them, had no alternative but to deliver up their horses, and to make, while they could, favourable settlements as cultivators. These they not only obtained, but such of their claims for forced contribution, as had been long recognized and established, were admitted.

The Sondees, since they consented to live as peaceable inhabitants, have been treated with kindness and indulgence; but, from a consideration of their character, it has been thought prudent to keep for some time a force in their country, to prevent the revival of those habits which have so long rendered them the bane and terror of Central India. Complete success has hitherto attended these efforts; and Sondwarra is fast rising into that state of prosperity to which it is entitled from the fertility of its soil. -*Sir John Malcom, A Memoir of Central India including Malwa, Vol. I, pp. 510-14.*

इन लुटेरे–जन को कृषि की ओर मुड़ जाना पड़ा। इस हेतु इन्हें पराजित करने वाली शक्तियों ने बड़ी शिष्टता एवं धैर्य का परिचय दिया था।(*)

(*) कविराज सालदान भी कुछ इसी प्रकार की चर्चा करते हैं–

इस इलाकह में सोंदिया नाम की एक और कौम पाई जाती है, जिसका बयान माल्कम साहिब ने अपनी बनाई हुई किताब "सेंट्रल इंडिया" में लिखा है, कि ये लोग अपने को राजपूत बतलाते हैं, और उनमें कई गोत्र या हिस्से याने राठौर, तंवर, यादव, सिसौदिया, गुहिलोत, और सोलंखी हैं। कहते हैं कि सात सौ या नौ सौ वर्ष पश्चात् अजमेर व ग्वालियर से चहुवान, मारवाड़ के इलाकह नागौर से राठौड़, और मेवाड़ से सिसौदिया व दूसरे राजपूत यहाँ आये; उनसे इस नस्ल की उत्पत्ति हुई एक बयान से इस कौम का नाम सोंदिया होना इस तरह पाया जाता है कि लोग सिंध नाम की दो नदियों के दर्मियानी हिस्से में, जो सिंदवाड़ा कहलाता था और पीछे बिगड़कर सोंदवाड़ कहलाया, रहने के सबब सोंदिया प्रसिद्ध हुए या ऐसा हुआ हो कि पहिले सन्ध्या नाम की एक हिन्दू कौम थी, उसका नाम किसी कारण से सोंदिया पड़ गया हो। इन लोगों का पेशह काश्तकारी और लुटेरापन है; ये बिल्कुल जाहिल होते हैं, रंग इनका गोरा, चेहरा गोल, डाढ़ी–मूँछ सहित होता है। इस रियासत में इनके चन्द गाँव जागीरी है। बादशाही वक्त में बहुत सी जागीर इनके तहत में होना सुना गया है, लेकिन अब उन जागीरी गाँवों से थोड़े ही बाकी रह गये हैं। उक्त साहिब (माल्कम) का बयान है कि ये अक्सर राजपूत कहलाते हैं, लेकिन यह नस्ल कई जातियें से बनी हुई है; गालिबन इनकी नस्ल नीची कौमों से पाई जाती है। वे अपने को एक जुदा कौम ठहराते हैं और कहते हैं कि किसी राजा के शेर के चेहरेवाला एक लड़का पैदा हुआ था, वह जंगल में निकाल दिया गया और वहाँ उसने मुख्तलिफ जाति की औरतों से आश्नाई की, जिसकी औलाद वे लोग हैं और वही उनका पुर्पा बना। इसमें शक नहीं कि यह कौम कदीम है, लेकिन इनकी कोई बड़ी बहादुरानह कार्रवाई राजपूत कौम की सी नहीं पाई जाती। जब उनकी जमीन चन्द देशी रईसों ने छील ली, तो वे आपस में लड़ते–झगड़ते रहे, और बाद उसके मध्य हिन्दुस्तान में, जब 30 साल तक हलचल रही, उस जमाने में लूटमार करने लगे। अगर्चि ये लोग गाय व भैंसे वगैरह का मांस नहीं खाते और ग्रासिया कौम से अक्सर विरुद्ध हैं लेकिन हिन्दू मजहब की बहुत–सी बातें नाम को भी नहीं जानते। इस जात में जैसा ऊपर लिख आये हैं, कई फिर्के हैं लेकिन आपस में विवाह सब कर लेते हैं; अक्सर औरतों का दूसरा विवाह भी होता है; उत्तम कुल के राजपूतों में औरत नातरा नहीं कर सकती, इससे जाहिर है कि इन सोंदियों ने अपने बुजुर्गों की मर्यादाओं को छोड़ दिया है। ये शराब खूब पीते हैं और अफीम भी गहरी खाते हैं। यह लोग गैर कौम और संकर उत्पत्ति होने के सबब हिन्दू रीति-रस्मों से अक्सर आज़ाद हैं और बहुत–सी बेजा हरकतें कर बैठते हैं। इनमें वाहम इत्तिफाक बिल्कुल नहीं होता, जमीन वगैरह की बाबत हमेशा मारपीट और लड़ाई आपस में किया करते हैं। ये लोग लड़ाई के काम में मजबूत चालाक और बहादुर होते हैं; इनकी औरतें भी मिस्ल सदों के लड़ाई के वक्त घोड़ों पर सवार होकर हथियारों से काम ले सकती हैं। इस कौम को जियाहद लड़ाकू देखकर पिंडारों की लड़ाई खत्म होने के बाद सरकार अंग्रेजों ने इनके घोड़ों को बिकवा डाला और गढ़ छीन लिये, तबसे इनका जोर कम हो गया, लेकिन असली खासियत बिलकुल नहीं बदली। इनके यहाँ विवाह ब्राह्मण कराता है और भाटों का मान खूब रखा जाता है, बल्कि भाटों को जो उनके बुजुर्गों की वीरता गाते हैं, बहुत कुछ बख्शीश देते हैं, और दिल के फय्याज होते हैं। इस कौम में वैष्णवी मजबह अक्सर लोग रखते हैं।

—वीर विनोद, पृ. 1458-59

श्री प्रद्युम्न भट्ट एवं डॉ. गुणार्थी का मत–डॉ. प्रद्युम्न भट्ट अपने शोध-प्रबंध **'झालावाड़ का इतिहास'** में सोंधिया शब्द उत्पत्ति पर अपना मत भौगोलिक आधार पर व्यक्त करते हैं कि सोंधिया नाम की उत्पत्ति का एक कारण यह है कि दो प्रसिद्ध नदियों – छोटी व बड़ी कालिसिंध के मध्य के भूभाग पर बसने के कारण 'सिन्धुवाड़' नाम बना जो लोक–जीवन में सोंधवाड़ के नाम से मध्य युग से प्रचलित व समान्य रहा। इस क्षेत्र के राजपूत स्वयं को सोंधिया कहने में गर्व का अनुभव करते हैं। अपने इस मत की पुष्टि में डॉ. भट्ट, **राजस्थानी जातियों की खोज** (पृ. 94-95) में रमेशचन्द्र गुणार्थी का हवाला देते हैं। यदि डॉ. प्रद्युम्न भट्ट व श्री गुणार्थी का मत यथावत् स्वीकार कर लिया जाय तब इस बात पर भी विचार करना पड़ेगा कि क्या सोंधिया राजपूतों के उस क्षेत्र में बसने से पहले भी वह प्रदेश आबाद था अथवा सेवगदास द्वारा लिखित **'बाघा रावत की बात'** के अनुसार केवल जंगल था। क्या वह **"घण झाड़ी घण झाड़"** था अथवा आबाद तो था किन्तु कम आबादी और घने जंगल वाला क्षेत्र था?

श्री गुणार्थीजी के अनुसार 'सुन्डया' मालवी भाषा में दिलेर, बहादुर और हमला करने वाला है। 'सुन्डया' शब्द का ही बिगड़ा रूप सुंडया है। यही 'सुन्डया' शब्द बाद में सुंडया–सुंध्या और सोंधिया हो गया। श्री गुणार्थी सोंधवाड़ को तो कालीसिंध के कारण सिंधवाड़ या सोंधवाड़ मानते हैं किन्तु सोंधिया का सोंधवाड़ के कारण सोंध्या नामकरण नहीं करते। दोनों की संगति केवल संयोग की है

'सीतामऊ राज्य का सामाजिक, आर्थिक इतिहास (19वीं शताब्दी)' में डॉ. रीता कोठारी ने कहा कि "सोंधिया मुख्य रूप में सोंधवाड़ में निवास करते थे।" सोंधिया की एक शाखा तंवर सोंधिया कहलाती है।–––अपने लिये वही स्थान उपयुक्त मानकर वह भी सोंधवाड़ में निवास करने लगी।" –––उनका यह भी कहना रहा कि भू.पू. ग्वालियर राज्य के आगर कस्बे के आसपास तथा भू.पू. ग्वालियर, झालावाड़, होलकर व जावरा राज्यों के चम्बल नदी के किनारे से सटे हुए क्षेत्र को सोंधवाड़ मानती है। वे कहती है इस क्षेत्र के आंबा, भरपूर, चाँपाखेड़ी, तरावली, गरोठ व शामगढ़ के आसपास के खेजड़िया, बरखेड़ा आदि गाँवों व चौमहला के आसपास के गाँवों में अधिकांशतः सोंधिया निवास करते थे।"[8]

सोंधवाड़ के इस विवरण में छोटी अथवा बड़ी सिंध का कोई जिक्र नहीं है। डॉ. कोठारी भी यह मानती है कि सोंधिया–जन राजपूत रीति-रिवाजों के विरुद्ध अन्य जाति की (मुखतिलीफ अफवाम) स्त्रियों से विवाह किये जिसके कारण वे अपनी जाति में पदच्युत हो गये। यही पदच्युत जाति सीतामऊ के बावड़ी में

आकर बस गई। वे एक और प्रकरण बताकर कहती हैं कि तंवर शाखा के राजपूत दिल्ली में निवास करते थे। फिर वे अपना समूह लेकर मेवाड़ चले गये। वहाँ वे खेताखेड़ा में बस गये। उस समूह के एक तंवर ने किसी निम्न वर्ग की कन्या से विवाह कर लिया। अतः अन्य व्यक्तियों ने उसका विरोध किया और अपमानित करके अपने समूह से निकाल दिया। निष्कासित ने अपने समर्थकों के साथ मालवा में प्रवेश किया, तब मालवा के सोंधवाड़ क्षेत्र में इसी प्रकार के राजपूत निवास करते थे जिनके संबंध समाज से कटे हुए थे। अतः अपने लिये वही उपयुक्त स्थान मानकर वह भी सोंधवाड़ में निवास करने लगा और उसने अन्य सोंधियों के साथ अपने संबंध स्थापित कर लिये। वे तंवर सोंधिया कहलाये।[9]

उक्त सारे मतों का परीक्षण करने पर निम्न निष्कर्ष आते हैं–

1. सोंधिया समुदाय कोई जाति–विशेष न होकर एकाधिक राजपूत उपजातियों का समूह है।
2. अपने मूल स्थान से किसी कारण च्युत होकर ये वर्तमान के सोंधवाड़ क्षेत्र में अपने अस्तित्व को सुरक्षित रखने हेतु आ गये।
3. 'सोंधिया' शब्द के नामकरण पर विद्वज्जन एकमत नहीं हैं। यह मत सर्वमान्य नहीं है कि सोंधिया समुदाय के बहुतायत में निवास करने के कारण इस क्षेत्र का नाम सोंधवाड़ पड़ा। कुछ भाटों ने सामुख्य में बताया कि इन विभिन्न ठाकुर–कबीलों को यह क्षेत्र विजन होने से अपनी यायावरी गतिविधियों के लिये निर्जन या जन-शून्य लगा। इस कारण उन्होंने इस क्षेत्र को शून्यवाड़ कहना प्रारंभ कर दिया। यह शून्यवाड़ ही आगे चल सोंधवाड़ बन गया।

अधिकांश मत दो कालीसिंध सरिताओं के मध्य सोंधवाड़ मानते हैं और व्यक्त करते हैं कि इस क्षेत्र के निवासी सोंधिया कहलाते हैं। इस मत को मानने में कठिनाई है कि फिर इस क्षेत्र के सभी निवासियों को सोंधिया कहना होगा, किसी समुदाय विशेष को नहीं। यह मत कि विभिन्न राजपूत उपजातियों ने एक मत होने की सामाजिक संधि कर ली होगी, अतः वे संध्या या सोंधिया कहलाये, अधिक मान्य नहीं होता क्योंकि **स्वयं सोंधिया सम्प्रदाय के लोग स्वयं को किसी एक जाति का नहीं मानते, उनके विभिन्न समुदाय अपनी-अपनी उपजातियों को ही अपनी जाति बताते हैं।**

सर्वेक्षण के निष्कर्ष – परियोजना से सम्बन्धित अनुसंधान द्वारा निम्न तथ्य स्पष्ट हुए–

1. सोंधिया–जन के इस क्षेत्र में आने के पूर्व यह क्षेत्र घने वन एवं घनी झाड़ियों से युक्त था। लोकानुश्रुति कहती है–

छोटी-बड़ी सिंध के बीचाँ घन राड़ी, घन झाड़।

होगंद्र्या वस्या अठे, बाज गयो सिंधवाड़।।

जिस प्रकार सब सौगंधियों ने बाघा रावत को अपना नायक मान लिया और मारवाड़ से पलायन कर दिया तथा लूटपाट करते अपने परिवारों के साथ हाड़ौती की ओर बढ़ते रहे और फिर दोनों सिंध नदियों और चम्बल के किनारों के आसपास बसते चले गये, इस कारण न तो पलायन एक साथ हुआ होगा और न ही बस्तियाँ एक साथ बसी होंगी। सब अलग-अलग समय और दलों में इधर बढ़ते रहे। कुछ ऐसा ही इतिहास मालवा के बामन्या बंजारों का भी है। 'रूपा नायक' भी बाघा रावत की तरह राजगद्दी के लिये जूझता रहा। अन्त में सब सहयोगियों ने रूपा को अपना नायक माना और बामन्या ठिकाना कायम कर रूपा को राजगद्दी पर बिठाया और जातियों ने शपथ लेकर स्वयं को एक पृथक् वर्ग में स्थापित कर लिया।(*)

ऐसे और भी अनेक उदाहरण इतिहास में हैं। जब कुछ वंचित, उपेक्षित, परित्यक्त तथा बहिष्कृत जातियों ने अपना नया वर्ग स्थापित कर लिया। सबका अपना अस्तित्व पृथक् से बना रहा। किसी भी जाति को सोंधवाड़ में बसने के कारण सोंधिया, सोंधवाड़िया नहीं कहा जाता। सौगंध और संकल्प का भाईचारा इतिहास में ही नहीं, समाज में भी देखा जाता है; जैसे राखी-बंध भाई। तीर्थ-यात्रा में संग यात्रा करने वाला संगाती भाई या संगत्या भाई। सौगंध और संकल्प का भायपपना इन सौगंध्यों में भी बन गया और ये अपनी नई ऊर्जा, नाम और नई पहचान लेकर वहाँ से बिदा हुए।[10]

राजपूत एकत्रित होकर दोनों कालीसिंध के मध्य अपना एक स्वतंत्र समूह (संभवतः बाघा रावत के नेतृत्व में) के रूप में मिल-जुलकर रहने की देवी आसावरी के सम्मुख सौगंध ली।

(*) इन बागी बंजारों में भील और मुसलमान साथी भी शामिल थे किन्तु सबने एक होकर संकल्प कर लिया सारे भेद मिटाकर एक नया नाम बामन्या बंजारा धारण किया। इस समुदाय में गरासिया ठाकुर, चावड़ गोत्रज भील, दायमा गोत्रज ब्राह्मण, कदावा गोत्रज मुसलमान मूल के थे। इनकी अठारह गोत्रों में भिन्न जातियों का एक समूह होकर सारी भिन्नताएँ समाप्त हो गईं। इनमें परस्पर रोटी–बेटी के संबंध भी स्थापित होने लगे।

सोंधिया समुदाय के प्रति सामाजिक अवधारणा

सोंधिया समाज का गठन हुआ, उससे पहले ही इनके मूल पुरुष बाघा रावत साहस–वृत्ति ही अपनाये हुए थे। भले ही उनका उद्देश्य अपना अधिकार प्राप्त करना रहा हो लेकिन इधर-उधर छापामारी करना उनका व्यवसाय ही बन गया था। राजघराने के इस चौहान बाघा रावत ने अपने साथ अन्य साथियों–समर्थकों को जोड़कर लूटपाट करके अपने परिवारों का पालन-पोषण करना प्रारंभ कर दिया था। इनके साथ राजपूत कुल के सैनिकों, दल–नायकों के अलावा कुछ गूजर आदि सैनिक एवं दल–नायक भी थे, जो स्वयं को राजपूत गोत्रज ही मानते थे और राजपूत घरानों के गोत्र नाम अपने नाम से जोड़ते भी थे।(*)

बाघा रावत सूरमा था। जंगल में उसका मुकाम था। राज छिन गया इस कारण वह बागी हो गया। जब से हक छिन गया और बेहक हुआ तब से लड़ाई शुरू हो गई। राज से दुश्मनी हो गईं पर कुलदेवी आसावरी का साया भी माथे था। न घर रह गया, न गाँव–ठिकाना रह गया। गैर–जात की स्त्रियों से संबंध हो गया। इस कारण समाज से भी पृथक् हो जाना पड़ा। राजा दुश्मन, समाज दुश्मन, कुल परिवार भी दुश्मन हो गया, तब वह क्या करता? कैसे अपना परिवार और सहयोगियों के परिवारों का भरण-पोषण करता? वह इनका नायक था। इस कारण उसके पास राहगीरों को घात लगाकर लूटने के सिवा कोई चारा नहीं बचा था।

जब जंगलों में भी रहना दुष्कर हो गया, राज का शिकंजा कठोर हो गया, तब बाघा ने सब सहयोगियों को आसावरी के मन्दिर में इकट्ठा किया और कहा कि "अब इस क्षेत्र में रह पाना कठिन हो गया है। यहाँ से निकल जाने में ही भलाई है।" अन्य अनेक जातियों की तरह उन्हें भी मालवा क्षेत्र ही सुरक्षित जान पड़ा।

सबने कुलदेवी आसावरी के सामने सौंगध ग्रहण की कि हम सब मिलकर रहेंगे। हमारे कुल–गोत्र जो भी हैं उन्हें हम कायम रखते हुए भी अपनी पृथक् पहचान बनायेंगे। इधर के राजपूत तो हमसे रिश्ते–नाते करेंगे, यह संभव नहीं है। संभव है मालवा के राजपूत हमसे रिश्ते–नाते जोड़ लें। वे उसी दिन से "सौगंधिये भाई" कहलाने लगे और अलग-अलग दल बनाकर मालवा की ओर बढ़े।

सब बाघा रावत को अपना नायक मानकर आगे बढ़ चले। अपने मूल स्थान से संबंध तोड़ने में उन्हें बहुत दुःख हो रहा था, लेकिन क्या करते? वे अपने परिवारों की रक्षा के लिये तथा उनके भरण-पोषण के लिये ऐसा करने को विवश थे।

(*) सारे लोग सोंधिया समुदाय में शामिल होने पर इनकी उपजातियों के नाम ही कालान्तर में इनकी गोत्रें बन गये।

विशिष्ट बिन्दु

1. इस सौगंध के अनुपालन के कारण इन्हें अपना सम्मिलित नाम सोगन्ध्या या सोंधिया (मालवी – होंगंद्या या होंदिया) स्वीकार हो गया। इन सोंधिया–जन की बहुतायत के कारण यह क्षेत्र क्रमशः सोंधवाड़ कहलाने लगा।

2. एक सम्मिलित नाम होने पर भी सोंधिया–समुदाय कोई एक पृथक् जाति न बन पाया। वे विभिन्न जातियों में विभक्त रहकर पारस्परिक विवाहादि सम्बन्ध करते रहे। पूर्व की यह धारणा कि सोंधिया–जन के परमार, गेहलोत, वौहान, परिहार आदि गोत्र रहे हैं, इस सर्वेक्षण से असिद्ध हुई है। ये नाम गोत्रों के न होकर राजपूत–जातियों के ही हैं। राजपूत जातियों की ही भाँति ये सोंधिया–जन भी अपनी उपजाति या गोत्र में विवाह नहीं करते और सामाजिक विधि–विधानों में भी वही पद्धति अपनाते हैं। उनके आराध्य देवी–देवता भी लगभग वही हैं।(*)

3. प्रश्न यह उठता है कि यदि अनेक मामलों में यदि राजपूतों और सोंधिया ठाकुरों में कोई अन्तर नहीं है तो उनके पारस्परिक सांस्कृतिक एवं सामाजिक अन्तर क्यों है? क्यों मुख्य राजपूत जातियाँ स्वयं को सोंधिया–समुदाय से श्रेष्ठ मानकर उनसे रोटी–बेटी व्यवहार से परहेज करती है? सामुख्य से निम्न कारण सामने आये हैं–

   (i) बहुत से सोंधिया–जन वे सैनिक क्षत्रिय थे जिन्हें विदेशी आक्रमणों के कारण अपना सब कुछ गंवाकर इधर भाग आना पड़ा था।

   (ii) सोंधिया–जन उन राजपूत–कबीलों के वंशज हैं जिनके मूल पुरुषों ने अपनी जाति से एकाधिक कारणों से विद्रोह कर अपनी मातृभूमि से पलायन कर दिया था।

   (iii) कतिपय राजपूत कबीलों या समूहों को जाति से बहिष्कृत कर उनकी मूल भूमि छोड़ने को बाध्य किया गया था।

   (iv) अपनी मूल भूमि में जिन राजपूतों ने संकरत्व की दिशा पकड़ ली थी या जिन्होंने अपने नवीन क्षेत्र में जाति से बाहर जाकर वैवाहिक संबंध स्थापित कर लिये थे, उन्हें अपनी जाति से बहिष्कृत होकर स्वभूमि

(*) समय के दीर्घ अन्तराल के कारण धीरे-धीरे ये अपनी मूल गोत्र विस्मृत कर बैठे और अपनी उपजाति को ही इन्होंने अपनी गोत्र मान लिया।

छोड़ने को बाध्य होना पड़ा था। ऐसे विभिन्न राजपूतों कबीलों को घने वन एवं झाड़ियों से आच्छादित निर्जन से या भीलों और मीणों द्वारा अधिकृत इस क्षेत्र में आकर निवास करने या उसे अधिकृत करने में कोई कठिनाई नहीं हुई। एक-दूसरे की देखादेखी ऐसे कबीले एक के बाद एक इस क्षेत्र में आ बसे और अपने मूल समाज से उपेक्षा–भाव एवं अपने सामाजिक एकाकीपन से मुक्त होने के मनोभाव के कारण अपना एक स्वतंत्र सामाजिक–सांस्कृतिक मंच सोधिया–समुदाय के रूप में स्थापित कर लिया था। स्पष्ट है उच्च राजपूत जातियों को यह वर्ग कदापि स्वीकार न होता। इस कारण विभिन्न सोंधिया उपजातियों को निम्न राजपूत–उपजातियों के रूप में अपने एक पृथक् समुदाय के रूप में संगठित होकर अपने अस्तित्व–बोध हेतु बाध्य व संतुष्ट होना पड़ा।

(v) वर्तमान में सोंधिया–समुदाय निम्न जातियों में विभक्त है–

परिहार (पड़िहार या प्रतिहार), पवार (परमार), चौहान, सोलंकी, तंवर, गेहलोद (सिसौदिया), लढ़ा, लापता (लोपड़ा) बोड़ाना, बगड़ावत, सरोज, जैन्दी, आलू (कछावा), नागड़ (राठौर) आदि। कुछ उप–जातियाँ नाराण, हरावत, गैंडा, काजला, कालव आदि नाम धारण किये हुए हैं। जो राजपूत वर्ग जिस क्षेत्र में प्रमुखता रखते थे, ये सोंधिया–जन भी उसी क्षेत्र से विभिन्न मार्गों से होते हुए सोंधवाड़ में आ गये थे, एक समष्टिगत पृथक् वर्ग के रूप में इतिहास के पटल पर रेखांकित होने के लिये।

संदर्भ

1. द्विवेदी समीर, रामाज्ञा, का आलेख, हिन्दुस्थानी, जनवरी, 1933
2. गुणार्थी, रमेशचन्द्र, राजस्थानी जातियों का इतिहास, पृ. 94
3. जोशी, प्रह्लादचन्द्र, मालवी और उपबोलियों का व्याकरण, पृ. 13–14
4. गुणार्थी, पूर्वोक्त, पृ. 98
5. सहगल, पूरन, दशपुर अंचन के सोंधिया (पाण्डुलिपि), पृ. 12
6. परमार, श्याम, मालवी और उसका साहित्य, पृ. 24
7. झालावाड़ डिस्ट्रीक्ट गझेटियर, पृ. 42–43
8. कोठारी, रीता, सीतामऊ राज्य का सामाजिक–आर्थिक इतिहास (19वीं सदी) (टंकित प्रबंध), पृ. 33
9. उक्त, पृ. 28
10. सहगल, पूरन, पूर्वोक्त, पृ. 16–17

खण्ड-ब

मालवांचल में सोंधिया-जन का आगमन एवं विस्तार

सोंधिया–जन राजपूतों के वंशज होने पर भी त्याज्य थे तथा उपेक्षित जीवन बिता रहे थे। इस स्थिति से त्रस्त होकर उस क्षेत्र में क्रमशः आते चले गये जो वर्तमान में सोंधवाड़ कहलाता है।

जो शाखाएँ अपने मूल स्थान से बिदा हुई तो वे सब मार्ग में लूट–पाट, चोरी–ठगोरी करती हुई आगे बढ़ती रहीं–

लूटण करताँ चालिया, संग चाल्या परवार।
जगाँ–जगाँ डेरा पड़्या, जद छूट्यो मेवाड़।।
एक आसरो आसावरि को, दूजी या तरवार।
अछताँ–पछताँ छोड़यो, धणवालो मरवाड़।।
जसो मुलक रजपूत को, मरवाड़ो, मेवाड़।
वसो वसायो मालवे, होंद्र्या ने हुँदवाड़।।(*)

दोहा क्रमांक 20 से तो स्पष्ट है कि होंद्र्यो (सोंधियों) ने होंदवाड़ (सोंधवाड़) बसाया। सोंधिये, सोंधवाड़ में आकर नहीं बसे, भले ही दोनों में अभिन्न संबंध बन गया।

कृतिकार ने आगे दोहा क्रमांक 23 में स्पष्ट करते हुए कहा है कि–

होगंदया, होंद्र्या विया, होंदवाड़ को राज।
दारू पी धीगाँ करे, लूट–पाट को काज।।
(धींगा=मस्ती)

आगे दोहा क्रमांक 27 में कहा है–

होगंद्र्या जोई होंद्र्या, सिंध सोई होंदवाड़।
भोम छोड़ वस्या जठे, सोई जाण्यो मारवाड़।।

सोंधवाड़ी में 'स' वर्ण 'ह' की भाँति उच्चरित होता है। इस कारण सेवगदास ने सोगंधया को होंगद्र्या और सोंधिया को होंदिया (होंद्र्या) तथा सोंधवाड़ को होंदवाड़ कहा है। आज भी सोंधिये अपना परिचय होंद्र्या या होड्र्या ही देते हैं।

जो सोगंधये थे, वे ही सोंधिये कहलाये। 'ग' वर्ण का लोप तो मुख–सुख और प्रयन्त–लाघव के कारण सहज ही हो गया।

(*) देखिये परिशिष्ट क्र. 1

सोगंध्यो को आमजन ने सोंधिया कहना शुरू कर दिया। सोंधिये यदि सोंधवाड़ी बोली में सोगंधिया शब्द का उच्चारण करेंगे तो वे 'ग' वर्ण को दबाकर ही बोलेंगे, वे भले ही स्वयं का परिचय 'होंग्ध्या' कहकर दें। हमें तो 'होंदया' या **'होंध्या'** ही सुनाई देगा।

सोगंधिये, सोंधिये बने और संयोग से वे सिंध नदी के आसपास आ बसे, इस कारण उन नवागत राजपूतों को नया नाम सोंधिया मिल गया। वे सर्वत्र इसी नाम से जाने जाते हैं। उनका विस्तार खीचीवाड़ से आगे बढ़कर उमटवाड़ तक फैल गया। आज सोंधिया समाज मालवा का महत्त्वपूर्ण मानव–समुदाय माना जाता है। उनके पुराने नाते टूट गये और नये नाते जुड़ गये–

नाता गोता छूटग्या, नवा जुड़या परवार।

जो जुड़या सोई होंद्र्या, मिटगी सब तकरार।।

आगमन का समय– उपलब्ध जानकारियों के अनुसार सोंधिया–जन का इस क्षेत्र में आगमन ग्यारहवीं सदी से प्रारंभ हो गया था। प्रारंभिक आगमनकर्ता संभवतः वे भगौड़े राजपूत थे जिन्हें विदेशी आक्रमणों के कारण अपनी मूलभूमि छोड़नी पड़ी थी। ऐसे आगन्तुकों में प्रमुख थे–पड़िहार, तंवर और चौहान। तेरहवीं–चौदहवीं सदी में मालवांचल के बहुत से सोलंकी व परमार राजपूत एवं स्थानीय हूण मुस्लिम आक्रमणों से पराजित होकर पलायन कर इस क्षेत्र में आ बसे। पन्द्रहवीं सदी तक शेष कबीले या भगौड़े भी इस क्षेत्र में आ चुके थे। मुगल-काल में इनमें से अनेक परिवार क्रमशः पूर्व की ओर बढ़ते हुए उमटवाड़ क्षेत्र में उन स्थानों पर भारी मात्रा में जा बसे थे जो आजकल खिलचीपुर, राजगढ़ नरसिंहगढ़, जीरापुर–मालचपुर तहसीलों के प्रशासनिक क्षेत्रों में आते हैं। लगभग इसी समय से ये राजस्थान के हाड़ौती क्षेत्र में भी प्रविष्ट होने लगे थे। अठारहवीं सदी के प्रारंभ में मालवा में जो मुगल-मराठा द्वंद्व प्रारंभ हुआ, उससे इस अंचल को जान-माल की भारी क्षति उठानी पड़ी। अब तक इस क्षेत्र के सोंधिया–जन यहाँ पूर्व में बसे मीणाओं, मोघियों एवं भील–भिलालों को या तो इस क्षेत्र से बेदखल कर चुके थे या धीरे-धीरे उनमें घुल-मिलकर लूटमार, डाकेजनी या अपहरण जैसे धंधों में लिप्त हो चुके थे। पूर्व के कबीलाई लोगों के भूमिका एवं ग्रासिया मुखिया इस समय तक मराठों, हाड़ाओं एवं अंग्रेजों की सैनिक एवं प्रशासनिक गतिविधियों के कारण अपने प्रभाव एवं गढ़ियों को लगभग खो चुके थे। इस कारण अन्य

स्थानीय–जन के साथ-साथ सोंधिया–जन को भी पूर्व एवं उत्तर की ओर गतिशील होना पड़ा। ऐसा करते समय उन्होंने बड़ी कालीसिंध क्षेत्र में बसे गूजरों से बहुत से क्षेत्र व धंधें छीन लिये। बाध्य होकर इन गूजरों को अपने स्थान से च्युत होकर आलोट क्षेत्र में आकर गुर्जरवाड़ी बसाना पड़ा तथा उज्जैन जिले की तराना तहसील के सतमेला (सतमहला) क्षेत्र के कई ग्रामों को बसाकर वन व पशु केन्द्रित जीवन एवं लूटमार को आजीविका का साधन बनाना पड़ा। उन्नीसवीं सदी में ब्रिटिश दबाव के कारण जब हाड़ौती क्षेत्र में पृथक् झालावाड़ राज्य का निर्माण हुआ तो सोंधिया–जन उसके गंगधार, पिड़ावा, डग, पचपहाड़ आदि क्षेत्रों में भारी मात्रा में जा बसे और स्वयं को झालाओं के प्रति वफादारी का संकेत देने में सफल हो गये।

सोंधिया समाज की क्षेत्रवार एवं राज्यवार जनसंख्या एवं सामाजिक स्थिति को जानने के लिये सोंधवाड़ क्षेत्र की विभिन्न तहसीलों में स्थित निम्न ग्रामों (सभी का नहीं) का सर्वेक्षण किया गया था। सर्वेक्षित कुछ ग्रामों में समग्र व अधिकांश में प्रतिचयन (प्रति दो सोंधिया-परिवारों में एक) को आधार मान कर जो सांख्यिकी प्राप्त की गई, वह प्रदत्त की गई है।

इस जनसंख्या को आधार मान कर दोनों राज्यों में बसी सोंधिया जनसंख्या की वास्तविक संख्या का अनुमान लगाया जा सकता है। इस परियोजना के निदेशक ने विभिन्न सोंधिया संगठनों से भी सोंधिया समुदाय की मध्यप्रदेश एवं राजस्थान में निवास करने वाली जनसंख्या जानने का प्रयास किया। उत्तर बड़े अस्पष्ट एवं परस्पर-विरोधी रहे। उन्होंने यह संख्या 10 से लेकर 20 लाख तक बताई है। इस परियोजना द्वारा सभी सोंधिया परिवारों एवं ग्रामों तक पहुँच तो नहीं हो पाई है फिर भी अधिकांश क्षेत्र सर्वेक्षित कर लिये गये हैं। यदि संपूर्ण जानकारी को एकत्रित कर युक्तियुक्त निर्णय लिया जाय तो यह संख्या सारे भारत में लगभग 12 से 15 लाख हो सकती है।

सीमाएँ–इस अध्याय में प्रदत्त सोंधिया-जन की जनसंख्या के बारे में जो आंकड़े दिये गये हैं, उनका सर्वेक्षण समग्र व प्रतिचयन आधार पर रहा है। इस कारण 5 से 10 प्रतिशत की त्रुटि होना सहज है। जो भी हो, इसे दोनों राज्यों में सोंधिया-जन की सामाजिक स्थिति के विभिन्न पहलुओं तक पहुँचना संभव हुआ है। जो भी निष्कर्ष सामने आये हैं, वे वास्तविकता से अधिक दूर नहीं हैं।

सोंधवाड़ क्षेत्र के सोंधिया–जन का राज्यवार विवरण मध्यप्रदेश

घट्टिया तहसील की सोंधिया जनसंख्या

गाँव का नाम	सोंधिया समाज की जनसंख्या	गाँव का नाम	सोंधिया समाज की जनसंख्या
खेड़ा चितावलिया	405	पलवा	156
कोयलखेड़ी	137	वीरमखेड़ी	215
भैंसाखेड़ी	185	रलायती	156
सिपावरा	46	नजरपुर	32
धन्नाखेड़ी	58	बिछड़ोद	103
अमरपुरा	64	कुल	1,555

महिद्पुर तहसील की सोंधिया जनसंख्या

गाँव का नाम	सोंधिया समाज की जनसंख्या	गाँव का नाम	सोंधिया समाज की जनसंख्या
कोयल	63	देवली	62
परबतखेड़ा	11	झुटावद	506
डूंगरिया	153	पिपल्याभीम	104
गोगाखेड़ा	20	घोटखेड़ी	248
बणी	5	रसूलपुरा	155
घटिया साईदास	514	मेलाखेड़ी	407
हाजल्याखेड़ी	305	बलाह	313
भादवा	298	श्रावण	311
बोरखेड़ी	102	अरन्याबागड़ा	52
बहादुरपुरा	51	लोटिया नार्दा	1,008
मुण्डला सोंधिया	1,014	माल्या	702
यशवन्तपुरा	101	टीपूखेड़ा	404

गाँव का नाम	सोंधिया समाज की जनसंख्या	गाँव का नाम	सोंधिया समाज की जनसंख्या
इन्दौख	402	बनसिंग	1,011
कछानिया सैयद	605	पाताखेड़ी	404
सेकली	298	लसूड़िया गोयल	806
महुड़िया	303	बोलखेड़ा नाउ	1,015
रब्दानिया	352	लाडनपुर	298
नाहरखेड़ा	101	खरड़िया मानपुर	204
कछालिया चाँद	408	नागगुराड़िया	52
कुण्डीखेड़ा	57	खोरियापदमा	53
पोनाडिया	58	नलखेड़ा	106
बमनई	108	रुदाहेड़ा	305
माकला	106	कानाखेड़ीहम्मा	302
ऑक्या बजरंग	36	गेलाखेड़ी	102
पाड़ल्या	35	रावतखेड़ी	24
काचरिया	118	खेरिया सुमरा	14
मोचीखेड़ा	304	पिपलीखेड़ा	103
काजीखेड़ी	311	आमड़ी	107
संघवीखेड़ा	204	चोरवासा	206
बरखेड़ा बुजुर्ग	11	कुकलखेड़ा	54
इटावा	26	लसूड़िया श्रीपथ	104
बिसलखेड़ी	27	कुवाड़िया	26
ढाबलीकम्पा	52	ढाबलावेणी	56
जवास्यापंथ	53	पिपल्यानाथ	206
सुहागपुरा	102	मेडकी	105
रामनगर	51	मुण्डलीभोज	206
निपान्याराजू	107	धनोड़िया	54
पाड़ीखेड़ा	206	मारूखेड़ा	107
डूंगरखेड़ी	54	सिमरोल	202

गाँव का नाम	सोंधिया समाज की जनसंख्या	गाँव का नाम	सोंधिया समाज की जनसंख्या
खेड़ामद्दा	508	घटिया जस्सा	102
झांगरी	55	कंथारी	56
डौंगरखेड़ा	54	भाटखेड़ी	259
घोड़ाबाग	258	कासौन	156
कालापिपल्या	544	जवासिया सोलंकी	396
शक्करखेड़ी	205	मुण्ड़ली दात्रु	207
कालापीपल	545	खेड़ाखजूरिया	54
डोंगरा	58	किटिया	110
बरखेड़ी बाजार	52	जगोटी	49
राघवी	109	रामसरा	106
आक्या जस्सा	205	लाम्बीखेड़ी	108
पलवा	55	घोंसला	59
		कुल	21,846

सोंधिया जाति की जनसांख्यिकी सारिणी

जनसंख्या–2001 (स्रोत–जनगणना विभाग के एतद् विषयक प्रकाशन)

जिला–उज्जैन **मध्य प्रदेश**

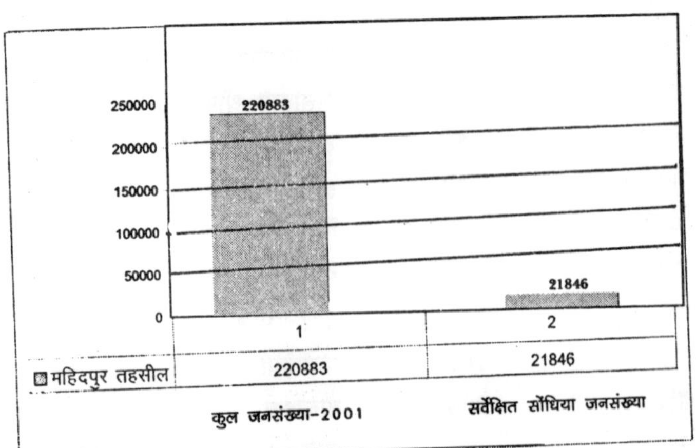

रतलाम जिला
आलोट तहसील की सोंधिया जनसंख्या

गाँव का नाम	सोंधिया समाज की जनसंख्या	गाँव का नाम	सोंधिया समाज की जनसंख्या
आलोट	280	ठोरखेड़ी	32
बरखेड़ाकलां	103	बापचा (केसरजीखेड़ा)	244
कराड़िया	26	बामनखेड़ी (लक्ष्मीपुरा)	208
चाहखेड़ी	79	अरनिया आलोट	33
पीपलिया सिसोदिया	304	खजूरीखेड़ा	54
कानड़ीया	106	थूरिया	524
किशनगढ़	247	अरवालिया भामा	195
बर्डिया राठौर	774	आक्या आलोट	208
हाजली	303	मुंज	414
मल्हारगढ़	192	दुधिया	54
खासपुरा	54	माऊखेड़ी	56
गुलबालोद	533	बगुनियाखेड़ी	411
भूटिया	48	सारंगाखेड़ा	198
रछालिया	203	देहरी	64
बेटीखेड़ी	302	शेरपुर खुर्द	331
हींगड़ी	12	जहानाबाद	54
जीवनगढ़	202	पालनगरा	306
खजूरी सोलंकी	77	खेड़ी आलोट	102
खामरिया	505	बदनावरा	404
गुराड़िया	411	लक्ष्मीपुरा	308
भावगढ़	252	लंगरखेदी	402

गाँव का नाम	सोंधिया समाज की जनसंख्या	गाँव का नाम	सोंधिया समाज की जनसंख्या
भोजाखेड़ी	1,008	बापना	454
कलस्या	1,106	कमलाखेड़ी	454
गोयल	248	कबरियाखेड़ी	352
इंदरपुरा	175	भीम	1,010
सत्ताखेड़ा	255	जोचन	21
प्रतापपुरा	91	निपानिया राजगुरु	705
इसामपुर	511	दरियाखेड़ी	307
तालोद	1,502	डाबड़िया	508
पाटन	702	नापाखेड़ा	303
दयालपुरा	352	रिच्छा	102
आनन्दगढ़	355	धूताखेड़ी	354
अरवलिया सालंगी	452	छापरी	154
सुन्दरपुर	152	सालाखेड़ी	202
निपानियालीला	102	लूनी	102
दौलतगंज	602	खारवाकलां	103
करौन्दी नं. 1	101	करौन्दी नं. 2	90
बरसी	704	बिलावली	252
कोठड़ी (खारवा)	52	खेताखेड़ी	52
भटबर्डिया	54	मालाखेड़ा	210
थमगुराड़िया	52	किशनगढ़ ताल	805
टूंगनी	52	मुण्डलाखुर्द	252
दौलतपुरा	102	कल्याणपुरा	303
मनुनिया	405	रणायरा	106

गाँव का नाम	सोंधिया समाज की जनसंख्या	गाँव का नाम	सोंधिया समाज की जनसंख्या
जमुन्याशंकर	102	सेमलिया	403
खेजड़िया सोंधियान	204	करवाखेड़ी	52
अम्याखुर्द	152	हामपुरा	154
चारनखेड़ी	205	मुण्डलाकलां	58
खैरजमुनिया	208	काठेड़ीताल	247
आक्याकलां	152	खेरवाड़ी	102
शामिमाबाद	25	कुल	27,833

सोंधिया जाति की जनसांख्यिकी सारिणी

जनसंख्या–2001 (स्रोत–जनगणना विभाग के एतद् विषयक प्रकाशन)

जिला–रतलाम **मध्य प्रदेश**

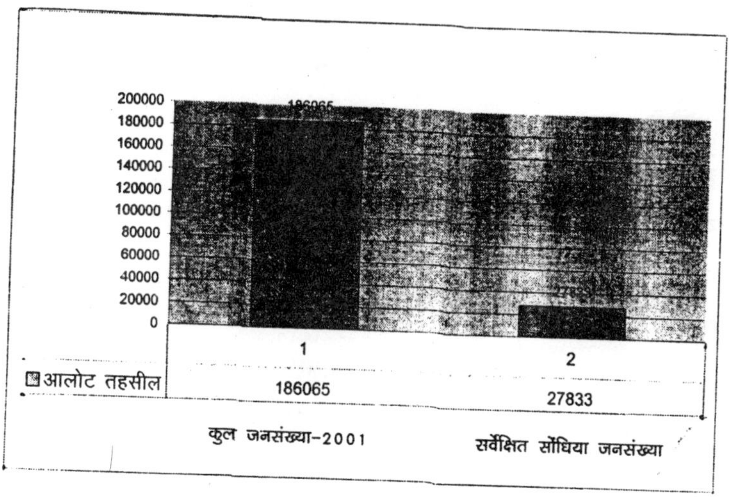

शाजापुर जिला

आगर तहसील की सोंधिया जनसंख्या

गाँव का नाम	सोंधिया समाज की जनसंख्या	गाँव का नाम	सोंधिया समाज की जनसंख्या
सेमली	08	परसुखेड़ी	15
धडेंडा	280	रायपुरिया	336
बटावदा	28	सनावली	248
कालमोई	08	हरकनखेड़ी	12
पचोर	36	तिलवाड़िया	07
नापाखेड़ा	48	लाडवन	38
पिपलियाकुमार	176	कडिया	05
कानड़	98	भड़का	106
राजाखेड़ी	226	अरनिया	168
पालड़ा	38	अभयपुर	72
आखाखेड़ी	152	सोनचिड़ी	254
अड़ाई	205	राघोगढ़	325
ठीकरिया	221	गुंदी कला	140
भचाखेड़ी	10	आवर	456
गुरखेड़ी	210	आमला	29
ढोंटी	105	पालखेड़ी	04
कचनारिया	111	उमरिया देवड़ा	73
सुमराखेड़ी	20	पीपल्याकलाँ	39
भादवा	164	झलारा	275
बड़गोन	353	किशनपुरा	414
गूंदीखुर्द	32	कुल	5,545

सोंधिया जाति की जनसांख्यिकी सारिणी

जनसंख्या–2001 (स्रोत–जनगणना विभाग के एतद् विषयक प्रकाशन)

जिला –शाजापुर मध्य प्रदेश

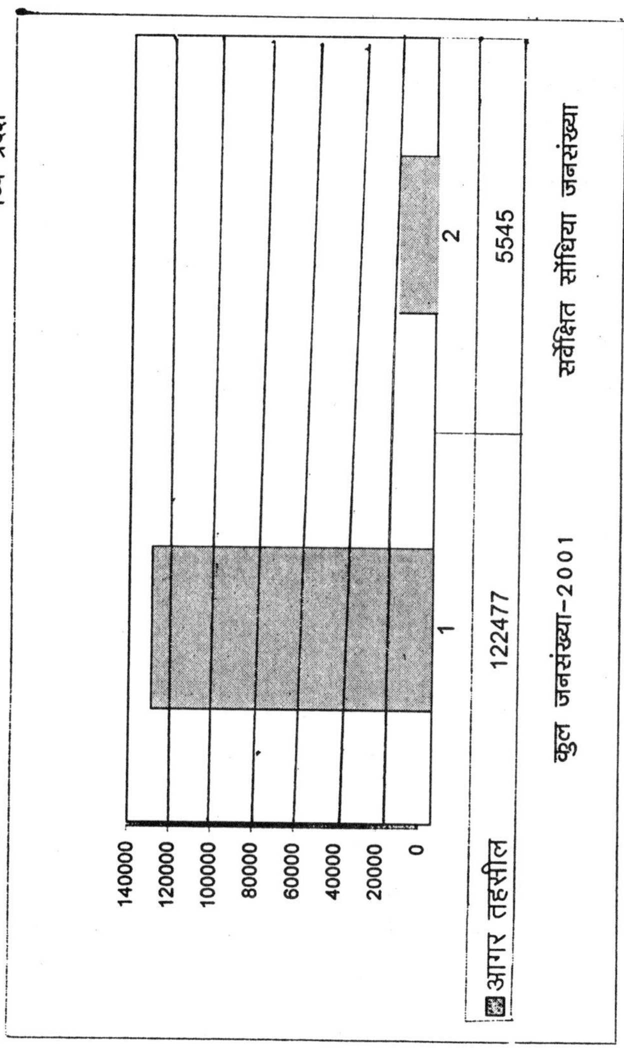

सोयत तहसील की सोंधिया जनसंख्या

गाँव का नाम	सोंधिया समाज की जनसंख्या	गाँव का नाम	सोंधिया समाज की जनसंख्या
करकडिया	1,001	कल्याणपुरा	367
कण्ठालिया	235	कंवराखेड़ी	350
दूलयाखेड़ी	156	सोयतखुर्द	195
बिकमपुरा	317	अमरकोट	134
सरदारपुरा	227	त्रिलोकपुरा	138
खीमापुरा	354	पीथापुरा	256
कोठड़ा	214	लालाखेड़ी	358
खेड़ा	532	बंदा	528
खेजड़ाखेड़ी	624	ढोलाखेड़ी	650
भवानीपुरा	404	मगीशपुर	422
गणेशपुरा	429	गागोरनी	302
गुंदलावदा	375	रीछड़िया	325
		कुल	8,893

सुसनेर तहसील की सोंधिया जनसंख्या

गाँव का नाम	सोंधिया समाज की जनसंख्या	गाँव का नाम	सोंधिया समाज की जनसंख्या
देहरिया सुसनेर	329	सेमली	728
बोरखेड़ी कावल	410	धान्याखेड़ी	201
कलारिया	255	खैराना	822
खेंजड़ी	530	खजूरी	424
मेंहदी	332	लोंगड़ी	409
माणा	228	माखमपुरा	407

पालडा	332	अरनिया का खेड़ा	422
मैना	929	नवाखेड़ा	150
सादलपुर	272	बामन्याखेड़ी	713
पीपल्या नानकार	517	सुसनेर	520
बड़िया का खेड़ा	488	बड़िया	221
निपानिया	260	सारमी	615
खोरिया	366	जामुनिया	444
आमला नानकार	370	नांदना	222
कायरा	637	कजलास	362
नाहरखेड़ा	427	उमरिया	305
आकली	319	खनोटा	280
लोलकी	312	पगरा	434
सालरिया	791	फरसपुरा	122
पटपड़ा	407	मेहतपुरा	434
मगरिया	475	धतुरिया	525
कीटखेड़ी	506	लोधाखेड़ी	427
श्यामपुरा	707	गुराड़ी	405
मालनवासा	644	खत्रुखेड़ी	427
नानोंरा	438	बायरा	344
कादमी	270	**कुल**	**21,914**

राजगढ़ जिला

राजगढ़ तहसील की सोंधिया जनसंख्या

गाँव का नाम	सोंधिया समाज की जनसंख्या	गाँव का नाम	सोंधिया समाज की जनसंख्या
गोलबें	506	लेरची	507
ढेडिया	478	तिनोतिया	453
लाओबें	428	देवली	1,026
बामल्यापरा	105	खाजला	506
खेड़ी	517	आम्बा	511
लतेड़िया	822	नारायणगढ़	815
जोड़कियों	802	गाद्यया	106
खड्यापुरा	808	नाईपरा	156
बापची	357	काचरी	2,016
पीपलखेड़ा	412	ढण्ड	203
अतपरिया	276	कलीखेड़ा	507
हिरनखेड़ा	28	चाटखेड़ा	2,563
बरखेड़ा	1,515	करेड़ी	1,508
लिमोदा	1,519	सुआखेड़ी	807
फूलखेड़ी	216	गूजरखेड़ी	259
बड़लावदा	211	कटेराखेड़ी	409
माल्याहेड़ी	356	माधोपुरा	157
गूजरीबेग	228	**कुल**	**21,693**

सोंधिया जाति की जनसांख्यिकी सारिणी

जनसंख्या–2001 (स्रोत–जनगणना विभाग के एतद् विषयक प्रकाशन)

जिला – राजगढ़ मध्य प्रदेश

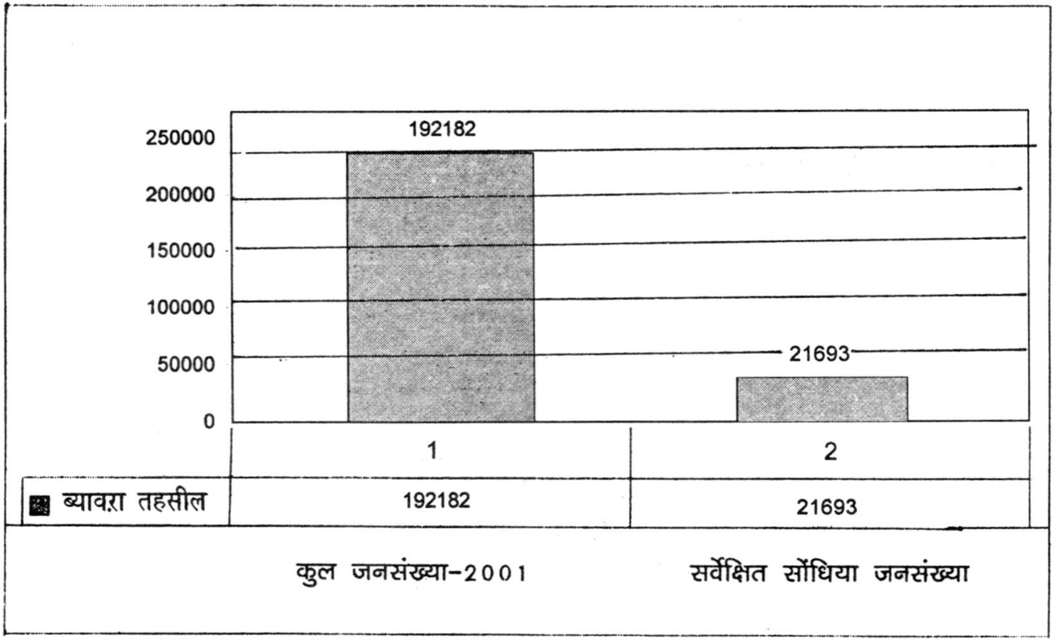

राजगढ़ तहसील के शेष ग्रामों में सामुख्य द्वारा अनुमानित जनसंख्या की सूची निम्नलिखित है–

सोंधिया प्रतिनिधियों से प्राप्त समंक (सामुख्य पर आधारित)

ग्राम			
फीलखेड़ा	नारानघटा	ढोडिया	लालीया तलाई
झांझड़पर	आंग	खेड़ो	थमालियापुरा
देवलीकला	राहतवतपुरा	बनानियाँ	कटारियाखेड़ी
राजपुरा	चाटूखेड़ा	खीमाखेड़ी	मांद्राखेड़ा
बाजपुरा	डूंगरपुरा	पड्यो	उदमपुरिया
घोघड़िया जागीर	राजगढ़	मोतीपुर	मोर पीसली
तलाईखेड़ा	बीड़जलायरा	लक्ष्मनपुरा	वीरइन्दरपुर
जागीरपुरा	हताइखेड़ा	खारचारखेड़ी	करेड़ा
गेहूँखेड़ी	चावपुरा	गोरखपुरा	कोलूखेड़ी
खेरासी	जलालिया	रोडरी	तमड़ियाखेड़ी
खजूरी	नानोरी	रोजड खुर्द	पाड़ल्याखेड़ी
कलपानी	रसूलपुरा	चाटुखेड़ा (सोदिया)	पुराचारखेड़ा
पान्दा	किसनपुरा	टाँडी	केशरियाबें
झूमका	पदरपुरा	**कुल निकटतम =**	**12,600**

व्यावरा तहसील की सोंधिया जनसंख्या

गाँव का नाम	**सोंधिया समाज की जनसंख्या**	**गाँव का नाम**	**सोंधिया समाज की जनसंख्या**
खेड़ा (कुशलपुरा)	254	मालवरी	258
सागपुरा	412	बलियाँ (बड़लिया)	407
खेजड़ा	26	आगर (मलावर)	06
चौंकी	48	कुण्डीखेड़ा	613
सुन्दरपुरा	162	लखनवास	307

सोंधिया जाति की जनसांख्यिकी सारिणी

जनसंख्या–2001 (स्रोत–जनगणना विभाग के एतद् विषयक प्रकाशन)

जिला – राजगढ़ मध्य प्रदेश

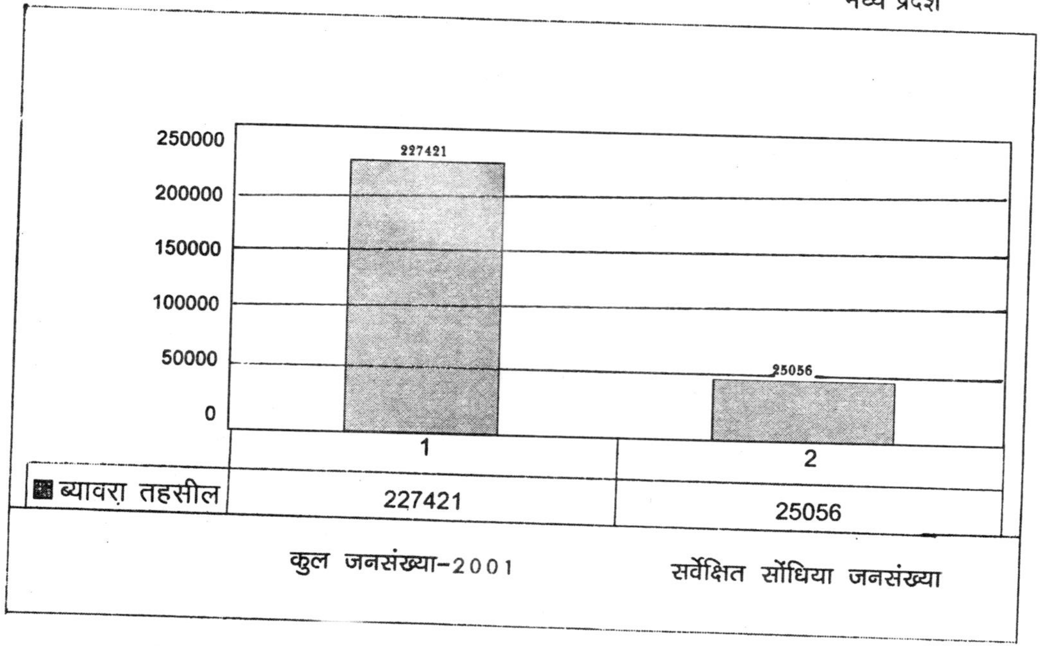

गाँव का नाम	सोंधिया समाज की जनसंख्या	गाँव का नाम	सोंधिया समाज की जनसंख्या
कुआखेड़ी	254	भवांस	292
नाल्याखेड़ी	125	खेजड़ा	358
खेजड़ा (महाराजा)	366	कांकरिया	27
सेमलिया पार (पार्वती)	517	लसुड़लिया	26
भंगीपुरा	62	सलेपुर	802
साल्याखेड़ी	811	हांसरौद	1205
नवारों	18	नरी	403
नारवें	306	गोरधनपुरा	814
खनदी	302	सुठालिया	126
कोटरा	128	सिंगपुरा (शेखपुरा)	102
माधुपुरा	254	नारायणपुरा	87
लक्ष्मणपुरा	142	परासाना	106
लालपुरया	102	पाटनपुर	52
बूड़खेड़ा	203	भगवानपुरा	204
अमानपुरा	28	टोंका	27
खनोटा	809	बेमनपुर	304
देवरीखेड़ा	302	झरी	24
सामरखो	21	बड़खो	256
कुंजनपुर	28	मोर बड़ल्ली	1,208
नापानेरा	207	नेवज	154
लालपुरिया(दूसरा)	98	भोगनी	205
बरखेड़ी	212	परमारपुरा	203
रतनपुरिया	263	कांदलियाखेड़ी	138
कालाकोट	139	बागपुरा	252

गाँव का नाम	सोंधिया समाज की जनसंख्या	गाँव का नाम	सोंधिया समाज की जनसंख्या
सेमेली	85	जगनयापुरा	254
पालाबें	352	आहलमपुरा	197
भाटपुरा	108	चंगेरी चौतरा	256
धानयाखेड़ी	304	लुहारी बेलास	253
पीपल्याखेड़ी	354	भगोरा	506
मानकी	512	पालदी महाराजा	312
जामी	29	खाखरों	254
कमल्याखेड़ी	352	अरण्या	493
भोई	805	खानपुरा	508
चाटा	608	ब्यावरा	308
जामुनिया थपड़ा	203	चन्दरपुरा	307
बीनाखेड़ी	254	सड़िया	105
चारखेड़ी	263	बाईखेड़ा	256
पाडल्ली	248	कोड़याखेड़ी	153
दुआखेड़ी	312	तालाबपुरा	65
मोमतपुर (गोलाखेड़ा)	356	**कुल**	**25,056**

सारंगपुर तहसील की सोंधिया जनसंख्या

गाँव का नाम	सोंधिया समाज की जनसंख्या	गाँव का नाम	सोंधिया समाज की जनसंख्या
ब्यावरा माण्डू	08	विदेशी	57
बिरजीपुरा	308	कूंपा	104
सुल्तानपुरा	125	गांवड़ी	256
बिरगड़ी	305	खजूरिया घाटा	158

सोंधिया जाति की जनसांख्यिकी सारिणी

जनसंख्या–2001 (स्रोत–जनगणना विभाग के एतद् विषयक प्रकाशन)

जिला – राजगढ़ **मध्य प्रदेश**

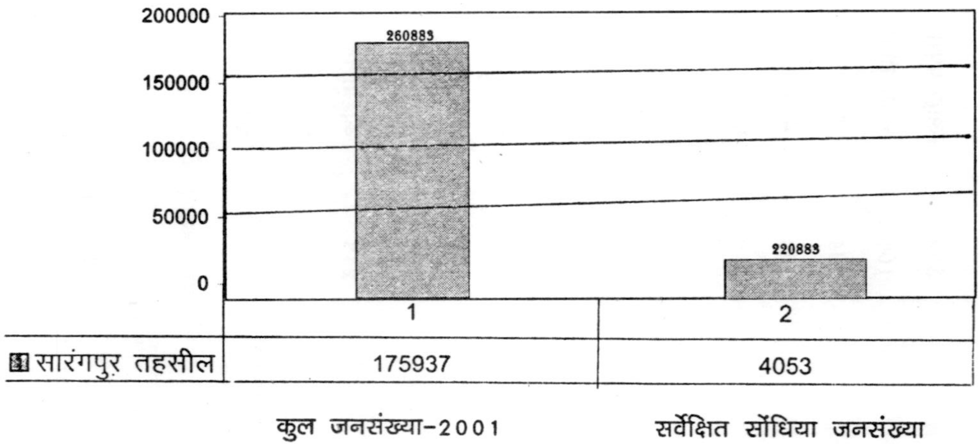

गाँव का नाम	सोंधिया समाज की जनसंख्या	गाँव का नाम	सोंधिया समाज की जनसंख्या
बारोल	303	लीमा चौहान	18
झिरी	402	कालापीपल	409
बुढ़नपुर	206	पीपल्यामोची	152
धामन्दा	77	गुआड़ा	16
मगराना	19	काछीखेड़ी	102
खैरासी	56	रामपुरिया	11
सिमरोल	08	हरिपुरा	15
सारंगपुर	22	पचोर	27
गोपालपुरा	54	बुडनपुर	85
बिरगड़ी	291	बारोल	307
धामन्दा	152	कुल	4,053

नरसिंहगढ़ तहसील की सोंधिया जनसंख्या

गाँव का नाम	सोंधिया समाज की जनसंख्या	गाँव का नाम	सोंधिया समाज की जनसंख्या
लसूड़लिया	206	कुण्डीखेड़ा	303
कूकलियाखेड़ी	105	चौक उमरझिर	52
कथीरी	54	कुल	720

जीरापुर तहसील की सोंधिया जनसंख्या

गाँव का नाम	सोंधिया समाज की जनसंख्या	गाँव का नाम	सोंधिया समाज की जनसंख्या
गोगटपुर	512	जामगाँव	985
रामपुरिया	504	खोमड़ी	1,016

सोंधिया जाति की जनसांख्यिकी सारिणी

जनसंख्या–2001 (स्रोत–जनगणना विभाग के एतद् विषयक प्रकाशन)

जिला– राजगढ़ मध्यप्रदेश

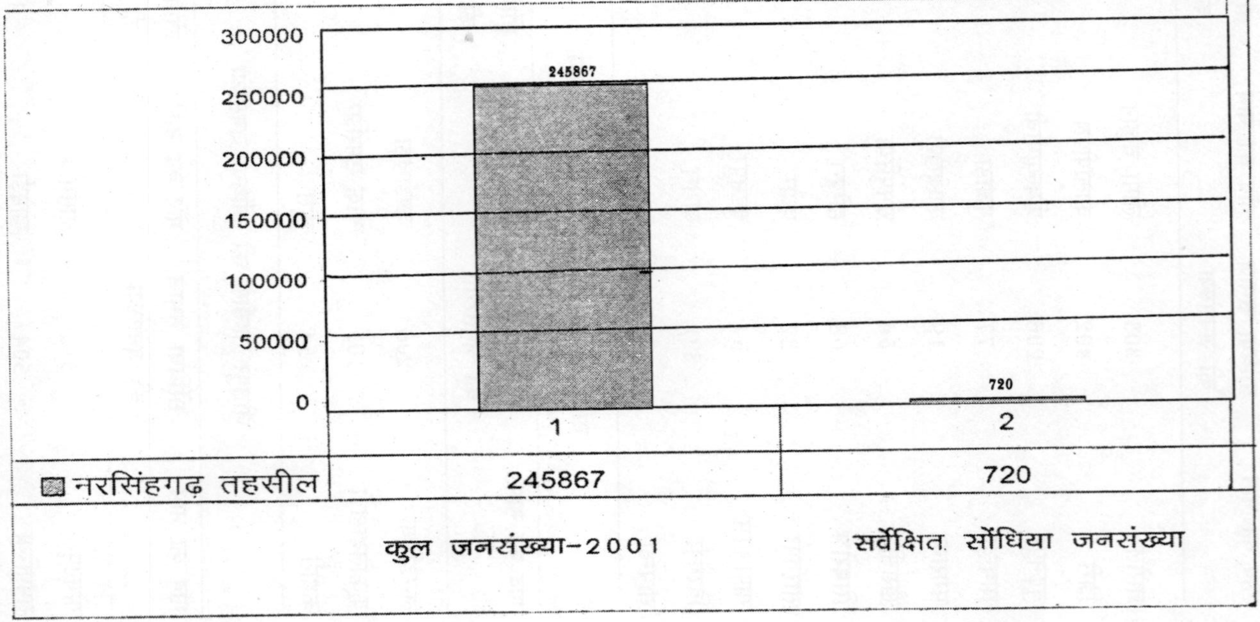

गाँव का नाम	सोंधिया समाज की जनसंख्या	गाँव का नाम	सोंधिया समाज की जनसंख्या
खेड़ा	405	देवली	519
दातिया	517	नांदरी	704
मेलूखेड़ा	502	बाड़गाँव	698
चौखण्डा	504	हरिगढ़	702
पौलाखेड़ा	1,017	परोलिया	1,012
दाईखेड़ी	498	देवरी	505
पीपलदा	1,013	पीपल्दी	514
बामनखेड़ा	508	काछीखेड़ी	513
आमलावे	1,015	कोड़क्या	520
		कुल	**14,683**

उक्त में आधे से अधिक गाँवों में यही लोग रहते हैं। इस तहसील में परमार, पवार, तोमर, चौहान जाति के लोग ज्यादा हैं, उनके भी वही प्रचलित गाँव तहसील में मिलते हैं।

सोंधिया जाति की जनसांख्यिकी सारिणी

जनसंख्या–2001 (स्रोत–जनगणना विभाग के एतद् विषयक प्रकाशन)

जिला – मन्दसौर

मध्य प्रदेश

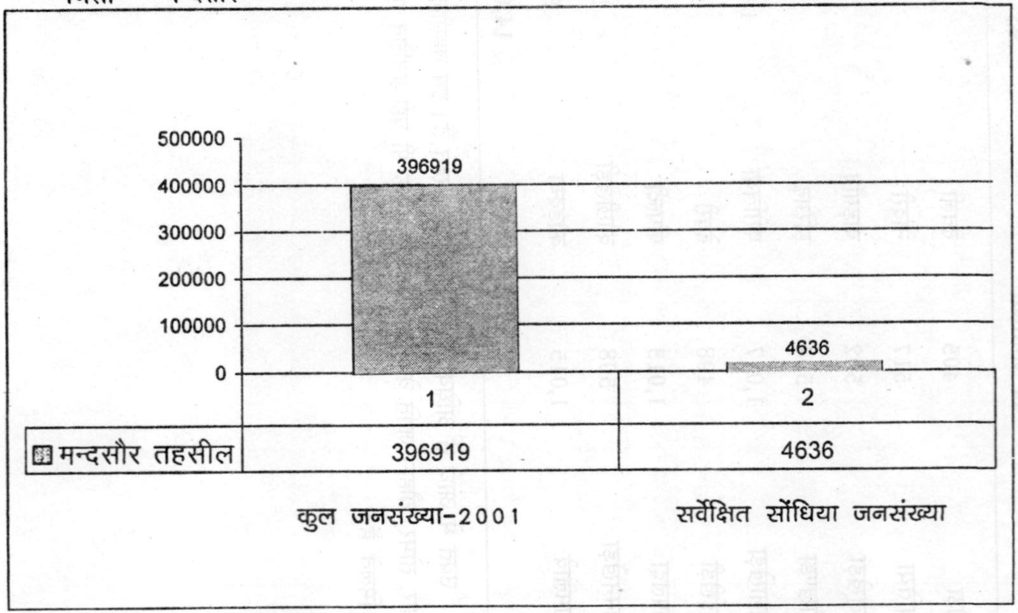

मन्दसौर–नीमच जिला

मंदसौर तहसील की सोंधिया जनसंख्या

गाँव का नाम	सोंधिया समाज की जनसंख्या	गाँव का नाम	सोंधिया समाज की जनसंख्या
पलेवना	546	हनुमंत्या	403
मुंदेड़ी	448	मान्याखेड़ी	716
काचर्‍या	549	कदमाला	702
लीलदा	624	खोखरी	648
		कुल	4,636

नीमच तहसील की सोंधिया जनसंख्या

गाँव का नाम	सोंधिया समाज की जनसंख्या	गाँव का नाम	सोंधिया समाज की जनसंख्या
केरी	506	आकली (जीरन)	452
सगराना	1,510	माल्या (व्यास)	554
भंवरासा	1,623	बाबरूखेड़ा	715
नीमच	189	पील्या नांथावत	909
धरेरिया पीपल्या	716	लसूड़ी तंवर	1,352
हनुमंत्या मेवाड़	520	सिरखेड़ा	589
छायान	1,112	मेलकी	954
मूंडला	916	सेमली	1,208
गुलाबखेड़ी	1,052	बेलारी	1,284
अरन्यामाली	841	लसूड़ीहाड़ा	456
बोरदिया कला	1,708	बोरदिया खुर्द	786
विशन्या पीपल्या	1,124	दीपूखेड़ी	558
मांगरोल	612	मांगरोलचक	118
		कुल	22,364

सोंधिया जाति की जनसांख्यिकी सारिणी

जनसंख्या–2001 (स्रोत–जनगणना विभाग के एतद् विषयक प्रकाशन)

जिला – नीमच मध्य प्रदेश

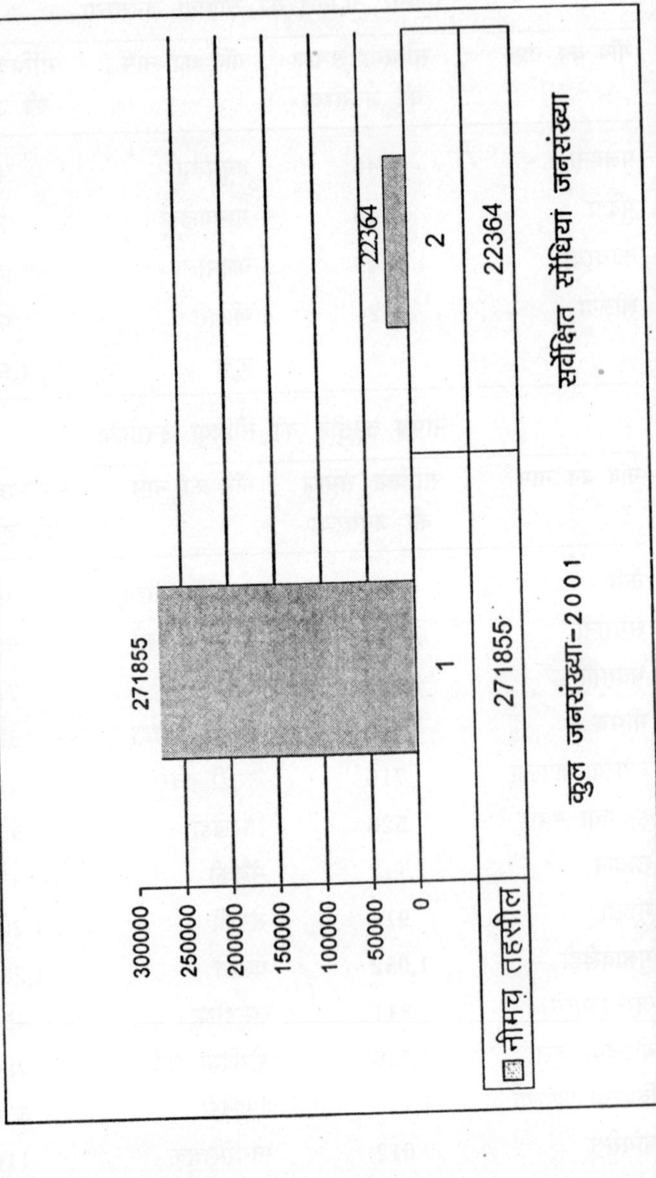

मल्हारगढ़ तहसील की सोंधिया जनसंख्या

गाँव का नाम	सोंधिया समाज की जनसंख्या	गाँव का नाम	सोंधिया समाज की जनसंख्या
सेलावरी	186	काचरिया	85
जोगनी	12	चंगरी	221
कचनारा (सोम्या)	606	आकली (मल्हारगढ़)	385
अवना काचरिया	142	पिपरिया गुराड़िया	1,013
हिरली	795	चिल्लोद पीपरू	603
खेड़ा झार्डा	1,193	आलीखेड़ा	1,056
रणायरा	1458	नागर पीपल्या	794
खेड़ा कोपला	127	कोपलखेड़ा	81
सेनिगिरा	398	तखतपुरा	592
आबाखेड़ी	307	मोटा काचरिया	1,606
ढाबला	1,607	सिंदपन सोंधिया	1,952
मूंदड़ी	792	पलेवना	990
हनुमंतिया	744	मिड़लाखेड़ा	618
कामरिया	877	भांगी पीपल्या	1,054
तुरकिया	2,106	चोथखेड़ी	802
डोरवाड़ा	1,924	डोरवाड़ा	747
खांखरियाखेड़ी	908	बादपुर	1,227
तलाव पीपल्या	858	गर्रावद	1,912
बाँसखड़ी	788	गुडभेली छोटी	804
फतेहपुर	495	बंड पीपल्या	483
कित्तूखेड़ी	293	खेजड़ी	908
चन्द्रपुर	1,012	अनूपपुरा	554
हरमाला	388	**कुल**	**36,403**

सोंधिया जाति की जनसांख्यिकी सारिणी

जनसंख्या–2001 (स्रोत–जनगणना विभाग के एतद् विषयक प्रकाशन)

जिला – नीमच मध्य प्रदेश

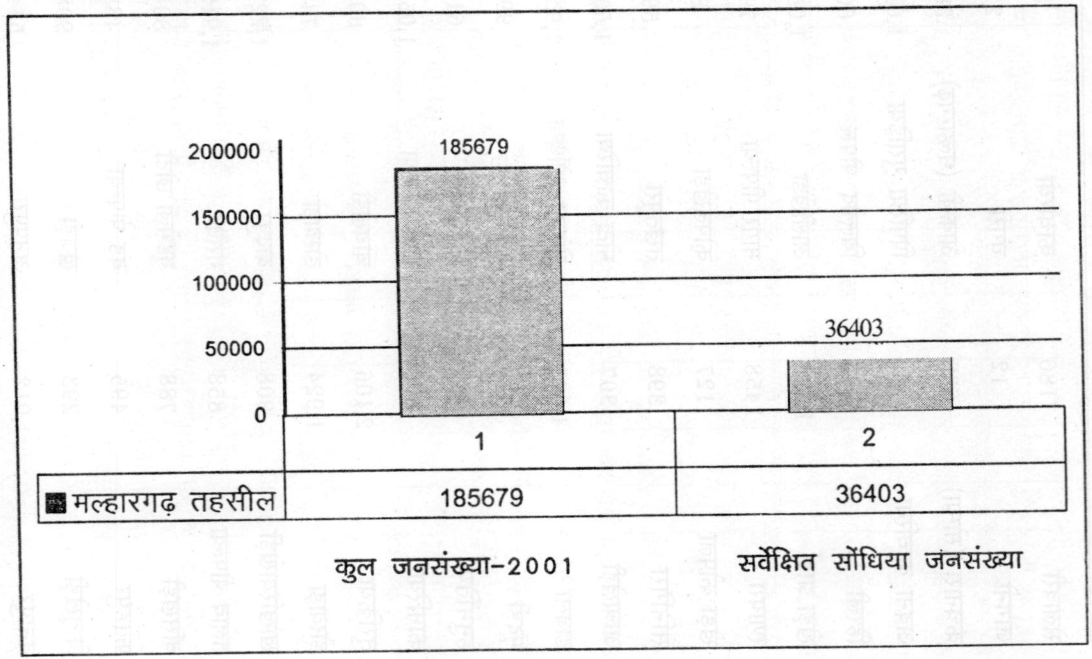

सौंधिया जाति की जनसांख्यिकी सारिणी

जनसंख्या–2001 (स्रोत–जनगणना विभाग के एतद् विषयक प्रकाशन)

जिला – नीमच मध्य प्रदेश

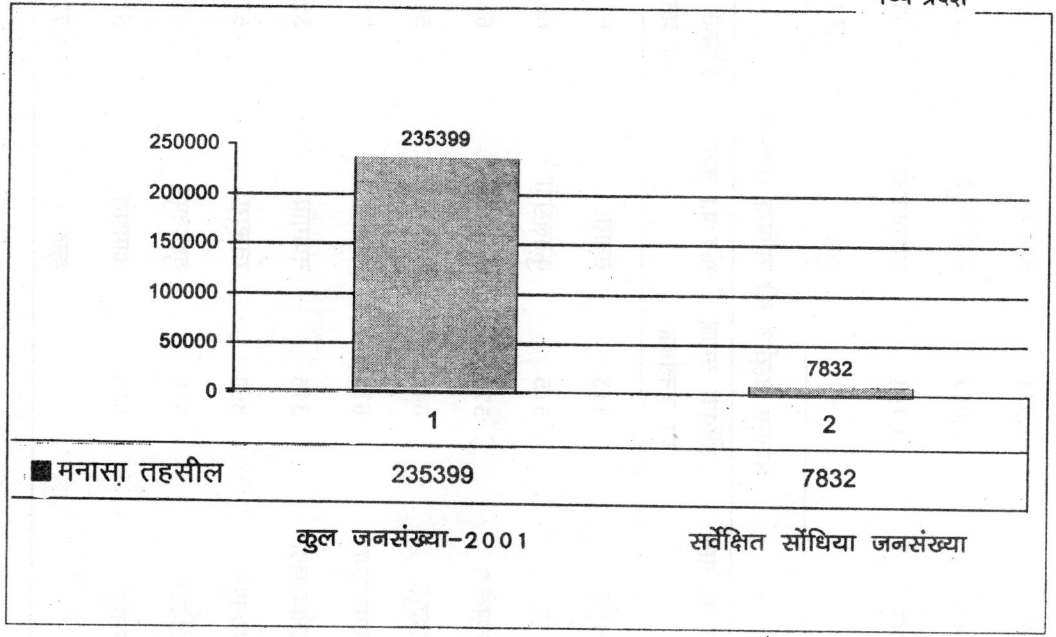

मनासा तहसील की सोंधिया जनसंख्या

गाँव का नाम	सोंधिया समाज की जनसंख्या	गाँव का नाम	सोंधिया समाज की जनसंख्या
तूमड़ा	1,334	सोजावास	1,496
आकली	1,039	रायसिंगपुरा	1,756
खीमपुरा	1,154	अरन्यामाली	1,053
		कुल	7,832

भानपुरा तहसील की सोंधिया जनसंख्या

गाँव का नाम	सोंधिया समाज की जनसंख्या	गाँव का नाम	सोंधिया समाज की जनसंख्या
भीलखेड़ी	443	संधारी	614
दूदाखेड़ी	515	कुंतलखेड़ी	685
सातलखेड़ी	576	हरनावदा	618
धनकपुरा	642	रेटड़ी	567
रातागुराड़िया	618	खेरखेड़ी	776
संटलीकाखेड़ा	315	नयागाँव	328
गोरधनपुरा	365	रतनपुरा	573
बड़ोदिया	576	बुड़ढनपुरा	438
रामनगर	515	आमझरी	612
		कुल	9,776

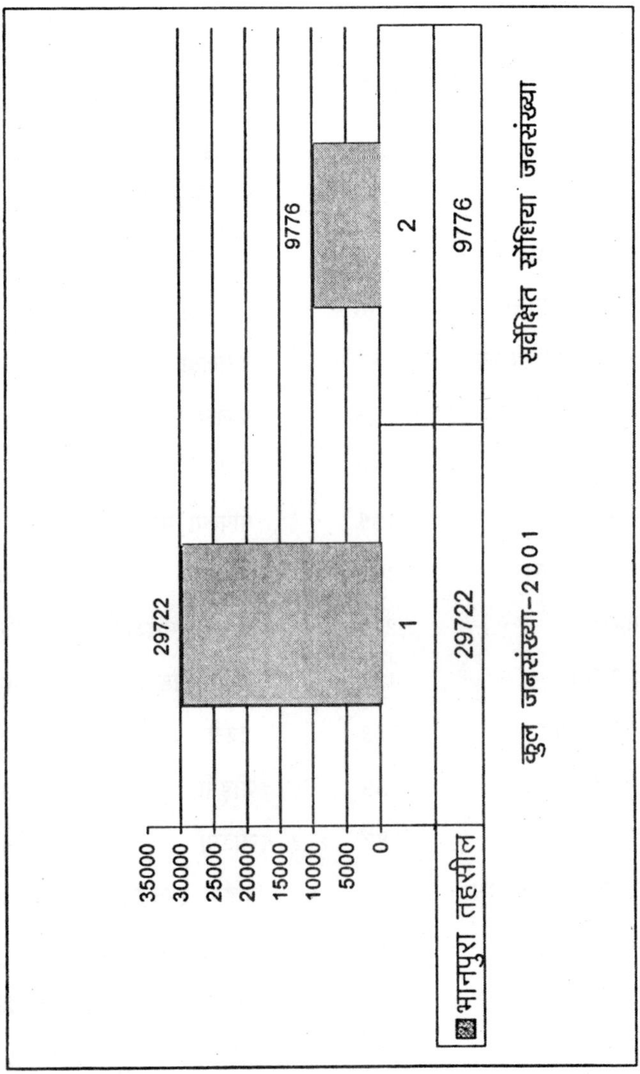
सोंधिया ज्ञाति की जनसांख्यिकी सारिणी
जनसंख्या–2001 (स्रोत–जनगणना विभाग के एतद् विषयक प्रकाशन)
जिला – मन्दसौर
मध्य प्रदेश
35000
30000
25000
20000
15000
10000
5000
0
29722
9776
1
2
भानपुरा तहसील
29722
9776
कुल जनसंख्या–2001
सर्वेक्षित सोंधिया जनसंख्या

गरोठ तहसील की सोंधिया जनसंख्या

गाँव का नाम	सोंधिया समाज की जनसंख्या	गाँव का नाम	सोंधिया समाज की जनसंख्या
भामाखेड़ी	637	कोटड़ी	319
मूंडला	112	हताई	217
खेरखेड़ा	203	देंथलीबुजुर्ग	96
खजूरी रुण्डा	656	कंथारिया	194
बरखेड़ा गंगासा	56	जस्साखेड़ी	215
जतीजी का पीपल्या	287	बर्राखेड़ी	74
बावड़ीखेड़ा (बाबरीखेड़ा)	98	फूलखेड़ा	248
लाखाखेड़ी	89	घटिया	58
मानकी	193	पीपल्या मोहम्मद	20
बर्डिया अमरा	363	रूपपुरा	486
पावटी	2,275	पीपल्या मीट्ठेशाह	842
दसोरिया	438	खंजूरी दौड़ा	617
लाम्बीखेड़ी	343	रावटी	437
रीताखेड़ी	259	जोड़मी	348
डिडोर	187	जोड़मा	438
कुंडालिया चरणदास	15	बर्डिया हस्तमुरार	469
बामनी	285	रोज्या	136
ढाकनी	793	झिरन्या	259
चूकनी	173	कुरलासी	1,287
बरखेड़ी मिट्ठू	463	सपानिया	513
चिकन्या	1,692	कोटड़ाबुजुर्ग	37

गाँव का नाम	सोंधिया समाज की जनसंख्या	गाँव का नाम	सोंधिया समाज की जनसंख्या
बरखेड़ा अंबेरा	18	बोलिया	59
चाँदाखेड़ी	616	फरन्याखेड़ी	427
घाटा पीपल्या	173	खारखेड़ा	338
कालाखेड़ा	73	होटड़ा बुजुर्ग	385
हनुमंत्या	139	तरावली	283
खजूरीपंथ	38	विशन्या	438
पालखदा	242	सूराखेड़ी	709
खाईखेड़ा	193	एमदी	204
खेरखेड़ी	237	सुरजनाजूना	418
सुरजनानया	203	परासली दीवान	73
सालरिया	89	धतूरिया	253
बरखेड़ा राठौर	143	मकड़ावन	672
खेजड़िया	173	जमूनिया	46
सगोरिया	549	आकली शिवदास	346
भगोरी	39	परासली	179
खाखरी	287	नरियाबुजुर्ग	76
मानपुरा	283	मेलखेड़ा	92
कुंडलाखुर्द	436	कुंडलाबुजुर्ग	413
बर्डिया पूना	178	भांगड़ी	259
भूंडिया	327	नलखेड़ा	383
जूनापानी पावटी	293	सेमली दीवान	182

गाँव का नाम	सोंधिया समाज की जनसंख्या	गाँव का नाम	सोंधिया समाज की जनसंख्या
बड़िया उचा	637	बरखेड़ी रेड़का	256
चीड़ी	27	बरखेड़ी घाटा	159
परासली	18	किलगारी	417
अवरा	234	तोखाखेड़ा	183
चंदवासा	467	बापचा	647
असावती	918	बावड़ी	175
बंजरी चंदवासा	417	गोपालपुरा	366
गरड़ा	568	वारनी	256
गागसी	349	आमली	371
कुरावन	267	पिछलाँ	818
निपानियाँ	53	बरखेड़ा नायक	463
सालरी	214	टकंरावद	87
डूंगरखेड़ी	236	देवरी	329
बरखेड़ा ऊदा	276	माकड़ी चामुंडा	281
छायन	272	सेमली हाड़ा	317
भटूनी	93	धानिया दीवान	119
जूना धोरन्या	83	बोरवनी	369
कोटड़ी	383	नारियाखुर्द	147
गुराड़ियामाता	316	चाँदखेड़ी बुजुर्ग	374
		कुल	39,853

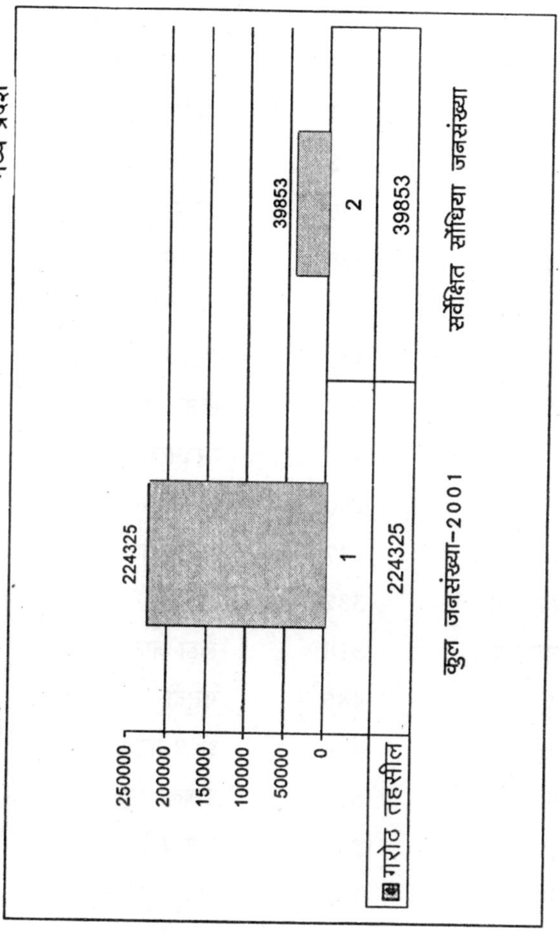
सौंधिया जाति की जनसांख्यिकी सारिणी
जनसंख्या–2001 (स्रोत–जनगणना विभाग के एतद् विषयक प्रकाशन)
जिला – मन्दसौर
मध्य प्रदेश
250000
200000
150000
100000
50000
0
224325
39853
गरोठ तहसील
1
2
224325
39853
कुल जनसंख्या–2001
सर्वेक्षित सौंधिया जनसंख्या

सुवासरा तहसील की सोंधिया जनसंख्या

गाँव का नाम	सोंधिया समाज की जनसंख्या	गाँव का नाम	सोंधिया समाज की जनसंख्या
धनवाड़ा	438	रामनगर	391
लोड़ाखेड़ी	225	देवपुरा नागड़	491
रूनीजा	592	डोकरखेड़ी	436
भरपुर	395	आम्बा	415
हनुमंत्या	298	धान्याखेड़ी	324
सेमली दलोद	408	बोरखेड़ी	470
देवपुरा बामनी	448	गुराड़िया बामनी	335
पीपल्या सामदी	323	खेजड़िया भोप	314
दल्लोद	342	गरदनखेड़ी	286
घसोई	250	अंत्रालिया	384
लकवा	337	धरनखेड़ी	364
खेजड़िया मेघा	332	टोंकड़ा	342
खेड़ा मोतीजी	318	खेड़ा जाट	278
तरनोद	445	मसूदी	488
चाँपाखेड़ी	448	झोंटा वटली	352
भेंसोला	335	ढाबला भगवान	490
ढोढर	345	नाथूखेड़ी	280
खेताखेड़ी	192	किशोरपुरा	141
साबदी	158	घेंचाली	345
रोझानी	342	जगदी	362
बर्डिया	254	हरनावदा	254
गढ़ा	232	गुराड़िया विजय	152
कोटड़ी	51	रुगनाथपुरा	242

गाँव का नाम	सोंधिया समाज की जनसंख्या	गाँव का नाम	सोंधिया समाज की जनसंख्या
गोरधनपुरा	157	देवलिया विजय	136
सुवासरा ग्राम	382	कांटिया	429
आसपुरा	385	धानड़ी	224
हामली	365	खेड़ा	465
तख्तपुरा	362	रेटड़ी	138
कुंडार	375	खड़धामनिया	246
धलपट	341	हंसपुरा	305
खेड़ा अजयपुर	392		

सोंधिया जाति की जनसांख्यिकी सारिणी

जनसंख्या–2001 (स्रोत–जनगणना विभाग के एतद् विषयक प्रकाशन)

जिला – मन्दसौर मध्य प्रदेश

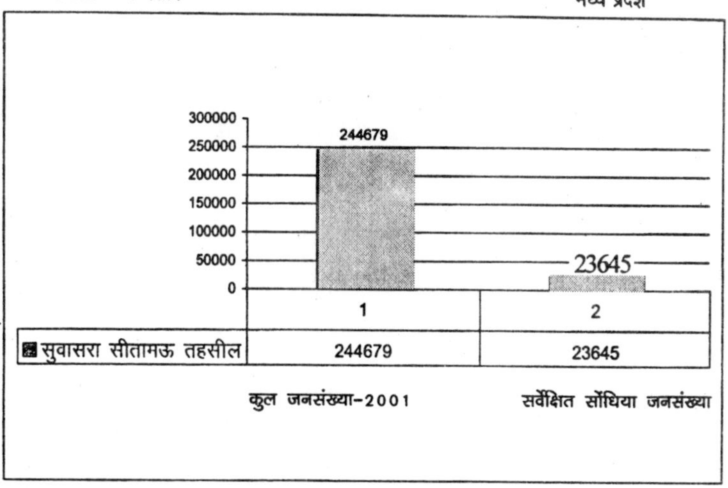

सीतामऊ तहसील की सोंधिया जनसंख्या

गाँव का नाम	सोंधिया समाज की जनसंख्या	गाँव का नाम	सोंधिया समाज की जनसंख्या
भामाखेड़ी	637	कोटड़ी	319
कराड़िया	222	भाटखेड़ी	187
लक्कू पीपल्या	232	बोरखेड़ी	335
चिमनगढ़	388	महुवी	337
लोगनी	242	पारली	335
पारसी	280	वारनी	228
सालरिया	235	बाबच्या	256
खेड़ा	222	कुल(सुवासरा+ सीतामऊ)	**23,645**

राजस्थान

झालावाड़ जिला

गंगधार तहसील की सोंधिया जनसंख्या

गाँव का नाम	सोंधिया समाज की जनसंख्या	गाँव का नाम	सोंधिया समाज की जनसंख्या
पीरापीपली	364	मुण्डला	305
छप्पिया	217	मकोड़िया	423
सेमली गेहलोत	145	आक्या गेहलोत	545
झींकडीया	210	बनकड़ी	208
घट्टिया	117	बोरखेड़ी करमचन्द	163
रलायती	85	कोल्यागुर्जर	315
करनाखेड़ी	175	देवरिया किलोल	281
रावतपुरा	275	साकरिया	356

गाँव का नाम	सोंधिया समाज की जनसंख्या	गाँव का नाम	सोंधिया समाज की जनसंख्या
गरड़ा	82	गुराड़ियाझाला	376
सेमलीघरोत	377	करनालिया	142
हसामदी	292	रोझाना	823
निपानियाकाल	334	जेताखेड़ी	705
करनपुरा	280	गंगधार	583
गोलखेड़ी	215	बिशनिया	445
पिपलई	230	रापाखेड़ी	203
हरनीखेड़ा	318	रनायरा	476
देवरिया कांवल	282	पाड़लिया	386
निपानियाझाला	305	कुण्डला	252
जखनी	147	भड़का	315
खेजड़िया	243	सिंधला	293
पड़ासली	210	सोमचड़ी	215
रावनगुराड़ी	375	रातीखेड़ी	210
डोकरखेड़ी	312	हडमत्यारत्ला	175
हड़मत्यामेरा	85	टोकड़ा	311
मजनपुर	145	अरन्या	232
निसलखेड़ी	150	छायन	230
खसरूखेड़ी	135	लाखाखेड़ी उमठ	435
गुराड़ियादेवड़ा	425	भाटखेड़ी	418
बिलावली	642	लुनाखेड़ी	169
लुनाखेड़ा	332	मेलकी	172
केलूखेड़ा	280	ग्वालद	354
नयाखेड़ा	376	खुटच़नीया	560

गाँव का नाम	सोंधिया समाज की जनसंख्या	गाँव का नाम	सोंधिया समाज की जनसंख्या
देवगढ़	524	जामुनिया	565
लसुड़िया	247	गुराड़िया ईसर	562
टिगरिया	319	टापली	111
बेरीखेड़ी	115	बोरखेड़ी कछनारा	48
चोरबर्डी	435	देलाखेड़ी	08
सुनारी	425	सेंकला	354
ढाबला	372	बरखेड़ा	114
पुवांरखेड़ी	347	गोरखेड़ी आंजना	314
पदमाखेड़ी	194	बर्डिया बिरजी	702
आक्या परमार	425	पीपीखेड़ी	305
तलावली	772	किटिया	529
चाँदखेड़ी	104	रामपुरिया	154
करमाखेड़ी	180	खेरखेड़ा	175
सालरिया	425	बेड़ला	935
लाखाखेड़ी परमार	175	बर्डियालाखा	633
सखर	726	चिड़ी	259
खांखरी	189	कागड़िया	578
धर्मापुरी	20	उन्हेल	895
सेदरा	354	डोकरखेड़ा	250
बिलखेड़ी	441	कुमठिया	639
चाड़ा	682	बर्डियाहीरजी	352
मगसी	811	रामपुरा	661
कछनारा	678	घाटाखेड़ी	263
तिसाई	697	राजपुरा	385

गाँव का नाम	सोंधिया समाज की जनसंख्या	गाँव का नाम	सोंधिया समाज की जनसंख्या
उदयपुर	656	मडका	395
दुपलई	327	मन्दिरपुर	442
पतलाई	379	मेरूखेड़ी	194
निपानिया	425	खमला	214
उमरिया	476	पिपल्याखुर्द	645
चन्द्रपुरा	125	धामन्दाकला	195
धामन्दाखुर्द	167	सुजानपुर	280
भैंसाझर	275	किशन नगर	365
पाड़ला	588	कोल्वी	116
मालपुरा	15	गुनाई	495
हरनावदा	560	कुण्डिया	90
बर्डिया	412	गागुरनी	187
ढाबला	531	कबीरी	275
धतुरिया	732	फाजिलपुर	314
शेखपुर	195	सालरिया	178
नन्दपुर	295	लुहारिया	724
पुंवाडला	170	भैसड़िया	166
गोविन्दपुरा	405	सारंगाखेड़ा	310
वयासरा	618	डोलीसरबा	235
पीपल्याकला	425	परक्षीगढ़	295
कल्याणपुरा	205	चौकड़ीखुर्द	235
चार्चुनी	742	दुधालिया	1,050
शिवगढ़	166	रतनपुरा	632
चौकड़ीकला	198	जगदीशपुरा	697

गाँव का नाम	सोंधिया समाज की जनसंख्या	गाँव का नाम	सोंधिया समाज की जनसंख्या
गिरधरपुरा	158	गढ़ा	697
डग	302	दर्यावपुरा	99
महुड़ीखेड़ा	115	घाटी	280
मंगवालिया	350	बानीखेड़ी	285
पड़ासली	387	केडखेड़ा	310
नाहरघदी	175	संकेतपुरा	181
निरमाखेड़ी	35	डोडी	696
छान	562	डोबड़ा	592
टोंकड़ा	329	पिपल्दा	345
बामनदेवलिया	501	कुल	72,437

पचपहाड़ तहसील की सोंधिया जनसंख्या

गाँव का नाम	सोंधिया समाज की जनसंख्या	गाँव का नाम	सोंधिया समाज की जनसंख्या
खेजड़ियाखाल	187	आमलियाखेड़ा	206
करनपुरा	263	श्री छत्रपुरा	206
कालियाखेड़ी	152	खोद	505
देवरिया	217	रत्नपुरा	187
गुराड़ियाजोगा	906	मोरड़ा	247
गाजपुरा	228	सरोद	1,088
रनायरा	203	जलवृत्तपुरा	232
दोबड़ा	82	महुड़िया	209
दैत्यखेड़ी	111	भैंसानी	458
लोलड़ा	416	खाखेड़ा	160

सोंधिया जाति की जनसांख्यिकी सारिणी

जनसंख्या–2001 (स्रोत–जनगणना विभाग के एतद् विषयक प्रकाशन)

जिला – झालावाड़ राजस्थान

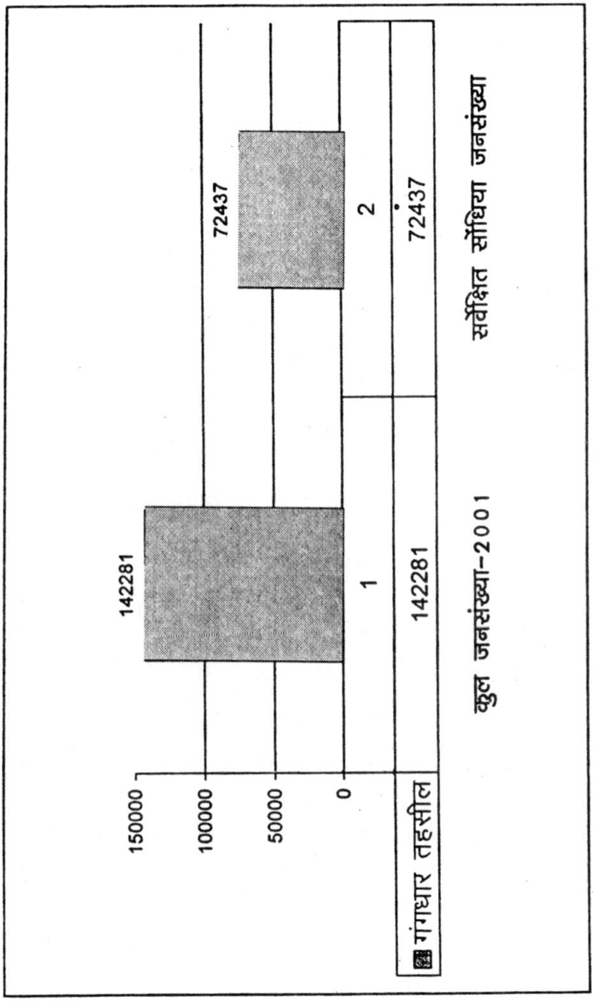

गाँव का नाम	सोंधिया समाज की जनसंख्या	गाँव का नाम	सोंधिया समाज की जनसंख्या
आकिया	508	अरनिया	428
सागड़िया	406	नाहरघट्टा	345
चन्दपुरा	245	झीझनी	604
भगवतीपुरा	265	राजगढ़	357
लसुड़िया	374	बिशनिया	280
कुण्डीखेड़ा	1,085	माण्डवी	840
खारपा	205	समलीजरमा	95
हतुनिया	455	कालीतलाई	381
नलखाड़ी	586	आकखेड़ी	710
हड़मत्या	735	निपानियाहाड़ा	305
भवानीपुरा	260	खोती	254
गुराड़ियामर्ता	805	करनखेड़ी	197
निरधारी	74	गुरांडियामाना	1,098
निपानिया	203	नारायणखेड़ा	1,208
पालियाखेड़ी	564	मिडपोली	3,028
अलावा	555	चोरखेड़ी	564
खेलाखेड़ा	303	सेमलीबख्ता	317
झीकड़िया	382	कोटड़ा	805
मोयाखेड़ा	1,014	मोगरा	1,504
पेराखेड़ा	92	येरी	205
पड़ासली	230	सागली	227

गाँव का नाम	सोंधिया समाज की जनसंख्या	गाँव का नाम	सोंधिया समाज की जनसंख्या
सरकंधा	565	खण्डार	385
गुढ़ा	780	मालखेड़ा	404
आनन्दपुरा	154	सिंहपुर	1,102
बनी	1,306	बिस्तुनियाँ	1,114
ठीकरिया	836	हुकानी	92
चायखेड़ा	407	गुराड़िया खुर्द	675
खण्डार	318	जालना	192
खेखरियाकलां	144	छानकाखेड़ा	376
घूघवा	342	खोलखेड़ी	265
आकखेड़ी	233	खोखरिया खुर्द	844
गांगालियाखेड़ा	223	झिंकडिया	271
सिलेगढ़	1,504	कोचरियाखेड़ा	242
मरलावदा	1,406	करावन	806
चन्दपुरा	202	नाथुखेड़ी	312
सेमली	305	पगारिया	1,510
पायरा	378	भीमनी	810
लाड़खेड़ा	205	आवर	1,510
देवगढ़	242	मेरूखेड़ी	375
खेड़ा	378	राजपुरा	370
हत्यागौड़	205	जाजनी	775
बिनायगा	305	गुराड़िया कलां	1,065
सालरिया	147	कुल	53,595

सोंधिया जाति की जनसांख्यिकी सारिणी

जनसंख्या–2001 (स्रोत–जनगणना विभाग के एतद् विषयक प्रकाशन)

जिला– झालावाड़ राजस्थान

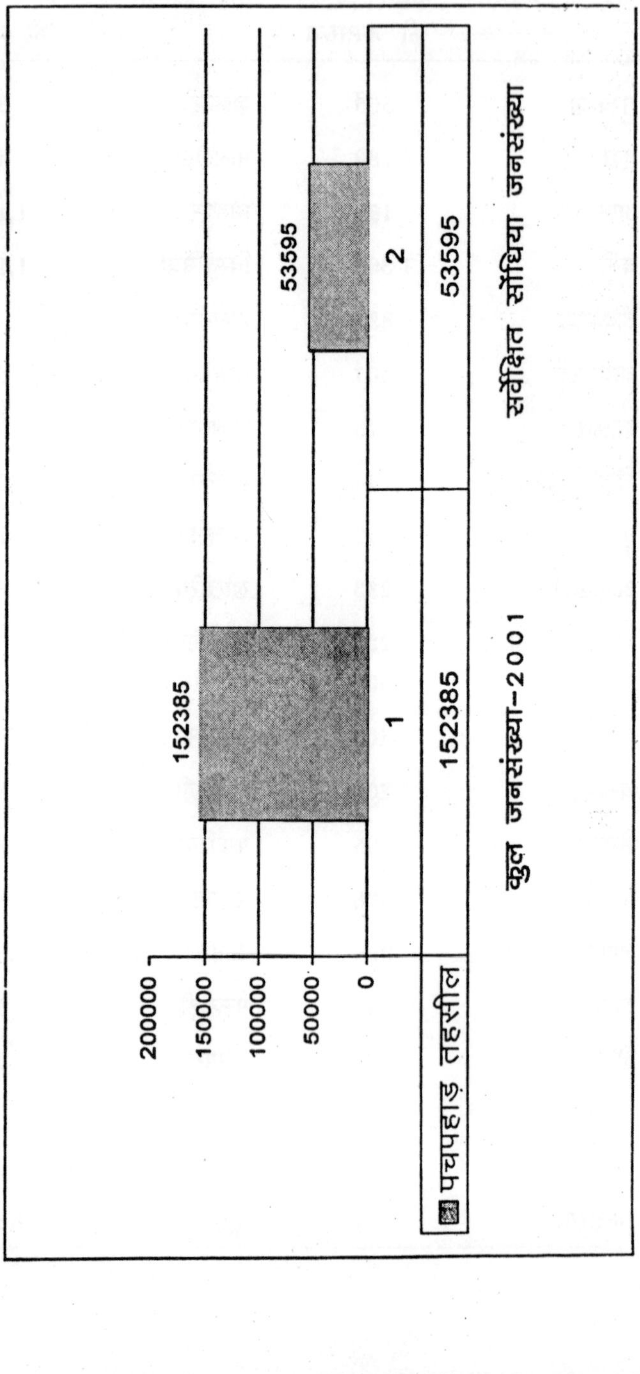

पिड़ावा तहसील की सोंधिया जनसंख्या

गाँव का नाम	सोंधिया समाज की जनसंख्या	गाँव का नाम	सोंधिया समाज की जनसंख्या
ढाबला भोज	912	बांसखेड़ी	948
पीपलिया	403	दांता	962
खेजड़िया	846	सावंतखेड़ा	319
खेड़ी	331	बाल्दा	574
हड़मतिया रायमल	185	हड़मतिया हिन्दूसिंह	353
खेड़ा निपानिया	251	गोविन्दपुरा	557
भुमाना	749	सुवासड़ा	54
अमीनपुरा	258	धतुरिया कला	656
धाताखेड़ी	192	धतुरिया खुर्द	23
उदलियाखेड़ी	77	सेमली चौहान	904
हरनावदा गजा	1152	हरनावदा पीथा	901
फतेहपुर	123	टिकटिकिया	78
कोलवी	597	कूण्डला खेमराज	448
परिहारखेड़ी	441	रूपपुरा	96
जबलेन	92	धाराखेड़ी	223
बिस्मिलपुरा	197	खजूरी	203
रूपाखेड़ी	504	भुरखेड़ी	551
बरखेड़ी	346	खारपाखुर्द	655
रुधनाथपुरा	92	रामपुरिया	794
रामठी	425	रसूलपुरा	443
आदाखेड़ी	420	बिजनियाखेड़ी	533
रमाय दलपत	580	रमाय महू	695
हनोतिया कोटड़ी	808	सारगाखेड़ा	542

गाँव का नाम	सोंधिया समाज की जनसंख्या	गाँव का नाम	सोंधिया समाज की जनसंख्या
डंडेरा	551	शेरपुर	746
देववी	554	कल्याणपुरा	493
दौलतपुरा	148	मोहम्मदपुरा	21
कोलीखेड़ा	792	सुनारी	197
कल्याणपुरा	18	बजरंगपुरा	103
सरखेड़ी	790	सरवर	454
कराड़िया शेरपुर	423	बोलियाबारी	288
खंडकपुरा	391	लक्ष्मीपुरा	97
		कुल	**27,561**

सोंधिया समाज की जनसंख्या विषयक सूचनाओं की निम्न सीमाएँ हैं–

1. उक्त समंकों में लगभग 5 प्रतिशत त्रुटियाँ रही हैं।
2. राजगढ़ जिले के कई छोटे-छोटे ग्रामों की जनसंख्या को विभिन्न सोंधिया महानुभावों से सम्पर्क साधकर ज्ञात किया गया है।
3. कई परिवारों ने प्राप्त शासकीय सुविधाओं के परिप्रेक्ष्य में सही सूचनाएँ नहीं दी हैं, किन्तु ऐसे परिवारों की संख्या 10 प्रतिशत से अधिक नहीं हैं।
4. उक्त जनसंख्या केवल सोंधवाड़ क्षेत्र की है। सर्वेक्षण व सामुख्य से ज्ञात हुआ है कि पर्याप्त मात्रा में सोंधिया–जन ग्वालियर के निकट मुरैना, राजस्थान के उदयपुर तथा गुजरात के विभिन्न क्षेत्रों में निवास करते हैं। प्रस्तुत परियोजना का क्षेत्र सोंधवाड़ होने से उन पर कोई खोज या विचार नहीं किया गया है।

सोंधिया जाति की जनसांख्यिकी सारिणी

जनसंख्या—2001 (स्रोत—जनगणना विभाग के एतद् विषयक प्रकाशन)

जिला— झालावाड़ राजस्थान

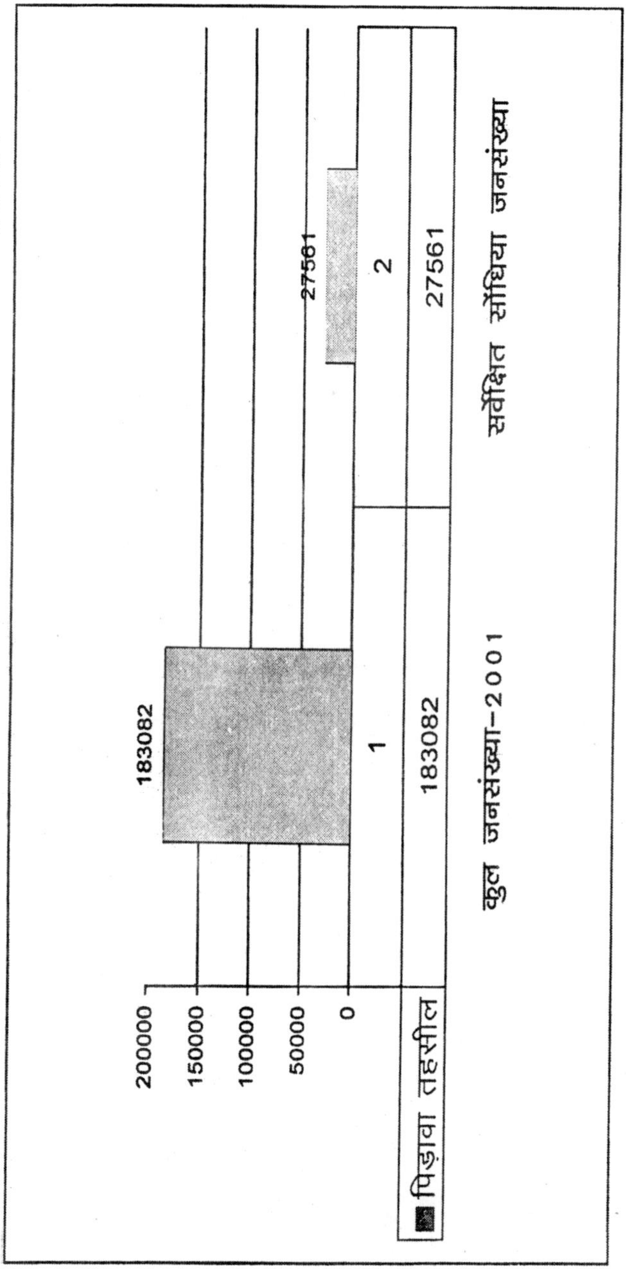

सोंधिया जाति की जानसांख्यिकी सारिणी

2001 की जनसंख्या (स्रोत जनगणना विभाग के एतद् विषयक प्रकाशन)

मध्य प्रदेश

क्र.	जिला	तहसील	कुल जनसंख्या 2001	सर्वेक्षित सोंधिया जनसंख्या
1.	उज्जैन	महिदपुर	2,20,883	21,846
2.	रतलाम	आलोट	1,86,065	27,833
3.	शाजापुर	आगर	1,22,477	5,545
		सोयत–सुसनेर	1,17,190	30,807
4.	राजगढ़	राजगढ़	1,92,182	21,693
		ब्यावरा	2,27,421	25,056
		सारंगपुर	1,75,937	4,053
		नरसिंहगढ़	2,45,867	720
		जीरापुर–माचलपुर	1,36,363	14,683
5.	नीमच	नीमच	2,71,855	22,364
		मल्हारगढ़	1,85,679	36,403
		मनासा	2,35,399	7,832
6.	मन्दसौर	मन्दसौर	3,96,919	4,636
		भानपुरा	1,29,722	9,776
		गरोठ	2,24,325	39,853
		सुवासरा +सीतामऊ	2,44,679	23,645
		कुल	**33,16,963**	**2,96,745**

राजस्थान

क्र.	जिला	तहसील	कुल जनसंख्या 2001	सर्वेक्षित सोंधिया जनसंख्या
1.	झालावाड़	गंगधार	1,42,281	72,437
		पचपहाड़	1,52,285	53,595
		पिड़ावा	1,83,082	27,561
		कुल	**4,77,748**	**1,53,593**
मध्य प्रदेश व राजस्थान			**37,94,441**	
		(निकटतम)	**38,00,000**	

बृहत्तर सोंधवाड़ के सोंधिया जनसंख्या पर एक विहंगम दृष्टि

क्र.	शीर्षक	जनसंख्या
1.	उक्त सारिणी में मध्य प्रदेश	2,96,745
2.	उक्त सारिणी में राजस्थान	1,53,593
3.	उज्जैन जिले की घटिया तहसील	1,555
4.	शाजापुर जिले के शाजापुर–बड़ोद में विकीर्ण	4,850
5.	राजगढ़ जिले में विकीर्ण	12,600
6.	झालावाड़ जिले में विकीर्ण	5,330
	योग	**4,74,673**
	निकटतम	**4,75,000**

कुल जनसंख्या में सोंधिया–जन का प्रतिशत 12.5%

सोंधवाड़ की जनसंख्या में लिंगानुपात (प्रति 1000 पुरुषों पर स्त्रियाँ)

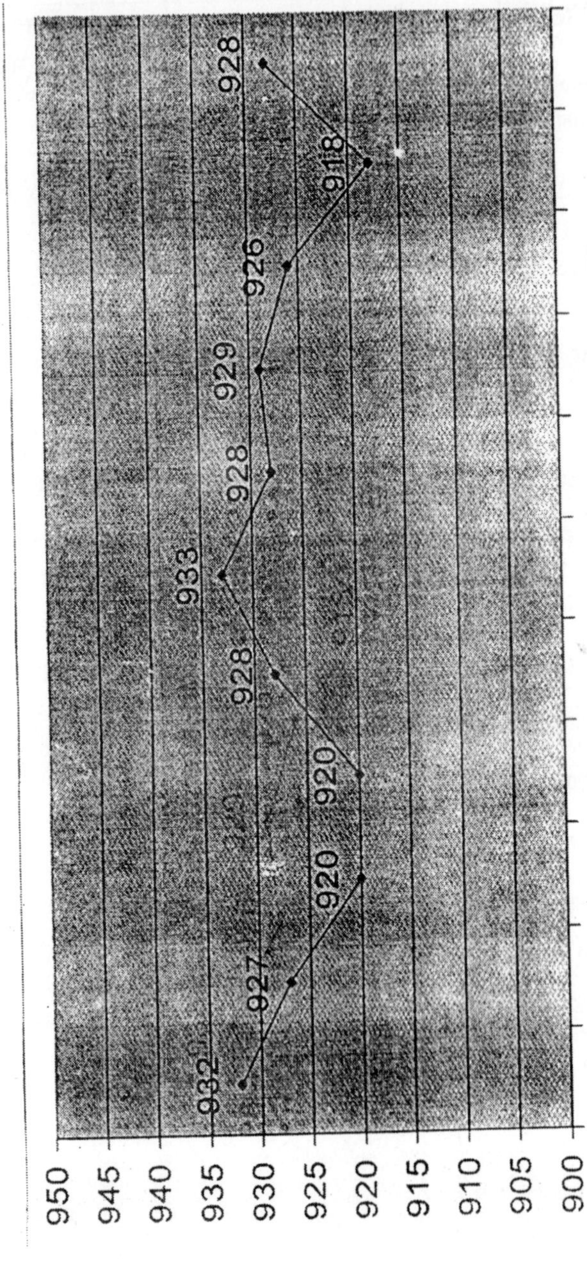

सोंधवाड़ की जनसंख्या में लिंगानुपात

वर्ष	प्रति 1,000 पुरुषों पर स्त्रियाँ
1901	932
1911	927
1921	920
1931	920
1941	928
1951	954
1961	928
1971	929
1981	926
1991	928
2001	928

सोंधवाड़ की दशक–दर–दशक वृद्धि

वर्ष	प्रतिशत वृद्धि
1911	6.70
1921	6.30
1931	14.20
1941	18.00
1951	20.40
1961	20.10
1971	27.80
1981	31.70
1991	29.50
2001	30.60

(दशमलव के निकटतम अंक तक)

पूर्व विवरण पर टिप्पणियाँ

1. सोंधवाड़ क्षेत्र की लगभग दो–तिहाई सोंधिया आबादी मध्य प्रदेश राज्य के पश्चिमोत्तर मालवा अंचल में विद्यमान है।
2. विगत 10 वर्षों में सोंधवाड़ क्षेत्र की जनसंख्या में 23.34 प्रतिशत वृद्धि हुई जबकि सोंधिया–जन की प्रतिशत वृद्धि 28.3 प्रतिशत से कुछ अधिक है। इस प्रकार सामान्य जनसंख्या–वृद्धि से सोंधिया समुदाय की वृद्धि विगत दशक में लगभग 5 प्रतिशत अधिक रही। जनसंख्या–वृद्धि विषयक संचेतना एवं दायित्व–बोध का अभाव इसका कारण माना जा सकता है।
3. 2001 ई. की जनगणना से तथ्य भी प्रकाश में आया है कि सोंधवाड़ में प्रति 1,000 पुरुष पीछे 928 महिलाएँ थीं। सर्वेक्षण से ज्ञात हुआ कि सोंधिया–जन का लिंगानुपात 1,000 पुरुषों पर 923.4 स्त्रियाँ हैं।
4. सोंधवाड़ में कुल आबादी में अनुसूचित जनजाति एवं अनूसूचित जातियों का अनुपात केवल 14 प्रतिशत ही है।
5. क्षेत्र की कुल जनसंख्या के मुकाबले सोंधिया–जन का प्रतिशत 12.5 है।

5

सोंधिया समुदाय के सामाजिक जीवन के कतिपय पहलू

भूमिका – सोंधिया समुदाय मारवाड़-मेवाड़ से निकलकर अलग-अलग समय पर राजस्थान के हाड़ौती और झालावाड़ क्षेत्र में प्रविष्ठ हुआ। इनका जीवन कबीलों की तरह बना रहा। अस्थाई डेरे एक स्थान से दूसरे स्थान पर उठते-जमते रहे। कालीसिंध और चम्बल के क्षेत्र तक पहुँचते-पहुँचते ही इन्हें कुछ शताब्दियाँ बीत गई। इनकी यात्रा किसी स्थान को लक्ष्य बनाकर नहीं थी। इन्हें ऐसे सुरक्षित एवं व्यवस्थित स्थान की तलाश थी, जहाँ इनके उपेक्षित एवं भटके हुए परिवार स्थायी रूप से रह सकें। नवागत जाति होने के कारण इन्हें कहीं भी न तो सुरक्षा का वातावरण मिला, न अपनापन। राजपूत होकर भी यहाँ के राजपूत इन्हें राजपूत मानने को तैयार नहीं थे। इन्हें भगौड़ा, अपराधी तथा उठाईगीर जान कर इनके प्रति अन्य सामाजिकों तथा विद्यमान शासन के मन में भी शंका-कुशंका का वातावरण बना रहा। न तो इन नवागत राजपूतों के पास कोई जातिगत्त पहचान थी, न वर्णगत। इन्हें आम नागरिकों ने एक 'अपराधपेशा' जाति के रूप में ही जाना। इनके पास कोई स्थाई धंधा या काम भी नहीं था। तलवार ही इनका आसरा थी। परिवारों का पालन करना इनकी विवशता थी। लूटना, चोरी करना या राहजनी करना ही इनका पेशा था। फिर इन्हें कौन केसे राजपूत मानता? केवल राजपूत गोत्रों के आधार पर इन्हें राजपूत स्वीकार करना संभव नहीं था क्योंकि यहाँ पूर्व में

रह रही तमाम अपराधपेशा जातियाँ व गोत्रें भी राजपूतों से मिलती थीं। वे स्वयं को राजपूत गोत्रज बताकर किसी न किसी ठिकानेदार के वंशज बताते थे। इन्होंने स्वयं को या अपने वर्ग को जो भी नयी पहचान देने की कोशिश की उसे आमजनों ने अनमने और अविश्वसनीय भाव से सुना। होंड़या/होंडया/सौंगध्या बताकर भी ये किसी उच्च कुल से तो जुड़ नहीं पाये। लोग इन्हें मोघियों के तथा अन्य ऐसी ही असभ्य, असंस्कृत और अपराध-वृत्ति में संलग्न जातियों के समतुल्य कोई जाति मानने लगे। लोगों ने इन्हें मोघियों के समकक्ष होंड़या या होंद्या और फिर सोंधिया पुकारना शुरू कर दिया। इस प्रकार चम्बल और कालीसिंध तक आते-आते इनका यह नामकरण आम-जन ने कर दिया था। यह स्वाभाविक भी था। आज भी जब किसी गाँव के बाहर कोई डेरा पड़ता है तो उस गाँव के लोग उस डेरे में रहवासियों को कोई न कोई नाम तो देते ही हैं। इसी प्रकार इनके समुदाय का भी नामकरण हो गया।

पहला सोंधिया समुदाय (जो सोढ़नी रानी का और बाघा रावत की मिश्रित संतानोंवाला था) जब चम्बल और सिंध के क्षेत्र में पहुँचा, तब इन्हें यह स्थान अधिक निरापद लगा। इन्होंने अपने डेरे यहाँ लगा दिये। इनके अपराध-कार्यों के कारण शासन की निगरानी इन पर सदा बनी रहती थी। आस-पास के ग्रामीणजन इन्हें शंका की दृष्टि से देखते थे और इनसे कोई व्यवहार नहीं रखना चाहते थे।

सामाजिक स्थिति – इस प्रकार सोंधिया समुदाय स्वयं में ही सिमट कर रह गया। इनका जीवन कबीलों जैसा ही रहा। समुदाय के भीतर इनके मुखिया का ही आदेश सर्वोपरि था। कुछ डेरों का एक छोटा-सा संगठन बनाकर यह समुदाय रहने लगा। प्रत्येक डेरे के मान्य व्यक्ति अथवा मुखियाओं को मिलाकर एक पंचायत का गठन कालान्तर में किया गया। यह पंचायत कबीले के सारे विवादों का निपटारा करती थी। कबीलों के अपने नियम-कायदे होते थे। उनका पालन कड़ाई से किया जाता था और उल्लंघन करने वालों को कठोर दंड दिया जाता था। यह दंड कई बार बहिष्कार का और कई बार अर्थदंड का होता था। कई बार जाति-भोज का दंड भी दिया जाता था।

यद्यपि इनके राजपूताने से सम्बन्ध टूट चुके थे, फिर भी वहाँ रीति-रिवाज छूटे नहीं थे। स्त्रियों का आदर तो किया जाता था किन्तु उन्हें घूंघट (पर्दे) में ही रहना पड़ता था। उनकी सुरक्षा का पूरा ध्यान रखा जाता था। कबीले के भीतर भी तथा कबीले के बाहर भी समुदाय की स्त्रियाँ पुरुषों से सीमित व्यवहार एवं मिलना-जुलना कर पाती थीं।

परिवार – सामूहिक परिवार प्रथा कायम थी तथा परिवार का बुजुर्ग, परिवार का मुखिया होता था। उसका आदेश व अनुशासन पूरे परिवार को मानना पड़ता था। उसकी मृत्यु के पश्चात् उस परिवार का बड़ा बेटा परिवार का मुखिया बनाया जाता था। पूरा समाज मिलकर उसे मुखिया घोषित करते थे। यह आयोजन 'पगड़ी' प्रथा कहा जाता रहा है।

पुरुष मुखिया की ही तरह परिवार की आयु-वृद्ध स्त्री का भी मान होता था। परिवार की स्त्रियाँ उस आयु-वृद्ध स्त्री का अनुशासन मानती थीं। उसे 'माँ साहब' या 'बा' का संबोधन दिया जाता था। बहुधा परिवार के मुखिया की पत्नी ही भीतर के मान्य स्त्री या 'माँ साहब' कहलाती थी। कभी-कभी दादी माँ या बड़ी माँ भी मान्य होती थी। वैवाहिक रिश्ते या अन्य रीति-रस्म परिवार के आयुवृद्ध ही तय करते थे। ब्राह्मण के स्थान पर परिवार का या कुल मुखिया व आयु-वृद्धा माँ साहब ही समस्त रीति-रस्म पूर्ण करवाते थे जैसा कि कबीलों में सामान्यतः होता है। बाद में धीरे-धीरे ब्राह्मणों को मान्य किया गया और ब्राह्मणों ने भी स्वीकृति दे दी।

नारियों की स्थिति – सोंधिया समाज का निकास राजपूत वंशों से होने के कारण इनके यहाँ नारियों की स्थिति ठीक वैसी ही है जैसी राजपूत समाज में होती है। स्त्री का समाज में आदर तो किया जाता रहा किन्तु उसे स्वतंत्रता नहीं थी। वह अपने बलबूते पर कोई निर्णय नहीं ले सकती थी। उसे आज भी उसी वातावरण में रहना पड़ता है। पर्दा प्रथा सोंधिया समाज में आज भी है। वे पर्दा छोड़कर न तो कहीं जा सकती है न किसी से बात कर सकती हैं। सोंधिया समाज में पिछले कुछ वर्षों से स्त्रियों को कृषि में सहयोग की स्वीकृति दी गई है। इसमें भी पुरुष वर्ग की विवशता ही मानना होगी। अपराध-वृत्ति में संलग्न रहने के कारण कई बार पुरुष वर्ग को जेल जाना पड़ जाता है अथवा फरारी काटना पड़ती है। वैसी स्थिति में खेती का काम कौन संभाले? इस कारण समुदाय ने सामूहिक रूप से यह निर्णय ले लिया कि महिलाएँ कृषि-कार्य में सहयोग करने, कृषि की देखभाल करने, कृषि में निहारने, उनके खेतों पर कार्यरत मजदूर स्त्रियों की देखभाल करने हेतु अपने-अपने खेतों पर जा सकती हैं। इस नवीन दायित्व को सोंधिया-महिलाओं ने बड़ी तत्परता एवं दक्षता से निभाया है।

जब कोई महिला कृषि-कार्य हेतु घर से बाहर निकलती है तब उसे वरीयता से मार्ग दिया जाता है। पुरुष वर्ग राह के एक किनारे विपरीत दिशा में मुँह करके खड़े हो जाते हैं व सोंधिया महिला निकल जाती है। इस प्रकार महिला के पर्दे की लाज रखी जाती है; किन्तु घरों में उन्हें पर्दे में ही रहना पड़ता है। कोई पुरुष घरों

में अथवा बाड़े में (यदि वहाँ भैंसों आदि पशुओं की चर्चा करने स्त्रियाँ उपस्थित हों तो) प्रवेश नहीं कर सकता।

विवाह– सोंधिया समाज के विवाह सोंधिया समाज के भीतर ही होते हैं। पितृकुल और मातृकुल को विवाह-बंधन के लिए टाला जाता है। बाल-विवाह का चलन आज भी धड़ल्ले से कायम है। प्राप्त जानकारी के अनुसार 80 प्रतिशत विवाहों के पूर्व ऐसी सगाई की रस्म भी पूरी शान-बान से की जाती है। निकट के रिश्तेदार बुलाये जाते हैं। पूर्वकाल में लड़की वाला रुपया-नारियल लड़की वाले को देकर समाज के मुखियाओं के सामने सगाई की रस्म पूरी करता था। अब इसमें परिवर्तन आया है। अन्य समाजों का प्रभाव भी स्वाभाविक रूप से लगभग सभी रीति-रिवाजों पर हुआ है। दोनों पक्ष परस्पर भेंट देते-लेते हैं। इसमें नगद धन का लेन-देन नहीं होता। पूर्वकाल में लड़कियाँ कठिनाई से मिलती थीं, इस कारण किसी कवि ने कहा है–

"सिंध और चामल परे, बोल हरबा बोल।
लेंहगो, चूड़ो लाख को, तामण मुहंगो मोल।।"

लड़की वाला बहुत से रिश्ते ठुकराता रहता था और मोलभाव की बात भी करता है। धीरे-धीरे यह स्थिति समाप्त हो गई। रिश्ते बिना देन-लेन के भी होने लगे। वैसे कुछ अपवाद लुके-छुपे रूप में अब भी मिल जाते हैं। यदि कोई लड़कीवाला धन की माँग करता है तो वह विवाह की व्यवस्था में इस सहयोग को आधार बना कर करता है। ऐसे उदाहरण भी केवल बहुत ही गरीब परिवारों में मिल सकते हैं।

बारात एवं बिंदोली – सोंधिया समुदाय में जब बिंदोली निकलती है। तब उसके पीछे शराब की भरपूर व्यवस्था के लिए एक ठेला भी चलता है। उस पर हाथ से निकाली महुए की देशी शराब की चरवियाँ भरकर रखी रहती हैं। जिसको जितना शराब पीना हो, जब पीना हो, वह छककर पी सकता है। इसी कारण बारात को गाँव में प्रवेश देने के बजाय बाहर ही किसी खेत में ठहराया जाता है। सोंधिया समाज के अलावा गैर समाज के समकक्ष लोग बारात में शामिल होते हैं। इस कारण इन्हें बारात की बिंदोली के माध्यम से गाँव में प्रवेश देना वे उचित नहीं मानते। जब दुल्हा तोरण-वंदन करने के लिए गाँव में प्रवेश करता है तब पूरे मार्ग में पर्दा व्यवस्था चौक-चौबंद की जाती है। केवल रिश्तेदार और परिवार वाले ही तोरण-वंदन (तोरण मारने) के लिये दूल्हे के साथ गाँव में प्रवेश करते हैं। शेष बाराती खेत में निर्धारित 'जानीवासे' में रुक जाते हैं। भोजन-व्यवस्था भी वहीं अथवा गाँव के बाहर किसी बाड़े में रखी जाती है।

दहेज – पूर्वकाल में दहेज के नाम पर थोड़ा-बहुत गृहस्थी बसाने जितना सामान लड़की वाला देता था। कभी-कभी तो सारा सामान एक टोकरे में ही समा जाता था। बिस्तर, पलंग आदि का चलन बाद में चला और अब तो यथासम्भव पर्याप्त मात्रा में दहेज दिया जाता है। यद्यपि ऐसा कोई बंधन नहीं है किन्तु अन्य समाज के लोगों को देखने व उनसे सम्पर्क में आने और आर्थिक-सम्पन्नता में मजबूती आने के कारण दहेज में बढ़ोत्तरी हो गई है।

गौना (द्विरागमन) – सोंधवाड़ क्षेत्र की कई जातियों में भी बाल-विवाह का चलन है। जैसा कि अभी देखा है, सोंधिया समाज भी इसका अपवाद नहीं है। अन्य समाजों में लड़की के वयस्क हो जाने पर ही गौना देने की परम्परा है किन्तु सोंधिया समाज में विवाह के एक वर्ष पश्चात् गौना कर दिया जाता है। इसके पीछे सोंधिया धारणा यह है कि लड़की का मोह पीहर की बजाय ससुराल पक्ष के प्रति बालपने से ही हो जाता है। गौने में लड़की के पीहर पक्ष की ओर से उसकी आवश्यकता की समस्त वस्तुएँ साथ में दी जाती हैं। यहाँ तक कि चाय, शक्कर, साबुन, तेल आदि भी साथ में दिया जाता है। जब तक लड़की ससुराल में रहती है, पीहर परिवार का खर्चा खाती है। यह प्रक्रिया लड़की के वयस्क होने तक चलती रहती है। उसके बाद उसमें ढील हो जाती है। अब सम्पन्न और शिक्षित परिवारों में यह रिवाज अपवादस्वरूप ही रहा है। लेकिन एक वर्ष बाद गौना तो करवाना ही पड़ता है। अन्य समाजों की तरह अब सोंधिया समाज में भी बालविवाह का विरोध होने लगा है किन्तु यह स्वर प्रभावी नहीं बन पाया है।

बहुविवाह – बहु-पत्नी प्रथा का चलन सोंधिया समाज में है। राजपूत सरदारों की भाँति सोंधिया सरदार भी एक से अधिक पत्नियों को रखने में अपनी शान समझते हैं। प्रत्येक विवाहिता पत्नी को समान रूप से अधिकार तथा उसकी संतानों को भी पैतृक सम्पत्ति में बराबर का अधिकार प्राप्त होता है।

रखैल – रखैलें भी रखी जाती हैं, किन्तु उनका कोई सामाजिक दर्जा नहीं होता। पारिवारिक सम्पत्ति पर भी उनका कोई अधिकार नहीं होता। उनकी संतानें केवल अपने पिता का नाम और गोत्र पा सकती हैं, सम्पत्ति नहीं। गुजारे भत्ते के लिये उसका पति जो सम्पत्ति या धन देता है या जमीन देता है, वही उसका अधिकार माना जाता है। यदि वह रखैल घोषित रूप से अपने रक्षक (पति) के साथ रह रही है तभी वह उसकी रखैल मानी जाती है। यदि पारिवारिक सहमति हो जाय तो उसकी संतानें अपने पिता की स्वार्जित सम्पत्ति की अधिकारी हो सकती हैं। अपवाद प्रत्येक परम्परा में होते हैं। पारिवारिक सहमति पर रखैल की संतानें भी जायज संतानों के समतुल्य वारिस मानी जाती हैं।

एक सोंधिया परिवार में बाल विवाह

बाल-बाराती

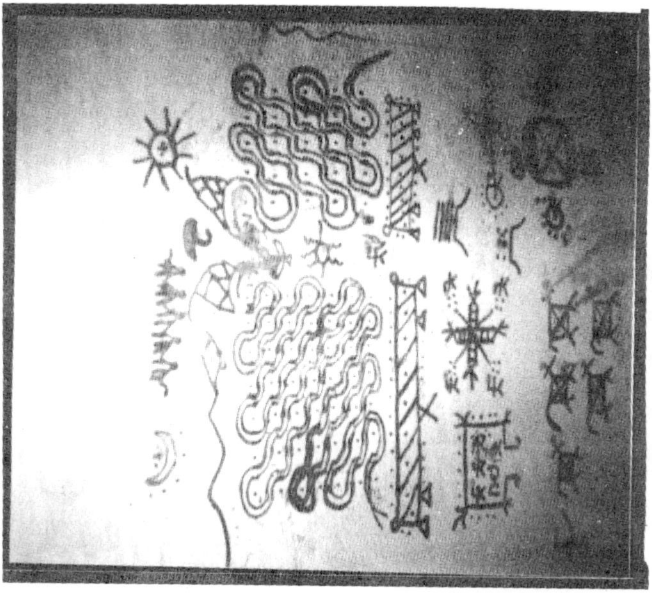

नागपंचमी पर कागज पर निर्मित एक पूजा-चित्र

सोंधवाड़ी बालिकाओं की प्रिय सांझी

नातरा – सोंधिया समाज में नातरा अर्थात् स्त्री का पुनर्विवाह पूर्वकाल में नहीं होता था। सोंधिया समुदाय राजपूतों की कई परम्पराएँ पति की मृत्यु के बाद स्त्री को वैधव्य ही बिताना पड़ता था। ऐसा जीवन बहुत ही कष्टमय बीतता था। युद्धों या दुःसाहसी अपराध–वृत्ति के कारण कम उम्र में ही कई स्त्रियाँ विधवा हो जाती थीं। उसके प्रति परिवार तथा समाज दोनों उपेक्षा का व्यवहार करते थे। उसे शुभ समारोहों में भाग लेने तक के अधिकार से वंचित कर दिया जाता था। अनेक प्रकार की प्रताड़नाएँ उसे सहना पड़ती थीं। अनेक बार उसके देह-शोषण की दुःखद घटनाएँ तथा बाद में हत्या अथवा आत्म-हत्या तक के समाचार भी सुनने को मिले।

आज भी सोंधिया समाज का एक वर्ग तो 'नातरा' के पक्ष में है। यह विकासशील शिक्षित वर्ग है। दूसरा वर्ग रूढ़िवादी परम्परा का निर्वाह आज भी कर रहा है। शिक्षा का अभाव इसका मूल कारण है। उदाहरण के लिए मूल सोंधवाड़, जिसमें गरोठ से सीतामऊ की पूरी सोंधवाड़ी आबादी है, नातरा करने कराने के विरोध में हैं। किन्तु नीमच और मल्हारगढ़, मनासा तथा मंदसौर का सोंधिया समाज नातरा करवाने के पक्ष में होता दिख पड़ता है। सर्वेक्षण से यह तथ्य सामने आया कि ज्यों-ज्यों शिक्षा का प्रसार होता जायगा त्यों-त्यों इस रुढ़िवादी परम्परा को समाप्त करने की इच्छाशक्ति दृढ़ होगी व विकासशील दृष्टिकोण को बल मिलता जायगा। सोंधिया समाज के इस दृष्टिकोण के कारण रिश्ते करने में बाधा आने लगी है। गरोठ आदि क्षेत्र के लोग मंदसौर-नीमच के अन्य क्षेत्र के समाज में रिश्ते करना पसंद नहीं करते क्योंकि वे इन्हें हेय दृष्टि से देखते हैं। विधवा विवाह की एक ऐसी परम्परा का उल्लेख भी प्राप्त होता है। विधवा स्त्री को अन्यत्र स्थान पर ले जाया जाता है। वर पक्ष से पैसा लेकर विधवा को अकेला छोड़ दिया जाता है। साथ गये पुरुष लौट आते हैं। वर घर (कमरे) में प्रवेश कर उसका हाथ पकड़ कर ले जाना चाहता है। यदि वह विरोध करती है, तब वह बल द्वारा उसका हरण करता है। वह विधवा महिला भी जानती है कि उसे नातरे दिया गया है; किन्तु वह परम्परा-निर्वाह के लिए विरोध करती है, फिर वह उसे स्वीकार कर लेती है।

जन्म-मृत्यु का संस्कार – सोंधिया समुदाय में जन्म एवं मृत्यु संस्कार हिन्दू परम्परा और रीति-रिवाजों के मान से होते हैं। पुत्र का जन्म पर खुशियाँ मनाई जाती हैं। कन्या-जन्म पर मौन धारण कर लिया जाता है। कन्या-वध की परम्परा सोंधिया समुदाय में कभी भी नहीं रही। मृत्यु होने पर शवदाह किया जाता है। तेरह दिन तक शोक मनाया जाता है। पुत्र, पौत्र, अनुज व आत्मीय सम्बन्धी मुंडन

करवाते हैं, नंगे पैर रहते हैं, किसी तीर्थ पर जाकर अस्थि-प्रवाह करते हैं। तेरहवीं पर मृत्युभोज करते हैं और फिर ब्राह्मण एवं बहन-बेटियों को दान देते हैं। समय-समय पर (विशेषतः श्राद्ध के दिनों में) श्राद्ध कर्म भी करते हैं।

मनोरंजन के साधन– कुछ दशाब्दियों पूर्व तक भुवाई, नायक आदि अलग-अलग समय पर नाट्य-मंचन एवं अन्य तमाशों आदि द्वारा मनोरंजन करते थे। नट आदि जातियाँ भी मनोरंजन का साधन रही हैं। आखेट का शौक भी इन्हें खूब रहा। जब तक **'घन झाड़ी घन झाड़'** की स्थिति रही, ये लोग आखेट करके मनोरंजन एवं भोजन दोनों का आनंद लेते रहे। कुछ काल पूर्व एक नौटंकी, रामलीला तथा इसी प्रकार की प्रवासी-मंडलियों द्वारा भी मनोरंजन होता रहा।

पूर्वकाल में सोंधिया समुदाय के दस्यु-वृत्ति में लिप्त होने के कारण इन्हें रात्रि के मनोरंजन का लाभ कम ही मिल पाता था। जैसे-जैसे यह समाज कृषि पर आधारित होता चला गया, वैसे-वैसे दस्यु-वृत्ति के मनोरंजन से मुक्त होता गया और सभ्य समाज की भाँति जीवन जीने लगा। आज यह समाज एक जीवंत समाज है व आमोद-प्रमोद प्रिय है।

गीताचार (बधावा) – मांगलिक अवसरों पर महिलाएँ गीताचार करती हैं। विवाह के समय बना/बनी (वर-वधू) के गीत गाये जाते हैं। वैवाहिक एवं अन्य मांगलिक अवसरों के प्रारम्भ से पूर्व, **'पूर्वजों का रातिजगा'** देकर 'पूर्वजों के गीत' गाये जाते हैं। पुत्र-जन्म के समय भी गीताचार होता है। सोहर गाये जाते हैं। जब द्वार-चार होता है, तब तथा अन्य अवसरों पर खूब गीताचार होता है। अनेक अवसरों पर बहन-बेटियाँ सुसराल से आकर पीहर परिवार में गीताचार करती हैं व बधावे गाती हैं। ये अवसर परिवार में किसी की मृत्यु के पश्चात् तेरहवीं के मृत्युभोज (मोसर) के बाद चूल्हा जलाने की, रसोई चालू करने की तथा परिवार के शोक का निवारण करने की परम्परा में गाये जाते हैं। अनेक बार परिवार के जमाई एवं साडू मिलकर एक भोज भी देते हैं। यह भोज शाकाहार व मांसाहार दोनों प्रकार का, परिवार की परम्परा के अनुसार, होता है।

सोंधिया परिवार अपने सदस्यों के लिये कोई नैतिक आग्रह नहीं रखता। छोटे-मोटे अपराधों का तो वह आदि ही रहा है, इस कारण सदस्यों को सामाजिक, जातीय या पारिवारिक बहिष्कार का सामना नहीं करना पड़ता, अलबत्ता अत्यधिक दुस्साहस करने वाले सदस्य पर गर्व किया जाता रहा है।

जब परिवार का कोई सदस्य जेल से छूटकर अपराध से बरी होकर अथवा

फरारी से लौट आता है, तब उस पर से शासन का भय समाप्त हो जाता है, तब भी बहन-बेटियाँ आकर गीताचार करती हैं, बधावे गाकर भाई, पिता, भतीजों या अन्य परिजनों की कुशल-क्षेम पर खुशी मनाती हैं व बताशे बाँटती हैं। बदले में पीहर परिवार बहन-बेटियों को वस्त्र आदि भेंट कर के बिदा देता है।

धीज – धीज शब्द केसे बना अथवा इस शब्द का उद्‌भव क्या है, यह स्पष्ट नहीं हो पाया, लगभग सभी अपराध-पेशा जातियों में यह एक विशिष्ट परम्परा है। 'धीज' शब्द सम्भवतः 'धीरज' शब्द से निकल कर आया हो। संभवतः विवाद से उठने वाले आक्रोश को समाप्त करने के लिये यह प्रक्रिया अपनाई गई।

"सोगंध" शब्द का सरोकार प्रत्येक अपराधपेशा जातियों या व्यक्तियों के साथ एक जैसा रहा है। सामान्य रूप से भी जब कोई व्यक्ति यह अनुभव कर लेता है कि उसकी बात पर कोई भी विश्वास नहीं कर रहा, तब माँ, पिता, संतान, भगवान, धंधे अथवा स्वयं तक की सौगंध उठाकर अपनी बात की प्रामाणिकता सिद्ध करता है। अपराधपेशा जातियों में तो यह परम्परा किसी न किसी रूप में रहती ही है, जैसे बामनिया बंजारा समाज अपने मूल पुरुष रूपा नायक की सौगंध खाकर अपनी बात को प्रामाणिकता देता है। उसी प्रकार सोंधिया जन आम के पेड़ की या कहीं-कहीं पीपल देव की सौगंध खाकर स्वयं को सच्चा सिद्ध करते हैं। 'आम' सोंधिया समाज का 'देववृक्ष' है। इसे 'देराड़ी' कहा जाता है। सारा समाज, दोनों पक्ष व समाज के मुखिया आम के वृक्ष के नीचे एकत्र होते हैं और वादी और प्रतिवादी दोनों से कहा जाता है कि "यदि तुम सच कह रहे हो तो खाओ अपनी देराड़ी आम देव की सौगंध।" जो सच्चा होता है वह सबके सामने आम वृक्ष को हाथ जोड़कर, अगरबत्ती लगाकर, आम वृक्ष को छूकर अपने सच्चे होने की सौगंध उठाकर स्वयं को सच्चा प्रमाणित कर देता है। यह अंतिम निर्विवाद फैसला होता है। सबको धीरज आ जाता है कि सौगंध उठाने वाला सच्चा है। ऐसी मान्यता है कि देराड़ी की झूठी सौंगंध उठाने वाले का भाग्य और भरोसा टूट जाता है, उसके वंश तक का नाश हो जाता है। इस प्रकार सोंधिया लोगों में 'धीरज' विश्वास के अर्थ में भी लिया जाता है; **"आप म्हारी बात को धीरज राखो"** अर्थात् "आप मेरी बात पर विश्वास रखें"।

शिक्षा – सोंधिया समाज में शिक्षा का प्रतिशत बहुत निराशाजनक रहा है। स्त्री शिक्षा तो शून्य के स्तर पर रही है। पुरुषों का प्रतिशत भी दो प्रतिशत से अधिक नहीं रहा। आज भी पुरानी पीढ़ी का शैक्षणिक स्तर यही है। अब लगभग दस-पन्द्रह वर्षों से सोंधिया समुदाय का रुझान शिक्षा के प्रति हुआ है। आशा की

जा सकती है कि यदि इसी प्रकार शिक्षा के पति रुझान बना रहा तो यह समुदाय शिक्षा के क्षेत्र में आशाजनक प्रवेश कर लेगा।

बालिका-शिक्षा के प्रति आज भी सोंधिया-जन का रुझान निराशाजनक ही है। इसके मुख्य कारणों में बाल-विवाह, बालपने में गौना प्रथा, सहशिक्षा तथा बालिकाओं को अपने छोटे-भाई बहनों को संभालने की जिम्मेदारी है। कहीं-कहीं आज भी श्रेष्ठता का दंभ भी शिक्षा के प्रति अरुचि पैदा करता है। निम्न कही जाने वाली जातियों के बच्चों के साथ अपने बच्चों के पढ़ाने में "श्रेष्ठ सोंधिया समाज" उचित नहीं समझता। उनका मानना है कि इससे छोटे तबके के बच्चे हमारे बच्चों के साथ बैठकर "तू-तुकारे" से बात करते हैं और बड़े हो जाने पर भी उनका व्यवहार ऐसा ही बना रहता है और शर्म टूट जाती है। अब इन व्यर्थ की बातों से विकासशील परिवारों का विश्वास उठने लगा है। वे बालक व बालिका दोनों को समान रूप से शिक्षा दिलाने के लिए प्रतिबद्ध हो रहे हैं। फिर भी बालिकाएँ तो प्राथमिक स्तर से ऊपर नहीं निकल पा रहीं।

बोली – सोंधिया लोग मारवाड़ से चले, मेवात में रुके फिर हाड़ौती में बहुत दिनों तक इनके डेरे पड़े। उनके मालवा प्रवेश के समय मालवा में राजपूत वर्ग की बोली पर रजवाड़ी व भीली का प्रभाव स्पष्ट था। इस प्रकार मारवाड़ी, मेवाड़ी, मेवाती, हाड़ौती, भीली आदि बोलियों मिश्रित भाषा के रूप में सोंधवाड़ी बोली का विकास हुआ। सोंधियों का इस क्षेत्र में आने पर सीधा संबंध अपराधपेशा जातियों से हुआ जिनमें मोघिये, बागरी, नायक, कालबेलिये और कंजर मुख्य थे। इन सबकी भाषा का प्रभाव सोंधियों का मारवाड़ी और मेवाड़ी पर पड़ना स्वाभाविक था। मालवी स्वयं इन सब भाषाओं से प्रभावित हुई। दशपुर अंचल की मालवी को डॉ. प्र. च. जोशी, डॉ. चिन्तामणि उपाध्याय तथा डॉ. श्याम परमार जैसे भाषाविद् और मालवी के मर्मज्ञ विद्वान् मालवी न कहकर रांगड़ी कहते हैं। इन्हीं विभिन्न सीमावर्ती भाषाओं के कारण केन्द्रीय मालवी से इसे भिन्न मानकर रांगड़ी या रजवाड़ी कहा है। डॉ. पूरन सहगल का मानना है कि दशपुर अंचल की बोली को रांगड़ी या रजवाड़ी कहले की दशौरी कहना अधिक उपयुक्त है। रजबाड़ी तो यह है ही, कहा नहीं जा सका। रांगड़ शब्द राजपूतों के लिये प्रयुक्त हुआ है। इसलिए इसे राजपूतों की बोली भी कैसे कहा जा सकता है? यह क्षेत्र तो अनेक जातियों का सम्मिलित क्षेत्र है। यदि हम थोड़ा बारीकी से सर्वेक्षण करें, तब हमें प्रत्येक जाति की भाषा में अन्तर ज्ञात हो जायेगा। वणिकों के परिवारों और किसानों के परिवारों की ही तुलना करें तब भी हमें भाषा-बोली में अन्तर लगने लगेगा। इसके

बावजूद भी जन-सामान्य की जो बोली-भाषा है, वह दशौरी है। सोंधवाड़ी निश्चित ही मालवी की उपबोली होकर भी अपना प्रभाव पृथक् से प्रकट करती है। यदि हम किसी सोंधिया परिवार में जाएँ और उन्हें आपस में बात करते हुए देखें तब हमें स्पष्ट रूप से इस बात का भान हो सकेगा कि दशोरी और सोंधवाड़ी में बहुत कुछ समानता होकर भी पर्याप्त भिन्नता है। ऐसा उच्चारण की विविधता के कारण भी लगता है। एक मनोवैज्ञानिक तथ्य यह भी कि जितनी भी अपराधपेशा जातियाँ होती हैं, वे भाषा को दबाकर और चबाकर बोलती है। बहुधा प्रथम और अंतिम वर्ण लुप्त होता हुआ जान पड़ता है। जितनी गोपनीयता उनके कार्यों में होती है, उतनी ही गोपनीयता भाषा/बोली के उच्चारण में भी होती है। शब्दों को अस्पष्ट उच्चरित करना उनकी विवशता होती है।

सोंधवाड़ी के क्षेत्र का निर्माण करते समय हमें इस क्षेत्र के भौगोलिक स्वरूप पर ध्यान देना होगा। वर्तमान सोंधवाड़ी, हाड़ौती की सीमा से राजगढ़-खिलचीपुर की सीमा तक विस्तृत है। फिर भी दशपुर अंचल की सोंधवाड़ी और महिदपुर क्षेत्र की सोंधवाड़ी में भी एक पृथक् रंगत दिखती है। इसका कारण सीमावर्ती एवं मध्यवर्ती अन्य क्षेत्रीय भाषाओं का परस्पर मिश्रण है।

दशौरी और सोंधवाड़ी के चरित्र में बहुत साम्य है। इसका मुख्य कारण है दशौरी और सोंधवाड़ी की मूल संरचना में समानता। दशपुर अंचल में जितनी भी जातियाँ हैं, उन सबका आगमन यहाँ मेवाड़ या मारवाड़ से ही हुआ है। सोंधियाजन भी इसी क्षेत्र से इधर आये थे। यदि अन्तर है तो केवल कबीलाई चरित्र के कारण। सोंधियों ने जितना हाड़ौती, मेवाड़ी, उमठवाड़ी और मेवाती के प्रभाव को अपनी भाषा में स्थान दे दिया है, उतना मालवी भाषा को नहीं दिया। केवल इसी कारण सोंधवाड़ी मालवी की उपबोली होकर भी भिन्न है।

डॉ. प्र. च. जोशी सोंधवाड़ी को राजस्थानी की अपेक्षा मधुर भाषा मानते हैं। इसके लिए वे एक दोहे का भी उदाहरण देते हैं–

"सिंध अरे चामल परे, हरवा बोले बोल।"

उन्होंने अपने शब्दकोश "प्रमाणित मालवी-हिन्दी कोश" में हरवा शब्द का अर्थ मीठा या मधुर लिखा है। डॉ. सहगल कहते हैं कि यदि वे हाड़ौती क्षेत्र से लगे हुए दशपुर अंचल की सोंधवाड़ी को ध्यान से सुनते तब उन्हें 'हरवा' शब्द पर पुनर्विचार करना पड़ जाता। सोंधवाड़ी के 'हरवा' को हमें हरबा-हरबड़-हरबड़ के अर्थ में लेना होगा। इसके उच्चारण में एक विचित्र प्रकार की हड़बड़ाहट सी प्रतीत

होती है। लगता है मानों अति शीघ्रता से अपनी बात कह देने की उतावली इस भाषा का चरित्र हो गया है। इसका भी कारण सोंधिया-जन की जीवन-शैली की हड़बड़ाहट ही है जो सोंधवाड़ी में स्पष्ट रूप से ऑकी जा सकती है। इसमें बहुत सी शब्दावली सांकेतिक एवं भिन्नार्थी भी शामिल हो गई है। सोंधवाड़ी में स-कार और श-कार का ह-कार हो जाना दशौरी की भाँति समान रूप से है। केन्द्रीय मालवी (इन्दौर-उज्जैन-देवास) में 'स' का उच्चारण 'स' ही रहता है। सोंधवाड़ी में स-कार का ह-कार हो जाता है; जैसे-सोंधिया-होंडिया या होंदिया, सपनों-हपनों, समझयो-हमज्यो, सांझ-हांज, सुन्यो-हुण्यो आदि मध्य का ध - द, झ - ज हो जाना अघोषवर्गों को घोषवर्णों की तरह उच्चारण करने की प्रवृत्ति है।

कभी-कभी ह-कार का लोप होना भी पाया जाता है; लेकिन ऐसा अपवाद स्वरूप ही होता है, जैसे व्हयो -यो ल्हारे (साथ) - लारे। ल-कार का उच्चार दशौरी और सोंधवाड़ी दोनों में डिंगल के ज-कार की तरह होता है। इसी प्रकार 'न' ध्वनि 'ण' में परिवर्तित हो जाती है जैसे दन - (दिन) - दण, मन - मण। सोंधवाड़ी की तरह दशौरी में भी महाप्राण ध्वनि लुप्त हो जाती है; लेकिन इसके भी अपवाद मिल जाते हैं। इसका कारण दशौरी-मालवी, हाड़ौती का परस्पर प्रभाव माना जा सकता है; यथा सोंधिया शब्द को 'होंदिया' उच्चारित किया जाता है किन्तु दीदो (दिया) - दीघो उच्चरित किया जाता है।

सोंधवाड़ी में ऊ-कार भी प्रवृति अधिक पायी जाती है। इस्तर - (मालवी) - इतरूँ (सोंधवाड़ी) 'अनुस्वार' का उच्चारण सोंधवाड़ में बहुलता से पाया जाता है। लगभग प्रत्येक शब्द पर अनुस्वार को लगाकर उच्चारण किया जाता है। इस तरह यह स्पष्ट है कि दशौरी और सोंधवाड़ी का स्वरूप अन्य उपबोलियों के अलावा अधिक साम्य रखता है।

चोरों की देवियाँ - कहने के लिए भी और सुनने के लिए भी यह बात विचित्र लगती हैं कि चोरों की भी पृथक् देवियाँ होती हैं। आम-जन उन देवी स्थानों को जानते भी हैं। चोर जातियाँ अथवा अपराधपेशा जातियाँ बाकायदा अपनी उस देवी की पूजा भी करती हैं। ऐसी ही एक देवी रुणीजा क्षेत्र में भी है। दूसरी घसोई क्षेत्र में एक गुफा के भीतर। यहाँ भौमसी प्रतिदिन पूजा करता था और घोड़े पर चढ़ने से पहले बलि चढ़ाता था।

एक माता मनासा क्षेत्र में है। यहाँ नीमच रोड़ पर सावन कुण्ड के पास एक बड़ का पेड़ है। उसके नीचे एक माताजी विराजमान हैं। वे भैंसासरी (महिषासुर-मर्दिनी)

माता है। पूर्वकाल में यहाँ भील (मीणे, भील) पूजा करते थे। मोधिये, सोंधिये, बागरी, साँसी और पारदी इस माता को पूजते थे। गाँव सावन और सावन कुण्ड के मध्य सड़क से उत्तर की ओर एक गाँव था जहाँ पारदी रहते थे। यह स्थान सिंधिया और होल्कर राज्यों की सीमा पर स्थित था। दोनों तरफ अपराधपेशा जातियाँ यहाँ शरण लेती थीं; विशेषकर सोंधिया, मोघिये और बागरी यहाँ अपना चोरी का माल सुरक्षित रखते थे। यहीं बँटवारा भी करते थे। बाद में दोनों राज्यों ने उस गाँव को उजाड़ दिया। चोरी करने वाली एवं धाड़े (डाके) डालने वाली जातियाँ इस माता के स्थान पर मन्नत लेकर व पाती (आज्ञा) लेकर अपने अभियान पर प्रस्थित होती थीं। इस स्थान का नाम आज भी "चोर बड़ला" है। यहाँ मानव-बलि के भी लोकश्रुति में प्रमाण है।

कंडाड़ी (मनासा) और डिकेन (जावद) के सीमा वाले अरावली पठार पर इसी प्रकार की एक लोक देवी भूखी माता है। यह स्थान किसी समय इस मार्ग से राजस्थान जाने वाले बंजारों ने उज्जैन की भूखी माता की जोत (ज्योति) स्थापित की थी। उस समय बंजारे अपनी "बालद" (सार्थवाह) लेकर इसी मार्ग से राजस्थान होकर गुजरात-सौराष्ट्र तक जाते थे। बंजारे नमक बेचकर उधर से मिश्री लाते थे। दो राज्यों (होल्कर और मेवाड़) की सीमा होने तथा पहाड़ और वन से आच्छादित सुरक्षित स्थान जानवर चोरों ने भूखी माता को अपनी आस्था देवी बना लिया और वहाँ चोरों का जमावड़ा होने लगा। तब से यह चोरों की देवी मान्य हो गई।

ऐसी और भी अनेक लोक-देवियाँ एवं भैरव हैं जिन्हें केवल चोर लोग पूजते थे। सोंधवाड़ में ऐसे देव-स्थल अनेक हैं जो अब लगभग उपेक्षित हैं और खंडहर हो गये हैं। कुछ स्थान लोक-जीवन में सर्वमान्य हो जाने से सब लोगों के लिए आस्था के तीर्थ हैं।

धार्मिक आस्थाएँ एवं अंधविश्वास – सोंधवाड़ क्षेत्र की धार्मिक संरचना मालवांचल, मेवाड़ और हाड़ौती क्षेत्रों से अधिक भिन्न नहीं है। हर छोटे-बड़े गाँव में राम-जानकी, राधाकृष्ण, शिव-पार्वती, गणेश, हनुमान (बालाजी), भेरूजी (भैरव), शीतला माता, नाग (तक्षकेश्वर), देवी आदि के मंदिर या पत्थर देखने को मिल जायेंगे। देवी के अनेक रूपों यथा हरसिद्धि, चामुण्डा, गौरी, दुर्गा, अम्बा, अन्नपूर्णा, तुलजा भवानी आदि के छोटे-मोटे मंदिर इस अंचल में बड़े लोकप्रिय हैं। महिषासुर-मर्दिनी का लोकप्रिय रूप भैंसोसरी माता का है। लगभग हर गाँव में कोई सकस (शख्स या सूक्ष्म शक्ति वाला निराकार देवता) होता है जो बाहरी बाधाओं को दूर करने के लिये हिन्दुओं में मांत्रिकों और मुस्लिमों में दरगाहों या पीरों के

रूप में लोकप्रिय हैं। इनके प्रति जनजीवन की आस्था अत्यधिक होती है। हरणीखेड़ा, आलोट, जावरा, रातीखेड़ी आदि स्थलों की भूमिका इस मामले में बड़ी ही महत्त्वपूर्ण है। जन-विश्वास है कि भादवा माता स्थल पर जाने पर लकवा (पक्षाघात) के रोगी चंगे हो जाते हैं।

सोंधवाड़ के क्षेत्रीय देवताओं में कालाजी (कालेश्वर), बैजनाथ (वैद्यनाथ), भोपियाजी, शनि महाराज, पंच देवरिया (पंचदेवों के देवल) अजपाल आदि देवता तथा देवियों में भैंसा, विषवत, साडू, माकड़ी, आढू, जण, भादवा, सती (सती), लाल, देराड़ी, चौथ, बीज-गाज, नारायणी आदि देवियों की पूजा-उपासना का क्रम भी इस अंचल में कम लोकप्रिय नहीं है। इनके आध्यात्मिक, अधिदैविक एवं अधिभौतिक रूप उपासकों एवं भक्तों की आस्थाओं पर आधारित होते हैं। क्यासरा का धर्मस्थल, हिंगलाजगढ़ की हिंगलाजमाता, आलोट का नादिकल्पेश्वर, बीजानगरी का हरसिद्धि, डग का डगेश्वरी, आगर व धन्वन्तरि का बैजनाथ, झालरा पाटन के प्राचीन व मध्यकालीन मन्दिर आज भी धार्मिक आस्था का केन्द्र बने हुए हैं। सोंधवाड़ के जन का विश्वास है कि इन देवी-देवताओं की उपासना से सूक्ष्म शक्तियों के त्रास, बच्चों व महिलाओं के रोग, शारीरिक एवं मानसिक आधि-व्याधियाँ तथा पशुओं, मानवों और पशुओं के संक्रामण रोगों से मुक्ति प्राप्त होती है।

जहाँ तक सोंधिया ठाकुरों का प्रश्न है, वे इस अंचल की धार्मिक-सांस्कृतिक आस्थाओं से समरस हुए हैं। फिर भी वे पंच-पछावा माता के देवी-स्थल को बड़ा महत्त्व देते हैं। झालावाड़ जिले की पिड़ावा तहसील (सोंधवाड़ भू-भाग) के पिड़ावा मुख्यालय से 12 कि. मी. दूर पश्विम में (डग-पगारिया मार्ग पर) स्थित हड़मतियाँ ग्राम से 2½ कि. मी. दक्षिण की ओर सपाट पठारी मैदान में चवली नदी के किनारे पाँच पहाड़ियाँ हैं, जिन्हें स्थानीय भाषा में 'पंच-पछांवा' की पहाड़ियाँ कहा जाता है। पछांवा का अर्थ स्थानीय भाषा में 'पहाड़ियाँ' बताया जाता है। इनमें सबसे अंतिम और विशाल पहाड़ी के शीर्ष पर बनी पाषाणी गुफाओं में पंच-पछांवा माता का एक ऐसा प्राकृतिक, सुरम्य और सदियों पुराना मंदिर है जो बरसों से हाड़ौती, मालवा और सोंधवाड़ क्षेत्र के कई हिन्दू धर्मावलम्बियों का आस्था-स्थल है।

लगभग 250 फीट खड़ी व ऊँची चढ़ाई वाली पहाड़ी पर बने गुफा-मंदिर तक पहुँचने की वर्तमान भूतल से बनी सीढ़ियों के निर्माण से कई दशकों पूर्व इस स्थल पर पहुँचना आमजन के लिये कठिन था। सोंधवाड़ क्षेत्र के सोंधिये चोरी, डकेती, लूटपाट करते थे एवं लूटी सम्पत्ति आदि को लेकर इस खड़ी पहाड़ी पर चढ़कर पंच पछांवा माता को भेंट कर अपनी रक्षा की विनती करते थे। वहाँ वे निरीह जानवरों

की बलि भी दिया करते थे और यहाँ की गहरी गुफाओं में अपनी रक्षार्थ छिपा भी करते थे। यहाँ से वे दूर-दूर तक अपने दुश्मनों के आने-जाने की गतिविधियों पर दृष्टि रखा करते थे। तब इस पहाड़ी व इसके आसपास सघन वन तथा वृक्षों की बहुतायत थी। ऐसी स्थिति में यदि पुलिस का दल उन्हें पकड़ने आता भी था तो वे गुफा के पृष्ठ से सघन वन-वृक्षों की आड़ लेकर गुफा से निकल कर जंगली मार्ग से नीचे उतर कर उसकी आँखों से ओझल हो जाया करते थे। फलतः पुलिस उन्हें पकड़ने में सफल नहीं हो पाती थीं।

इस क्षेत्र के सोंधिया समुदाय एवं अन्य जातियों के लुटेरे-जन विभिन्न दूरस्थ अंचलों में अवस्थित देवी के मंदिरों और चूबतरों पर लूटमार या डकैती करने के पूर्व अपने कार्य की सफलता के लिये पहले मन्नत मांगते थे और अपना कार्य सिद्ध होने पर देवी को मदिरा व बलि दिये गये पशु, मुर्गे आदि का मस्तक एवं रक्त अर्पित करते थे। इस कार्य की पृष्ठभूमि में जातीय भागीदारी भी अपनी महत्त्वपूर्ण भूमिका अदा करती थी।

टोना–टोटका – झाड़फूँक, टोना-टोटका इस समुदाय में बहुत प्रचलित है। जहाँ-जहाँ देवलों पर भाव रूप में देवी और देवताओं की चौकी होती है, वहाँ ये लोग सम्पूर्ण आस्था से जाते हैं और अपनी व्यथा कहकर उनसे 'आखा-पाती' (आज्ञा-पत्रिका) प्राप्त करते हैं। मन्नत (मनौती) भी लेते हैं और उसे पूरी आस्था से चुकाते भी हैं।

बारेठ – सोंधवाड़िया समाज के अपने बारेठ होते हैं। ये राजस्थान से आकर इस क्षेत्र में बस गये हैं। समय-समय पर मांगलिक कार्यक्रमों में ये बारेठ इनके ठिकाने (घर) पर जाकर विरद गाते हैं और अपनी नेग वसूलते हैं। जिन गाँवों में ये निवास करते हैं वहाँ इनके पास कृषि एवं पशु भी होते हैं। ये लोग श्रेष्ठ संगीतज्ञ भी होते हैं। इनके आसामी गोत्र के मान से एवं गाँव के मान से होते हैं। अपने-अपने आसामी या जजमान से ही ये अपना नेग वसूलते हैं।

इनके गोत्रों में परमार, चौहान, हाड़ा, दाँती, कचरावत और बामनिया प्रमुख हैं। इनका विकास सोंधिया राजपूतों में से ही माना जाता है। कुछ लोग इन्हें राजपूताने से भागे हुए चन्द्रवंशी राजपूत मानते हैं। इनके रीति-रिवाज, खान-पान, वेश-भूषा राजपूतों जैसे ही होते हैं।

उत्तराधिकार नियम – सोंधिया समाज में उत्तराधिकार नियम स्पष्ट एवं सुनिश्चित हैं। इस दृष्टि से दो परम्पराएँ रही हैं। प्रारंभ में अन्य राजपूतों की ही भाँति मुख्य पत्नी का बड़ा पुत्र ही उत्तराधिकार प्राप्त करता था; किन्तु कालान्तर में

जब बहु-पत्नीत्व एवं रखैल पद्धति का जोर बढ़ा तो सिद्धान्त रूप में यह नियम जारी रहा किन्तु अब सम्पत्ति का उत्तराधिकार के रूप में, विवाह चाहे वैध रहे हों, या अवैध, सभी पुत्रों में समान रूप से विभाजित होने लगी। मुख्य पत्नी की पहला पुत्र ही अपने पिता की पगड़ी बांधने का अधिकारी होने लगा, चाहे वह अपने अन्य सभी भाइयों से आयु में कितना ही छोटा क्यों न हो। पुत्रियों को उत्तराधिकार नहीं दिया जाता, अलबत्ता पारिवारिक सहमति से पुत्रियों को चल–सम्पत्ति में से कुछ भाग दिया जा सकता है।

सती प्रथा के प्रमाण – राजपूत परम्परा में आने के कारण कभी-कभी सोंधिया समुदाय की महिलाएँ भी सती हो जाती थीं। सामुख्य से साथ हुआ कि बीजानगरी, लुहारिया, कलारिया, कबीरी और कई अन्य स्थलों पर सोंधिया स्त्रियों के सती होने के स्मारक आज भी देखे जा सकते हैं।(*) इस प्रकार सामाजिक जीवन के इन पहलुओं का अध्ययन सोंधवाड़ क्षेत्र के सांस्कृतिक इतिहास की दृष्टि से बड़ा महत्त्वपूर्ण है।

(*) यह लोक–गाथा इस प्रकार है – पास में ही राजस्थान का पिड़ावा नामक परगना स्थल है। वहाँ की पुलिस आई और गोराँ माता को पकड़कर ले गई। गोराँ माता बोली–मुझे न पकड़ें। मैं बँधी हुई नहीं रह सकूँगी। परन्तु राज्य पुलिस ने उसकी एक न सुनी। उसे कैद में बंद कर दिया। परन्तु उसको इतना सत चढ़ा कि जंजीर में जकड़ी हुई थी तो जंजीर तोड़ डाली। जेल के मजबूत फाटक भी तोड़ डाले। ताले टूट गये और गोराँ माता वहाँ से चल पड़ी। सती का रूप पुलिस वालों ने देखा कि जहाँ–जहाँ सती के पैर पड़े वहाँ-वहाँ कुंकुम के पद चिह्न बनते गये हैं। धूल की अंजुरी भरकर फेंकी गई तो वह भी गुलाल के रूप में उड़ती दिखाई दे रही थी। गोबर के लड्डू बनाकर फेंके गये तो वे नारियल में परिवर्तित हुए जा रहे थे। उन्होंने एक बैर के वृक्ष को हाथ लगाया तो वह हाथ कुंकुम के रंग से बन गया। ऐसा करते सती लौटकर धतूरिया गाँव में आ गई।

बाद में अपने पति का सिर गोदी में रखकर चिता में बैठकर, सूर्यदेव से उसने प्रार्थना की तो तत्काल अग्नि प्रज्ज्वलित हो गई और गोराँ माता अपने पति के साथ सती हो गई। इसका प्रमाण धतूरिया में आज भी देखा जा सकता है। गोराँ माता की मूर्ति आज भी गाँव में चेतन रूप में विद्यमान है – जिसकी मान्यता-मनौव्वल आज भी जनता के द्वारा की जाती है। विगत वर्षों में ग्रामवासियों ने सती–स्थल पर एक दर्शनीय मन्दिर का निर्माण करवाया। उस पर पूर्व लिखा शिलालेख अब भी विद्यमान हैं। यह घटना आज से लगभग सौ वर्ष पूर्व की है। उसका एक बीजक (पत्र पोथी) भी सुरक्षित है। पक्का चबूतरा बना हुआ है। इसी प्रकार राजस्थान के लुहारिया एवं मालवा के सुसनेर क्षेत्र में भी गरुडा की सती हो चुकी है।

उद्धृत– जोशी, प्रह्लादचन्द्र, सोंधवाड़ी साहित्य, संस्कृति और व्याकरण, पृ, 24-25।

आजकल तो यह प्रथा लगभग समाप्त ही हो गयी है। इसे आधोजकी व सहयोगियों की दण्डनीय अपराधी माना गया है।

सामाजिक जीवन के विभिन्न पहलू

खान-पान – मालवा का अंचल उर्वर रहा है। इस कारण **"डग–डग रोटी, पग पग नीर"** वाली कहावत सर्वख्यात रही है। हर समय यहाँ अत्यधिक उत्पादन होता रहा है। इसलिये खाने-पीने की सामग्री यहाँ प्रभूत मात्रा में उपलब्ध होती रही है। इस कारण यहाँ गरीब से गरीब के लिये मक्का की राबड़ी भी मिलती रही है, तो अमीर से अमीर के लिये षट्-रस व्यंजन भी प्राप्त होते रहे हैं। दाल-बाफले और पानिया का क्षेत्र रहा है – सोंधवाड़ अंचल। इस अंचल के पूर्वाधुनिक काल के खान-पान की विवेचना किया जाना उचित है। विगत कुछ दशाब्दियों में यातायात के तेज साधनों, विभिन्न क्षेत्रों के लोगों के इस क्षेत्रों में आगमन एवं निवास तथा सांस्कृतिक संक्रमणशीलता के कारण खान-पान की विधाओं और व्यंजनों में अब काफी परिवर्तन आ गया है। स्वतंत्रता के पूर्व की बहुत सी खाने-पीने की सामग्री अब अतीत का विषय ही रह गई है। जो शेष रह गई है, उनके स्वरूप में अब काफी परिवर्तन आ गया है। इस कारण यह विषय इस दृष्टि से सहज ही महत्त्वपूर्ण हो जाता है।

सामान्यतः खान-पान को दो भागों में विभाजित किया गया है–

1. शाकाहार 2. मांसाहार

पूर्वाधुनिक सोंधवाड़ में आज की भाँति ही शाकाहारी खाद्य बहुत अधिक मात्रा में प्रचलित थे। मुस्लिम-वर्ग एवं हिन्दुओं के क्षत्रिय एवं निम्न वर्ग मांसाहारी थे। किन्तु ऐसा क्रम सदा नहीं चलता था। अधिकांशतः शाकाहारी भोजन ही किया जाता था। शाकाहारी जातियों में मुख्य रूप से ब्राह्मण, कसेरा, भावसार, कुलमी, पाटीदार, जैन, महाजन आदि रहे हैं। अन्य ऐसी भी कई जातियाँ सोंधवाड़ में निवास करती रही जो पूर्ण या आंशिक रूप से शाकाहारी रही। कई जातियों में पुरुष तो मांसाहारी रहे किन्तु महिलाएँ शाकाहारी बनी रहीं। कायस्थ आदि कतिपय जातियों के अनेक परिवार विभिन्न संतो एवं धार्मिक मिशनों के सम्पर्क में आकर विशुद्ध शाकाहारी बन गये। सोंधवाड़ अंचल का शाकाहारी भोजन सदियों तक परम्परागत व सादगीपूर्ण रहा। अंचल में होने वाली उपजों, वनस्पतियों, दूध से निर्मित पदार्थों से शाकाहारी भोजन बनाया जाता था।[1]

अनेक प्रकार के स्वादिष्ट व्यंजन भी सोंधवाड़ में उपभोग सामग्री बने। "राघवाह्निकम्" नामक ग्रंथ (वृ. 16-17) उस पर रोचक प्रकाश डालता है। यह सात सर्गों में आबद्ध एक अत्यंत लघु प्रबंध-काव्य है, जिसमें सोंधवाड़ में प्रचलित

शाकाहारी व्यंजनों की एक लम्बी सूची प्रस्तुत की गई है। उन्होंने जिन व्यंजनों का विवरण दिया है, उन्हें छः विभिन्न प्रकारों में विभक्त किया गया है– भक्ष्य, भौज्य, चोष्य, लेह्य, चर्व्य एवं पेय। पंडित व्यास ने चन्द्रहास लपसी, भीमसेन लपसी, चमस, शष्कुली (संभवतः पूड़ी), इन्द्ररसा, चूर्णमोदक, बिन्दुमोदक (मोतीचूर के लड्डू , सघृतपूर-पूरिका (संभवतः घेवर), कचोरी, कुण्डली (जलेबी), गुलोरी, पुआ, गृह्य-पूप, पूर्णादी-गर्भ पोली, (पूरन-पोली), तन्तु-फेणी, सेविका, अर्धचन्द्र, चटक पर्पट (पापड़) सत्रट, वटी, रसालयावलेह, कल्क, कनक, कई प्रकार के पेया सरससट्टक (रायता), चटनियाँ कई प्रकार की दालों यथा ऊर्द-मूंग-अरहर-मकुष्ठ (मीठा मटर) आदि का उल्लेख किया है। भटित भूरता का उल्लेख भी इन व्यंजनों के रूप में किया गया है। इनके वर्णन द्वारा पता चलता है कि दूध-दही एवं फटे दूध से अनेक प्रकार के स्वादिष्ट व्यंजन बनाये जाते थे। भोजन के बाद ताम्बूल का प्रयोग किया जाता था। पान का चूना, कत्था, सुपारी, जायफल, जावित्री, केवड़ा, कपूर इत्यादि से युक्त कर उसका सेवन किया जाता था। सोंधवाड़ के प्रिय भोजन में गांकरी, बाटी, बाफला, मालपुआ, पापड़, जलेबी, घेवर, सेव, कचोरी, राखोड़िया लड्डू, नुक्ती, मोती-चूर, लपसी, पूरन पोली इत्यादि थे–

विविध-षड्रस प्रभेद भावना-विभक्त
भक्ष्य-भोज्य-लेह्य-चोष्य-चर्व्य-योजनम्।
रुचिर चन्द्रहास लपसि-भीमसेन लपसि-
चमसपोलि शुष्कुलीन्दुरसाचूर्ण मोदकम्।
सघृतपुर-शालिपूप-बिन्दुमोदकम् ॥ 1 ॥
मधुर पूराणादि गर्भ-पोलिकावली-प्रभेद-
तन्तुफणि-सेविकार्द्धचन्द्र-भासितम्।
चटकपर्पटप्रभेद चणक वटी रोटिकादि-
सत्तटी (सटीर?) लवङ्ग कुङ्कुमादि वासितम् ॥ 2 ॥
कृतिविभक्तमाज्य शर्करात्तपायसं
रसालयावलेह रागखाण्डवानवस्।
विपुल पानिकादि सरस सट्टकानि लवण-
मरिच जीरकार्द्रधान्य चूर्णकल्कतानवम् ॥ 3 ॥
कवकवाटिका-विलासि-माषमुद्गराजभाष-

तुवरिका-मकुष्ट-वर्तुलादिसूपकम् ।
क्वथिलिका-विशेष-शोभि-क्वधिकया
विचित्रनैकरुपया प्ररोचना प्रचाररूपकम् ॥4॥
तक्र-तक्रसार-दधिफयोनुरोचनम् ।
भरत लक्ष्मणारिसूदवैः सहादन विभो-
रिदन्तु नन्दयत्वसीम सोम-लोचनम् ॥5॥

इस प्रकार स्पष्ट है कि "राघवाह्निकम्" ग्रन्थ इस क्षेत्र के शाकाहारी भोजन के बारे में विशेष जानकारी प्रस्तुत करता है। सोंधवाड़ के लोक-साहित्य में भी सामान्य-जन के खान-पान का उल्लेख मिलता है। उल्लेखों से यह ज्ञात होता है कि सोंधवाड़ का सामान्य-जन निर्धन थे; फिर भी तिथि-त्यौहार को लड्डू, मीठी लपसी, घेवर इत्यादि खाते थे। परन्तु सामान्यतया उन्हें ज्वार, बाजरा और मक्का पर ही निर्भर करना होता था। कभी-कभी गेहूँ का प्रयोग भी करते थे। एक सोंधवाड़ी लोक-गीत में खान-पान का विवरण इस प्रकार आया है-

लाडूम बंधाऊ ओ इन्दर राजा बाजणां
ऊपर मिसरी ने खोड़ .... बिजरी ने।
लपसी रंदाडू ओ इन्दर राजा लचपची
ऊपर लीलड़ो नारेल .... बिजरी ने।
पोरी पुआ ओ इन्दर राजा नवड़ा जी
ऊपर गायां नो घी .... बिजरी ने।
घेवर घोलू ओ इन्दर राजा एलची
पाका इ पान पचास बिजरी ने।

एक अन्य गीत में मक्का के भोजन की प्रशंसा की गई है -

"मालवा नो प्यारो भोजन, धन धन मक्का नी राबड़ी"

मक्का प्रिय भोजन तो था परन्तु मक्का व ज्वार को पीसना ग्रामीण महिलाओं के लिए बड़ा कठिन था। जब कभी गेहूँ पीसना होता था तो यह कार्य तुरन्त कर लेती थीं। यह तथ्य हमें एक सोंधवाड़ी लोक-गीत की निम्न पंक्तियों से ज्ञात होता है।

मक्का कायकू लाये बालम रसिया।

गंऊड़ा तो झटपट पीसूँ, जुआर चोटी-चोटी जाय।

मक्का रांड ने पीसने बैठी, सारो लगायो सेर।

पूर्वाधुनिक सोंधवाड़ क्षेत्र के जन के खाद्य पदार्थों का वर्गीकरण इस प्रकार भी किया जा सकता था-

1. भक्ष्य - जिन पदार्थों का सामान्य रूप से सेवन किया जाता था, वे भक्ष्य कहलाते थे; जैसे- रोटी, मोदक, सब्जी आदि।

2. भोज्य - जिन पदार्थों को निगलकर खाया जाता था, दे भोज्य कहलाते थे। इसके उदाहरण है- चावल-दाल, हलवा, लपसी, रबड़ी, थूली आदि।

3. चोष्य - जिन पदार्थों का उपभोग चूसकर किया जाता था, वे चोष्य कहलाते थे; उदाहरण के लिए आम, सन्तरा, गन्ना आदि।

4. चर्व्य - जिनको चबा-चबाकर प्रयोग किया जाता था, वे पदार्थ चर्व्य, कहलाते थे। इसके उदाहरण हैं- चना (भुना हुआ), सिकी हुई बाजरा वे गेहूँ की बालियाँ, दाने, धानी आदि।

5. लेह्य - जिन पदार्थों का प्रयोग चाटकर किया जाता था, वे पदार्थ लेह्य कहलाते थे। इसके उदाहरण अचार, चटनी आदि रहे।

6. पेय- जिनका उपयोग सीधे पीकर किया जाता था, वे पेय कहलाते थे। दूध, दही, छाछ, रस आदि इसके उदाहरण है। नेशेड़ी-जन मदिरा, भांग आदि का सेवन करते हैं।

सोंधवाड़ का व्यंजन-वैशिष्ट्य

पूर्वाधुनिक सोंधवाड़ के कतिपय ऐसे विशिष्ट व्यंजनों का उल्लेख आवश्यक है जो अन्यत्र कम ही उपभोग पदार्थ बन पाये।

1. बाफला – यह व्यंजन मालवा व राजस्थान का अत्यंत प्रिय खाद्य-पदार्थ रहा है। मक्का या मालवी गेहूँ के आटे से निर्मित बाटी या गांकरी तो लोकप्रिय रही है, किन्तु आटे की पिष्टी को हल्दी मिश्रित पानी में उबालकर उसे गोबर के सूखे कंडे के अंगारों पर सेक कर और उसमें भरपूर घी मिलाकर बाफले बनाये जाते रहे। इसे विशिष्ट अवसरों पर अरहर या ऊर्द की दाल के साथ गरमा-गरम परोसा जाता रहा।

2. राखोड़िया लड्डू – दाल-बाफले सामान्यतया अकेले नहीं खाये जाते। उनके साथ राखोड़िया लड्डू भी खाये जाते रहे। मालवी गेहूँ के दरदरे आटे या सूची

को पिष्टी के रूप में सेक कर और भरकर (गरम राख में कुछ समय रखकर) या उसे घी में तलकर फिर कूटा और खांडा जाता है। फिर उसे चलनी में छानकर उसमें केशर, मावा, घृत, दाख-छुआरे, मिश्री आदि मिलाकर ये अति स्वादिष्ट मोदक तैयार किये जाते रहें। इस क्षेत्र की आर्थिक विषमता इस उक्ति से भली प्रकार जानी जा सकती है कि–

अमीरों को लड्डू-बाफला।।

गरीबों को बस छाछ-राबड़ा।।

3. **लपसी** – इसे मालवी 'हरीरा' कहा जा सकता है। आटे को गुड़ या राब में मिलाकर उसे उबालकर विभिन्न प्रकार की लपसियाँ बनाई जाती रहीं। इनका उल्लेख पूर्व में किया जा चुका है।

4. **मालपुआ** – यह स्वादिष्ट व्यंजन बड़े तवे पर घी में लगभग तलकर बनाया जाता रहा। यह गुड़ या शक्कर तथा आटे के घोल से निर्मित होता था। 'मृत्यु-भोज के अवसर पर उच्च वर्ग के द्वारा यह विशेष तौर पर बनवाया जाता था।

5. **घुघरी** – ज्वार या बाजरा के हरे भुट्टे सेक कर और फिर झूड़कर खाये जाने का आम रिवाज था। भुट्टों में फिर भी रहे सिके दोनों को कालान्तर में कूट कर अलग कर लिया जाता था। इन दोनों को मटकी में लम्बे समय तक उबाल कर और फिर भली प्रकार बगार कर स्वादिष्ट घुघरी सांध्य-भोजन के रूप में बनाई जाती थी।

6. **रस-लड्डू** – उक्त दोनों का चूर्ण ताजे उबलते हुए गन्ने के रसद में मिलाकर लड्डू बना लिये जाते थे। इन्हें ग्रामीण-जन मटकों में भरकर रख लेते थे। बरसात के मौसम में कलेवे के रूप में इन्हें ग्रामीण परिजन सूखे होले (सूखा व भुना हरा चना), ऊम्बी (सूखी व भूनी हरी गेहूँ की बालियाँ) आदि के साथ खाया जाता था।

7. **पानिया** – यह भील-भिलालों आदि आदिवासी-जन का प्रिय व्यंजन था मक्का के आटे की पिष्टियों को पलाश के पत्तों में रखकर भूनकर तथा पूरी तरह सिक जाने पर उसे घी मिलाकर दाल के साथ सेवन किया जाता था।

8. **खीचड़ा** – खीचड़ा भारत का एक सर्वज्ञात सुपाच्य भोज्य-पदार्थ है; किन्तु सोंधवाड़ में कुछ विशिष्ट धार्मिक अवसरों पर खिचड़ा बनाने की पद्धति रही है। ज्वार, बाजरा या गेहूँ को गलाकर सुखाया जाता था। फिर उनके छिलकों को

फेटकर कर मूल मिजी और चने की दाल के मिश्रण से खिचड़ा बनाया जाता था। उसे गुड़ या राब (गुड़ का कल्क) के साथ खाया जाता था।

9. **सत्तू** – गेहूँ, चना और जौ को भूनकर उनका चूर्ण बनाया जाता था जिसे सत्तू कहते थे। इसे नमक या गुड़ और पानी मिलाकर सेवन किया जात था। यात्रा के समय चने, परमल, सिकी मूंगफली आदि की भाँति इसका उपयोग एक आम बात थी।

10. **पूरण-पोली** – गेहूँ की दो रोटिकाओं में उबली हुई चने की दाल, गुड़, छुआरे आदि की पिष्टी को तवे पर घी में भून कर वर्ष प्रतिपदा आदि के अवसर पर कड़ी के साथ अनेक परिवारों में सेवन की जाती थी।

11. **छाछ-निर्मित पदार्थ** – छाछ (मट्ठा) सोंधवाड़ के निर्धनों की खाद्य-सामग्री का सदियों से एक महत्त्वपूर्ण आधार रहा है। इसे मक्का के आटे के साथ मिलाकर और उसे मटकी में उबालकर और पकाकर सोंधवाड़ के ग्रामीण गरीबों का जैसे-तैसे पेट भरने का व्यंजन **राबड़ा या राबड़ी** बनाया जाता था। कच्ची छाछ को दिये या कछड़े में तैयार किये गये बगार पर डालकर और उसे तत्काल ढंक कर ग्रामीण कड़ी बना ली जाती थी। मराठा काल में छाछ या दही को बेसन में मिलाकर और अच्छी तरह बगार कर पका कर **कड़ी** बनाने का प्रचलन बढ़ गया। दही या छाछ निर्मित रायता बनाने व पेय पदार्थ के रूप में सेवन करने का प्रचलन भी पूर्वाधुनिक सोंधवाड़ में तब भी रहा, आज भी है।

12. **कवल्या** – अत्यधिक गरीब लोग रोटी का अर्थ समझते थे। इस कारण बासी रोटी के टुकड़े कर उन्हें दूध व छाछ में उबालकर गुड़ या मिर्च-मसाले आदि में मिलाकर कलेवे के रूप में बच्चों को दे देते थे। इसी प्रकार बासी रोटी को कड़क गरम कर उस पर तेल, नमक, मिर्च मिलाकर स्वादिष्ट सूसाड़ी रोटी बनाते थे।

13. **चूरी की रोटी** – जब ग्रामीण महिलाएँ चना, मूंग, ऊर्द या अरहर की दालें बनाती थीं, तो जो चूरी निकलती थी, उसकी रोटियाँ तेल व मसालों के साथ बनाती थीं। ऐसी रोटी बड़ी स्वादिष्ट होती थी।

14. **दशमी** – स्पर्शास्पर्श के उस युग में यात्रा पर निकलने वाले छूतछात में विश्वास करने वाले सवर्ण दूध व घी के पराठों का पाथेय लेकर चलते थे।

15. **कुसम्बा** – उच्च राजपूत व ठाकुर घरानों में अफीम द्वारा निर्मित कुसुम्बा पुरुष-बच्चों को पिलाया जाना उनकी महत्ता होती थी। ये बच्चे कुंवर, भंवर आदि कहलाते थे।

विशिष्ट भोज-अवसर – विशिष्ट भोजन विवाह, सामाजिक-धार्मिक उत्सवों, त्योहारों, पर्वों अथवा अशुचि भोज परम्परा के निमित्त बनाया और उपभोग किया जाता था। आलोच्य क्षेत्र में अपने आर्थिक स्तर के अनुसार साधारण-जन भी ऐसे अवसरों पर दैनिक-क्रम से अलग हटकर विशिष्ट खाद्य पदार्थ बनाते थे। ऐसे अवसरों पर उच्च वर्ग से लेकर निम्न वर्ग तक में व्यर्थ खर्च करने की रूढ़िगत परम्परा विद्यमान रही थी। उनके द्वारा किये जाने वाले ऐसे खर्च कभी-कभी उन्हें ऋणग्रस्त बना देते थे। फिर भी इन विशिष्ट भोजनों की प्रक्रिया समाज में समाप्त नहीं हो सकी थी।

आतिथ्य और उद्देश्य की दृष्टि से ऐसे भोज मुख्यतः पाँच श्रेणियों में विभक्त किये जा सकते हैं–

1. **धार्मिक व संस्कार विषयक** – धार्मिक यात्राओं से लौटने, देव-पूजा के अवसरों, मन्नतों व अभिलाषाओं की पूर्ति, बच्चों के विभिन्न संस्कारों, रातिजगा (रात्रि जागरण), अथवा ऐसे ही अन्य धार्मिक-सामाजिक पर्व पर आयोजित होने वाले भोज व्यक्ति की आर्थिक स्थिति और प्रतिष्ठा के अनुसार कुटुम्ब परिजनों या जाति-बन्धुओं, परिचितों तथा अन्य जन को खिलाया जाता था। ऐसे भोजों में प्रयुक्त खाद्य-सामग्री, गुड़ की लपसी व थूली, लड्डू, पुड़ी, दाल-बाटी का प्रयोग, शक्कर और गुड़ के पकवान, दाल-भात और सब्जियां आदि होती थीं।

2. **उज्जैनी** – सोंधवाड़ की आर्थिक व्यवस्था कृषि-जीवन पर आधारित रही थी, अतः राज्य के जन-जीवन में वर्षा का बहुत महत्त्व था। धार्मिक मान्यताओं के अनुसार वर्ष का देवता इन्द्र माना गया है। इसलिए इन्द्र-अर्चना कौटुम्बिक सदस्यों का सहभागी भोज या एक परिवार द्वारा अपने सगे-सम्बन्धियों को उल्लेखित उद्देश्य से दिया गया भोज **'उज्जैनी'** कहलाता है। अनावृष्टि पर इन्द्र को प्रसन्न करने के लिये ग्राम के सारे परिवारों द्वारा बस्ती के बाहर खेतों, बगीचों या धार्मिक स्थानों पर खाना बनाकर, इन्द्र-नैवेद्य के प्रतीकात्मक प्रसाद रूप में वह भोज खाया और खिलाया जाता है। यह भोज-परम्परा अधिकतर साधारण वर्ग में प्रचलित रही थी। पूर्व में प्रसादी में गुड़ से बने खाद्य प्रयुक्त किये जाते थे।

3. **उद्यापन** – भवन या गृह-निर्माण के पश्चात् शुभ मुहूर्त पर गृह-प्रवेश एवं गृह-शांति के लिये किये जाने वाला सामाजिक भोज उद्यापन कहलाता है। यह भोज भी मांगलिक कार्यों तथा घर में सुख-शांति बनाये रखने हेतु देव-अर्चनार्थ नैवेद्य के रूप में ब्राह्मणों, सन्तों और सम्बन्धियों को खिलाया जाता है। आर्थिक

स्थिति और सामाजिक प्रदर्शन की भावना से प्रेरित लोग इसमें स्वजाति और परिचितों को आमंत्रित करते हैं।

4. **गोठ (सेल)** – सामाजिक उत्सवों अथवा पर्वों या किसी भी प्रकार की खुशी आदि पर समान स्तर एवं विचार वाले व्यक्तियों के मध्य किये जाने वाला भोज **'गोठ'** कहलाता था। इसी प्रकार विवाह के पूर्व एवं पश्चात् ग्राम-सीमांत पर जो भोज होता था, उसे **'कांकण गोठ'** कहा जाता था। गोठ की भोज-प्रक्रिया मूलतः सामाजिक-आर्थिक प्रतिष्ठा, पद और प्रदर्शन को व्यक्त करने का साधन रही थी। सामान्यतया निर्धन तथा निम्न जातियों में इस प्रकार की भोज-परम्परा विद्यमान नहीं थी।

5. **जीमण** – सामाजिक-धार्मिक संस्कारों, उत्सव-पर्वों आदि पर किया जाने वाला जातिगत और सामाजिक भोज **'जीमण'** कहलाता था। जीमण को अवसर और उद्देश्य के अनुसार विवाह-भोज, घाटा-नुकता (मृत्यु-भोज या करयावर भोज), गोरणी, श्राद्ध, नारायण-बलि, श्राद्ध आदि में विभक्त किया जा सकता है। व्यक्ति-आमंत्रण के आधार पर ऐसे भोज तीन स्तर में वर्गीकृत होते थे – साधारण, बड़ा और प्रतिष्ठित (चौरासी)।

परिवार या व्यक्ति द्वारा गाँव की सम्पूर्ण स्वजाति को दिया जाने वाला भोज साधारण माना जाता था, जबकि जाति-बंधुओं को खिलाया जाने वाला भोज बड़ा माना जाता था। प्रतिष्ठित भोज में स्वजाति के अतिरिक्त अन्य जाति के सदस्य आमंत्रित किये जाते थे। भोजन के आमंत्रण को न्योता कहते थे। पगड़ी न्योता में केवल पुरुष ही आमंत्रित होते थे, जबकि सिगरी न्योता एक सपरिवार आमंत्रण होता था। आदिवासियों एवं अछूत जातियों में साधारणतः मक्की या धान की बाटी का जीमण किया जाता था, जबकि मध्यम एवं उच्च वर्ग के विशिष्ट भोज विविध प्रकार के व्यंजनों से युक्त होते थे। इन व्यंजनों में पंच पकवान, पंच शाक, पंच दाल आदि के रूप में पंचभोज बनाने की परम्परा प्रमुख रही थी। घेवर, जलेबी, इमरती, फीणी, खाजा, लड्डू का भोजन साधारण रूप में किया जाता था। खीर, श्रीखण्ड, पेठा, पूआ, हलवा आदि मिठाइयाँ भी आलोच्य क्षेत्र में सामन्तिक भोजों में प्रयुक्त होती रहीं। सादे चावल, बटाटे-भात, पुलाव, थूली, केसरिया भात, खिचड़ी, झकोल-पूड़ी, पराठे, पूड़ी, तुअर (अरहर), उड़द, चना, मूंग, चावल आदि दालें, आलू, कद्दू, बैंगन, करेला, गोबी, सूरण, अरवी, रतालू, तुरई, गिलकी, मेथी, पालक, बथुआ, सुआ, टिंडा, गूंदी, आल, तुम्बा, परवल, सब्जियाँ विशिष्ट भोजों में बनाई और खिलाई जाती थीं। आम का अमरस, शर्बत, ठंडाई, मट्ठा, रायता, कड़ी और

दही के साथ पोदीने, आम, इमली आदि की चटनी, अचार व मुरब्बे भी यथा-संभव परोसे जाते थे। मूंग, चने, उड़द, के पापड़, गुणी, चीले, भजिये, सेव-पपड़ी, मीठी पपड़ियाँ, शक्कर-पारे, गूंजे आदि भी भोजन में सम्मिलित रहते थे। मांसाहार में अण्डे, बकरे, भेड़, हिरण, सुअर, मुर्गे, तीतर, बत्तख, मछली, विभिन्न पक्षी, भैंसे आदि के मांस का किया जाता था। उच्च साधारण वर्ग का भोजन अधिक से अधिक एक मिष्ठान, दाल-चावल, पूड़ी और साग युक्त होता था।

सोंधिया समुदाय का खान-पान

सोंधिया समुदाय दैनिक जीवन में वैसे तो सोंधवाड़ क्षेत्र के आम नागरिकों की भाँति ही खान-पान रखता है किन्तु वह विशिष्ट तिथियों, मेहमान-नवाजी, वैवाहिक या संस्कार अवसरों पर अपना परम्परागत खान-पान कतई नहीं छोड़ता। यह समुदाय मद्यपान का बड़ा पिपासु है। कई जन तो प्रायः उठते ही मदिरा-पान करने लगते हैं। संध्या पड़ते ही अधिकांश सोंधिया-जन मदिरा-सेवन कर झूमते दिखाई देते हैं। मद्य सेवन के साथ-साथ बीड़ी या चिलम के माध्यम से तम्बाकू का धुँआ उड़ाना उनकी एक आम आदत है। इस क्षेत्र में प्रारम्भ में बसी घुमक्कड़ जातियों लुटमार कर आजीविका चलाने वाले मोघिया या आदिवासी लोगों की भाँति वन्य प्राणियों व मछलियों के शिकार कर अपना पेट भरते थे। कालान्तर में बसाहट-युक्त हो जाने पर ये पालतू जानवरों को भी भक्ष्य बनाने लगे। मांसाहारी वे तब भी थे और आज भी हैं। समय ने व्यंजनों में चाहे परिवर्तन किया हो, मांसाहार व मद्यपान में कदापि नहीं।

(ख) वस्त्राभूषण एवं सौन्दर्य-प्रसाधन

वस्त्र और आभूषण हमारे सामाजिक जीवन का एक महत्त्वपूर्ण अंग है इसलिए सोंधवाड़ के निवासियों की वेश-भूषा व आभूषणों का अध्ययन आवश्यक है।

इस विषय को तीन भागों में विभाजित किया जा सकता है–

(1) वेश-भूषा, (2) आभूषण एवं (3) सौन्दर्य-प्रसाधन

1. वेश भूषा – पूर्वाधुनिक सोंधवाड़ की वेश-भूषा की जानकारी प्राप्त करने के लिये आनुश्रुतिक साधन प्राप्त होते हैं एवं अनेक समकालीन चित्रों से यह जानकारी प्राप्त होती है कि वेश-भूषा का अध्ययन दो भागों में विभाजित किया जा सकता है–

सोंधवाड़ अंचल की वेश-भूषा पर हाड़ौती, राजपूत, मालवी व कुछ सीमा तक

अंग्रेजी प्रभाव पड़ा था। ये वस्त्र लोगों के सामाजिक व आर्थिक स्तर, प्रचलित परम्परा, स्थान के साथ ही उनकी सांस्कृतिक रुचियों के अनुसार होते थे।

पुरुष वर्ग – अभिजात्य एवं कुलीन लोगों की वेश-भूषा पर मुस्लिम तथा हिन्दू वेशों का सम्मिलित प्रभाव दिखाई देता था। आलोच्य क्षेत्र की पुरुष वेश-भूषा को तीन भागों में वर्गीकृत किया जा सकता है–

(अ) शिरोवस्त्र,

(ब) मध्यभाग के वस्त्र, तथा

(स) अधोभाग के वस्त्र

(अ) शिरोवस्त्र – राजसी एवं सामन्ती वर्ग के पुरुष उनकी राजपूती तथा खानदानी घरानों के लिये नियत पगड़ियाँ एवं शिरोवस्त्र पहनते थे। द्विज जातियों में ब्राह्मण अधिकतर खुले सिर अथवा खिड़कीदार पगड़ी का प्रयोग करते थे। महाजन साधारण पट्टीदार पगड़ी पहनते थे। किसान, पशुपालक व अन्य व्यवसायी फेंटा व साफा, और निम्न जातियाँ पोतिया अथवा अंगोछा लपेट लेती थी। मुसलमान तुर्की या मलमल की जालीदार टोपियाँ पहनते थे। यह उनकी विशिष्ट पहिचान होती थी। अन्य लोगों में धीरे-धीरे पगड़ी व साफा के स्थान पर टोपी पहनने का प्रचलन काफी बढ़ गया था। ये टोपियाँ विभिन्न प्रकार व रंगों की हुआ करती थीं। सर्दी में मकटोपे पहने जाते थे–सूती या ऊनी।

(ब) मध्यभाग के वस्त्र – उच्च वर्ग अचकन, अंगरखा और अंगरखी पहिनने की परम्परा अभिजात्य वर्ग में व्याप्त रही थी। शेरवानी, वागा, कमरबंध या इजारबन्द, पेशवाज, गाबा, बगलबन्दी, कुर्ता आदि पर मुगल प्रभाव था। 19वीं शती के लगते ही आंग्ल वेश-भूषा का कुछ-कुछ प्रभाव सोंधवाड़ में दिखाई देने लगा था। इससे सर्वाधिक प्रभावित समाज राजसी व सामन्ती वर्ग हुआ था। अंगरखियों तथा बगलबन्दियों का स्थान कोट ने और अंगोछे का स्थान गले के रूमाल ने ले लिया जो कि टाई की गांठ जैसे गले में बांधा जाता था। धीरे-धीरे उच्च अधिकारीगण भी यह वेश-भूषा अपनाने लगे थे। ब्राह्मणों में उत्तरीय अथवा दुशाला लपेट कर मध्य-भाग को सुरक्षित करने का प्रचलन रहा था। राज-पुरोहित आकर्षक सोले पहिनते थे किन्तु घरों में उनका वेश सामान्य ब्राह्मणों जैसा ही रहता था। ग्रामीण-जन कुर्ता या छोटा अंगरखा पहिनते थे। भील, भिलाले आदि आदिवासी तथा निम्न जातियों में अधिकतर मध्य भाग वस्त्रहीन रखा जाता था। त्योहारों, मेलों, उत्सवों में इनके द्वारा अंगरखा या गमछे का प्रयोग किया जाता था। दरबारी

वेश-भूषा में सुनहरी, रूपहरी अथवा कपड़े का कमरबंधा, बांधने की परम्परा रही थी। सर्दी के दिनों में उच्च वर्ग द्वारा गुदड़ी, खेस, शाल, कामली, कम्बल आदि ओढ़े जाते थे। साधारण-जन रेजे का बना हुआ **'पछेवड़ा'** अथवा गरम लोई ओढ़ते थे।

(स) अधोभाग के वस्त्र – अधो (निम्न) भाग में एकलंगी या दोलंगी धोती पहिनने का प्रचलन रहा था। मुस्लिम प्रभाव से धीरे-धीरे सलवार, घेरदार जामा, विभिन्न शैलियों के पायजामे, जांगिया आदि भी हिन्दुओं में पहिने जाने लगे थे। आदिवासी व वनवासी जन अपने कटि-भाग को ढकने के लिए 5-10 अंगुल चौड़ी लंगोटी का प्रयोग करते थे किन्तु ग्रामीण वातावरण से प्रभावित आदिवासी लंगोट के स्थान पर छोटी धोती बांधते थे। इसी प्रकार की छोटी धोती ग्राम्य-जनों द्वारा भी पहनी जाती रही थी। अधिकारी व सैनिक वर्ग कोट के साथ हाफ-पेण्ट नियमानुसार पहिनने लगे थे। बिरजिश भी प्रयोग में थी तथा अनुचर घुटनों तक का जांगिया या धोतियाँ पहिनते थे। आलोचय अवधि में मोजड़ी, लम्बे, बूट, चप्पल आदि का प्रचलन भी था किन्तु इसे शौकियाना प्रवृत्ति में गिना जाता था। निम्न जातियाँ अधिकतर नंगे पाँव जीवन व्यतीत करती रही थीं। कृषक-जन मोटे चमड़े की स्थानीय रूप से बनाई गयी पन्नी (पनही या जूती) पहिनते थे।

स्त्री वर्ग – अध्ययन क्षेत्र में साधारणतः स्त्रियों की पोशाक में ओढ़नी (साड़ी), घाघरा, कुर्ती, सलवार, गरारा, लहंगा आदि मुख्य परिधान रहे थे। स्त्रियों की पोशाकें भी अलग-अलग आर्थिक स्थिति और स्तर के अनुपात में कीमती वस्त्र तथा साधारण वस्त्र पहिने जाते थे। उच्च वर्ग की स्त्रियाँ सुनहरी और रूपहरी तारों के काम किये हुए जरी के कपड़े पहनती थीं। काम किये हुए वस्त्र तथा उनकी किस्मों के अनुसार उन्हें अतलस, जामदानी, कीमखाब, टसर, पारचों, छींट, मसरू, चीक, बाफ्ता, मलमल, कसबी, सालू आदि विभिन्न वस्त्रों को अलग-अलग नाम द्वारा जाना जाता था। राजपूत स्त्रियों में लम्बी कुर्ती, छोटी साड़ी तथा कई सलवटों वाले पायजामा जैसी घाघरी पहनी जाती थी। यह वेश राजपूत स्त्रियों में मुगल वेश-भूषा के प्रभाव को दर्शित कराता रहा।

सोंधवाड़ के समकालीन चित्रों से स्पष्ट होता है कि साड़ी का एक छोर **'पाटला'** लगाकर 'घाघरे' के साथ बंधा रहता था। दूसरा छोर हाथ की बगल से सिर पर होता हुआ वक्ष ढंकने के काम लिया जाता था। वक्षःस्थल के छोर पर सुन्दर छपाई और किमखाब का काम किया हुआ होता था। तत्कालीन फैशन का स्वरूप प्रकट करने वाली छपाई विभिन्न प्रकार की प्राकृतिक आकृतियों द्वारा व्यक्त

की जाती थी। समाज में उच्च और कुलीन वर्गों में घूंघट प्रथा होने के कारण साड़ी के पल्लू से सिर ढंका जाता था। द्विज जातियों में कांचली (कंचुकी) और कुर्ती के स्थान पर आधी अथवा पूरी बाहों की अंगरखी पहिनने का प्रचलन था। सर्दी के मौसम में पामड़ी, दुशाला अथवा लोई द्वारा सर्दी से शरीर-रक्षा की जाती थी। साड़ियों के रंग और छपाई के अनुसार धरीदार साड़ी को लहरिया, पीली व लाल किनारी वाली साड़ी को फागणियां, पोमचा, कसुमल (गहरी लाल) तथा विविध छपाई वाली साड़ियों को मांखीभांत, फूलभांत, बूटाभांत आदि कहा जाता था।

कृषक एवं पशुपालन जातियों, निम्न जातियों तथा आदिवासियों में स्त्रियाँ घुटनों तक घेरदार घाघरा पहिनती थीं। उनकी साड़ी लम्बाई में छोटी होती थीं, जिसे "लुगड़ा" कहा जाता था। विधवा स्त्रियाँ, काले सफेद रंग की छींट तथा पक्के रंग में रंगा हुआ हरा या लाल कपड़ा पहिनती थीं। उनके लिये शृंगार करना वर्जित था। एक प्रकार से वे संन्यास-व्रत का पालन करते हुए त्यागमय जीवन व्यतीत करती थीं।

राजसी या सामन्ती वर्ग की स्त्रियों में सुनहरी काम किये मखमल अथवा सांभर की जूतियाँ पहिनने का प्रचलन था। कुछ कृषक, पशुपालक तथा ग्राम्य स्त्रियों में पनही अवश्य पहनी जाती थी; किन्तु सामान्य स्त्रियाँ बगैर जूतियों के चलती-फिरती और काम करती थीं। सामान्यतया बड़े-बूढ़ों के सम्मुख स्त्रियों का जूतियाँ पहनना अमर्यादा मानी जाती थी। यद्यपि कृषक एवं पशुपालक जाति की स्त्रियों पर इसका कठोर प्रतिबंध नहीं था, परन्तु राजपूत प्रशासित जागीर ग्रामों में वे जूतों को पहिन गाँव में चल फिर नहीं सकती थीं। स्त्रियों की दलित सामाजिक स्थिति का यह दृष्टांत **'पुरुषों को अधिकारी तथा स्त्रियों को अनुचरी'** वर्ग के वर्गीकरण में प्रतिस्थापित करता था।

सामान्यतया उच्च वर्ग के परिधान रेशम, ऊन, मलमल, जरी आदि के होते थे। मध्य वर्ग पोपलीन, हरक, छींट, चोल आदि से संतुष्ट रहता था। निम्न वर्ग अपनी दयनीय आर्थिक स्थिति के कारण गादीपाट, चोल, लट्ठा आदि मोटे व स्स्ते कपड़ों को भी कठिनाई से जुटा पाता था। जहाँ तक बच्चों का प्रश्न है, अपनी-अपनी सामाजिक हैसियत के अनुसार लोग अपने बच्चों को झगला, टोपी, चड्डी आदि पहिनाते थे। सर्दी में रूई की खोल या गूदड़ का कोट पहिनाते थे। स्वेटर आदि ऊनी कपड़ों का प्रचलन इस क्षेत्र में बहुत ही कम था।

2. आभूषण – वस्त्रों की तरह विभिन्न प्रकार के आभूषण पहनने का शौक था। वेशभूषा की तरह आभूषणों में बहुत विभिन्नताएँ पायी जाती थीं। आलोच्य

अंचल के स्वर्णकारों व वृद्धजनों से सम्पर्क करने पर हमें ऐसे आभूषणों की जानकारी प्राप्त हुई है, जो आज के फैशन से बाहर हो गये हैं और उनका स्थान नये आभूषण ने ले लिया है। विभिन्न लोकगीतों, लोक-कथाओं, विभिन्न स्थानों के चित्रों तथा वृद्धजनों से तत्कालीन आभूषणों के विषय में जो जानकारी प्राप्त हुई है, उसकी सूची नीचे सारणी में दी गई है–

अंग	**आभूषण के नाम**
1. सिर या ललाट	राखड़ी, भंवर (बौर), टीका, लड़ी, बिन्दी, बिंदली, झूमर, झेला;
2. नासिका	नथ, कांटा, बेसर, बुल्लाक;
3. कर्ण	झूमकी (टोटी) सुरलिया, कर्णफूल, गुट्टी, झाल;
4. ग्रीवा	मंगलसूत्र, गलसरी, कंठा, हँसली, हार, ठुस्सी, बजट्टी, तिमनियाँ, गुलबन्द;
5. कटि	कंदौरा, कमरपेटी;
6. हाथ व भुजाएँ	बाजूबंद, हथफूल, हथलड़ी, पोंची, अगूठी, छल्ला, चूड़ा, बजरी, गेंदा, टड्डा, अनन्त, ढाल, दस्तबंरद, बगड़ी, खांच, गजरा, कंगन;
7. जंघा व पैर	कड़ा, सांकला, पायल, आंवला, नेवरी, तोड़ा, सठ, छड़ा, आयल, लच्छे, मच्छी, अनवट आदि।

इन आभूषणों में अधिकतर आभूषण चाँदी के बने रहते थे। उच्च और सम्पन्न वर्ग के लोगों के ये आभूषण सोने के होते थे जिनमें यथासम्भव कीमती रत्न लगाये जाते थे। इन रत्नों में हीरा, मोती, पुखराज, नीलम, लाल, पन्ना, माणिक्य, मूंगा, अकीक आदि होते थे। राजघरानों, सामन्तों व श्रेष्ठियों के परिवारों में इनकी भारी माँग होती थी। निर्धन लोग आभूषणों पर अपना शौक पूरा करने के लिये मिश्रित धातु के कम कीमत के जेवर बनाते थे। कई बार कथीर के आभूषण भी बना दिये जाते थे। लाख, हाथीदांत तथा नरेटी के भी आभूषण बनाये जाते थे, खासकर हाथों में पहनने के।

यहाँ यह लक्ष्य स्पष्ट करना आवश्यक है कि स्त्री-पुरुष दोनों ही वर्ग के लोग आभूषणों के शौकीन रहे हैं। पुरुष वर्ग के प्रिय आभूषणों में मुर्की, चौपड़े आदि कानों के, कंठा व हसुली गले के, कड़े पौंची आदि कलाई के, सर वाले बटन आदि आभूषण बड़े लोकप्रिय थे। ग्रामीण स्त्री-पुरुषों में सिक्को से बनाये गये हार बड़े

लोकप्रिय होते थे। सम्पन्न लोग असली सिक्कों के हार बनाते थे तथा निर्धन लोग जाली सिक्कों के गलहार से संतुष्ट हो जाया करते थे। इस आभूषण को "झालरा" कहते थे।

3. **सौंन्दर्य-प्रशाधन** – मनुष्य का यह मानवी गुण है कि वह अधिक से अधिक सुन्दर दिखना चाहता है। वह अपने रूप-रंग को निखारकर सजग, सुन्दर, शक्तिशाली बनाये रखने के लिये सौन्दर्य-प्रसाधनों का प्रयोग करता है। सोंधवाड़ का पुरुष एवं नारी समाज इससे अछूता नहीं रहा।

इन प्रसाधनों को दो भागों में बाँटा जा सकता है–

(अ) **नारी सौन्दर्य-प्रशाधन, तथा**

(ब) **पुरुष सौन्दर्य-प्रशाधन।**

(अ) **नारी सौन्दर्य-प्रसाधन** – सभी सौन्दर्य प्रसाधनों में सर्वप्रथम स्थान केश-प्रसाधन का है। नारी के सोलह शृंगारों में भारतीय ग्रन्थों में पर्याप्त चर्चा हुई है। केश-विन्यास केशों को काले, घने, लम्बे व चमकदार बनाये रखने के लिये प्राचीन काल से ही ऐसे प्रसाधनों का प्रयोग होता आया है जिनसे बालों की जड़े मजबूत रह सकें। उनको संवारने के लिये उन्हें धोकर बाद में कंघी की जाती थी। केश धोने के लिये काली मिट्टी, बांबी की मिट्टी, मुलतानी मिट्टी, दही, छाछ, आंवला, रीठा, शिकाकाई, कपूर-काछनी, नागरमोथा, जटामांसी आदि का उपयोग किया जाता था। बेरी के पत्तों का चूर्ण, कलोंजी का चूर्ण (प्याज का बीज), आम की गुठली का रस, आम के पत्ते, आम की गुठली का चूर्ण आदि से केशों को साफ किया जाता था। अमरबेल का कस, ऊर्द की दाल की पिष्ठी, मेहंदी के पत्ते की पीठी आदि लगाकर भी केशों को धोया जाता था। इनसे बालों की लम्बाई बढ़ाई जाती थी। बाद में बालों में तेल की मालिश की जाती थी जिसमें खोपरे का तेल, मूंगफली का तेल सरसों का तेल, बादाम आदि का तेल एवं शुद्ध घी आदि का उपयोग किया जाता था। तेलों में खुशबू के लिये चम्पा, चमेली, गुलाब, मोगरा आदि का इत्र डाला जाता था। अगर, चन्दन आदि द्रव्यों का धूम्र प्रयोग किया जाता था।

सोंधवाड़ की नारियों के गीले बालों में धूनी दी जाती थी जिसमें चन्दन का बुरादा, अगर, नागरमोथा आदि के धूम्र का प्रयोग होता था। कंघी करके बालों को संवारा जाता था जिनसे कई तरक ही चोटियाँ गूंथी जाती थी तथा घुमावदार अंकलन गोंद द्वारा सुपंट देकर करके दो प्रकार की पाटियाँ पाड़ी जाती थी। एक पाटी सादी तथा दूसरी गूंथी हुई। बाल अन्य प्रकार से भी गूंथे जाते थे। भृकुटी-विन्यास भी सौन्दर्य-प्रसाधन का प्रतीक था। भृकुटियों को तरह-तरह की आकृतियों में

सजाया जाता था। ये आकृतियाँ तिरछी, पतली, घनी, लम्बी, घनुषाकार आदि प्रकारों की होती थीं।

उपर्युक्त प्रसाधनों के साथ ही हिन्दू-नारियाँ सुहाग की निशानी और खूबसूरती में हेतु ललाट पर बिन्दी लगाती थीं। बिन्दियों के कई रंग व आकार होते थे; जैसे छोटी, बड़ी, लम्बी, क्रमशः बिन्दु के चारों ओर बिन्दी, काँच, कुंकुम, हिंगुल, चन्दन, हल्दी, गोरोचन, सूखी एवं गीली बिन्दियाँ। महिलाएँ अपने बच्चों को नजर लगाने से बचाने के लिये काजल का दिठौना (काली बिन्दी) भी लगाती थीं। पुरुष वर्ग को भी सुरमा लगाने का शौक था। बिन्दी के पश्चात् ओठों की ललाई लेने के लिये पान खाने की परम्परा भी प्राचीन रही है। पान मुख की सुन्दरता बढ़ाने वाला, पाचक, कु-निवारक व रक्त-शोधक माना गया है। इसका उपयोग सोंधवाड़ के कस्बों व नगरों में भी अतिप्रिय रहा है। ओठों को लाल बनाने के लिए अखरोट के पेड़ की छाल भी काम में ली जाती थी। इससे दाँतों में चमक आती व ओंठ लाल रहते थे। दाँतों में मिस्सी लगाने की प्रथा भी पर्याप्त लोकप्रिय रही है।

लोकगीतों में नयनों, अलकों, ओठों, नासिका, दन्तावली, चिबुक, ग्रीवा आदि का वणर्न हुआ है। नारी-श्रृंगार का अनूठा आकर्षण, मेंहदी और महावर भी रहा है। विभिन्न आकृतियों में हाथ में मेंहदी व पैरों में महावर लगाई जाती थी। ऐसा माना जाता था कि ये सौन्दर्य-प्रशाधन स्वास्थ्यवर्धक तथा रोग-नाशक भी रहे हैं।

शरीर के मैल की सफाई व त्वचा की सुन्दरता के लिये सोंधवाड़ में मालिश व उबटन का बड़ा प्रचलन रहा था। गेहूँ का आटा व बेसन सेककर उसमें हल्दी, तेल व पानी मिलाकर उससे शरीर की त्वचा को मलकर साफ किया जाता था। इसमें भी सुगन्धित द्रव्य मिलाने का चलन था। नहाने से पूर्व तेल मालिश के पश्चात् उबटन मालिश करके स्नान किया जाता था। ग्रामीण, आदिवासी एवं निर्धन स्त्रियों के बालों का जूड़ा विविध प्रकार से गूंथा जाता था। इस हेतु बालों की लटें, शिरोभूषण, नाड़ा, गोंद आदि का उपयोग भी किया जाता था। पर्याप्त अंतराल के बाद ही इन बालों को नदी, खाल (नाला) या कुओं पर खोल कर साफ किया जाता था। साबुन, तेल-प्रसाधन आदि पदार्थ तो उनके लिये स्वप्न ही होते थे।

सोंधिया-जन के वस्त्राभूषण – सोंधिया-जन की वेशभूषा में पुरुष वर्ग में घुटने से नीचे तक धोती, शरीर पर कमीज व सिर पर सोलह हाथ का हरे रंग का साफा, रोबदार चेहरा, हाथ-पाँव में चाँदी की कड़ी, कानों में मुरकी या झेला, पैरों में देशी जूती। ग्रामीणों के कन्धे पर अंगोछा व हाथ में मोटा लठ्ठ। सोंधिया की

महिलाएँ पूर्व में अस्सी कली का घाघरा पहिनती थी। परन्तु अब कम कली के प्रयोग वाला घाघरा, लूगड़ा व कांचली धारण करती हैं। वे गहने धारण करने की शौकीन होती हैं। उनके सिर पर राखड़ी, गले में चाँदी की हंसली, चैन व पाना, पैरों में कड़ियाँ व सांकला, कानों में झेला व बुन्दा, भुजा में बाजूबंद व हथफूल, कमर में चाँदी की करधनी जैसे आभूषण पहनती हैं।

उपर्युक्त सभी में महावर को छोड़कर सभी प्रकार के सौन्दर्य-प्रसाधनों का प्रयोग पुरुष भी करते थे। उनके प्रयोग करने की विधि व आकृतियों में अन्तर होता था, जैसे बिन्दी के स्थान पर लम्बा टीका, छोटी टीकी, मेंहदी की सादी आकृति, केश-विन्यास की पृथक् शैली। शादी के समय वर-वधू को पहले हल्दी व बाद के उबटन लगाने की प्रथा थी।

प्रसाधनों के विभिन्न प्रयोग – इन प्रसाधनों का प्रयोग विभिन्न त्योहारों में आवश्यक हुआ करता था। हालांकि उच्च वर्ग की नारियाँ तो सदैव ही इनका प्रयोग नियमित रूप से करती थीं किन्तु मध्यम वर्ग की महिला इनका प्रयोग सामान्य रूप से और निम्न वर्ग की महिलाएँ केवल तीज-त्योहार यथा, राखी, दशहरा, दीपावली, होली, गणगौर, संक्रांति आदि विशेष पर्वों पर ही करती थीं। क्षेत्रं में दीपावली के एक दिन पूर्व सारे परिवार के सौन्दर्य-प्रसाधनों के प्रयोग का दिन होता था। इस दिवस को रूप चौदस (चतुर्दशी) कहा जाता था। वस्त्रों से सज्जित होने के लिये विजया-दशमी, आभूषणों से अलंकृत होने के लिये दीपावली तथा सौन्दर्य-प्रसाधनों से तरो-ताजा होने के लिये रूप-चतुर्दशी का विशिष्ट महत्त्व माना जाता था।

(ग) अन्य उपभोग सामग्रियाँ

खान-पान, वस्त्राभूषण एवं श्रृंगार-प्रसाधनों के अतिरिक्त भी सोंधवाड़-जन की अन्य बहुत सी उपभोग सामग्रियाँ रही हैं। सबका विवरण देना संभव न होने से केवल सूची मात्र ही प्रतीक रूप में दी जा रही हैं–

1. ओढ़ने-बिछाने की सामग्रियाँ

(अ) ओढ़ने की सामग्रियाँ – कंथार, गूदड़, शाल, कम्बल, खेस, रजाई, लोई, कामरी आदि;

(ब) बिछाने की सामग्रियाँ – चटाई, टाट, पाल, जाजम, चाँदनी, चादर, दरी, आसन, पाट, चौकी आदि।

2. सामान रखने या भण्डारण की सामग्रियाँ

मिट्टी की कोठी, लोहे की कोठी, लकड़ी की पेटी, तिजोरी, भण्डारिया, अनाज की बुखारी, टीन की पटी, झूली छींका, डागला आदि।

3. बर्तन-भांडे

(क) **सोने-चाँदी के बर्तन** – थाली, कटोरी, चम्मच, लोटा, गिलास, झरी, पीकदान आदि (ये बर्तन केवल राजा-महाराजाओं, श्रेष्ठियों या सामन्तों को ही सुलभ रहते थे। निम्न वर्ग के लिये तो इन्हें देखना भी दुर्लभ था।) ;

(ख) **अन्य धातु के बर्तन** – (ये बर्तन तांबा, पीतल, एल्यूमिनियम, भरत, कांसे, लोहे आदि के बने होते थे) – केटली, बटलोई, कोठी, तश्तरी, भरथिया, लोटा, हंडा, गगरा, (घड़ा), थाली, कटोरी, चम्मच, डेकची, गरमा, तपेला, तपेली, परात, कलश, फूलपात्र, गिलास, सांचे, विभिन्न प्रकार के तलवार, खोंचा, टंकी, बाल्टी, भांडी, कड़छा, तवा, चिमटा, चाकू, छूरी आदि;

(ग) **लकड़ी के बर्तन** – चाटू, पंचपूड़ा, गुणी का सांचा, मथनी, चकला-बेलन, टट्टर, टोकना, डलिया आदि। काष्ट एवं लोहे के सम्मिलित उपकरण गेंती, खुरपी, कड़ेला, फावड़ा, दरांता, कुदाली आदि;

(घ) **मिट्टी के बर्तन** – मटका, मटकी, हंडी, गमला, कुल्लड़, दीया आदि;

(ड.) **प्रस्तर-निर्मित पात्र** – सिलबट्टा, खरल, चकला आदि।

4. **उपस्कर (फर्नीचर) आदि** – पलंग, खटिया, कुर्सी, पेटी, पाटला, चौकी, बाजोट, बंगवई, झूला, तखत, बेंच, स्टूल, आलमारी, डेस्क आदि। साथ ही गाड़ी, छकड़े, हल, बखर, नाई, पटेला आदि कृषि व यातायात उपकरण।

5. **पढ़ने-लिखने से सम्बन्धित वस्तुएँ** – कलम, दवात, होल्डर, स्याहीचट, नीब, गोंद, स्याही, बरू, कापी, किताब, पट्टी, पेम, पेन्सिल, रबर, तखता, दफ्तर, झोला, कम्पास बॉक्स, आलपिन, चाक, रंग-स्टीक्स, टीन की पेटिका आदि।

6. **आवभगत की वस्तुएँ** – इत्र, इत्रदानी, गुलाबजलदानी, पानदान, पान, सुपारी, सरोता, हार-फूल, गादी, लोट, तकिया, चादर, दरी, कालीन, इलायची, लोंग, बटुआ, तश्तरी आदि।

7. **साज-सजावट की वस्तुएँ** – वन्य-पशुओं के सिर व खालें, मूर्तियाँ, झूमर, पायन्दाज, आईना, फानूस, दीवट, पेंटिंग्स, तस्वीरें, परदे, विभिन्न पुरानी युद्ध या आखेट-सामग्री आदि।

8. **धार्मिक कार्यों की सामग्रियाँ** – धार्मिक चित्र व मूर्तियाँ, नाड़ा, जनेऊ, दूब, चंदन, गोरोचन, घण्टी, घड़ियाल, डलिया, खड़ाऊ, कुंकुम, नारियल, आसन, कलश, अगरबत्ती, घी, तेल, मिठाई, गुलाल, सिन्दूर, हार, दीया आदि।

9. **घरेलू संगीत व वाद्य सामग्रियाँ** – हारमोनियम, ढोलक, झांझ, मजीरा, बंसी, शंख, ग्रामोफोन, वीणा, तम्बूरा, तबला आदि।

10. **पीसने व पौने की वस्तुएँ** – घट्टा, घट्टी, खरल, सुआ, डोरी, ओखली, सुई, धागा, केंची, ऊखल, मूसल, मथनीं आदि।

11. **स्वास्थ्य व स्वच्छता** – संजवारी (खजूर के पत्तों की झाडू), झाडू, (बाँस के सींक की झाडू), फिनाइल, राख, टामलोट, सफाई हेतु टीन के डब्बे, मसूता व पोता, (रद्दी कपड़ों से बने फर्श साफ करने की वस्तु), टोकना, टोकनी, सोडा, साबुन, लकड़ी का धोना, फावड़ा, सब्बल, गेंती आदि।

12. **लिपाई, छपाई, व पुताई** – गोबर, लीद, पीली, मिट्टी, चूना, गेरू, खड़िया, मिट्टी, रंग-रोगन, ब्रश, निसैनी, कुदाली, सरस, रस्सी, तगारी, बाल्टी, डोल, जूट के टुकड़े पलाश की जड़ की कूंची, रेजमाल, सन व बांकड़े की रस्सी, तारपीन आदि।

13. **अन्य विविध सामग्रियाँ** – छतरी, लाठी, कूबड़, डंडा, चेन, जंजीर, ताला-चाबी, हुक्का, चिलम, पांवपोश, कप-बशी, केटली, कंघा, काँच, आगल, ईंधन लिये कोयला व लकड़ी, मोमबत्ती, दियासलाई, कील, रेती, हथौड़ी, करवत, मशाल, छीनी, मंजन, मेंहदी, मोम आदि शतशः अन्य सामग्रियाँ

ये सामग्रियाँ अनिवार्य रूप से दैनिक उपयोग के पदार्थ थे। इनकी यह सूची निश्चित ही नितांत अपर्याप्त है किन्तु उपयोग विषयक गाथा को स्वयं ही कह जाती है।

इन उपभोग सामग्रियों की पृष्ठभूमि में जो आर्थिक चित्र उभरकर सामने आता है, उसके प्रमुख बिन्दु इस प्रकार हैं –

1. उच्च राजसी एवं सामन्ती वर्ग को छोड़कर सोंधवाड़ के शेष मध्यम एवं निम्न वर्ग का जीवन सीधा-सादा एवं अनिवार्यता केन्द्रित था।
2. दैनन्दिनी आवश्यकताओं के अतिरिक्त आय का बहुत सा भाग तिथि-त्योहारों, उत्सव-पर्वों-यात्राओं, जन्म-विवाह-मृत्यु आदि संस्कारों से सम्बन्धित रीतियों एवं रस्मों, मेहमान-नवाजी आदि पर व्यय हो जाता था, परिवार चाहे निर्धन हो या अमीर। विभिन्न अवसरों पर विभिन्न प्रकार

की उपयोग-सामग्रियाँ प्रयोग में आती थीं। स्पष्ट है कि सामाजिक एवं सांस्कृतिक पृष्ठभूमि आर्थिक-जीवन के आधार-शिला रही।

3. अधिकतर उपभोग-सामग्रियाँ स्थानीय दस्तकारों या शिल्पियों द्वारा ही निर्मित होती रहीं। इस दृष्टि से ग्रामों, कस्बों एवं नगरों के आर्थिक एवं औद्योगिक जीवन में एक सकारात्मक ताल-मेल था।

4. **उपभोग** – सामग्रियाँ विभिन्न हाट-बाजारों में सरलता एवं सुविधापूर्वक उपलब्ध हो जाती थीं। पर्यटक विक्रेता भी गाँवों व कस्बों में पक्के माल या धातु-निर्मित सामग्रियों हींग व मेवे, रंगीन वे रेशमी वस्त्र, चाकू, केंची, छूरे आदि का पर्याप्त व्यापार कर लेते थे। ऐसे विक्रेताओं में अफगान, ईरानी, कच्छी, बर्मी आदि विदेशी पर्यटक व्यापारी भी होते थे जो व्यक्ति या समूह के रूप में इस क्षेत्र में थोड़े-बहुत अंतराल से आते रहते थे।

5. कृषक, अन्य ग्रामीण-जन एवं गृहणियाँ अपने फुर्सत या अपरिहार्यता के समय बहुत सी आवश्यक उपभोग पदार्थ स्वयं ही निर्मित कर लेते थे। उनकी ये गतिविधियाँ ग्रामीण आत्म-निर्भरता को प्रोत्साहित करती थीं।

(घ) ग्राम्य एवं नगरीय उपभोग-संस्कृति

सोंधवाड़ की उपभोग-संस्कृति को उसके ग्रामीण एवं नगरीय परिप्रेक्ष्य में देखा जा सकता है। यह परिप्रेक्ष्य दो प्रकार से प्रभावित रहा : प्रथमतः सामाजिक धरातल था। ग्रामों व कस्बों में विभिन्न धर्मों एवं जातियों के लोग उस समय एक साथ पृथक् रूप में रहने की प्रवृत्ति रखते थे। इस कारण विभिन्न बस्तियाँ बहुसंख्यक जातियों के नाम पर पुकारी जाती थीं। सुवर्ण एवं मुस्लिम जातियों की आवास-पद्धति केन्द्राभिमुख हुआ करती थीं, किन्तु निम्न जातियों एवं परिजन के निवास-स्थल सामान्यतया विकेन्द्राभिमुख होते थे। द्वितीयतः आर्थिक धरातल था। सामन्तीय ग्रामों या कस्बों में गढ़ी-नुमा रावले होते थे, जिनके निकट उनके सेवकों व सिपाहियों के टापरे हुआ करते थे। इसी प्रकार कृषकों, भूमिहीन श्रमिकों, शिल्पियों, पशुपालकों, सेवकों, सरकारी कर्मचारियों, महाजनों, आदि के भी पृथक् आवास या आवासक्षेत्र होने की प्रवृत्ति इस काल में इस क्षेत्र में विद्यमान थी।

सहज है कि ग्रामों एवं नगरों के जीवन में व्याप्त यह आवास-पद्धति रहन-सहन विषयक एक विशिष्ट संस्कृति का निर्माण कर देती थी जो लघु आधार पर पृथक् एवं बृहत् आधार पर समष्टिगत दिखाई देती थी।

उक्त विवेचन के आधार पर ग्रामों और नगरों में उपभोग में लाये जाने वाले आवासों एवं उनके संरचनात्मक विधान का अध्ययन करना अभिप्रेत होगा—

1. **ग्रामों की गृह-व्यवस्था** – गाँवों में घर उनकी छत-निर्माण के अनुसार चार प्रकार से वर्गीकृत थे। पत्थर की पट्टियों की छत वाले मकान **'पक्के घर'** कहलाते थे। इनकी दीवारें भी चूने व पत्थर से बनी हुई होती थीं। सोंधवाड़ क्षेत्र में मजबूत प्रस्तरों की खानों की भरमार है। इस कारण ऐसे गृहों को नगरों और ग्रामों में बहुतायत से देखा जा सकता है। द्वितीय प्रकार के मकानों में चूने च पत्थर से बनी दीवारों पर कवेलू की छत वाले घर **'केलवट-कच्चा'** कहलाते थे। तृतीय श्रेणी वाले घास-फूस के ढंके हुए मिट्टी के मकानों को खपरेल की छत वाले घरों को "घर कच्चा फूस" तथा चतुर्थ श्रेणी बाँस या लकड़ी की दीवारों से बने घर "झुग्गी" कहे जाते थे। भील जाति की बस्तियों में बनी ऐसी झूपियाँ **'टापरा'** और मीणा-मेर की झूपियाँ **'मादा'** कहलाती थीं। ये आदिवासी जातियाँ आलोच्य क्षेत्र में उपद्रवी तथा लड़ाकू गुणों से युक्त थीं। अतः अपनी बस्तियों को आक्रमण स्थिति से सुरक्षित रखने हेतु इनके घरों की स्थिति सुरक्षात्मक भावना से प्रेरित होती थी। इनकी झोपड़ियाँ ग्राम रूप में न होकर दूर-दूर होती थीं, जिन्हें ढालिये या फालिये नामों से सम्बोधित किया जाता रहा है। इनका निर्माण पहाड़ियों के मध्य अथवा जंगल से आवृत्त ऊँचे-ऊँचे डूंगरों पर किया जाता था। ये झूपियाँ तीन ओर से **'धूर'** कही जाने वाली कांटों की बाड़ से तथा पृष्ठ में पहाड़ की पृष्ठभूमि या वन्य झाड़ियों के घेरे में बनाई जाती थीं। इनकी छत 6 फीट से अधिक ऊँची नहीं होती थीं। ये अधिकतर एककक्षीय होती थीं जिनमें खिड़की और रोशनदान की कोई व्यवस्था नहीं रखी जाती थी। मैदान और पठाररीय भू-प्रदेशों में बने हुए ऐसे टापरों के बाहर बाड़े के अन्दर **'डागली'** बनी रहती थी। इन डागलियों में रात्रि में बैठ कर खेतों की फसल की चौकसी की जाती थी। गाँवों में मकान व्यवसायानुरूप तथा सामाजिक-आर्थिक परिस्थितियों से प्रेरित बने हुए थे। अछूत जातियों के मकान गाँव से बाहर कच्चे फूस की छत वाले एककक्षीय होते थे। यह मकान भी टापरों जैसी ही व्यवस्था पर निर्मित किये जाते थे जिनमें साफ हवा के आने का कोई प्रबन्ध नहीं होता था। ऐसे मकानों का निर्माण स्वयं गृहस्वामी व उसके परिवार द्वारा कर लिया जाता था। इनके निर्माण में कोई मजदूरी की आवश्यकता नहीं होती थी। किन्तु किसानों और दस्तकारों को अपने मकान को बनवाने में कुम्हार, सुतार, गायरी, लुहार आदि की आवश्यकता पड़ती थी। इन लोगों का पारिश्रमिक फसल पर जिन्सों में चुकाया जाता था। मकानों में दो या तीन ओवरा

(कक्ष) बने रहते थे जिनके आगे **'ढालिया'** (बरामदा) बना होता था। गोबर और मिट्टी से बने इन मकानों की छत केलू-खपरेल की रहती थी। कुछ ग्रामों के घर ओषरा या ओरा के रूप में ही होते थे। ऐसे ओरा बिना खपरेल के होते रहे। मोटी मिट्टी की दीवारों पर खजूर के लठ्ठे रखकर उन पर पलाश के पत्ते, बाँस के टट्टर व गिट्टी से ढंक कर इनकी मोटी छतें बनाई जाती थीं। इन ओवरों के आगे बड़ा खुला चौक और पोल नहीं होती थी। इस चौक में किसानों के पशु बांधने, बैलगाड़ी और कृषि उपयोगी सामान रखने का स्थान बना रहता था। पोल के अन्दर एक तरफ कक्ष अथवा चबूतरा बना रहता था जहाँ मेहमानों को ठहराया जाता था। पोल के बाहर दोनों ओर 1 फीट से 1½ फीट ऊँची चबूतरी अथवा 3 से 3½ फीट ऊँचा चबूतरा बनाया जाता था। इसका प्रयोग दैनिक मिलने-जुलने वालों से वार्तालाप के लिये अथवा सामाजिक-उत्सवों पर जाति-पंचायतों की बैठकों के लिये होता था। मुख्य पोल का मार्ग 6-7 फीट चौड़ा होता था जिसके कारण बैलगाड़ी आसानी से अन्दर आ जा सकती थी। दस्तकार-जातियों में कुम्हार, सुतार, लुहार एवं शिल्पी-जातियों में सोनी, मीणगर, सिकलीगर तथा सेवक-जातियों में तेली, बारी आदि अपने मकानों की पोल में अपना व्यवसाय करते थे। अतः इन जातियों के मकानों की पोल में अपना व्यवसाय करते थे। कृषक, पशुपालक, शिल्पी-दस्तकार तथा निम्न जातियों में अधिकतर पर्दा प्रथा का प्रचलन नहीं होने के कारण इनके मकान खुले हुए और सपाट होते थे। इनकी पोलों से सम्पर्क गृह-दृश्य का अवलोकन किया जा सकता था। इन मकानों में प्रकाश और हवा के लिये बखारे (बड़े छेद) बने होते थे। वैसे भी इनका निर्माण खुले चौपाल के रूप में होने के कारण इनकी स्थिति स्वास्थ्यानुकूल होती थी। पशु बांधने, उनके खाद को एकत्रित करने और घास रखने वाले स्थान को **'बाड़ा'** कहा जाता था। यदि इन बाड़ों में मकान बना हुआ रहता तो उसे नोहरा कहा जाता था। यह स्थान सामाजिक-उत्सवों और संस्कारों पर दिये जाने वाले जातिभोज एवं न्यातमेलों की व्यवस्था हेतु भी प्रयोग में लिये जाते थे।

2. **कस्बाई एवं नगरीय गृह-व्यवस्था** – कस्बाई एवं नगरीय आवास-गृहों की बनावट ग्रामीण घरों की संरचना-विधान से पर्याप्त भिन्नता रखती थी। ब्राह्मण, राजपूत और महाजनों के ग्राम्य-घरों की बनावट उपरोक्त घरों की आकृति-विन्यास से भिन्न रहती थी। इन द्विज जातियों में पर्दा-प्रथा प्रचलित होने के कारण मकान के मुख्य द्वार के सम्मुख दीवार का अवरोध (ओटा) किया जाता था। अच्छी आर्थिक अवस्था वाले द्विज-परिवारों में पक्के मकान भी बनाये जाते थे किन्तु

उनकी छत खपरेल की रहती थी। ऐसे मकान घर पक्का केलू-खपरेल कहलाते थे। इन मकानों में ऊपर मंजिल पर बने कक्ष **'मेड़ी'** कहलाती थी। मेड़ी की फर्श बाँस तथा मिट्टी की बनी होती थी। इन मेड़ियों में चढ़ने-उतरने के लिये लकड़ी या बाँस की सीढ़ियों का प्रयोग किया जाता था। गाँव के जागीरदार का मकान गढ़ी, गढ़ या रावला कहलाता था। इनका निर्माण पत्थर और चूने से किया जाता था। इस प्रकार के आवास में सोने, बैठने-उठने के अलग-अलग कक्ष होते थे, जिन्हें अन्तरवास या जनाना, बारहदरी, बैठक आदि कहा जाता था। इनकी निर्माण-शैली में ग्राम्य-नगर की शैली का आधार रहता था। अतः ये आवास (गवाक्षों), खिड़कियों और झरोखों से सज्जित रहते थे।

मिट्टी से बने हुए ग्राम्य-घर सर्दी के मौसम में गर्म तथा गर्मी में शीतल रहते थे। इस प्रकार तापमान-नियंत्रण के आधुनिक वैज्ञानिक उपकरणों की पूर्ति घरों में प्रयुक्त मिट्टी द्वारा हो जाती थी। इस मिट्टी को तैयार करने के लिए इसे 15-20 दिनों तक पैरों से कुचला जाता था। इस मिश्रण में गोबर तथा चिथड़े डाल कर 5-6 दिनों तक इसे गूंथा जाता था। मिट्टी के मसालों को इस प्रकार पकाने के पश्चात् इसके बड़े-बड़े लोदों के रूप में भाग कर सुखाया जाता था। इन सूखे भागों की चुनाई कर इस पर मिट्टी का लेप करने के पश्चात् उसे खड़िया मिट्टी से पोत दिया जाता था। इस प्रकार ऐसा मकान गृहस्वामी और उसके परिवार के श्रमदान से बना लिया जाता था। अतः इनको बनाने में अधिक व्यय नहीं करना पड़ता था। गढ़ी या रावला बनवाने में आर्थिक खर्च अधिक बैठता था किन्तु यह मकान अधिकतर सम्पन्न लोगों द्वारा बनाये जाते थे, जिनको अपने क्षेत्राधीन लोगों की बेगार निःशुल्क उपलब्ध हो जाती थी। प्रत्येक वर्षा के पश्चात् इन घरों की लिपाई और पुताई का कार्य किया जाता था। मकानों की टूट-फूट तथा कवेलू-छबाई आदि का कार्य गृह-परिवार द्वारा कर लिया जाता था।

राजधानी एवं बड़े नगरों में राजसी, श्रेष्ठी एवं अधिकारी वर्ग के विशिष्ट आवास निर्मित किये जाते रहे—इन्हें तीन श्रेणियों में विभक्त किया जा सकता है—

(क) राजमहल (ख) हवेली और (ग) कोठी या बंगला।

(क) राजमहल – महलों तथा इस श्रेणी के बनाये गये अन्य भवनों की सभ्यता, स्थापत्य एवं चित्रकला के दर्शन आज भी किये जा सकते हैं। इनमें हौज, फव्वारे, नहरें, चीनी और कांच की पच्चीकारी, खिड़कियों और दरवाजे पर नक्काशी का काम, विभिन्न प्रकार के कमरों में फूल महल, कमल महल आदि मुख्य रहे हैं। सोंधवाड़ क्षेत्र के विभिन्न राज्यों की राजधानियों में निर्मित ऐसे महल राजपरिवारों

की आरामदायक एक विलासी उपभोग-प्रवृत्ति का आभास देते हैं।

(ब) हवेलियाँ – विभिन्न कस्बों एवं नगरों में सामन्त-वर्ग की गढ़ियों व बाड़ों में उनकी दर्शनीय हवेलियाँ होती थीं। धनपति श्रेष्ठी-जन भी आकर्षक हवेलियों एवं विशाल आवास-गृहों का निर्माण करते थे।

इस प्रकार के आवास में अभिजात्य एवं कुलीन वर्ग के सामन्तगण निवास करते थे। हवेलियों का निर्माण तथा निवास उनके विशिष्ट अधिकार एवं सम्मान को प्रदर्शित करते थे। हवेलियों के अधिकार की दृष्टि से इसके दो स्तर रहे थे। राज्य द्वारा बनवाई गई हवेलियों में व्यक्ति का बपौती (वंशानुगत) अधिकार नहीं होता था। ऐसी हवेलियों को राज्य अथवा अनुदाता पुनः अधिग्रहीत कर सकता था। हवेली-निर्माता द्वारा व्यक्तिगत अनुदान या बख्शीश अथवा बनाने का अधिकार प्राप्त होने के पश्चात् हवेली किसी ग्रहीता की निजी सम्पत्ति बन जाती थी। यद्यपि ऐसी हवेली राज्यद्रोह अथवा राज्यावज्ञा करने पर राज्य द्वारा रिक्त कराई जा सकती थी। हवेलियों पर गुम्बद बनवाने, सूर्य-गोखड़ा (गवाक्ष) रखने, बारहदरी या दरीखाना बनवाने आदि के विशिष्टाधिकार प्रत्येक हवेली-स्वामी को नहीं था। यदि वह स्वेच्छा से इन प्रतिबन्धों के विरुद्ध कार्य करता तो उस पर आर्थिक दण्ड दिया जाता था।

(स) कोठी या बंगला – प्रत्येक प्रशासकीय केन्द्रों पर अधिकारियों के लिये विभिन्न आकार-प्रकार की कोठियाँ अथवा बंगले बनवाये जाते रहे। आवास-गृह सामान्यतया यूरोपीय पद्धति के बने होते थे। ये चूने, ईंट व प्रस्तर निर्मित होते थे। उनकी छतें अंग्रेजी कवेलुओं से आच्छादित रहती थीं। इनमें विशाल बरामदे मुलाकात का कक्ष, ड्राईंग रूम, बेड रूम आदि होते थे।

निष्कर्ष रूप में कहा जा सकता है कि विभिन्न ग्रामों, कस्बों एवं नगरों की अपनी एक विशिष्ट आवास-संस्कृति हुआ करती थी जो पूर्वाधुनिक सोंधवाड़ अंचल के समस्त आर्थिक-जीवन की आधार-शिला थी।

संदर्भ

व्यक्तिगत सम्पर्क, सान्निध्य एवं सर्वेक्षण

6

सोंधवाड़ की सांस्कृतिक परिवेश

सामाजिक एवं सांस्कृतिक जीवन का अन्योन्याश्रित एवं घनीभूत सम्बन्ध रहा है। सोंधवाड़ अंचल भी इसका अपवाद नहीं रहा है। इस परिस्थिति में वर्ण या जाति-धर्म एवं सम्प्रदाय, रीति–रिवाज एवं प्रथाएँ, संस्कार, तिथि–त्योहार, सांस्कृतिक, बौद्धिंक मान्यताएँ, मनोरंजन के साधन आदि का समावेश रहता है। उपभोग–संस्कृति के खान-पान, वस्त्राभूषण, आवास आदि का अध्ययन भी इसी के अन्तर्गत आता है। इस अध्याय में इन पहलुओं का अध्ययन अभीष्ट हुआ है।

सोंधवाड़ के जन-जीवन की जब भी चर्चा की जाती है तो सहज रूप में नगरों, कस्बों व ग्रामों से लेकर वनों एवं पर्वतों से दूरस्थ अंचलों में उन सभी लोगों के जीवन-क्रम का उल्लेख हो जाता है जो अपनी विविधताओं के उपरान्त भी एक सामरस्य रखते हैं–लोकमानस का, उसकी अभिव्यक्तियों का और सबसे अधिक उससे जुड़ी संवेदनशीलता का। प्राचीन वर्णों एवं प्रजातियों के जीवित अवशेष रूप में, भारत के अन्य भागों की ही भाँति, सोंधवाड़ में अनेक जातियाँ एवं उपजातियाँ बिखरी पड़ी हैं।(*)

लोकाभिव्यक्तियाँ

जनजीवन का आंतरिक पक्ष लोकाभिव्यक्तियों द्वारा सरलतापूर्वक जाना जा सकता है। इस कारण मालवा की लोकाभिव्यक्तियों के विभिन्न पहलुओं का

(*) जातीय-संरचना पूर्व में अध्याय चतुर्थ में विश्लेषित की जा चुकी है।

विवेचन समीचीन होगा–

लोक-साहित्य – जनजीवन की सहज रागात्मक अभिव्यक्ति को लोक-साहित्य माना जा सकता है। उसका स्वरूप बहुत कुछ परम्परागत होता है। उसमें आदिम युग से लेकर आज तक के स्वयंस्फूर्त सांस्कृतिक संस्मरण अनौपचारिक रूप में विद्यमान रहते हैं। वस्तुतः मानवीय अभिव्यक्तियों में आदिम जीवन के जो अवशेष रह जाते हैं, उनका संबंध बहुत कुछ लोक-साहित्य से आता है।[1]

लोक साहित्य जहाँ एक ओर जन-जीवन की सहज स्वयंस्फूर्त अभिव्यक्ति है, वहीं दूसरी ओर लोक-मानस एवं लोक-प्रवृत्ति का प्राकट्य करने वाली महत्त्वपूर्ण विधा भी। लोक-साहित्य, लोक-मानस एवं लोक-प्रवृत्ति में इस प्रकार अन्योन्याश्रित संबंध होता है और इस संबंध का उद्घाटन तभी संभव है जबकि एक ओर लोक-साहित्य में गहरी पैठ की जाय तथा दूसरी ओर जन-जीवन से संपृक्त सामाजिक, सांस्कृतिक एवं बौद्धिक परम्पराओं का भी सम्यक् अनुशीलन किया जाय। सोंधवाड़ पर भी यह निष्कर्ष लागू होता है। उसके लोक-साहित्य के अध्ययन से यह तथ्य और भी स्पष्ट होगा।

सोंधवाड़ के लोक-साहित्य का एक बड़ा भाग लोक-कथाओं का है। सोंधवाड़ अंचल में ये लोक-कथाएँ धार्मिक आख्यानों, सामान्य कहानियों, बाल-गाथाओं, लौकिक अवदानों आदि के रूप में प्रचलित रही हैं। लोक-कथाओं के अतिरिक्त लोक-गीत, लोक-परक नाट्य रूप, मनोरंजक वार्त्ताओं, कहावतों व पहेलियों आदि रूपों में भी लोक-साहित्य व्यापक हुआ है।

सोंधवाड़ की लोक-गाथाएँ गेय भी हैं और अगेय भी। इन्हें साधारणतया विषयगत, वस्तुगत एवं शैलीगत आधारों पर वर्गीकृत किया जा सकता है। इन गाथाओं के विषय धार्मिक या सांस्कृतिक, सामाजिक या जातिगत, मनोरंजक या हास्यपरक, दैविक या लोकोत्तर, ऐतिहासिक या आनुश्रुतिक, कृषि अथवा पशुपालन विषयक, चमत्कारों या कल्पना-लोक से संबंधित होते हैं। इन कथाओं में करुणा, प्रेम भक्ति, वीरता, आश्चर्य, ममत्व, विरह आदि के भावों व स्मृतियों की अभिव्यक्ति हुई हैं।

सोंधवाड़ सहित मालवा क्षेत्र से संबंधित कतिपय लोकप्रिय आख्यानों का संक्षिप्त उल्लेख किया जाना प्रासंगिक होगा–

राजा विक्रम – उज्जैन के राजा वीर विक्रमादित्य को कौन नहीं जानता? 57 ई. पू. के लगभग इस पराक्रमी राजकुमार ने शकों को हराया था। सिंहासनबत्तीसी

(द्वात्रिंशतपुत्तलिका) नामक ग्रंथ में इस लोकप्रिय नृपति के दुर्लभ गुणों का वर्णन किया गया है। एक महान् एवं न्यायी शासक के रूप में इसकी ख्याति भारतीय मानस के लिय गर्व का विषय बनी हुई है। 'ज्यातिर्विदाभरण' के अनुसार विक्रम के दरबार की नौ महान् विद्वान् शोभा बढ़ाते थे, जिन्हें "नवरत्नों" के नाम से पुकारा गया है।[2] ऐसी भी मान्यता है कि शकों पर विजय के उपलक्ष्य में विक्रम संवत् का प्रवर्तन हुआ था। 'विक्रमादित्य' 'विक्रम संवत' के बारे में चाहे इतिहासकारों में मतभेद हो, किन्तु इस अंचल का जन-जीवन सदियों से इन्हें अपने हृदय में स्थापित किये हुए है। मालवी-जन आज भी गंधर्वसेन एवं विक्रम-वैताल की गाथाएँ चटकारे ले ले लेकर सुनाते हैं। ये गाथाएँ बड़ी चमत्कारपूर्ण होती हैं।[3]

राजा भरथरी – अनुश्रुतियाँ कहती हैं कि राजा भरथरी विक्रमादित्य के अग्रज थे। अपनी सुन्दरी भार्या पिंगला के प्रति अत्यधिक मोह से ग्रस्त भरथरी एक घटनावश विरक्त होकर गुरु गोरखनाथ के शिष्य हो गये। इनकी गणना नवनाथों में होने लगी। समूचे भारत में भरथरी-पिंगला का आख्यान बहुत लोकप्रिय हुआ। इस विषयक अनेक लोक-गीत एवं माच लिखे गये, जो आज भी लोक-जीवन का अंग बने हुए हैं।[4]

वीरवर जगदेव – जगदेव एक परमार राजकुमार था। वह महान् परमार शासक उदयादित्य का पुत्र था जिसे किसी कारण से मालवा छोड़ना पड़ा था। पहले वह लाट–नरेश जयसिंह सिद्धराज की सेवा में रहा, उपरान्त कुन्तल नरेश विक्रमादित्य की। उसे होयसलों की राजधानी द्वारसमुद्र एवं एक पूर्व भारतीय राज-केन्द्र चक्रदुर्ग (बस्तर) पर सफल आक्रमण का श्रेय जाता है। वह अत्यन्त वीर व प्रतापी था। वह कंकाली का बड़ा भक्त था। कहा गया है कि उसने कंकाली को अपना मस्तक अपने अपने ही हाथों से काटकर कई बार चढ़ाया था। प्रसन्न होकर देवी माँ ने उसका मस्तक हर बार यथावत् किया था। उत्तर भारत में ब्रज, गढ़वाल आदि क्षेत्रों में कंकाली को प्रसन्न करने के लिये लोकगीतों में जगदेव का जगारा गाते हैं। सोंधवाड़ के अनेक गाँव में '(जगदेवा)' राजपूत रहते हैं। ये परमार लोग स्वयं को जगदेव का वंशज मानते हैं और कुल-देवता के रूप में उनकी पूजा करते हैं।[5]

सुधबुध-सालंगा – यह प्रणय-गाथा मूलतः सोंधवाड़ की है, किन्तु भारत भर में लोकप्रिय हुई। यह गाथा विभिन्न स्थानों पर विभिन्न प्रकार से कही गई। नायक के नाम भी भिन्न-भिन्न कहे गये किन्तु नायिका सदैव सारंगा ही रही। यह आख्यान लोक-नाट्यों में बड़ा चर्चित हुआ है।[6]

ढोला-मारू – ढोला-मारू के प्रेमाख्यान ने समूचे पश्चिमी भारत में पर्याप्त लोकप्रियता अर्जित की है। ढोला वस्तुतः नरवर (ग्वालियर क्षेत्र) का एक तंवर राजकुमार दुर्लभराय था।[7] उसका प्रेम मारू क्षेत्र (मारवाड़) की एक राजकुमारी से हो गया था। यह प्रणय-गाथा 13-14 वीं सदी की है किन्तु संवेदना के धरातल पर इसने सोंधवाड़ सहित राजस्थान के विभिन्न अंचलों के जन-जीवन में लोक-गीतों, लोक-नाट्यों एवं आभिजात्य एवं लोकचित्रों के माध्यम से अपनी व्यापकता दर्शित की।

लोक-गीत – सोंधवाड़ के लोग-गीतों में इस क्षेत्र के जन-जीवन की कल्पनाशीलता, सम्प्रेषणीयता, संवेदनशीलता, भावोल्वणता एवं मर्मस्पर्शिता के स्वर बड़ी गहराई से मुखरित हुए हैं। इन गीतों के माध्यम से मालवा के जन-जीवन ने तो अनुभूत हर्ष-विषाद, राग-द्वेष, सुख-दुःखादि मानसिक द्वंद्वों को अत्यन्त सहजतापूर्वक अभिव्यक्त कर दिया है। जन्म या मृत्यु, सगाई या विवाह, पर्व या उत्सव, तिथि, या त्योहार, प्रेम या विरह, प्रकृति-चित्रण या ऋतुचक्र, आस्थाओं या अंध-विश्वासों सामाजिक या पारिवारिक संबंधों आदि समस्त मानवीय परिस्थितियों से ये लोक-गीत सम्बन्धित रहे हैं। डॉ. चिन्तामणि उपाध्याय ने इन लोक-गीतों को निम्न प्रकार से वर्गीकृत किया है[8] –

बालकों के गीत – शिशुओं के गीत, क्रीड़ा-गीत, मक्कड़ माता, डेंडक, अवल्या सरसत माता, संजा, हिरणी, फूल-पाती आदि;

स्त्रियों के गीत – व्रतों व त्योहारों के गीत, ऋतुओं के गीत, संस्कारों के गीत, विवाह के गीत, भक्ति–भावना के गीत आदि;

इन गीतों में गणगौर, तीज, असाड़ी, सावन, भांगडली, गरबा, झूमर, अगरनी, सूरज-पूजा, रतजगा, चाक, उकेड़ी-पूजा, हल्दी-मीठी, मायरा, सगाई, वर-निकासी, गाल, कामण, कांकड़ा-डोरा, पारसी, बाधावा, बिदाई, तीर्थाटन, पथवारी, गंगा-पूजन तथा विभिन्न देवी-देवताओं, सतियों, जूझारों, पितरों के गीत बड़े लोकप्रिय रहे हैं।

पुरुषों के गीत – ये गीत भक्ति-प्रधान, शृंगार-प्रधान तथा तिथि-त्योहार–उत्सव प्रधान होते हैं। छला, बिछुड़ा, फाग, पंथीड़ा, हीड़, मसाण्या, गरबा, फड़ आदि के लोकगीत गाने में मालवा के ग्रामीण–जन बड़े दक्ष रहे हैं। माच, तुर्रा–कलंगी आदि लोक-नाट्यों से समन्वित गीतों ने भी पर्याप्त लोकप्रियता अर्जित की है।

सोंधवाड़ी लोक-गीतों की अपनी विशिष्ट धुनें होती हैं। इन धुनों में की जाने वाली गायकी को विभिन्न वाद्य-यंत्रों द्वारा संगत प्राप्त होती रही। ये वाद्य-यंत्र

युद्ध-भूमि से लेकर सामन्तों की ड्योढ़ियों, जन्म से लेकर मृत्यु, कथा-भागवत से लेकर लोक-नृत्यों तक प्रयोग में आते रहे। इस अंचल में निम्नलिखित वाद्य-यंत्रों का प्रचलन रहा[9] –

1. **चर्म-मंडित वाद्य** – नगाड़ा, नक्कारा, तबला, तासा, डाक, मृदंग, ढोल, मादक, डमरू, खंजरी, चंग, धौंसा, नोबत आदि;
2. **ठोस वाद्य** – थाली, झांझ, करताल, मंजीरा, कटोरा आदि;
3. **तन्तु वाद्य** – इकतारा, सारंगी, जंतर, रावणहत्था, तम्बूरा, चिकारा आदि; तथा
4. **अन्य** – बांसुरी, अलगोझा, मुरली, घुंघरू, घंटियाँ, शहनाई, पुंगी, शंख, खिपचियाँ, डंडे, मूंगल, बंकिया, सींगी आदि।

लोक-नृत्य – लोक-गीतों से जुड़े-नृत्य भी रहे। विभिन्न अवसरों पर स्त्री व पुरुष विभिन्न प्रकार के लोक-नृत्यों का प्रदर्शन करते रहे, करते हैं। सोंधवाड़ के लोक-नृत्यों में बाना, मटकी, गैर, अंटिया, छल्ला, छतरी, कान-गुवाला, गणगौर आदि नृत्य उल्लेखनीय हैं। आदिवासी-बहुल क्षेत्रों में भगोरिया नामक परिणयोत्सव के साथ इसी नाम का नृत्य आदिवासी युवक-युवतियों द्वारा किया जाता है। ढोलनें, बेड़नियाँ, बांछड़ियाँ आदि कतिपय जातियों की कुछ स्त्रियों को व्यावसायिक आधार पर नृत्य हेतु प्रशिक्षण दिया जाता रहा। इनमें कुछ देह-व्यापार से भी संकोच नहीं करतीं।[10]

लोक-नाट्य – लोक-नाट्यों ने भी सोंधवाड़ के लोक-जीवन का मंचीय प्रतिनिधित्व किया है। माच, ढारा-ढारी, नोटंकी, गरबा, तुर्रा-कलंगी, नकल व स्वांग, आदि लोक-नाट्य सोंधवाड़ में पर्याप्त लोकप्रिय रहे हैं–

ढारा-ढारी – एक राजस्थानी लोक-नाट्य रहा। ढारी जाति के पुरुष अभिनेता नृत्य-गान-अभिनय प्रभृति कलाओं के माध्यम से ढोल, सारंगी रवाब आदि बजाते हुए कृष्ण-लीला, मलानूर आदि का प्रदर्शन करते थे। गुजरात से सोंधवाड़ में प्रतिवर्ष आने वाले विभिन्न गरबा-दल नवरात्रि के पूर्व पर विभिन्न ग्रामों व कस्बों में अपने गरबी गीतों व नृत्यों के माध्यम से कृष्ण-लीला, नरसी मेहता, राजा हरिश्चन्द्र आदि लोक-नाट्यों को **गरबा** के रूप में प्रस्तुत करते थे। इन्हीं नगर-ग्रामों में समय-समय पर ऐसे कलाकर भी आते थे जो **'स्वांग'** भरकर या नकल उतारकर अपने हास्य एवं व्यंग्य के द्वारा जन-मन-रंजन करते थे।[11] **'बहुरूपिये'** भी जन-मन रंजन का केन्द्र होते थे। **'नौटंकी'** का सोंधवाड़ के जन-जीवन का रंजन करने में

विशिष्ट स्थान रहा। लोक-गीत प्रधान इस लोक-नाट्य में विविधाएँ तो थीं किन्तु उद्दाम श्रृंगार का प्रदर्शन भी कभी-कभी होने से इसमें महिला-दर्शकों का प्रवेश वर्जित ही था। पुरुष ही महिला-पात्रों की भूमिका अदा करते थे।

तुर्रा-किलंगी भी सोंधवाड़ अंचल का एक लोकप्रिय लोक-नाट्य रहा। आज से लगभग तीन सौ वर्ष पूर्व मिर्जापुर के श्री तुखनगिरी गुसाई और मुरादाबाद के श्री शाहअली फकीर ने लोक में समता, एकता और पारस्परिक सौहार्द स्थापनार्थ क्रमशः **'तुर्रा'** और **'किलंगी'** अखाड़ों की स्थापना की। तुखनगिरी का दल तुर्रा और शाहअली का किलंगी कहलाया। दोनों महानुभाव अपनी युवावस्था में देश-भ्रमण करते हुए जन-जन में मानवीय एकता की अलख लगाते रहे। पूना (दक्षिण) में पर्याप्त अवधि व्यतीत करने से तत्कालीन प्रचलित लोक गायकी (लावनी) शैली का भी आपने प्रयोग किया। ब्रह्म और माया, पुरुष और प्रकृति, शिव और शक्ति की परस्पर श्रेष्ठता सिद्ध करते हुए, राम और कृष्ण की लीलाओं तथा पौराणिक, ऐतिहासिक गाथाओं एवं समसामयिक समस्याओं का समावेश भी इनके गायन में रहा। तुखनगिरी ब्रह्म की और शाहअली माया की श्रेष्ठता प्रतिपादित करते रहे। बाह्य रूप से भिन्न प्रतीत होने वाले इस काव्य-संगीत द्वन्द्वों में आन्तरिक एकता समाविष्ट रही। एक दल का गायन (ख्यात, पद) समाप्त होने पर दूसरा दल (किलंगी) जवाबी ख्याल प्रस्तुत करता है। ख्याल की विषय-वस्तु, छन्द, गेय-पद्धति (रंगत या लोक-धुन), भाव-भूमि में समानता रहती है।[12]

सोंधवाड़ की लोक-संस्कृति

सोंधवाड़ का जन-जीवन वैसे तो प्रचलित धर्मों का अनुयायी रहा, किन्तु विभिन्न लोक देवताओं का उपासक भी रहा।

लोक-देवता – मध्य काल में पश्चिमी मालवा में राजस्थान से बहुत-सी जातियाँ आई। इनके प्रभाव से राजस्थान के अनेक रीति-रिवाज, धार्मिक मान्यताएँ, सांस्कृतिक प्रणाली आदि यहाँ लागू हुए। इस कारण उनके लोक-देवताओं को भी पूजा जाने लगा, जिनमें कुछ का उल्लेख किया जाना उचित होगा–

बाबा रामदेव – बाबा रामदेव का जन्म मारवाड़ के रुणीजा गछ नामक ग्राम में एक सम्पन्न ठाकुर अजमलजी के यहाँ था। बाबा रामदेवजी राजस्थान में एक चमत्कारी देवता माने जाते हैं इनके चमत्कारों की चर्चा सुनकर सोंधवाड़ के लोग भी अपने दुःखों एवं कष्टों के निवारण हेतु बाबा के पास जाते थे तथा अभीष्ट फल

प्राप्त करते थे। मध्यकालीन लोकगीतों में रामदेवजी का प्रशंसात्मक उल्लेख मिलता है। आज भी पश्चिमी सोंधवाड़ में रामदेवजी को लोक-देवता के रूप में पूजा जाता है।[13]

तेजाजी – तेजाजी का जन्म राजस्थान में हुआ था। तेजाजी के बारे में यह कथा प्रचलित है कि वे एक बार किसी आवश्यक कार्य के वनान्तर से गुजर रहे थे; रास्ते में एक नाग ने उन्हें डसना चाहा। तेजाजी ने उस नाग-देवता से विनती की कि मेरा कार्य हो जाने पर मैं स्वयं को आपको समर्पित कर दूँगा। तेजाजी अपना कार्य पूर्ण होने के पश्चात् उसी स्थान पर गये, तब नाग-देवता ने तेजाती पर प्रसन्न होकर कहा कि मैं तुम्हें सम्पूर्ण नागलोक की ओर से ये वचन देता हूँ कि "सर्पदंश से पीड़ित व्यक्ति यदि तुम्हारे चबूतरे पर आयेगा तो वह विष-मुक्त हो जायेगा।" मध्य काल में, जबकि चिकित्सालयों का प्रबंध नहीं था, लोग अपने कष्ट-निवारण हेतु तेजाजी के चबूतरे पर जाते थे एवं विष-मुक्ति हेतु प्रार्थना करते थे।[14]

देवनारायण – बगड़ावत वंशी देवनारायण या देव महाराज मध्य काल से ही पश्चिमी मालवा में गूजरों एवं भीलों के आराध्य थे, आज भी हैं। विभिन्न देवालयों एवं देवरियों में देवनारायण की पूजा की जाती रही। यह पूजा या तो प्रतीक रूप में बड़ी-बड़ी ईंटों की होती है या देवनारायण की प्रतिमा की। साधारणतया ये प्रतिमाएँ द्विआयामी होती रही जिनमें एक सज्जित अश्व के मस्तक पर छत्रयुक्त देवनारायण आरूढ़ दिखाई देते रहे। इनके साथ गोरा या काला या दोनों भैरव अंकित होते हैं। गूजर मान्यताओं के मतानुसार देव महाराज का जन्म गोठ दड़ात नामक ग्राम में हुआ था। उज्जैन के आसपास सोड़ंग, करनावद, देवडूंगरी, फरनाजी, मोरदा आदि स्थान उनके प्रमुख कार्य-क्षेत्र रहे हैं। सोंधवाड़ क्षेत्र में भी इनके कई धर्म-स्थल देखे जा सकते हैं।[15]

पाबूजी – लगभग 700 वर्ष पूर्व पाबूजी मारवाड़ के एक राठौर परिवार में पैदा हुए थे। ऐसी जन-मान्यता है कि उनकी माँ उन्हें सिंहजी बन कर दूध पिलाती थी। ऐसी भी मान्यता है कि अपने पिता धांधल को पाबूजी एक कमल के फूल पर प्राप्त हुए थे। पाबूजी एक अत्यन्त वीर और चमत्कारी पुरुष हुए। वे लक्ष्मण के अवतार माने गये। निम्न वर्ग की अनेक जातियाँ उन्हें अपना आराध्य मानकर राजस्थान व सोंधवाड़ में पूजती रही।[16]

गोगाजी – गोगाजी लगभग 500 वर्ष पूर्व राजस्थान में जन्मे थे। इनका व्यक्तित्व भी बड़ा चमत्कारी रहा। अनेक मुस्लिम धर्मावलम्बी इन्हें गोगाशाह या

जाहिरापीर एवं निम्न हिन्दू जाति के लोग इन्हें गोगाजी कहकर इनके प्रति श्रद्धा प्रकट करते रहे।[17]

डूंगजी जवारजी – डूंगजी जवारजी का वास्तविक नाम डोंगरसिंह जवाहरसिंह था। ये राजस्थान के सीकर राजवंश से सम्बन्धित 19वीं सदी के दो जागीरदार भाई थे। ये दोनों प्रारंभ से अंग्रेजों की सेना में सम्मिलित हुए किन्तु कालान्तर में अंग्रेजों के विरुद्ध युद्ध करते हुए मारे गये। सोंधवाड़ क्षेत्र के जन-मानस में इन्हें देवत्व प्रदान किया।[18]

नारसिंह – ये भी एक मध्यकालीन राजपूत वीर थे जिन्हें सोंधवाड़ के उत्तरी क्षेत्र में लोक-देवता की मान्यता मिली थी।[19]

बंदी-छोड़ – कोदरजी नाम एक वीर पुरुष की धार में अपने मानवीय कर्तव्य की रक्षा में एवं बंदी बनाये गये युवा-दम्पतियों को मुक्त करने के कारण उपासना प्रारंभ हुई। यह लोक-मान्यता स्थापित हुई कि इस लोक-पुरुष की उपासना करने पर बंदी बंधन-मुक्त हो जाता है। इस कारण इस अंचल में हिन्दू व मुस्लिम दोनों ही सम्प्रदायों में बंदी-छोड़ बाबा की मान्यता लोकप्रिय हो गई।[20]

सोंधवाड़ के सांस्कृतिक अंचल में परम्परागत व्यंतर-देवताओं की पूजा-उपासना भी प्रचलित रही। ऐसे देवताओं में हनुमान एवं भैरव (भेरू) प्रमुख रहे। हनुमान को रुद्र का ही एक स्वरूप माना जाता है। सोंधवाड़ में जिस प्रकार 'रामचरित मानस' रामोपासना का, 'गीता' व 'भागवत' कृष्णोपासना का माध्यम माने जाते हैं, वैसे ही 'हनुमान-चालीसा' हनुमानोपासना का। हनुमान को सोंधवाड़-जन शक्ति, भक्ति एवं बुद्धि का लोक-देवता मानते आये हैं। भैरव भी शिव का ही तांत्रिक रूप माने गये है। किये गये एक सर्वेक्षण द्वारा भेरूजी की पूजा–उपासना की 28 विधियाँ ज्ञात हुईं। जैन धर्मावलम्बी भैरव को क्षेत्रपाल के रूप में मान्यता देते हैं। मालवा के ग्रामीण-जन अपने मारुति, भेरू, देवी जैसी आधिदैविक शक्तियों को तेल व सिन्दूर का प्रस्तरों पर लेपन कर उनकी प्रतीक रूप से पूजा करते आये हैं।

लोकदेवियाँ

लोक-देवताओं के समान लोकदेवियाँ भी अपने चमत्कारिक प्रभावों के कारण पूज्य थीं। इनके नाम लोकमान्य होते थे। राणीमाता, सतीमाता, नारसीमाता आदि सब लोकदेवियाँ जन-साधारण के लिये दुःखों को दूर करने में सक्षम मानी जाती थी। महिलाएँ इन्हीं से अपने 'ऐवात' (सौभाग्य) की याचना करती थीं, इन्हीं से बालूड़ा (बालक) मांगती थीं। इन्हीं से ऋद्धि-सिद्धि, दूध-भात, सुहाग तथा सुख-सौभाग्य

आदि की दात्री से लोकदेवियाँ मानी जाती थीं। विवाह के अवसर पर 'माय-माता' का विशिष्ट पूजन एक सोंधवाड़ की परम्परा रही है। यह माय-माता वदों में वर्णित देवमाता अदिति का ही एक रूप है।[21]

लोकदेवियों के कुछ नवीन स्वरूप मध्य तथा आधुनिक काल में सामने आये। वात रोग से पीड़ितों से मुक्ति दिलाने वाली देवी **'परीमाता'** मानी गई। प्लेग से रक्षा करने वाली माता को **'मरीमाता'** कहने लगे। अकाल न होने तथा हो जाने पर सुरक्षा की प्रार्थना **'भूखीमाता'** से की जाने लगी। चेचक से रक्षा करने वाली देवी, **'शीतला'** के रूप में पूज्य हुई। इसी प्रकार अन्य अनेक देवियाँ भी जन-जन की आराध्या बनीं।[22]

सोंधवाड़ में दिवंगत पितृ-पुरुषों की पूजा का भी प्रचलन रहा। **सती माता** के स्मारक चत्वरों पर स्तंभ या शिला-फलक लेख-युक्त या लेख-विहीन होते हैं। शिला-पट्टों पर दिव्यता के प्रतीक चाँद और सूरज और अग्निपथ से बिदा हुई सुहागन का हाथ अंकित होता है। ऐसे ही चबूतरे जुझारों के भी होते हैं। युद्ध में वीरगति को प्राप्त वीर-पुरुष को **जुझार** (योद्धा) कहा गया। जूझारों के शिला-पट्ट पर आश्वारोही जुझार की द्वि-आयामी प्रतिमा स्वतंत्र या सभार्या उत्कीर्ण रहती हैं। ग्रामों या पुर की रक्षा करते हुए मारा गया वीर **'पोल्या'** कहा जाता है। सामान्यतया ग्राम में प्रवेश-द्वार पर पोल्या का प्रतीक-स्तंभ स्थापित किया जाता रहा है। इस्लाम मतावलम्बी मालवी-जन भी पीरों, दरगाहों आदि के रूप में दिवंगत रूहों की कब्रों पर चादर व फूल चढ़ाते हैं। मालवा व सोंधवाड़ के आदिवासियों एवं कतिपय पिछड़ी हुई जातियों में भैरवोपासना के रूप में **'गल'** या **'गढ़'** प्रथा का प्रचलन कुछ दशाब्दियों पूर्व तक पर्याप्त लोकप्रिय रहा।[23]

गल

गल की प्रथा एक त्योहार के रूप में मनाई जाती रही है। यह त्योहार पश्चिमी मध्यप्रदेश एवं राजस्थान की मूल जातियाँ – बलाई, मोघिया, [illegible] आदि द्वारा मनाया जाता था। धीरे-धीरे सवर्ण लोगों ने भी इसमें उत्साहपूर्वक भाग लेना आरंभ कर दिया। **'गल'** में भाग लेने वाले अभ्यर्थी अपनी किसी सांसारिक कामना, यथा विवाह, सन्तान, स्वास्थ्य या धन आदि के लिये महादेव, भेरू या भैरव आदि से याचना करता है और संकल्प करता है कि मनोकामना पूर्ण होते ही वह गल फिरेगा। इसके प्रमाण के लिये गल के स्तंभ पर एक लच्छा (नाड़ा) बांध देता है। **'गल'** इस उत्सव में अन्य किसी मन्दिर के सामने **'गल'** का मुख्य स्तंभ गढ़ा होता है। इस गढ़े हुए स्तंभ के उच्च अग्र भाग पर एक आड़ी बल्ली बांध दी जाती

है जो अपने पूरे चक्र में घूमती है। इस आड़ी बल्ली के अग्र भाग पर नीचे की तरफ एक हेकड़ी होती है। इसके थोड़े नीचे थम्भों के सहारे एक खटिया बंधी होती है जिस पर दो या तीन व्यक्ति बैठे रहते हैं।[24]

'गल' घूमने वाले अभ्यर्थी इस उत्सव के प्रमुख आकर्षक होते हैं। दूल्हे की तरह बदन पर पीठी (हल्दी) लगाकर इन्हें स्नान कराया जाता है। काजल, टीका आदि साधनों से उसका शृंगार किया जाता है। कमर में एक पंछा बंधा होता है। ढोल-ढमाकों के साथ स्थान-स्थान से अभ्यर्थी गल स्थान पर एकत्रित होते हैं। हजारों की भीड़ उनकी प्रतीक्षा यहाँ कर रही होती है। अभ्यर्थी थम्भे पर चढ़कर खटिया पर बैठे हुए लोगों तक पहुँचता है, जहाँ उसे पेट के बल लिटाकर उसकी रीढ़ की हड्डी की चमड़ी में आड़ी बल्ली की हेकड़ी पिरो दी जाती है। सहारे के लिये एक रस्सी भी साथ में बांध दी जाती है। अब अभ्यर्थी **'गल'** घूमने के लिये तैयार माना जाता है। आड़ी बल्ली को चक्राकार घुमाने की रस्सी नीचे खड़े व्यक्तियों के हाथ में होती है। वे अभ्यर्थी को घुमाना शुरू करते हैं। रीढ़ की चमड़ी के सहारे लटका हुआ अभ्यर्थी शून्य में पाँच चक्कर लगाता है और वातावरण **'गलगलिया महादेव'** के नारों से गूंज उठता है।[25]

सोंधवाड़ में **'चूल'** प्रथा भी लोकप्रिय रही है। अविश्वसनीय सी लगने वाली इस प्रथा में भक्त-जन, किन्हीं विशिष्ट पर्वों पर, अपने आराध्य की पूजा करने के लिये धधकते हुए अंगारों पर चलते हैं। आश्चर्य है कि किसी का कुछ नहीं होता। नवरात्रि पर्व पर ग्रामों में **'घट-स्थापना'** होती रही। देवी के चबूतरे पर पूजा-उपासना व बलि का क्रम चलता। कुछ उपासकों के डील में देवी आती है। नवमी को देवी की बिदाई **'बाड़ी'** के रूप में होती है। यह क्रम आज भी देखा जा सकता है।[26]

सोंधवाड़ की इन दिवंगत पितृ-पुरुषों, लोक-देवताओं या उनके प्रतीक-स्मारकों से रोग-शोक व बाहरी बाधाओं से मुक्ति हेतु प्रार्थनाएँ की जाती हैं, मनौतियाँ मानी जाती हैं और मनोकामनाएँ पूर्ण होने पर चढ़ावा चढ़ाया जाता है।[27]

अनेक लोक-आस्थाओं का प्रचलन भी सोंधवाड़ के जन-जीवन में रहा। बच्चों को **'नजर'** न लगने के लिये **'दिठोन'** लगाये जाते रहे और **'नजर'** को उतारने के लिये राई-लोण आदि के द्वारा उतारा किया जाता रहा। विवाह के अवसर पर वर-वधू को हल्दी-पीठी लगाई जाती रही और उनकी सुरक्षा के लिये **'नमक उतारा'** जाता रहा और **'तेल की धार'** छोड़ी जाती रही।[28]

उत्सव पर्व व त्योहार

सोंधवाड़ के उत्सव, पर्व व त्योहार उत्तर-भारत के पर्वादी से भिन्न नहीं है। इस कारण उन पर प्रकाश डालना कोई मौलिकता नहीं रखता। सर्वेक्षण द्वारा पर्वों के आधार पर विक्रम संवत् का जो मासिक पंचाग बनाया है, उसे यहाँ देना अन्यथा न होगा[29]—

विक्रम संवत् के मास	उत्सव, पर्व व त्योहार
चैत्र	गणगौर या जवारा, फूलपाती, रामनवमी, आशामाता, सील-सातम, दशामाता;
वैशाख	आखातीज;
ज्येष्ठ	वटसावित्री, गंगादशमी, भेरूपूजा;
आषाढ़	देव-शयनी;
सावन (श्रावण)	दिवासा या हरियाली, अमावस्या, नागपंचमी, राखी सावन तीज या कालरी तीज, ओंकार आठम (अष्टमी);
भाद्रपद	भुजरिया, कृष्णाष्टमी, भाई—दूज, ऋषि पंचमी, हलछठ, डोल-ग्यारस, बजबारस, अनन्त चौदस (चतुर्दशी);
अश्विन	संजापूजा, बड़ीपूजा, नवरात्रि, गरबा, घड़ल्या, छला, मातापूजा, दशहरा;
कार्तिक	करवा चौथ, धनतेरस, नरकचौदस या रूप चतुर्दशी दीवाली, सुहाग पड़वा, अन्नकूट (गोवर्धनपूजा);
अगहन (मार्गशीर्ष)	—
पौष	संक्रान्ति;
माघ	गणेश चौथ (चतुर्थी), वसन्त पंचमी;
फाल्गुन	शिवरात्रि, भगोरिया, होली, धुलेंडी।

सोंधवाड़ का जन-जीवन तीर्थाटन एवं यात्राओं में विश्वास करता रहा। सभी धर्मों के यात्री अपने-अपने मान्य तीर्थों में तो जाते ही रहते हैं; किन्तु मालवा व

राजस्थान के कतिपय तीर्थों यथा उज्जैन, ऑकारेश्वर, शंखोद्धार, धर्मनाथ, झालरा-पाटन, महावीरजी, श्याम खाटू, गलता, केलादेवी, रुणीजा, बालाजी, नाथद्वारा कांकरोली, चारभुजाजी आदि उनके द्वारा अधिक मान्य रहे हैं। जैन मतावलम्बी चांदखेड़ी (खानपुरा), केथुली, संधारा आदि धर्म-स्थलों की यात्रा कर स्वयं को धन्य मानते हैं। उज्जैन का सिंहस्थ पर्व एवं पंचक्रोशी यात्रा सोंधवाड़ में अत्यधिक लोकप्रिय है। सोंधवाड़ में विभिन्न धार्मिक, सांस्कृतिक एवं व्यापारिक केन्द्रों पर विभिन्न अवसरों पर मेले, जात्रा एवं हाट लगते हैं। ऐसे प्रसंगों पर सोंधवाड़ के जन-जीवन की विविधाओं के सहज ही दर्शन हो जाते हैं।[30]

कुछ चर्चा आदिवासी जन-जीवन की आस्थाओं और मान्यताओं की करना प्रासंगिक होगा। ये लोग धर्म के संदर्भ में दोहरी-तिहरी जिन्दगी एक साथ ही जीते हैं। एक ओर सदियों के सम्पर्क के कारण इन पर हिन्दू धर्म का यथेष्ट प्रभाव है, तो दूसरी तरफ ये अपने मान्य वन्य, ग्राम एवं कुलदेवताओं को भी मानते-पूजते हैं, तीसरी ओर ईसाई प्रचारकों के कारण ईसाई धर्म का भी प्रभाव इन पर पड़ा है। जो आदिवासी—जन ईसाई धर्मान्तरित हो चुके हैं ये गिरजाघर जाते हैं, प्रभु ईसा व माता मरियम की आराधना करते हैं, नामकरण संस्कारों और विवाहों में ईसाई रीति-रिवाजों का अनुकरण करते हैं, पर इसके साथ ही वे अपनी जातीय परम्पराओं को भी सम्पादित करने में पीछे नहीं रहते। एक तरह से यह संस्कारों का द्वन्द्व हैं। एक ओर पुरातन संस्कारों की जड़ता इन्हें घेरे रहती है तो दूसरी तरफ आधुनिक प्रभावों की। इन दोनों छोरों को यह आदिम समुदाय बखूबी अपनाता-निभाता रहता है। आजकल तो कतिपय भील-भिलाला परिवार नामकरण एवं विवाह में हिन्दू रीतियों को भी सम्पन्न करने लगे हैं। वे हर बात में अपने जातीय पंड़ों से महुरत (मुहूर्त) पूछते हैं एवं उनसे अनुष्ठानिक क्रिया-कर्म भी करवाते हैं। आज भी आदिवासियों में जादू-टोना, तंत्र-मंत्र आदि की बहुयायत है। एक ओर ये राम, शंकर, कृष्ण, हनुमान, गणेश आदि हिन्दू देवी-देवताओं को मानते हैं व उनकी पूजा-अर्चना भी करते हैं, तो दूसरी तरफ अपने जातीय देवी-देवता कसूमर देव, वेरुन देव, खालून देव, बगासा कुंवर, सोवन माता, जसमा देवी, रकाली माता, शीतला माता, अम्बा माता आदि को भी मानते-पूजते हैं। इनके अलावा ये अपने मृत पुरखों की पूजा में भी अत्यधिक विश्वास करते हैं। प्रायः हर तीज-त्योहार पर ये लोग अपने परिवार के पूर्वजों को धूप-ध्यान देते हैं, व कभी-कभी मुर्गी, बकरे आदि की बलि भी। देवी-देवताओं के पूजन के संदर्भ में यह उल्लेखनीय है कि आदिवासियों में अलग-अलग देवता की अलग-अलग कारणों से पूजन करने की

परम्परा रही हैं। कुहांजिया देव इनके गाय-बैलों की, तो भैस्या देव इनके भेस-पाड़ों की रक्षा करने वाले माने जाते हैं। मलिया बाबादेव कृषि उपज व वनों की रक्षा करते हैं। क्षेत्रपाल गाँवों की, तो बोलकियादेव यातायात में सुरक्षा प्रदान करते हैं। भेरूदेव शक्ति के प्रतीक माने जाते हैं। इसी प्रकार मान्यता है कि सोवन माता मवेशियों की सुरक्षा देवी है। सावन माता कृषि उपज बढ़ाने वाली, जसमा माता धनधान्य की देवी, रकाली और शीतला माता विकार व बीमारी की रोकथाम करने वाली देवियाँ हैं। होलन माता प्राकृतिक प्रकोपों से रक्षा करने वाली देवी मानी जाती है।[31]

सोंधवाड़ की लोक-कलाएँ

मालवा व सोंधवाड़ के जन-जीवन की लोकपरकता का प्रतिबिम्बन उसके कला-बोध में भी होता रहा है। डॉ. श्याम परमार ने लोक-कलाओं के आंकिक, वाचिक, निर्मित और अभिलेख स्वरूपों का उल्लेख किया है। आंकिक अभिव्यक्ति के अन्तर्गत भित्ति-चित्र, मांडने, रांगोली, अल्पना, ऐपन, चौक, मेंहदी-भांत, गोदना, वस्त्र-छपाई एवं आकृति-आलेखन आदि की चर्चा उन्होंने की है। आंकिक अभिव्यक्ति का उनका वर्गीकरण इस प्रकार है[32]–

आंकिक-अभिव्यक्ति

अ. **चित्रावण**

आ. **आकृति-आलेखन** – इसके विभिन्न स्वरूप इस प्रकार हैं–

क. **मांडना** – चांग (चंग), चौक, चौपड़, घुघरा, फूल-बेल, डेली आदिः

ख. **परम्परागत-आकृतियाँ** – नागजी, मायमाता, सरवण (श्रवण), भेरूजी, पगल्या आदि;

ग. **सांझी;**

घ. अन्य मेंहदी भांत, गोदना एवं विभिन्न आकृतियाँ।

इनमें से कुछ का विवरण दिया जाना अभीष्ट है।

चित्रावण – जहाँ तक चित्रावण का प्रश्न है, ग्रामीण स्त्रियों अपने कला-बोध के माध्यम से या व्यवसायी चितेरे अपनी आजीविकावश जो परम्परागत चित्र अथवा आकृतियाँ दीवारों पर चित्रित करते हैं, उन्हें चित्रावण की संज्ञा दी गई है। ऐसे चित्र बड़े विविधापूर्ण होते हैं। विवाहादि मांगलिक अवसरों पर बनाये जाने वाले इन चित्रों में ऋद्धि-सिद्धि-युक्त गणेश, शिव-पार्वती, रास करते कृष्ण व

गोपिकाएँ, वन-गमन करते हुए राम-सीता-लक्ष्मण, बारात के दृश्य महावतयुक्त गज, भाला सहित अश्वारोही, जेठ-जठानी, ब्याई, एवं ब्याण नर्तकी आदि के चित्र बड़े लोकप्रिय होते हैं। इन चित्रों को लाल, नीले, श्वेत, गेरुए आदि रंगों से चित्रित किया जाता है। ये चित्र आकर्षक अलंकरणों से युक्त होते हैं। ये चित्रावण जहाँ एक ओर गृह-सज्जा है तो दूसरी ओर हमारी सांस्कृतिक धरोहर है जो हमारी लोक-भावनाओं, लोक-आस्थाओं, लोकगीतों और लोक-कथाओं और विश्वासों का साकार चित्रमय प्रतिरूप है। यह चित्र-परम्परा पूर्णरूपेण लोक-आस्था की पोषक है। इसमें लोक-विश्वासों का वास है व लोकमत ही सहजता और निश्छलता है। इसीलिये यह चित्रावण कहलाती है, चित्रकला नहीं।

चित्रकला शास्त्रोक्त शब्द है, चित्रावण लोक इसे स्वयमेव विकसित हुआ शब्द है, जिसमें कहीं भी चित्रशास्त्र के नियमों की जटिलता और अनुपातों का आडम्बर, छाया-प्रकाश का भ्रम और लुका-छिपी नहीं है। उसमें सरलता है रूपाकारों की, सादगी और सहजता है–रेखांकन की, चमक-दमक है–रंगों की, निश्छलता है–लोक-संस्कारों की और गंभीरता है–लोक-विश्वासों की।[33]

इन चित्रावणों का संबंध किसी लोकगीत, किंवदन्ती, लोक-कथा या लोक-विश्वास से होता रहा। संदर्भ होते रहे तिथि-त्योहार, पर्व-उत्सव या विवाहादि संस्कार। इस प्रकार चित्रावण मालवा के जन-जीवन की आंतरिकता को दीवारों पर सहज रूप से चित्रित हो जाने की प्रक्रिया का नाम है।

मांडना – चित्रावण घरों की दीवारों पर किया जाता रहा। चित्रावण के साथ-साथ मांडना की लोक-विधा भी मालवा में लोकप्रिय रही। पहले फर्श को भली प्रकार लीपा जाता है और फिर उस पर खड़िया मिट्टी, गेरू आदि से विभिन्न प्रकार की ज्यामितीय आकृतियों एवं फूल–पत्ती आदि को चित्रित किया जाता है। मांडनों के मध्य के स्थान को विभिन्न रंगों एवं अलंकरणों से भरकर ग्रामीण-नारियाँ उसमें अपने कला एवं सौन्दर्यबोध की अभिव्यक्ति देती है।[34]

सांझी – इस लोकाभिव्यक्ति को मालवा क्षेत्र में **'संजा'** भी कहा जाता है। यह एक ऐसी विधा है जिसमें लोक-धर्म, लोक-आस्था, लोक-गीत एवं लोक-कला परम्पर अंतर्गुफित होकर अत्यन्त ही संवेदनशील रूप में प्रकट होते हैं। सांझी का त्योहार मूलतः मालवा से लगे सोंधवाड़ अंचल की कन्याओं का पन्द्रह-दिवसीय लोक-पर्व है जो आश्विन मास के पितृ पक्ष में गौरी-पूजन के रूप में मनाया जाता है। विभिन्न आकारों में दीवार पर सांझी की आकृतियाँ गोबर से बनाई जाती है

दीप-पर्व पर मांडना

हरियाली अमावस्या पर मांडने

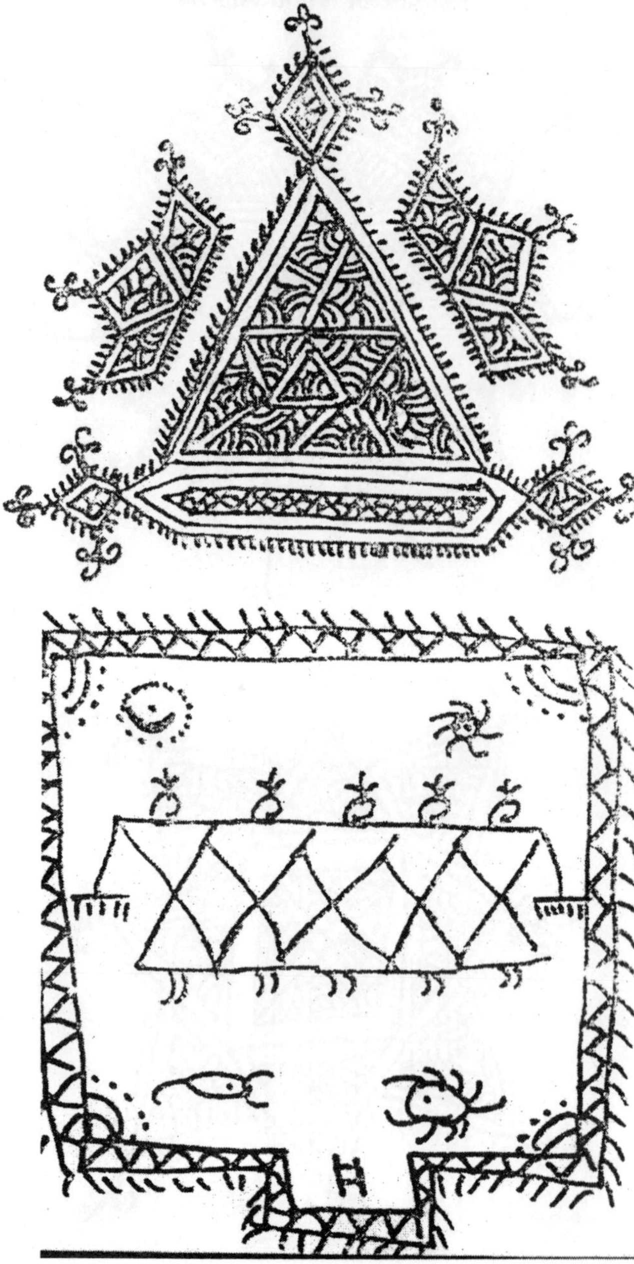

त्योहारों पर चौक मांडना

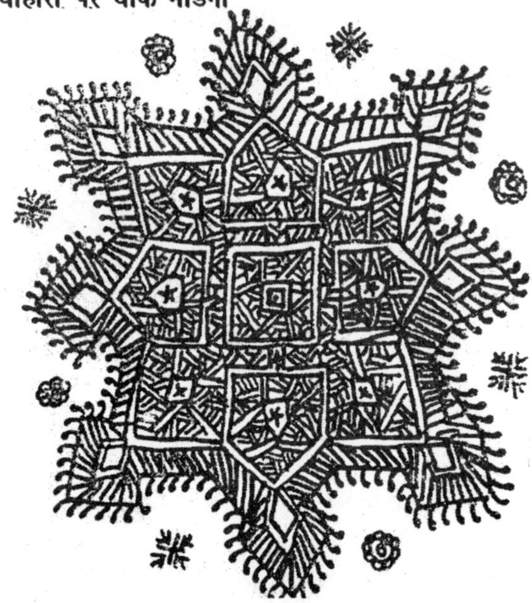

किला कोट (सांजी-पूजन)

गोवर्धन (गोवर-निर्मित)

माय माता (वैवाहिक अवसरों पर भित्ति-चित्रण)

भेरू-पूजन (गेरू निर्मित)

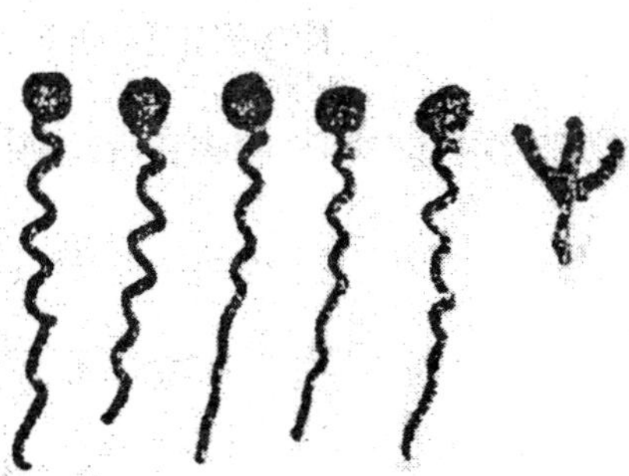

और फूलों की पंखुरियों से उसको आच्छादित किया जाता है। कन्याएँ इस अवसर पर एकत्रित होकर सांझी के लोक-गीत गाती हैं तथा इस माध्यम से गौरी-पूजन करती हैं। प्रथम दिन दीवार के छोटे से भाग को गोबर से चौकोर लीप कर उस गोबर की ही पांच बिन्दियाँ (पांच-पांचा) तथा चाँद–सूरज बनाकर उस पर फूल की पंखुड़ियाँ चिपका दी जाती हैं। इससे सांझी की आकृति में रंगों का सामंजस्य पैदा हो जाता है। सांझी का क्रम 16 दिन तक चलता है। दूसरे दिन दूज होने से निर्मित बिन्दियाँ बिगाड़कर उसी पृष्ठभूमि को पुनः लीपकर बीज (दूज का चन्द्रमा) तथा पूनम पाटलों (चोरस पाट) की आकृतियाँ अंकित कर दी जाती हैं। इसी प्रकार प्रतिदिन नई सांझी बना, दिवस के अनुसार अन्य आकृतियाँ क्रम से अंकित की जाती हैं। इन आकृतियों में क्रमशः छाबड़ी, (छबड़ी), बिजोरो (तिरछे चतुष्कोण की आकृति) गोर-बसन्या (गोबर के आभूषण), घेवर, कुंवारा–कुंवारी, चौपड़, सात्या (स्वस्तिक) सप्तऋषि (आकाश–मण्डल में सात तारों के प्रतीक स्वरूप सातवें दिन गोबर की सात बिन्दियाँ) आठ पंखुड़ी का फूल तथा नगारे की जोड़, डोकरा–डोकरी (श्राद्धपक्ष का नवाँ दिन–वृद्ध–तिथि), पंखा, केले के पेड़, घुघरा, ऋद्धि-सिद्धि, खोड्या बामण, गाड़ी, घट्टी, जाड़ी जसौदा (मोटी स्त्री), बन्दवार, जलेबी की जोड़, छड़ी आदि विभिन्न वस्तुएँ किलाकोट में अंकित की जाती हैं। तेरहवें दिन खोड्या बामण इसलिए बनाते हैं कि वह कन्याओं की आराध्या संजा बाई को लिवा ले जाने आता है। पन्द्रहवें दिन, जो श्राद्धपक्ष का अन्तिम दिन होता है, किलाकोट की खीर-पूरी से पूजा की जाती है। बारात की सम्पूर्ण विशेषताएँ प्रायः किलाकोट में प्रदर्शित की जाती हैं, क्योंकि कुंवारी कन्याओं के लिये संजा की बारात आती है और उसका विवाह होता है। संजा उनका आदर्श होती है। 16वाँ दिन संजा की बिदाई का दिन होता है।[35]

आकृति-आलेखन – सोंधवाड़ अंचल की महिलाएँ, चितेरे, कुंभकार, छीपे, रंगरेज, बढ़ई आदि अपनी-अपनी कलाओं एवं शिल्प-विधाओं के माध्यम से लोकाकृतियों का मनोहारी प्रस्तुतीकरण दक्षतापूर्वक करते रहे।

सोंधवाड़ की नारियाँ अपने सौभाग्य एवं मांगल्य के प्रतीकस्वरूप ललाट पर बिंदी, माथे पर सिन्दूर, हथेलियों में मेंहदी व पगतलियों में महावर लगाती हैं।

मेंहदी घोलकर **'सीक'** के द्वारा स्त्रियाँ अपने हाथों व पैरों पर आकृतियाँ बनाती हैं। स्थान की संकुचित के कारण उन्हें इस हेतु बड़ी बारीकी से काम लेना होता है। भांति-भांति की त्रिकोणात्मक, चौकोर या पंचकोण आकृतियाँ रेखाओं और बिन्दुओं के सहारे आकर्षक शैली में बनाई जाती हैं। पश्चिमी मध्यप्रदेश व सोंधवाड़ में इन आकृतियों के कुछ नाम रहे–चौपड़ भांत, मोर भांत, पंखा भांत,

रक्षाबंधन पर श्रवण—चित्रण

नाग-पंचमी पर भित्ति—चित्रण

लोरिया भांत, पान भांत, फल–जोड़, सात्या–जोड़, सिंगोड़ा भात, पतासा भाँत, घेवर, खजूर, छल्ला आदि।[36]

अन्य लोक-कलाएँ – गाँव के प्रजापतियों (कुम्हारों) द्वारा कुछ वर्षों पूर्व तक मिट्टी कला को कुछ न कुछ जीवन-दान दिया जाता रहा। मेलों में विविध खिलौने देखे जाते रहे। माटी की विभिन्न प्रकार की दीवटे (दीपक-आधार), मिट्टी के कठोले (अनाज भरने के), दुमले (कागज-पांडू की लुग्दी की टोकनियाँ) और उन पर उत्कीर्ण आकृतियाँ बनाई जाती रहीं। श्रावणी, करवा चौथ, नवरात्रि, दीपावली, शीतला सप्तमी, गणगौर या ऐसी ही किसी पूजा–अनुष्ठान पर चाँवल के ऐपन, हल्दी के घोल, कुंकुम, पांडु आदि से दीवारों को मंडित किया जाता रहा। वह श्रद्धा का अनुपम उदाहरण तो था ही, कला का भी अनूठा स्वरूप रहा। स्वच्छता व पवित्रता की भावना ने लीपने-छाबने की वृत्ति को उभारा और मन की कल्पना ने मांडनों को प्रस्तुत किया। चौक पूरा जाता रहा। दीपावली पर दीप, गन्ना, चौपड़ आदि मांडे जाते रहे। विवाह के अवसर पर **माया के घर में बहूपसारा** मांडा जाता रहा। होली के अवसर पर **चांग** तो गरमी में **बिजुणी** मांडी जाती रही। अंगलियों से कपड़े की बूंद-बूंद निचौड़ा जाता और रेखाएं मंडती। छोटी, बड़ी, आड़ी, तिरछी, कल्पना, साकार रूप लेती रही। गेरू रंग उसे और उभार कर गहराई देता। मालवा की वधुएँ अपना मन, अपने सपने, अपनी कल्पनाएँ इस पर्व पर आँगन में उड़ेलती रहीं। शृंगार किये हुए छोटा-सा घूंघट निकाले, पर्व-त्योहारों की कथा सुनाती हुई, गीतों के कड़ावों को गाती हुई ऐपन, कुंकुम, हल्दी से दीवार पर **चित्रणों** का यह यज्ञ सम्पन्न करती थीं। इससे परिवार अनूठी संवेदना से पूरित हो जाता रहा।[37]

आदिवासी स्त्रियाँ अपने शरीर के हाथ, पैर, जंघा, पीठ, वक्ष, गाल, चिबुक, ललाट, आदि अंगों को विभिन्न प्रकार की आकृतियों द्वारा गुदवाती रही हैं। ये गुदनाकृतियाँ आश्चर्यजनक रूप से सोंधवाड़ के प्राचीन आहत सिक्कों पर अंकित चिह्नों से अत्यधिक मेल खाते हैं।[38] यह शोध का विषय है।

विविधाएँ – सोंधवाड़ के सामाजिक एवं सांस्कृतिक जीवन से संबंधित अनेक पहलुओं को विस्तार-भय से छोड़ना पड़ रहा है। ऐसे पहलुओं से सौन्दर्य-प्रसाधन एवं मनोरंजन के साधन भी हैं। गौहरी, छड़ा, पाड़ों की लड़ाई आदि पशु–केन्द्रित किन्तु वीरत्वपूर्ण मनोरंजन के साधन भी हैं एवं प्रथा भी। हिंगोट युद्ध, गैर, गुलाम-डांडा, आट्या-पाट्या खो-खो, मलखंभ, दंड-बैठक, कबड्डी, गढ़, भुजरिया, धानी-मुक्का, झूमरा, बैल-दौड़, तैराकी, गंठा, होली-हुडदंग, कुश्ती, धूप-छांह, पकड़ापाटी, चंग-पौ, फूगड़ी, सोलह-सार आदि प्रथाओं खेलों एवं जन-मन-रंजन की विविधाओं

से युक्त सोधवाड़ के जन-जीवन का बहुत-सा वस्तुतः अनकहा ही रह गया है।[39]

सोंधवाड़ के लोकाभिव्यक्ति एवं जन-जीवन के तुलनात्मक अध्ययन से निम्न तथ्य प्रकट होते हैं–

1. सोंधवाड़ का जन-जीवन प्राकृतिक तत्त्वों से संघर्ष एवं सामंजस्य की अद्‌भुत क्षमता रखता रहा।
2. वह कृषि-प्रधान अधिक रहा किन्तु उसमें पशुपालन एवं उद्योग-व्यापार आदि से सम्बन्धित आनुभविक विचार एवं जिज्ञासु भावनाएँ बनी रहीं।
3. लोकाभिव्यक्ति ने जन-जीवन की सामाजिक एवं सांस्कृतिक स्थितियों को न केवल चित्रित या अभिव्यक्त किया है, अपितु उन्हें अपनी लोकप्रियता एवं निरन्तरता द्वारा थामे भी रखा है।
4. उसने मानवीय संवेदनाओं, हर्ष-विषाद, लोकानुरंजन आदि का पूरी तरह ध्यान रखा।
5. उसने सोंधवाड़ की परम्पराओं, प्रथाओं, आस्थाओं, रीति-रिवाजों एवं संस्मरणों को जीवित रखा है किन्तु समय-समय पर प्रक्षिप्त व संशोधित होने से वह स्वयं को बचा नहीं सका है। परिवर्तन की यह प्रक्रिया नगरीय एवं कस्बाई क्षेत्रों में अधिक तेजी से सम्पन्न हुई।
6. मानवेतर शक्तियों के प्रति जन-जीवन की श्रद्धा या भक्ति स्वार्थ या भयवश अवश्य रही किन्तु देवी-देवताओं के प्रति उसका कहीं-कहीं निश्छल व विश्वासी समर्पण भी हुआ है।
7. सोंधवाड़ का जन-जीवन जहाँ एक ओर राजसी एवं सामन्ती वैभव के प्रति प्रभावित एवं चमत्कृत हुआ है, वहीं दूसरी ओर उसके प्रति ईर्ष्यालु एवं मौन विद्रोही भी रहा है।
8. जन-जीवन ने लोकाभिव्यक्ति के माध्यम से प्रकृति, वनस्पति, पशु-पक्षी तथा ऋतुओं के नियमों एवं रहस्यों को यथानुभव प्रकट करने का व्यापक प्रयास किया है।
9. सोंधवाड़ के लोक-साहित्य का आधार वह बोली रही है, जिसे सोंधवाड़ी कहा जाता है। इस क्षेत्र में यह उक्ति पर्याप्त प्रचलित रही है कि “बारह कोस पर बोली बदले”। इस उक्ति में दम है।

10. सोंधवाड़ के जन-जीवन की संरचना उसके ऐतिहासिक विकास में समाहित रही।

संदर्भ

1. Lewis, Spen, An Introduction to Mythology, p. 11
2. कालिदास कृत ज्योतिर्विदाभरण, ग्रंथाध्याय निरूपण, 10
3. Pandey, Rajbali, Vikramaditya of Ujjaiyini, pp. 1-2
4. उपाध्याय, भगवतशरण, भर्तृहरि (लेख-संग्रह). पृ. 74-75; शुभचन्द्राचार्य, ज्ञानार्णव, (श्रीमद् राजचन्द्र ग्रन्थमाला, सं. 201), पृ. 18
5. निगम, श्यामसुन्दर, **मालवा का विस्मृत वीर जगद्देव परमार** (शोध पत्रिका, वर्ष 31, अंक 2, पृ. 5-9); Epigraphia Indica, XXII, pp. 54-62
6. सर्वेक्षण
7. द्विवेदी, हरिहरनिवास, ग्वालियर के तोमर, पृ. 105
8. मालवी लोकगीत-एक विश्लेषणात्मक अध्ययन, पृ. 62-64
9. सक्सेना, लक्ष्मीकान्ता, पश्चिमी मध्यप्रदेश का राजनैतिक एवं सांस्कृतिक इतिहास (टंकित शोध-प्रबंध), पृ. 460
10. सर्वेक्षण
11. मधुर, शिवकुमार, मध्य प्रदेश का लोक-नाट्य—माच, पृ. 14-18
12. शर्मा, धर्मपारायण **समता और एकता का संगम - तुर्राकिलंगी** (जनधर्म-मालव विशेषांक, 1990, पृ. 91-92)
13. Ratlam State Gazetteer, 1908, p. 19
14. *Ibid*
15. निगम, श्यामसुन्दर, **लोकदेवता देवनारायण की ऐतिहासिक्ता** (अरुणोदय का प्रवेशांक)
16. विभिन्न अनुयायियों से सामुख्य
17. उक्त
18. सहगल, पूरन, लोकनायक डूंगजी जवारजी, पृ. 15-16
19. सामुख्य
20. सक्सेना, लक्ष्मीकान्ता, पूर्वोक्त, पृ. 416
21. सहगल, पूरन **मालवा के लोकदेवता** (जनधर्म—मालव विशेषांक, 1988, पृ. 79)
22. सामुख्य एवं सर्वेक्षण
23. उक्त
24. जयकिरण, **मालवा की विचित्र प्रथाएँ** (जनधर्म—मालवा विशेषंक, 1988,पृ. 79)

25. उक्त
26. सामुख्य एवं सर्वेक्षण
27. उक्त
28. उक्त
29. Paramara, Shyam, Folklore of Madhya Pradesh, pp. 76-77
30. सर्वेक्षण
21. भारद्वाज, रमेश, **आदिवासियों के देवी-देवता, तीज-त्योहार एवं मेले** (जनधर्म - मालवा विशेषांक, 1988, पृ. 85-86)
32. **मालवा की लोपकरक कलाभिव्यक्ति** (वीणा, मालवी अंक, दिसम्बर, 1971, पृ. 2–3)
33. भावसार, लक्ष्मीनारायण, **मालवा अंचल में चित्रावण** (जनधर्म–मालवा विशेषांक, 1988, पृ. 195-99)
34. सर्वेक्षण
35. सेन, कृष्णा, सांझी-पूजा, पृ. 98-99
36.–39. सामुख्य एवं सर्वेक्षण

7

सोंधवाड़ व सोंधिया-जन का आर्थिक जीवन

अध्ययन अवधि के आर्थिक जीवन पर प्रकाश डालना प्रस्तुत प्रबंध के लिये असंभव–सा है क्योंकि इसके लिये एक पृथक् शोध-प्रबंध लिखा जाना आवश्यक प्रतीत होता है। आलोच्य अंचल का एक ऐसा क्षेत्र रहा है जिसमें यह अंचल अपनी मध्यकालीन स्थितियों एवं परिस्थितियों से निकलकर आधुनिक युग में क्रमशः प्रवेश कर रहा था। मध्य काल में कई शताब्दियों तक यह क्षेत्र लूटमार, राहजनी, चोरी-डकैती एवं आपराधिक प्रवृत्तियों का साक्ष्य लेता रहा। उत्तर मुगलकालीन रियासती और मराठा काल में यह क्षेत्र अधिकांशतः खेतीहर हो गया। अधिकांश लोगों की आजीविका या तो कृषि या वनोपज पर आधारित थी। बहुत कम लोग दस्तकारी से जुड़े थे। भूमिहर श्रमिकों की संख्या अपेक्षाकृत पर्याप्त अधिक थी। देशी राज्यों तथा सामन्तों के शोषण, पारस्परिक राजनैतिक विग्रह अथवा आक्रमणों के कारण सोंधवाड़ का आम आदमी अभाव और निर्धनता झेल रहा था, यद्यपि इस क्षेत्र का बहुत-सा भाग भारत में सर्वाधिक उपजाऊ क्षेत्रों में से एक माना जाता रहा है। अंग्रेजों के आगमन से इस स्थिति में कोई विशेष परिवर्तन परिलक्षित नहीं हुआ क्योंकि यह समूचा क्षेत्र अंग्रेजों के परोक्ष नियंत्रण में तो था ही, साथ ही अंग्रेजों के कठपुतली निर्बल देशी राजाओं की दया तथा उसके अधीनस्थ अन्तर्विग्रह-ग्रस्त सामन्तों व ललचाये जमींदारों की दया पर भी निर्भर था। यही कारण है कि आलोच्य अंचल जहाँ राजनैतिक एवं सामाजिक दृष्टि से संक्रमणशील बना रहा, वहाँ आर्थिक दृष्टि से उसमें कोई विशेष परिवर्तन परिलक्षित नहीं हुआ।

विषय को विस्तार-भय के कारण कुछ विशिष्ट पहलुओं तक ही सीमित रखा जा रहा है।

कृषि

उन्नीसवीं सदी के प्रारंभ में सोंधवाड़ क्षेत्र में अनेक प्रकार की फसलें उगाई जाती थीं। खरीफ की फसलों में मक्का, बाजरा, ज्वार, अरहर, कपास, सन, गन्ना, साटी-धान, कोंदों जैसी फसलें एवं विभिन्न प्रकार की सब्जियाँ उगाई जाती थीं। रबी की फसलों में गेहूँ, अलसी, कुसुम, सरसों, मसूर, देशी बटला, चना, जौ आदि फसलें उत्पन्न की जाती थीं। उपज के द्वारा जो देशी फल जो खेतों से प्राप्त होते थे, उनमें फूट, ककड़ी, नीबू, कलोजी, काचरी, तरबूज, खरबूज, सिंघाड़ा आदि उल्लेखनीय हैं। अंगूर एवं पान की बाड़ियाँ थीं जो विभिन्न स्थानों पर विकसित की गई थीं। इस प्रकार खरीफ की कुल फसलें 29 तथा रबी की 14 थीं। लगभग 80 प्रतिशत कृषि क्षेत्र में ज्वार बोई जाती थीं, 6 प्रतिशत में मक्का, 4 प्रतिशत में कपास, 3 प्रतिशत में बाजरा और शेष में सब्जियाँ दालें और मूंगफली आदि तिलहन उगाई जाती थी। जहाँ तक रबी के कृषि क्षेत्र का प्रश्न है, लगभग 71 प्रतिशत क्षेत्र में गेहूँ, 16 प्रतिशत में चना, 5 प्रतिशत में मसूर, 4 प्रतिशत में अलसी, 2 प्रतिशत में बटला, तथा शेष कृषि क्षेत्रों में अन्य रबी फसलें बोई जाती थीं।

एक फसल, जिसके लिए यह क्षेत्र बड़ा प्रसिद्ध रहा, वह थी—अफीम। मालकम कहता है कि यह फसल आयात की दृष्टि से बड़ी महत्त्वपूर्ण थी। सेण्ट्रल इण्डिया में 19वीं सदी के प्रारम्भिक वर्षों में 8,600 मन अफीम पैदा की जाती है जिसमें 6,500 मन प्रति वर्ष दूरस्थ देशी मांगों और विदेशी प्रपूर्ति के लिये निर्यात कर दी जाती थी। मालकम ने एक योग्य अधिकारी डंगरफील्ड की रिपोर्ट के आधार पर लिखा है कि मालवा क्षेत्र में लगभग 86,920 बीघा जमीन में अफीम की काश्त होती थी। इस भूमि से इस अंचल में 4,34,600 सेर कच्ची अफीम पैदा की जाती थी जिसे दवाइयों या सीधे सेवन क लिये 3,37,680 सेर में शुद्ध रूप से परिवर्तित किया जाता है। अफीम का व्यापार बड़ा पल्लवित था क्योंकि यह वैधानिक दृष्टि से तो लाभकारी था ही, अवैध निर्यात की दृष्टि से और भी लाभकारी था। 5 सेर अफीम पैदा करने का कुल खर्च 29 रुपये 9 आना आता था जबकि उससे कुल प्राप्ति 40 रुपये होती थी। अवैध व्यापारी और भी अधिक दाम देते थे।

अफीम की अन्तर्राष्ट्रीय मांग को देखकर कम्पनी के व्यापारिक अधिकारियों का ललचा जाना सहज था। इस कारण कम्पनी के पदाधिकारी अफीम का व्यापार

अपने हाथों में लेने के लिये आकुल हो उठे। इस क्षेत्र में निर्णायक होते ही सन 1826 से सन् 1829 के मध्य ब्रिटिश सरकार ने कई कृषि-उत्पादक राज्यों से उनके राज्यों में अफीम खरीदने का एकाधिकार प्राप्त कर लिया। सन् 1829 में यह एकाधिकार समाप्त अवश्य किया गया किन्तु ब्रिटिश क्षेत्रों से होकर समुद्र तक पहुँचने के मार्ग पर भारी कर लगा दिया गया। 19वीं सदी के मध्य तक इस प्रकार समूचे क्षेत्र का अफीम व्यापार अंग्रेजों के हाथों में चला गया।

सोंधवाड़ का अधिकांश भाग एक उपजाऊ क्षेत्र माना जाता रहा है। इस कारण कृषि सदैव ही यहाँ का प्रमुख व्यवसाय रही है। जहाँ तक कृषि तकनीक का प्रश्न है, 18वीं सदी में खेती के लिये परम्परागत विधियाँ अपनाई जाती रहीं। खेती का प्रमुख आधार मानसून ही होता था। मानसून जिस वर्ष में सफल हो जाता अर्थात् मालवा को अतिवृष्टि या अनावृष्टि से पीड़ित नहीं होना पड़ता, उस वर्ष भरपूर फसल होती। कभी-कभी ठण्ड में पड़ने वाली वर्षा (महावठ) के कारण फसलें प्रभावित होती थीं। फसल बोने के पहले खेतों में बक्खर चलाये जाते थे। फिर पटेला द्वारा मिट्टी के ढेलों को फोड़ा जाता था। बक्खरों में चास बना दिये जाते हैं। तलों में लोहे का फाल होता था जिससे खेतों को कृषि के लिये तैयार किया जाता था। बरसात हो जाने पर 'नाई' नामक उपकरण की सहायता से खेतों में बीज बोया जाता था। बीज उग जाने पर खेतों की खर पतवार को साफ किया जाता था और दो चासों के बीच की भूमि को जहाँ तक हवा जाने के लिये पुनः बखेर दिया जाता था। नहरों, कुओं और ओढ़ियों(*) का पानी सिंचाई के लिये खेतों तक पहुँचाया जाता था। चड़सों की सहायता से कुओं से पानी निकाला जाता था। कभी-कभी बरसात के पहले सिंचित खेत में धान या मिर्च आदि के बीज उगा दिये जाते थे। जब ये बीज उग जाते थे तो वे **'रोपे'** कहलाते थे। बरसात होने पर ये पौधे एक खेत से दूसरे खेत में रोप दिये जाते थे। सारे कृषि कार्य में बैलों की भूमिका अपरिहार्य थी। हल आदि चलाने, चड़स का पानी खींचने, गाड़ियाँ का भारवाही पशु बनने, खलिहानों में दावण (अनाज को आवरित करने वाले छिलकों को निकालने की प्रक्रिया) चलाने तथा ऐसे ही अन्य कृषि-कार्यों में बैलों की भूमिका महत्त्वपूर्ण होती थी। कृषि-कार्य में जो उपकरण बड़े सहयोगी होते थे, उनके नाम हल, बक्खर, नाई, सूप, टोकने, सन या बांकड़ा के बने रस्से, दरांता (हंसिया), खुरपी, कुदाल, फावड़ा, कुल्हाड़ी, गाड़ी आदि होते थे।

(*) नदियों और नालों से बड़ी कुल्याओं द्वारा खेतों पर पानी लाने और उससे सिंचाई हेतु भण्डारण करने की तकनीक **'ओढ़ी'** कहलाती थी।

सोंधवाड़ अंचल की उद्यान-उपजों में अंगूर, अनार, खरबूज, तरबूज, जामफल (अमरूद), सीताफल, आँवला, रामफल, नींबू, टीमरू, करोंदा, खिन्नी, कबीट, इमली, बिल्व, जामुन, धामनिया आदि थीं।

वनोपज

18वीं सदी में सोंधवाड़ अधिकांश क्षेत्र में वन थे। इन वनों में नीम, खजूर, बबूल, अंजन, इमली, चन्दन, शीशम, बड़, पीपल, कालिया, करोंदी, आंवला, पलाश (ढाक), गुलमोहर, बिल्व, सागवान (सागौन), या सागी, अमलतास, सादड़, खेर, धावड़ा, बींया, बेहड़ा आदि के उपयोगी वृक्ष होते थे। वनों में अन्य कई वृक्ष और भी होते थे किन्तु उनके कांटेदार झाड़ियाँ, लताएँ आदि भी होती थीं, जिनसे औषधियाँ भी प्राप्त होती थीं। वनों में शेर, चीता, बाघ, तेंदुए, वन्य-वराह, नील गाय, भैड़िये, जंगली भैसे, जंगली सफेद सूअर, जंगली कुत्ते, हिरण, चीतल, बारहसिंगा, लोमड़ी, सियार, खरगोन, रोज आदि प्राणी भी भारी संख्या में होते थे। उनका शिकार खेलना व उनकी खालें निकलवाना उस समय के शासक और सामन्त वर्ग का फैशन और मनोरंजन था।

कई प्रकार के साँप, गोयरे, बिच्छू, धामन, छिपकलियाँ, अजगर, गो, सूँस, मगर, कछुएँ, मछलियाँ आदि पश्चिमी मध्य प्रदेश में हर जगह देखे जा सकते हैं। कबूतर, तोता, तीतर, बटेर, लवा, नीलकंठ, बया, कोयल, विभिन्न चिड़ियाएँ, बाज, गिद्ध, चील, मोर, आदि वृक्षों की डालियों और आकाश में दिखाई देते थे। सच पूछा जाय तो सोंधवाड़ मनुष्यों का ही नहीं, अपितु अनेक प्रकार की वनस्पतियों तथा पशु-पक्षियों का शरण-स्थल भी था।

पशु-पालन

सोंधवाड़ में पशु-पालन भी एक महत्त्वपूर्ण व्यवसाय रहा है। पशुओं को कृषि-आवागमन तथा पशु-उत्पादन के लिये पाला जाता था। इन पशुओं के लिये गाँव के पास लगे हुए चरागाहों में चरने के लिये स्थान सुरक्षित रहता था। कई पर्वतीय व मैदानी क्षेत्रों में वन होते थे जहाँ इन पशुओं को चरने के लिये प्रभूत वनस्पतियाँ मिलती थीं। इस क्षेत्र में पानी की कमी साधारणतया नहीं थी। इस कारण सामान्यता पशु-जीवन यायावरी (घुमक्कड़) न होकर स्थानीय क्षेत्र में सीमित रहता था। राजपूताना के मेवाड़ और मारवाड़ क्षेत्र में बहुधा अकाल या अनावृष्टि हो जाया करते थे। ऐसे समय में वहाँ के लोग और पशु-धन त्राण पाने सोंधवाड़ एवं मालवा में आते थे और समुचित शरण प्राप्त करते थे क्योंकि यहाँ के वनों और

चरागाहों में अतिरिक्त पशु-खाद्य मिल जाता था। जिन पशु-पक्षियों को पाला जाता था उनमें गो-वंश, भैंस, ऊँट, हाथी, घोड़े, खच्चर, गधे, भेड़ बकरी, कुक्कुट, कुत्ते, बिल्ली आदि प्रमुख थे।

गायों, बकरियों और भैंसों से प्राप्त दूध एक महत्त्वपूर्ण पेय था जो अत्यन्त सस्ता व लोकप्रिय था। दूध से दही, मक्खन, छाद, घी, मावा और मिठाइयाँ बनाई जाती थीं। गायों के बछड़े समूचे कृषि-कार्य में किसानों के सहयोगी होते थे। गायों व बैलों पर तो समूचा ग्रामीण व कृषि जीवन निर्भर होता था। ऊँट, हाथी, बैल, घोड़े और खच्चर न केवल भारवाही पशु थे अपितु उनका सैनिक कार्यों में भी उपयोग होता था। राजसी वैभव के प्रदर्शन के लिये उनकी बड़ी उपयोगिता होती थी। मांसाहारी परिवारों के लिये अनेक जंगली व पालतू जानवर उपलब्ध रहते थे। पशुओं के इस महत्त्व के कारण उनके खरीदने व बेचने के लिये अनेक साप्ताहिक हाट व वार्षिक मेले प्रसिद्धि पा चुके थे।

उद्योग-धंधे

सोंधवाड़ क्षेत्र मूलतः एक ग्रामीण अंचल रहा है। फिर भी यह क्षेत्र उल्लेखनीय नगरों, राज-केन्द्रों एवं कस्बों से वंचित नहीं रहा। उन्नीसवीं सदी तक यह क्षेत्र अधिकांशतः वन, कृषि एवं पशुओं पर आधारित होने से स्थानीय कुटीरोद्योग दस्तकारों की आजीविका के प्रमुख साधन रहे।

कस्बाई व ग्रामीण क्षेत्रों में अनेक कुटीर उद्योग विद्यमान थे। ये उद्योग छोटी बस्तियों की आवश्यकताओं की पूर्ति करते थे तथा इनका स्वरूप स्थानीय ही होता था। इनका कच्चा माल भी स्थानीय रूप से प्राप्त होता था व पक्के माल का बाजार भी स्थानीय क्षेत्र होता था। इन स्थानीय उद्योगों में कुछ उद्योग इतनी ख्याति प्राप्त कर गये थे कि उनकी मांग दूर-दूर तक होती थी। ऐसे उद्योगों में रुई पींजने, घुनने तथा बुनने का उद्योग, स्थानीय आवश्यकतानुसार लकड़ी व लोहे का सामान बनाने का उद्योग, रंगरेज का काम, कसाई का धंधा, स्वर्णकारों का कार्य, कंघी व चूड़ा बनाने का कार्य, तथा कसेरा, ठठेरा, पटवा, रंगरेज, भावसार, छीपा आदि के व्यवसाय प्रमुख थे। इसी प्रकार रस्सी बुनने, मकान बनाने, कूप खनन करने, टोकनियाँ व चटाई बनाने, बांस की सामग्री का निर्माण करने, घानी से तेल निकालने, कोल्हू द्वारा गन्ना पेलने, जंगलों से जड़ी-बूटियाँ एकत्र करने, खानों से पीली मिट्टी या पत्थर खोदने, मिट्टी के बर्तन व खिलौने बनाने वालों की भी गाँवों में कोई कमी नहीं थी।

व्यापार-व्यवसाय

सोंधवाड़ कभी एक सम्पन्न एवं आत्म-निर्भर क्षेत्र था किन्तु मुस्लिम, मुगल एवं ब्रिटिश काल में विदेशी शासन, युद्धों को भरमार तथा राजवंश के सदस्यों व सामन्तों के शोषण, विकास, आवागमन और उद्योग सम्बन्धी नियोजन के अभाव आदि के कारण यह क्षेत्र काफी पिछड़ी हुई स्थिति में आ गया। विदेशियों तथा मराठों के आक्रमणों एवं ब्रिटिश-शोषण ने तो उसकी आर्थिक रीढ़ ही तोड़ दी थी। इस कारण अर्थ-व्यवस्था नितान्त ग्रामीण हो गई थी और उद्योग-धंधे पतनशील स्थिति में आ गये थे। कृषि और पशुपालन मुख्य व्यवसाय बन गया था। 80 प्रतिशत से अधिक जनता ग्रामवासिनी थी। क्षेत्र की जनसंख्या का लगभग 25 प्रतिशत भाग आदिवासी या वनवासी था जो लकड़ी काटने और शिकार खेलने से अधिक कुछ नहीं कर पाता था।

ग्रामों में जितने भी व्यवसाय थे, वे ग्राम-केन्द्रित और कृषि पर आधारित थे। व्यवसाय के आधार पर जाति-व्यवस्था विद्यमान थी। इस अध्याय के उपरिलिखित पृष्ठों में इन विभिन्न जातियों और उनसे सम्बन्धित उद्योग एवं व्यापार का सविस्तार विवरण दिया ही जा चुका है। सम्प्रति इतना ही कहना पर्याप्त होगा कि यह समूचा क्षेत्र विभिन्न प्रकार की मुद्राओं, माप-तौल आदि से पीड़ित था। एक राज्य के निवासियो को दूसरे राज्य में इस विषयक अनेक कठिनाइयों का सामना करना होता था।(*) ग्रामीण अंचलों में अभी भी वस्तु-विनिमय प्रणाली अधिकांशतः विद्यमान थी और इस प्रणाली के सारे खतरे यह अंचल झेल रहा था। इस कारण

(*) सोंधवाड़ में अनेक देशी राज्य थे। उनमें भू—राजस्व, माप-तौल, मुद्रा-प्रणाली, समय-प्रमापन आदि की दृष्टि से पर्याप्त भिन्नता विद्यमान थी। इनमें से कुछ का उल्लेख मालकम रचित मेमायर ऑफ सेन्ट्रल इण्डिया तथा ग्वालियर स्टेट गजेटियर, सन् 1908 में प्रदत्त है। इस पाद-टिप्पण में सत्संबंधी सांख्यिकी दी जा रही है ताकि विद्यमान स्थितियों का आंशिक आभास मिल सके।

माप-तौल

सुनारों के तौल

8 चावल	—	1 रत्ती
8 रत्ती	—	1 माशा
1 माशा	—	1 तोला

(1 तोले में 109 ट्राय-ग्रेन वजन रहता था।)

पाद-टिप्पण निरंतर

1. इन्दौर तोल

84 उज्जैन रुपये	–	1 सेर (क्रय हेतु)
82 उज्जैन रुपये	–	1 सेर (विक्रय हेतु)
5 सेर	–	1 पसेरी या धड़ी
20 सेर	–	1 मन
12 मन या 240 सेर	–	1 मानी

(1 उज्जैन रुपये में 174.88 ग्रेन ट्राय वजन होता था)

2. देवास के तोल

80 उज्जैन रुपये	–	1 सेर
4 $^1/_8$ सेर	–	1 धड़ी
16 $^1/_2$ सेर	–	1 मन
12 मन या 198 सेर	–	1 मानी

3. उज्जैन के तोल

80 उज्जैन रुपये	–	1 सेर
5 $^6/_8$ सेर	–	1 धड़ी
16 $^7/_8$ सेर	–	1 मन
12 मन या 202 $^1/_8$ सेर	–	1 मानी

4. नौलई का तोल

80 उज्जैन रुपये	–	1 सेर
5 सेर	–	1 धड़ी
20 सेर	–	1 मन
20 सेर	–	1 मन
12 मन या 240 सेर	–	1 मानी

5. रतलाम तोल

84 सालिमशाही रुपये	–	1 सेर (क्रय हेतु)
80 सालिमशाही रुपया	–	1 सेर (विक्रय हेतु)
5 सेर	–	1 पसेरी या धड़ी
20 सेर	–	1 मन
12 मन या 240 सेर	–	1 मानी

(एक सालिमशाही रुपये का वजन 168.75 ग्रेन ट्राय होता था)

पाद-टिप्पण निरंतर

6. मंदसौर का तोल

92 सालिमशाही रुपये	–	1 सेर
4 सेर	–	1 धड़ी
15 सेर	–	1 मन
12 मन या 180 सेर	–	1 मानी

7. कोटा का तोल

80 उज्जैन रुपये	–	1 सेर
5 सेर	–	1 धड़ी
40 सेर	–	1 मन
12 मन या 480 सेर	–	1 मानी

(एक कोटा रुपये 174.8 ग्रेन ट्राय होता था।)

8. भोपाल का तोल

80 भोपाली रुपये	–	1 सेर
6 $^1/_2$ सेर	–	1 पसेरी
40 पसेरी	–	1 मानी
100 मानी	–	1 मनासा

(एक भोपाल रुपये 168.75 ग्रेन ट्राय वजन होता था।)

9. मेलसा का तोल

80 मेलसा रुपये	–	1 सेर
6 सेर	–	1 पसेरी
48 सेर या 8 पसेरी	–	1 मन
30 पसेरी या $3^3/_4$ मन	–	1 मानी
100 मानी	–	1 मनासा

(एक मेलसा रुपये में 167.5 ग्रेन ट्राय वजन होता था।)

10. सिरोंज का तोल

80 सिरोंज रुपये	–	1 सेर
$6^1/_4$ सेर	–	1 पसेरी
4 पसेरी	–	1 मन
32 पसेरी या 8 मन	–	1 मानी
100 मानी	–	1 मनासा

पाद-टिप्पण निरंतर

11. उमटवाड़ का तोल

81 रुपये	–	1 सेर
3 $^1/_2$ सेर	–	1 पसेरी
7 सेर या 2 पसेरी	–	1 धड़ी
4 धड़ी	–	1 मन
8 मन	–	1 मानी
100 मानी	–	1 मनासा

12. बैरसिया का तोल

80 भोपाल रुपये	–	1 सेर
5 सेर	–	1 पसेरी
6 पसेरी	–	1 मन
32 पसेरी या 4 मन	–	1 मानी
100 मानी	–	1 मनासा

13. शुजालपुर का तोल

80 बूंदी रुपये	–	1 सेर
3 $^1/_2$ सेर	–	1 पसेरी
2 पसेरी	–	1 धड़ी
4 धड़ी या 28 सेर	–	1 मन
8 मन	–	1 मानी
100 मानी	–	1 मनासा

मालकम की उक्त सूचना स्थानीय लोगों से प्राप्त हुई थी। कप्तान डंगरफील्ड ने इन्दौर के तोलों का अंग्रेजी मान इस प्रकार प्रस्तुत किया है।

82 हाली रुपये – 1 सेर – 2 पौण्ड 1 औंस 3 ग्राम

यहाँ यह स्पष्ट करना उचित होगा कि उज्जैन, इन्दौर और महेश्वर में जो रुपये चलते थे। वे हाली कहलाते थे। उनके वजन में बहुत कम अन्तर था। ये रुपये चूँकि चलन या हाल (वर्तमान) में थे इसीलिए हाली कहलाते थे। पुराने रुपये अभी भी चलन में थे।

ऊपर जो विभिन्न तौल दिये गये हैं वे या तो अनाज के या थोक सामान के थे किन्तु सूखे मेवे या अफीम की तौल हर जगह अलग रहा करती थी जो उक्त तौलों से सर्वथा भिन्न थी।

सोंधवाड़ में जो विभिन्न रुपये चलते थे। वे विशुद्ध नहीं होते थे तथा उनमें टांका रहता था। इस समूचे क्षेत्र में फरुक्खाबादी रुपये को मापदण्ड के रूप में माना जाता था। विभिन्न रुपयों के मापदण्ड इस प्रकार थे–

पाद-टिप्पण निरंतर

क्र.	सिक्का	वास्तविक वजन (ग्रेनों में)	टांका	फरुक्खाबादी (100 रुपये की तुलना में)
1.	उज्जैन रुपये	+	94	100
2.	इन्दौर रुपये	173.2	93	100
3.	भोपाल रुपये	168.72	89	109
4.	प्रतापगढ़ रुपये	163.6	60.85	122
5.	मेलसा रुपये	167.5	82.83	111
6.	गंजबासौदा रुपये	–	–	113
7.	जावरा रुपये	168.5	82.20	115
8.	कोटा रुपये	175.5	91.36	–
9.	उदयपुर रुपये	167.5	71.6	–
10.	चन्देरी रुपये	170.15	91.5	–

स्रोत – मालकॉम, मेयायर, व्हा. 2, परिशिष्ट 8, उक्त, पृ. 360

ग्वालियर राज्य बनने पर बहुत समय तक मुगलों की मुद्रा–व्यवस्था जारी रही। कुछ राजपूत राज्यों के सिक्के भी प्रचलन में रहे। मुगलकाल में उज्जैन, मेलसा, ग्वालियर और नरवर में टकसालें थीं। यह सब टकसालें ग्वालियर राज्य के हाथ में आ गईं। सिंधिया का शासन कुछ समय के लिये अजमेर और आगरा पर भी था। अतः सिंधिया यहाँ की टकसालों में भी रुपये निकालने लगे। सिंधिया के अजमेर के गवर्नर तातिया शिन्दे ने अजमेर से घटिया चाँदी के सिक्के निकाले, उसका 168.6 था। ये सिक्के श्री शाही कहलाते थे। सन् 1818 में अंग्रेजों का अजमेर पर अधिकार होने से यह टकसाल बंद कर दी गई। बासौदा से जनकोजीरा व शिन्दे ने कुछ सिक्के जारी किये थे, जो दुर्लभ हैं। चंदेरी, ईसागढ़ और ग्वालियर की टकसालें सन् 1893 में बंद कर दी गई। उनके रुपयों का वजन क्रमशः 173.0, 170.15 तथा 173.3 ग्रेन हुआ करता था। गढ़ाकोटा में भी देवराव द्वारा सिंधिया की ओर से बालाशाही रुपया जारी किया गया। यह टकसाला सन् 1820 में बंद हो गई। नरवर से भी कुछ सिक्के 170 ग्रेन जारी हुए थे। उज्जैन की टकसाल सन् 1893 में बंद हुईं। यहाँ का रुपया 174.64 ग्रेन का था। नथगढ़ की टकसाल सन् 1807 में 168.35 वजन के सिक्के निकालकर बंद हो गई। श्योपुर से तापशाही सिक्के निकलते थे। ऐसे ही सिक्के सीपरी से भी निकाले गये, जो चाँदी और तांबे दोनों के थे। प्रतापगढ़ के सालिमशाही सिक्का व झाँसी के गजशाही सिक्के ग्वालियर राज्य में प्रचलित थे। सन् 1893 में ग्वालियर राज्य की टकसालें बंद कर दी गई। 19वीं सदी के अन्त तक राज्य ने इन सिक्कों का प्रचलन बंद कर दिया उसके बाद ब्रिटिश रुपये और उसके विभिन्न अंशों यथा–अठन्नी, चवन्नी, दुअन्नी, आना पैसा आदि को राज्य में वैध सिक्कों के रूप में मान्यता दी गई।

(पाद-टिप्पण समाप्त

शिक्षा व ज्ञान का क्षेत्र बड़ा सीमित था जिसका भरपूर लाभ वाणिक वर्ग और बिचौलिये उठा लेते थे। ब्याज की दर काफी बड़ी हुई थी और ऋण–व्यवस्था पूरी तीह महाजनों के एकाधिकार में थी। सबसे दयनीय स्थिति निम्न वर्ग की थी। उनमें से अधिकांश उपेक्षा, अज्ञान, शोषण और अपमान के शिकार होकर निर्धनता से पूरी तरह ग्रस्त थे और नारकीय जीवन बिताने को अभिशप्त थे। इजारेदारों और शासकीय कर्मचारियों ने उन्हें बुरी तरह पीड़ित कर रखा था तथा ये लोग इनके सामाजिक, नैतिक और आर्थिक विदोहन में पीछे नहीं थे। इनसे बेगार ली जाती थी तथा इन्हें अधिकांशतया अछूत माना जाता था। अपना पेट भरने के लिये या तो वे हालियों का काम करते थे या भूमिहीन श्रमिकों का। इनमें से कुछ जातियाँ यायावरी और दुस्साहसी बनकर जरायमपेशा बन गई थी और समाज और प्रशासन के लिये सिरदर्द हो रही थी।

आम आदमी की सर्वाधिक दुर्दशा उन ग्रामों की थी जहाँ सामन्तीय प्रथा विद्यमान थी। ये सामन्त अपने क्षेत्र की जनता का कई तरह से आर्थिक विदोहन तो करते ही थे, किन्तु बेगार के रूप में बिना किसी चुकारे के शारीरिक श्रम भी करवाते थे। ऐसे ग्रामवासी सांस्कृतिक एवं नैतिक दृष्टि से पर्याप्त शोषित रहते थे एवं अपने सामन्तों के अत्याचार सहन करने को अभिशप्त थे।

विभिन्न व्यवसायों में पूर्व कथित उद्योगों और व्यवसायों के अतिरिक्त पुरोहित, नाई, ढोली, धोबी, भडभूंजा, वैद्य, भिश्ती, हकीम, केवटिया, पारदी, लकड़हारा, हरबोला, चारण, भाट, कसाई, मेहतर, माली, कहार, बागरी, अहीर, हलवाई, मछुआरे आदि का उल्लेख आवश्यक है।

आवागमन के साधन

19वीं सदी के पूर्व पश्चिमी मध्यप्रदेश व सोंधवाड़ में आवागमन के साधन परम्परागत रूप में मध्यकालीन थे। भारवाही पशु, मानवीय भारक तथा जानवरों द्वारा खींचे जाने वाले वाहन आवागमन के साधन प्रमुख थे। वाहनों में बैलगाड़ी सर्वाधिक लोकप्रिय थी। पशुओं में घोड़े, गधे तथा ऊँट बहुतायत से प्रयुक्त होते थे। जब कच्चे मार्गों की अपेक्षा 19वीं और बीसवीं सदी में पक्के मार्ग बनने लगे तो घोड़ों के द्वारा खींचे जाने वाले वाहन प्रयुक्त होने लगे। इन पक्के मार्गों से एक लाभ यह हुआ कि जहाँ कच्चे रास्ते बरसात में आवागमन के लिये अवरुद्ध हो जाते थे, वहाँ पक्के मार्गों के कारण वर्ष–भर आवागमन होने लगा। बैलगाड़ियों के अतिरिक्त ऊँटगाड़ियाँ भी होती थीं, किन्तु एक स्थान से दूसरे स्थान तक पहुँचने

में पर्याप्त समय लग जाता था। मार्ग सुरक्षित एवं निरापद न होने से एक साथ विभिन्न पशुओं एवं वाहनों को काफिलों के रूप में आवश्यक सुरक्षा-व्यवस्था के साथ ही एक स्थान से दूसरे स्थान तक जाना होता था। नदियों को नावों के माध्यम से पार किया जाता था।

सोंधिया–समुदाय के आर्थिक जीवन के कतिपय विशिष्ट पहलू

सोंधिया–समुदाय का आज का आर्थिक जीवन पश्चिमी मालवांचल एवं राजस्थान के झालावाड़ क्षेत्र में अवस्थित सोंधवाड़ अंचल के आर्थिक जीवन का न्यनाधिक रूप में एक प्रति रूप ही है। आज के सोंधिया–जन अधिकांशतः कृषि एवं पशु-पालन केन्द्रित जीवन ही व्यतीत कर रहे हैं, बहुत से भूमिहीन श्रमिक हैं किन्तु यह स्थिति पूर्व में नहीं रही। इस कारण सोंधिया समाज के आर्थिक–जीवन को ऐतिहासिक परिप्रेक्ष्य में विश्लेषित करना समीचीन होगा।

दस्यु-कर्म-केन्द्रित आजीविका – भारतीय इतिहास के मध्य काल में अनेक कारणों से राजस्थान के विभिन्न अंचलों से आये भगोड़े राजपूत–जन हेतु सोंधवाड़ क्षेत्र एक निराद एवं सुरक्षित शरण-स्थली सिद्ध हुआ था। अपनी मूल भूमि से कटे इन लोगों के पास न तो जमीन थी और न जायदाद। सघन झाड़ियों एवं वन से आच्छादित एवं अनेक सदाबहार नदियों से जन-पूरित, वन्य पशु-पक्षियों से भरपूर एवं पूर्व में इस क्षेत्र में बसी लुटेरे जातियों की छद्मभरी आतंकी गतिविधियों से थरथराती यह बीहड़ों भरा भू-क्षेत्र अपने निकटवर्ती अन्य अंचलों के सामाजिक एवं आर्थिक परिदृश्य से नितांत भिन्न परिवेश उपस्थित कर रहा था।

आगन्तुक राजपूत–जन प्रारंभ में इस क्षेत्र में उसी आर्थिक ढर्रे पर चले जो यहाँ की दस्यु-कर्म में संलग्न पूर्व जातियाँ मोघिया, कीर, भील, कालबेलिया आदि द्वारा अपनाया जा रहा था। निश्चित है इन जातियों ने इस क्षेत्र के क्षेत्रीय ग्रासिया सामन्तों को पर्याप्त परेशान किया था, अतः सोंधिया एवं ग्रासिया समूहों में सदैव कटुता एवं वैमनस्य बना रहा। विभिन्न लुटेरे लोगों का कुछ समय तक द्वंद्व चलता रहा किन्तु बाद में वे क्रमशः समूह-बद्ध होते चले गये। इस क्षेत्र में निर्णायक बनने का सोंधिया–स्वप्न मीणाओं और हाड़ाओं ने सफल नहीं होने दिया, इस कारण सोंधिया–जन भारी मात्रा में उमटवाड़ क्षेत्र में जा बसे।

लोकानुश्रुतियों ने सोंधिया ठाकुरों के सामाजार्थिक जीवन को बहुत कुछ सुरक्षित रखा है। सेवकदास कृत **'बाघा रावत की वात'**(*) के अनुसार अपने घर क्षेत्र और ग्राम से परिवार–सहित बहिष्कृत होकर आये सात जातियों के सूरमा–गण

जाति–बंधन से दूर होकर मनचाहे विवाह करने लगे। पारस्परिक एकता के सूत्र में बंधे ये लोग माँ आसावरी के प्रति समर्पित होकर यायावरी जीवन बिताने लगे। जहाँ भी वे परिवार सहित जाते, अपने डेरे डाल लेते। घनी राड़ियाँ और सघन वन उनके जीवनाधार होते। पर्याप्त लम्बे समय तक ये वन्य पशु-पक्षियों व जल-जीवों के आखेट पर निर्भर रहे। अन्य अनिवार्यताओं के लिये इन्होंने लूटमार, राहजनी एवं ठगी का रास्ता अपनाया। दिन में ये इन आपराधिक व हिंसक गतिविधियों में संलग्न रहते और रात्रि को धाड़ा (डकेती) डालते और गाँवों के धनपतियों को लूटते। पेट भरना और लूट करना ही इनका काम था। इस प्रकार कमाये धन को ये दोनों हाथों से समूहबद्ध होकर खर्च करते और रात में धनी और दिन में पुनः कंगाल होते। सदैव देशी मदिरा में धुत्त रहते और खूब धामा करते। तलवारें और लुगाइयाँ (स्त्रियाँ) इनकी संगिनियाँ होतीं। स्त्रियाँ भी कम उद्धत नहीं होती। वे भी मदिरा-पान करतीं और अपने भर्ताओं व संतानों के लिये मांसाहारी भोजन पकाती रहतीं। कुछ सोंधिया सरदार तो दिन-रात 'दारू' में 'गच्च' (मदहोश) रहते। चोरी करने में भी इनका कोई सानी नहीं होता। ये मकानों की छत पर चढ़कर भीतर आँगन में घुसते या दीवारों में सेंध(**) लगाकर अन्दर जा धंसते। यह काम बड़ी चुप्पी एवं दक्षता से करते। अवसर पाते ही ये द्वार तोड़ देते। सामान चोरी कर भाग निकलते या थोड़ा असफल होते देख कूटने (मारधाड़ करने) और लूटने में संकोच नहीं करते। चोरी और धाड़ा डालकर अपनी आराध्या देवी की पूजा करते और फिर प्राप्त सामग्री को मिलजुलकर बाँट लेते। इनके कारण क्षेत्र की जनता थर्राती रहती। राजा व सामन्त भी इनके सामने निरीह होते। कुछ तो भीतर ही भीतर इनसे मिले होते। इन्हें पुलिस और प्रशासन की बिल्कुल पर्वाह नहीं होती। इनकी गतिविधियों की सूचनाएँ इन्हें एकाधिक स्रोतों से मिल जाती और ये वनों, नदी-नालों के कोटरों या घनी राड़ियों में जा दुबकते। मांसाहार करना, खूब दारू पीना और किसी की अधीनता स्वीकार न कर अपनी मनमर्जी करते रहना सोंधिया–जीवन का अपरिहार्य अंग था।(*)

लोक–कथाएँ भी उनके इस जीवन-क्रम को पुष्ट करती हैं। सोंधिया भौमसी धाडेती एक अद्‌भुत व्यक्तित्व का धनी था। पांच हाथ का भारी-भरकम शरीर, सिंह जैसा, मंजरी आँखें, बटदार मूंछें, सिर पर मूंगिया साफा, कानों में सोने की मुरकियाँ (बालियाँ), सफेद अंगरखा, कमर में कमरबन्द, घुटनों तक ऊँची धोती, पैरों में

(*) देखिये परिशिष्ट क्र. 4

जूतियाँ, हाथों में नाहरमुखी कड़ा व कमर–पट्ट में खुसी तलवार उसका शृंगार था। जबर्दस्त ताकत का धनी था वह। अच्छे मोटे-ताजे भैंसे को एक घूंसे में मार गिराता। भैंसे की डेढ़ हाथ की मोटी गर्दन तलवार के एक झटके से ही काट डालता। पचास-पचास कोस तक लोग उसके आतंक से काँपते रहते।(**)

भौमसी सोंधिया के दो विश्वस्त साथी थे– पहला था जेता जो कीर जाति का था और दूसरा रवेता जो मोघिया जाति का था। जेता नदियों पर यात्रियों की लूटमार करता था। उसका प्रमुख केन्द्र चम्बल नदी था। उसकी लगभग 90 नावें विभिन्न नदी-नालों पर वीर भील सहयोगियों से भरी घूमती रहती थीं। वह अद्वितीय तैराक था जिसके एक हाथ में डांड और दूसरे में भाला होता। कमर में कटार व तलवार लटकी होती। उसकी बिखरी दाड़ी, बड़ी मूछें, सिर पर आसमानी पगड़ी, नन्हीं-नन्हीं चमकती आँखें एक विशेष आकषर्ण पैदा करतीं। धर्रामा के देवड़ा ठाकुर उसके मित्र और रामपुरा के चन्द्रावत राव उसके शत्रु थे। वह भीलों व कीरों का मददगार था। वह निर्धनों को नहीं लूटता था। स्त्रियों की मर्यादा का वह रक्षक था। एक बार एक दुलहिन पर कुदृष्टि डालने वाले अपने दो साथियों को उसने अपने बाणों से मार गिराया था।

खेता मोघिया मौसमी सोंधिया का दूसरा विश्वस्त सहयोगी था। वह धाड़ा डालने, सेंध लगाने और दरवाजों को तोड़ने में अतीव दक्ष था। उसके पास विभिन्न रंगों वाले सात घोड़े थे। उसके सहयोगी अधिकतर भील थे। इस कारण वह भीलों की भैंसासरी व अन्य देवियों का उपासक था।

भौमसी के गुप्त सूचनादाता सर्प पकड़ने वाले कालबेलिये होते थे। एक बार उनकी सूचना पर उसके दल ने एक अंग्रेजी खजाना लूट लिया था। इस पर अंग्रेजी सेना ने उसके घर-बार उजाड़ कर उसके माल-असबाब छीन लिये। भौमसी, उसके साथी व परिजन छिप गये। वे पकड़ में नहीं आये और मारवाड़ की ओर निकल भागे। उसके बाद से किसी को उसका अता-पता नहीं मिला।

एक लोक–श्रुति(*) सोंधिया धाड़ेत अजीतसिंह का उल्लेख करती है जो बड़ा लड़ाका था। उसके साथियों में कीर, बागदी, मीणा, मोघिया, सांसी, व सोंधिये, होते थे। अच्दे-अच्छे ठिकानेदारों की गढ़ियाँ उसे पनाह देती। उसके साथी–गण वन–क्षेत्र में दबे-छिपे दुबके रहते। वह बड़े-बड़ों को लूटता। उसके साथियों की इस लड़ाकू

(*) देखिये परिशिष्ट क्र. 5 एवं 6

(**) सेंध लगाने का विशेष उपकरण 'दुलकिया' या 'खोदकिया' कहलाता था।

फौज में लगभग एक हजार धाड़ेती सिपाही थे। लोक–कथा के अनुसार अजीतसिंह सोंधिया बड़ा जालिम धाड़ेती था। उसका सर्वाधिक विश्वस्त साथी भोमिया मीणा था। इन दोनों की खतरनाक सैनिक-टुकड़ी में सोंधिया, कीर, मोघिया, सांसी, मीणा, बागरी, कालबेलिये आदि होते। उन्हें कई राज्यों से निष्कासित किया हुआ था। इन लोगों ने रामपुरा के चन्द्रावतों को भी अपने पक्ष में कर लिया। चारों ओर त्राहि-त्राहि थी, इनके कारण। अंत में होलकर व अंग्रेज सेनाओं ने इनका दमन किया। अजीत व भोमिया भाग निकले और उनके अधिकांश सैनिक मारे गये।

जब अंग्रेजों, मराठों, हाड़ाओं की सेनाओं ने इन डकेत-शक्तियों का दमन कर दिया, तो ये लोग कृषि एवं पशुपालन की दिशा में प्रवृत्त हुए। विजेता-शक्तियों ने भी इनके प्रति दमनशील रुख न रखकर सुधारवादी दृष्टिकोण अपनाया। फिर भी बहुत से सोंधिया, अपनी परम्परागत आपराधिक प्रवृत्तियाँ एकदम न त्याग सके। वे नायकों, मोघियों और कालबेलियों के साथ मिलकर ठगी एवं यात्रियों की छद्म वेश मे लूटमार करने लगे। अब तक आम जनता में भी साहस आ गया था। समय के साथ-साथ वह भी बड़े साहस से इनका सामना करने लगी थी।(*) धीरे-धीरे इनकी आजीविका का स्वरूप तो बदलता चला गया किन्तु आपराधिक प्रवृत्ति से पूरी तरह मुक्ति आज तक नहीं हो पाई है।

कृषि – 19वीं सदी के प्रारंभ से सोंधिया–जन कृषि की ओर आमुख हुआ। श्रम से रोटी कमाना उनके लिये बड़ा कठिन था। फिर भी वे वन-क्षेत्र साफ करने एवं वहाँ खेत-खलिहानों का निर्माण करने में जुट गये। इस कारण एक सदी में ही वनों का क्षेत्रफल आधा रह गया। किन्तु इससे बात नहीं बनी क्योंकि उनके द्वारा अधिकतर क्षेत्र पठारी, कंकरीला या दुमट था, जो कम उर्वर था। इस कारण सोंधिया–जन पश्यिम में मन्दसौर, पूर्व में उमटवाड़ एवं पश्चिमोत्तर में झालावाड़ क्षेत्र की ओर बड़ी तेज गति से बढ़ते चले गये। परियोजना–सर्वेक्षण के अनुसार सोंधिया–समुदाय की कृषि आधारित जनसंख्या का प्रतिशत निम्न है–

क्र.	क्षेत्र	सोंधिया–जन का कृषि पर आधारित प्रतिशत
1.	मन्दसौर–नीमच जिला	77 प्रतिशत
2.	महीदपुर तहसील (उज्जैन)	53 प्रतिशत

(*)देखिये परिशिष्ट क्र. 7 व 8

3.	आलोट (रतलाम)	68 प्रतिशत
4.	राजगढ़ जिला	71 प्रतिशत
5.	झालावाड़ जिला	69 प्रतिशत
	समग्र मध्यम मान 69 प्रतिशत	

(*) देखिये परिशिष्ट क्र. 6

सर्वेक्षण के अनुसार सोंधिया जनसंख्या का 72% कृषि व पशुपालन, 2% सैनिक कार्य व चौकीदारी, 11% भूमिहीन श्रमिक, 3% औद्योगिक श्रमिक, 2% व्यापार व दस्तकारी व 8% अन्य हैं।

'अन्य' शीर्षक के अन्तर्गत सरकारी व निजी सेवाओं में रत कर्मचारी, वन की कटाई करने वाले, यातायात के धंधे में जुटे लोग एवं आर्थिक अपराधों में प्रवृत्त लोग आते हैं। जो सोंधिया–जन आर्थिक अपराध करते हैं, वे देशी मदिरा के निर्माण, चोरी-डकेती, अफीम आदि की तस्करी, आखेट आदि कार्य करते हैं। इसकी चित्रमय प्रस्तुति सामने दी गई वृत्ताकर सारणी में दी गयी है।

निष्कर्ष रूप में कहा जा सकता है कि सोंधिया–जन के आर्थिक जीवन में वर्तमान में आशातीत परिवर्तन हुआ है और सदियों की आजीविका विषयक जद्दोजिहद के उपरांत वे अपने क्षेत्र के आम एवं औसत आर्थिक जीवन में लगभग समरस हुए हैं।

8

सोंधिया समाज में सामाजिक परिवर्तन

समय की महिमा अपार है। वह प्रकृति और पुरुष, जड़ और चेतन को सतत प्रभावित करता रहता है। उत्पाद, ध्रौव्य एवं तिरोहण की प्रक्रिया नियमित चलती रहती है। मानवीय जीवन में यह प्रक्रिया संशोधन, शमन, परिवर्तन आदि करती चलती रहती है। सामाजिक परिवर्तन की परिस्थिति समय के आईने में भली प्रकार देखी जा सकती है जो प्रारम्भ भी देखता है, विकास-क्रम को रेखांकित करता है और अंततः क्षरण एवं विनाश की स्थितियों का साक्ष्य भी लेता है। यह परिवर्तन इतिहास एवं समाजशास्त्र की दृष्टि से बड़ा महत्वपूर्ण होता है क्योंकि लघु से लेकर महत् की परिवर्तनीय भूमिका की परत-बपरत हमारे सम्मुख रहती है। इसी परिप्रेक्ष्य में सोंधिया समाज में आये परिवर्तनों का अवलोकन एवं विश्लेषण अन्यथा न होगा।

लगभग 11वीं से 14वीं शताब्दी के मध्य राजपूतों के कुछ बहिष्कृत, बागी, और बेबुनियाद वंश अपने परिवारों को साथ लिये जब मालवा में शरण लेने के लिये बढ़े, तब उनके पास न तो धन था और न धरा और न धैर्य। उनका धर्म था परिवारों को पालना और इसके लिए कर्म था लूट-पाट। कहाँ पहुँचना है, इसका भी कोई स्पष्ट चित्र उनके पास नहीं था। जहाँ रात पड़ी, डेरे पड़ गये। रात को लूट-पाट की। खेत खलिहान, अन्न, धन, पशु, डंगर जो भी हाथ लगा कब्जे में किया और जब तक वहाँ का शासन और आम जनता विवश न कर दे, डेरे डाले रहना, फिर आगे बढ़ जाना। इस प्रकार अपना यायावर जीवन बिताने तथा

लूट-पाट, चोरी-ठगोरी करके जीवन-यापन करते जब बाघा रावत की वर्णसंकर संततियाँ अपनी राजपूत छवि को नष्ट करते जब सिंध नदी और चम्बल नदी के आसपास पहुँची तब तक वे लोक-जीवन में कहीं सौगंध्ये, कहीं होंदिये और फिर सौंधिये कहलाने लगी थीं। किसी भी क्षेत्र ने इन्हें राजपूत नहीं माना। मालवा में पहले से ही स्थापित राठौर, सिसोदिया, परमार, चौहान आदि राजपूतों ने भी इन्हें गौत्रज भाई नहीं माना। यहाँ पर रहने वाले भोमिये राजपूतों ने भी इन्हें नहीं अपनाया जबकि सत्ताधारी राजपूत-समाज इन सगोत्रीय भोमिया समाज को दूसरे स्तर का राजपूत मानकर इनके साथ बेटी-व्यवहार नहीं करता था। उस समाज ने भी इन नवागत समाज को हेय दृष्टि से देखा और उनसे परहेज किया। सत्ताधारी राजपूत तो इन्हें अपराधपेशा, असभ्य एवं असंस्कृत कबीलाई समाज के रूप में मानते थे। ऐसी स्थिति में सोंधिया समुदाय की निकटता मोघिया जाति से हुई। दोनों की गोत्रें तो समान थीं किन्तु नवागत सोंधिया समाज इन्हें राजपूत नहीं मान सका। एक और राजपूत वर्ग था जिसे पासवानिया राजपूत या हजूरिया राजपूत कहा जाता था। वे भी राजपूतों के गोत्रज ही थे; किन्तु थे रखैलों की वैध-अवैध संतानें। इस समाज से सोंधिये भली-भाँति परिचित थे। पासवानिया व हजूरिया परम्परा राजस्थान में भी थी। वास्तव में इस क्षेत्र में आने वाली सोंधिया राजपूत जाति भी इसी प्रकार की अवैध संतानें ही थीं। इस तरह उपेक्षित सोंधियों का संबंध अपराध-वृत्ति में लिप्त जातियों से बढ़ते चले और वे भी पूरे क्षेत्र में 'जरायमपेशा' जाति के रूप में कुख्यात हो गये।

धीरे-धीरे इनके डेरे स्थायी हुए और इन्होंने कृषि-कर्म करने के प्रति रुचि दिखाई। कहीं राज्य ने भी इन्हें जमीन देकर बसाने के लिए प्रयत्न किये ताकि यह समुदाय अपने लूट-पाट, चोरी-डकेती के अपराधों से मुक्त होकर शान्ति से रह सके और राज्य की जनता और राज्य के प्रशासक भी शान्ति से रह सकें।

इन्होंने कुछ तो राज्य से जमीन प्राप्त की, कुछ खरीदी, कुछ पर कब्जे किये और कुछ पड़ैतियाँ हाँक-जोत कर खेती करना शुरू कर दिया। यद्यपि अस्थायी पड़ावों के स्थान पर स्थायी गाँव बसा लिये किन्तु अपराधवृत्ति तब भी नहीं छोड़ी; बल्कि बढ़ती गई और चरम सीमा तक जा पहुँची। राज्य की अपराधी जातियों में सोंधियाजन सबसे खतरनाक समुदाय के रूप में जाना जाने लगा। इनके गाँवों और इनके मुख्य नायकों पर शासन की निगरानी तय हो गई। रात में गाँव में नहीं पाये जाने पर सबेरे ढूँढ (तलाश) पड़ने लगी और फिर गिरफ्तारी होने लगी, सजा मिलने लगी। यहाँ तक कि गाँव से बाहर दूसरे गाँव किसी रिश्तेदार के जाने पर अथवा

खरीदी के लिए शहर के बाजार आने पर या फिर हाट मेले में जाने पर इन्हें पटेल या शासन के अधिकारी से समयावधि का छूट (पास) लेना जरूरी हो गया। इस प्रकार अशिक्षा और अपराध इनकी पहचान बनते गये।

समय के साथ सोंधियाजन के जीवन में भी परिवर्तन आने लगा। यह परिवर्तन सोंधवाड़ क्षेत्र के विभिन्न राज्यों की सुधारात्मक भूमिका, स्थानीय निवासियों से सम्पर्क, स्वयं को इस क्षेत्र के स्थायी नागरिक कहलाने की अपेक्षा, यातायात व संवादवाहन की वर्धित सुविधाओं, वन, खान एवं कृषि क्षेत्रों के श्रम-जीवियों के रूप में उनकी नित्यप्रति माँग के कारण क्रमशः होता चला गया। स्वयं सोंधिया-जन ने जातीय गौरव की भावना शनैः शनैः विकसित होने लगी तथा स्वयं उन्होंने सामाजार्थिक परिवर्तनों के लिये प्रयास प्रारम्भ कर दिये। जैसे-जैसे समय व्यतीत होता चला गया, सोंधिया-समुदाय कृषि-केन्द्रित होता चला गया। इस आधार पर सोंधिया जन में चार प्रकार बन गये– (1) वतनदार, (2) पुराने किसान, (3) खातेदार, (4) करारू।

वतनदार – वे व्यक्ति हैं, जो सरकार को नज़राना देकर इस प्रदेश में बसे हैं। इन्होंने स्वयं की भूमि को अपने ही धन से कृषि-योग्य बनाया है।

पुराने किसान – वे व्यक्ति हैं जो वतनदारों के साथ आकर इस प्रदेश में बसे हैं। इन्हांने भी स्वयं की भूमि को अपने ही धन से कृषि-योग्य बनाया है, परन्तु इन्होंने इनकी इस भूमि की राज्य की ओर से वतनदारी प्राप्त नहीं की।

खातेदार – वे व्यक्ति हैं, जो वतनदारों से भूमि और कुएँ लेकर खेती करते हैं और उसका लगान (भूमि) राज्य को देते हैं।*

गाँव के मुखिया को **'पटेल'** कहते हैं। यह पद सामान्यतया वंश-परम्परागत होता है। पटेल को राज्य सरकार की ओर से माफी दी जाती है। यह गाँव के प्रशासन में राज्य अधिकारियों की सहायता करता है, परन्तु उसी जाति का होने के कारण उसकी जाति वाले उसे अधिक सम्मान नहीं देते हैं, परन्तु उसकी प्रत्येक बात पर विश्वास करते हैं।

सोंधिया जाति के व्यक्ति स्वभाव से उच्छ्रंखल एवं उदंड प्रकृति के होते हैं। वर्तमान में इस जाति के व्यक्ति पशुओं की चोरियाँ बहुत अधिक संख्या में करते

(*) प्रस्तुत सामग्री मौलवी अब्दुलनबीखाँ की फारसी पाण्डुलिपि-**डग का इतिहास-1886** ई. से ग्रहीत है। इसका हिन्दी अनुवाद सन! 2004 में डॉ. एस. आर. खान, कोटा ने किया था। मूल पाण्डुलिपि के कुछ पृष्ठ संलग्न चित्र द्वारा प्रस्तुत किये गये हैं।

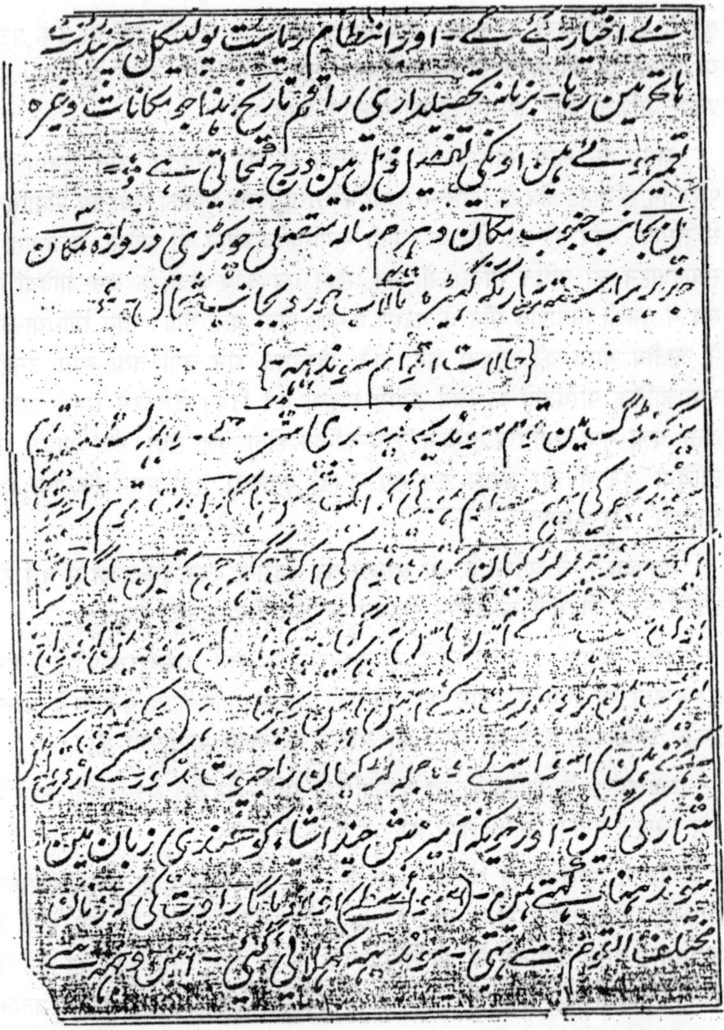
نے اختیار کئے گئے - اور انتظام ریاست پولیٹکل سپرنٹنڈنٹ
ہاتھ میں رہا - بزمانہ تحصیلداری راقم تاریخ ہذا جو مکانات وغیرہ
تعمیر ہوئے ہیں اونکی تفصیل ذیل میں درج کیجاتی ہے

{حالات اقوام سوندھیہ}

(1) सोंधिया के हालात–5 जनवरी 1905

1905 की हस्तलिखित उर्दू प्रति की जेरोम्स

- **तवारीख डग**
- मूल फारसी लेखक : मौलवी अब्दुल नबी खाँ, तहसीलदार-डग-लेखन 1886 ई. फारसी
- ऊर्दू अनुवाद लेखक : अखलाक अहंमद खाँ S/o मौलवी अब्दुल नबी खाँ, 5 जनवरी 1905 ई ऊर्द
- ऊर्दू अनुवाद 1905 की हस्तलिखित प्रति की छायाप्रति जिसमें सोंधियों का इतिहास है।

وندیہ کانوت تونگی - بکراوت - پڑیار - چوہان - کیلوت - وغیرہ ہین
(بکراوت باگاراوت کا مخفف معلوم ہوتا ہے) اور ایسا معلوم ہوا
کہ چھہ سو برس سے یہہ قوم ملک میواڑ سے آکر اس ملک مین آباد ہے
سوندھیہ کا پیشہ کاشتکاری ہے - مگر دل بخادی سے کام زراعت کے
انجام نہین دیتے اور انکا میلان طبیعت زیادہ شرارت کی جانب مائل
رہتا ہے - زراعت مین کاشت [illegible] کے سبب سے زیادہ
پیدا نہین کرتے ہین - اول یہہ کہ [illegible] کی کاشت کرنے والا [illegible]
[illegible]
[illegible] سرکار سے
[illegible] نہین کر سکتے ہین - [illegible]
چار قسم سے منقسم ہین - اول وطن دار - دوئم جوباکرسا (یعنی
کاشتکار قدیمی) سوئم کھاتہ دار - چہارم قراری - وطندار وہ ہین
کہ سرکار مین نذرانہ داخل کرکے آباد ہوئے کاشتکار وہ ہین
کہ جو وطن دارون کے ہمراہ آکر آباد ہوئے ہین اور اراضی اپنے
صرفہ سے درست کی ہے - لیکن سرکار سے وطنداری حاصل نہین کی

کہاتہ دار وطنداروں سے کنوئین اور زمین لیکر زراعت کرتے

اور اوسکا لگتہ راج مین جمع کرتے ہین قرار و کاشتکار - اون لوگو

کہتے ہین کہ دوسرے کی زمین مین کاشت کرکے زر محاصل

کہاتہ دار کو دیتے ہین - گانؤن کے مکہیا کو پٹیل کہتے ہین - اور وہ

شخص سلسلہ اولاد اکبر سے ہوتا رہتا ہے - پٹیل کو راج سے

معافی بھی دیجاتی ہے - اور [illegible] کاروبار انتظام [illegible] مین [illegible]

راج کو مدد دیتا ہے - اگرچہ [illegible]

[illegible]

[illegible]

[illegible]

[illegible]

[illegible]

پہلے اس [illegible] عہد تھا کہ اگر کسی مالدار ساہوکار کے ہمراہ ایک [illegible]

ہوتا تو اوسکے مال پر دست اندازی نہین کرتے تھے - اس زمانہ

مین عہد کی پابندی ترک کردی - بلکہ [illegible] ہو رہے ہین اور

[illegible] رشتہ داران [illegible] سے باز نہین رہتے

مشہور ہے کہ ایک داماد نے اپنے خسر کے ہان نقب لگایا

اور موقع پر زخم کاری کہایا — پہلے جب انتظام ملک کا تزلزل کی
حالت میں تہا سوندہیہ جمع ہوکر سواری اسپ اپنے وطن سے
دور جاکر ڈکیتی کرتے تہے اب کہ حکام دولت انگلیشیہ نے
بڑی توجہ سے انسداد جرائم کیا ہے سوندہیوں نے ڈکیتی کم
کردی ہے — سوندہیوں میں مال مسروقہ کی سراغ رسانی کرکے
ایک دستور حق الخدمت لینے کا ہے (حق الخدمت کو بہرائی کہتے ہیں)
بہرائی [illegible] یہانتک رواج ہے کہ باپ کا مال چوری جانے پر
بیٹا بہرائی [illegible] کا ارادہ کرتا ہے [illegible]
[illegible]
بہرائی [illegible] لیتے ہیں — [illegible] بہرائی کا
[illegible] — اس وجہ سے اگر [illegible] کا ہوتا ہے —
سوندہیوں کی عادت ہے کہ جب تک قرض سے کام چلے اپنے
پاس سے روپیہ خرچ نہیں کرتے — متمول آدمی بہی تخم کاشت کے
واسطے ساہوکاروں سے سودی روپیہ قرض لیتے ہیں اور
اس نقصان آمیز طریقہ کو اس طرح بیان کرتے ہیں —

[illegible] رسم قصبہ کی دوامی ہے اور دولت کو ہمیشگی نہیں ہے [illegible]

اپنے قدیمی رسم کو ترک کرکے دولت ناپائدار کا بھروسہ خلاف

عقل ہے - اس قوم میں ایک رواج یہ بھی ہے کہ جب حکام برگینہ

اونکے خلاف مرضی کوئی حکم دیں تو باتفاق شکایت کرتے ہیں

(اس کو پکڑ لیا کہتے ہیں) اور وہ اشخاص کہ جو اپنا کاروبار زراعت و

خانہ داری اپنے بزرگوں کے سپرد کرکے بیکار ہو جاتے ہیں اس

[illegible] کے بیش رو بیٹھے ہیں نام زری سمجھتے ہیں - اجراء کی دنیا [illegible]

[illegible] بہت بڑی ہے جب کبھی گاؤں میں بیماری وبائی

آجاتی ہے تو مکان اپنا ترک کرکے کہیں [illegible]

کرتے ہیں اور [illegible] لاتے ہیں [illegible] ہیں - نہ کسی کی [illegible]

اپنے گاؤں میں آنے دیتے ہیں - ازدواج ثانی کا اس قوم

دستور ہے مگر عجیب طریقہ سے - ولی بیوہ کا ازدواج کرنے [illegible]

[illegible] روپیہ وصول کرکے بیوہ کی [illegible] کر لیتے ہیں - [illegible]

قرار داد بیوہ کو کسی جگہ رشتہ داری میں لیجانے کا حیلہ کرکے

...نے مقررہ پر لیجاتے ہیں اور وہاں کوئی ضرورت شہر سے کی
ظاہر کرکے قیام کرتا ہے کہ ازدواج کرنے والا سعہ زر معینہ اور
دو چار کسان ہمراہی کے پہونچکر روپیہ دیتا ہے - ولی بیوہ کا روپیہ
حاصل کرکے غائب ہوجاتا ہے - روپیہ دینے والا بیوہ کو
پکڑ لیجاتا ہے ہرچند کہ وہ فریاد کرے مگر جبراً اپنے گھر کو
لیجاتا ہے - بیوہ اپنے ولی کے غائب ہوجانے سے سمجھ لیتی ہے
کہ روپیہ حاصل کرکے مجھے اس شخص کے حوالے کردیا - اسلئے
[illegible]
[illegible]
کوشش کرتے ہیں ... سالہ ... ہونے سے
بیشتر ۱۰۸۰۰۰ ہزار حاصل پرگنہ کا تھا - اب بندوبست ہونے کے
بعد ۸۸۰۰۰ ہزار رہا - ۲۰۰۰۰ ہزار کی تخفیف ہوئی
آراضی آبپاشی کی پانچ قسمیں ہیں - پیوت قدیمی پیوت دو فصلی پیوت یک فصلی
پیوت ناقص پیوت حکمی - ... سے ... تک فی بیگہ لگان ہے - اور
آراضی مال کی بھی پانچ قسمیں ہیں - گوئڑہ ... مال اوتار مال

हैं। पहले इस जाति में एक ऐसा रिवाज था कि यदि किसी धनी व्यक्ति के साथ कोई सोंधिया जाति का व्यक्ति होता था, तो कोई सोंधिया जाति का व्यक्ति उस धनी व्यक्ति के सामान की चोरी नहीं करता था; परन्तु वर्तमान में यह रिवाज समाप्त हो गया है। परिस्थिति इतनी अधिक बदल चुकी है कि इस जाति के व्यक्ति अपने ही गाँव में अपने ही सगे-सम्बन्धियों और जान-पहचान वाले व्यक्तियों के यहाँ चोरी कर डालते हैं। ऐसा प्रसिद्ध है कि एक जंवाई (दामाद) ने अपने ससुर के घर में चोरी करने के लिए दीवार में सेंध लगाई और इस अवसर पर उसको एक गहरा घाव लगा। पहले जब इस प्रदेश का शासन निर्बल था, उस समय सोंधिया जाति के व्यक्ति झुंड में इकट्ठा होकर घोड़ों पर बैठकर दूर के गाँवों में जाकर डकेती करते थे। ब्रिटिश सरकार के कुशल प्रशासन के कारण इस जाति की इस प्रवृत्ति पर बहुत अंकुश लगा। वर्तमान में सोंधियों ने डकेती करना कम कर दिया है। सोंधियों में एक विचित्र प्रकार की **'महराई'** नामक प्रथा है। इस जाति के व्यक्ति साल भर में किसी व्यक्ति से कुछ धन ले लेते थे। इस कार्य को **'हक्कुल खिदमत'** या "सेवा कार्य का पुरस्कार" या **'महराई'** के नाम से जाना जाता है। 'महराई' का रिवाज इस हद तक प्रचलित है कि पुत्र स्वयं अपने पिता का माल चोरी होने पर स्वयं अपने पिता से ही 'महराई' लेने का विचार रखता है। कई बार ऐसा भी हुआ है कि पुत्र स्वयं माल चुराकर दूसरे स्थान पर पहुँचा देता है और 'महराई' की धनराशि लेकर पिता को चोरी गये माल का पता बता देता है। इस जाति में एक ऐसा रिवाज है कि 'महराई' करने वाले व्यक्ति का नाम नहीं बताया जाता। इस कारण से अपराधों में वृद्धि होती रहती है। सोंधियों का ऐसा स्वभाव है कि जब तक उधार से काम चले तब तक वे अपने पास का धन खर्च नहीं करते। धनी व्यक्ति भी सरकार को लगान की धनराशि देने हेतु साहूकार से ब्याज पर धन लेते हैं इस विषय में उनकी ऐसी मान्यता है कि उधार लिया हुआ धन जो सदैव रहता है, परन्तु स्वयं का इकट्ठा किया हुआ धन सदैव नहीं रहता है। सोंधिया समाज में एक अन्य प्रथा यह भी है कि जब कोई राज्य–अधिकारी उनके विरुद्ध कोई कार्य करते हैं, तो वे सामूहिक रूप से उसकी शिकायत करते हैं। इस रिवाज को 'पचोला' कहते हैं। जो व्यक्ति अपनी खेती इत्यादि का कार्य अपने सगे-सम्बन्धियों को सौंप कर निश्चिन्त हो जाते हैं, वे इस कार्य को बहुत अच्छा मानते हैं। महामारी से यह जाति बहुत डरती है यदि किसी गाँव में महामारी फैल जाती है, तो इस जाति के व्यक्ति घरों को छोड़कर खेतों पर जाकर रहने लग जाते हैं। इतना ही नहीं, ये आपस में मिलना-जुलना भी छोड़ देते हैं। इस समाज

में पूर्व में उल्लिखित नाता प्रथा (स्त्री का पुनर्विवाह) भी विद्यमान है। इस दृष्टि से सोंधियों में दो थोक हैं। एक थोक राजपूतों के रीति-रिवाजों पर चलता है। दूसरे थोक में नाता प्रथा प्रचलित है। ये किसी भी जाति की स्त्री को चूड़ा पहनाकर घर में डाल लेते हैं। इनको रांगड़ी करना कहते हैं। (व्यास एवं गेहलोत, राजस्थान का सामाजिक एवं आर्थिक जीवन, पृ. 137) विधवा-विवाह प्रथा प्रचलित है, परन्तु इसके लिए वे एक नियत धनराशि लेने का निर्धारण करके उस विधवा को नियत तिथि पर सौंपने का दिन निर्धारित किया जाता है। निर्धारित दिन को उस विधवा को किसी सगे सम्बन्धी के यहाँ ले जाने का बहाना करके उसे पूर्व निर्धारित स्थान पर ले जाया जाता है। वहाँ जाकर ऐसा दिखावा किया जाता है कि किसी कार्यवश वे उस स्थान पर निवास कर रहे हैं। इस स्थान पर विधवा से विवाह करने वाला व्यक्ति अपने साथ दो-चार किसानों को लेकर आता है और निर्धारित धनराशि विधवा वालों को देता है। यह धनराशि प्राप्त करने वाला व्यक्ति फिर विधवा को वहाँ छोड़कर चला जाता है। विधवा को प्राप्त करने वाला व्यक्ति फिर विधवा को पकड़ लेता है। उस समय विधवा कितनी ही प्रार्थना करे, परन्तु वह व्यक्ति उस विधवा को बलपूर्वक पकड़ कर अपने घर ले जाता है। विधवा स्त्री उस समय जब यह देखती है कि उसके साथ आने वाला व्यक्ति अब यहाँ नहीं है तो वह समझ जाती है कि धन लेकर उसे इस व्यक्ति के हवाले किया गया है। इसलिए वह विधवा स्त्री उस व्यक्ति के साथ एक पत्नी की तरह रहने लग जाती है। सोंधिया जाति के व्यक्ति फौजदारी के अपराधों में लिप्त अपनी जाति के प्रत्येक व्यक्ति की सहायता करते हैं। इस प्रकार अपने इस व्यवहार से यह जाति आपराधिक प्रवृत्ति को पूर्ण रूप से बढ़ावा देती है।[1]

स्वतंत्रता के उपरान्त कतिपय प्रबुद्ध-जन ने शासन से अपने लिये राजनीतिक एवं सामाजिक सुविधाओं के लिये मांग प्रारम्भ कर दी थी एवं ऐसा ही प्रयास अखिल भारतीय सोंधिया राजपूत समाज सुधार समिति द्वारा एक पत्र राजस्थान सरकार से किया गया था।* परिणाम निकला था और मध्यप्रदेश एवं राजस्थान दोनों ही राज्यों में सोंधियान को पिछड़ी जातियों में सम्मिलित कर दिया गया।

---

*वह पत्र इस प्रकार है–

अखिल भारतीय सोंधिया राजपूत समाज सुधार समिति, कोटा

माननीय न्यायाधीश इन्द्रसैन इसरानीजी,
अध्यक्ष राजस्थान राज्य पिछड़ा वर्ग आयोग,
राजस्थान सचिवालय, जयपुर

सोंधिया समुदाय की सामाजिक परिवर्तन के कुछ विशिष्ट पहलू सामने आये हैं, उनके कतिपय उदाहरण देना यहाँ समीचीन होगा। सोंधिया समाज में श्री संगठनात्मक गतिविधियाँ देखने को मिल रही है।

पर्याप्त प्रयास करने के उपरांत सोंधियाजन में साक्षरता का प्रतिशत कतई उत्साहवर्धक नहीं है। स्वतंत्रता के पूर्व समाज के केवल 2% लोग साक्षर थे किन्तु अब 10-12 प्रतिशत साक्षर हैं। सर्वेक्षण का साक्ष्य है कि सोंधिया परिवार की महिलाओं का साक्षरता प्रतिशत लगभग 3 है। विभिन्न ग्रामों में शैक्षणिक एवं साक्षरता के विकास के जो प्रयास हो रहे हैं उनसे यह आशा रखना उचित ही होगा कि आगामी दस वर्षों में पुरुष एवं स्त्री साक्षरता का प्रतिशत बढ़कर 80 एवं 5 हो जायेगा।

वस्तुतः सन् 90 के दशक से इस जाति की कृषि-सभ्यता एवं गोचारण में आमूलचूल परिवर्तन हुआ। विद्युत संयंत्रों के उपयोग से घरों में विद्युत जगमगायी, वहीं चरस-बैलों जैसे सिंचाई के परम्परागत तरीकों में भी बदलाव हुआ। अब ये कुए पर बिजली की मोटरों से सिंचाई करने लगे हैं। इससे इनकी माली हालत में बहुत सुधार हुआ है। अब पारम्परिक व्यवसाय में कमी आई है तथा ये सभ्य एवं सुसंस्कृत वातावरण को आत्मसात करने लगे हैं।

विषय :– राज्य की सोंधिया राजपूत जाति को राज्य की पिछड़ी जातियों की सूची में सम्मिलित करने के सम्बन्ध में।

सन्दर्भ :– 1. प्रसिद्ध अंग्रेज इतिहासज्ञ कर्नल टाड की भारतीय इतिहास की पृष्ठ संख्या 154, 155, 511 से 514 (फोटो प्रति संलग्न)

2. भूतपूर्व सांसद एवं इतिहासज्ञ स्व. डॉ. रघुवीरसिंह जी सीतामऊ की इतिहास पुस्तक के पृष्ठ संख्या 13, 22, 370 एवं 371 (फोटो प्रति संलग्न है।)

श्रीमान,

उपरोक्त विषय एवं संदर्भ के अंतर्गत नम्र निवेदन है कि उक्त संदर्भित पुस्तकों के उक्त वर्णित पृष्ठों पर जिस सोंधिया राजपूत जाति का उल्लेख है, उससे संबंधित लोग राजस्थान के झालावाड़ जिले में करीब 2 लाख की जनसंख्या में बकानी, पिड़ावा, गंगधार, चौमहला, भवानी मण्डी के आस-पास के गाँव में तथा कुछ कोटा जिले में निवास करते हैं। मध्य प्रदेश के राजगढ़ (ब्यावरा), शाहजहाँपुर, शुजालपुर, मंदसौर, उज्जैन, देवास आदि जिलों में सोंधिया राजपूत जाति के सदस्यों की संख्या करीब 25 लाख से अधिक है। मध्य प्रदेश सरकार ने इस जाति को सन् 1957 के पूर्व से ही इस जाति के लोगों की सामाजिक एवम् शैक्षणिक स्थिति, रहन-सहन, खान-पान और आर्थिक पिछड़ेपन के कारण पिछड़ी जाति की सूचियों में सम्मिलित कर रखा है। सन् 1957 के पूर्व से ही इस जाति के लोगों को मध्यप्रदेश में पिछड़ी जातियों को

मिलने वाली सारी सुविधाएँ प्राप्त हैं, लेकिन दुर्भाग्य से पिछड़ी जाति के समान सामाजिक, शैक्षणिक एवं आर्थिक परिस्थितियों वाले केवल राजस्थान प्राप्त की मात्र 2 लाख की आबादी पिछड़ी जातियों को प्राप्त होने वाली सुविधाओं से वंचित होने के कारण और भी अधिक पिछड़ते जा रहे हैं।

उपरोक्त कारणों से आज झालावाड़ जिले के इस जाति के मात्र 2% पुरुष केवल शिक्षित समुदाय की श्रेणी में आ पाये हैं, जबकि मध्य प्रदेश में करीब 5-6% पुरुष शिक्षित की श्रेणी में आ गये हैं। महिलाओं का प्रतिशत तो अभी भी दोनों राज्यों में शून्य (नगण्य) ही है।

राजस्थान में राज्य सेवा में केवल एक सहायक अभियंता, एक बैंक सुपरवाइजर तथा 6-7 अध्यापक ही कार्यरत हैं। यह एक आश्चर्यजनक सत्य है कि राजस्थान और मध्य प्रदेश दोनों ही राज्यों से मिलाकर एक भी व्यक्ति अभी तक किसी प्रकार की केन्द्रीय सेवाओं में कार्यरत नहीं है। कोई व्यक्ति, आज तक लोकसभा व राज्यसभा का सदस्य नहीं बन पाया है। कोई डॉक्टर भी इस जाति का नहीं है। राज्य प्रशासनिक सेवा में केवल दो व्यक्ति मध्यप्रदेश राज्य में हैं तथा स्नातक अभियंता केवल दो हैं। कोई भी महिला राज्य अथवा केन्द्र सेवा में नहीं है। आज तक केवल 7 व्यक्ति ही राज्य विधानसभा में पहुँच पाए हैं। उपरोक्त स्थिति इस जाति की देश को आजाद होने के 45 वर्ष पश्चात् है तो यह अनुमान का विषय है कि अगर इस जाति के लोगों को उचित प्रोत्साहन नहीं मिल पाया तो आने वाले सौ वर्षों तक भी इस जाति की उपरोक्त स्थिति में कोई गुणात्मक परिवर्तन आने की सम्भावना नहीं के बराबर है।

आर्थिक रूप से भी इस जाति के दोनों प्रदेशों के 50% से भी अधिक परिवार गरीबी की रेखा से नीचे जीवन-यापन कर रहे हैं तथा अन्य लोगों की भी कोई अच्छी आर्थिक स्थिति नहीं है। अधिक से अधिक 40-50 परिवार दोनों प्रदेशों में ऐसे मिल सकते हैं, जिनके पास राज्य सिलिंग से अधिक कृषि भूमि या अन्य सम्पत्ति हो सकती है तथा मुश्किल से 20-25 परिवार ऐसे मिल सकते हैं, जिनकी आमदनी एक लाख रुपये वार्षिक से अधिक हो।

सामाजिक रूप से यह समाज अभी भी कर्नल टाड एवं डॉ. रघुवीरसिंह के वर्णनानुसार ही है। यह समाज अपने आपको राजपूत कहता है, लेकिन क्षेत्र के अन्य लोग इन्हें राजपूत मानने को ही तैयार नहीं है। सोंधिया समाज में बाल विवाह शत-प्रतिशत है तथा मृत्युभोज पर सामर्थ्य से अधिक कर्जा लेकर खर्चा किया जाता है। अभी भी अनेक लोग चोरी, डकैती, लूट-मार, तस्करी एवम् हत्याओं में लिप्त हैं। छोटी-छोटी बातों पर आपस में लड़ाई-झगड़ा करना इस समाज के लोगों का रोज का ही कार्य है। महिलाओं को पढ़ाना तो दूर, अधिसंख्य परिवार उन्हें घर से बाहर तक भी नहीं निकलने देते हैं तथा प्रत्येक स्त्री को घूँघट या पर्दे में रहना अभी भी आवश्यक है। कुछ स्थानों पर विधवा/परित्यक्त महिलाओं की खरीद-फरोख्त कर नात्रे बिछा दी जाती है। शत-प्रतिशत परिवार कृषि व्यवसाय से ही अपना जीविकोपार्जन करते हैं तथा अन्य किसी भी प्रकार के व्यवसाय में सोंधिया जाति का कोई दखल नहीं है। सोंधिया जाति की वेश-भूषा भी क्षेत्र की अन्य अनुसूचित जातियों, जनजातियों एवं पिछड़ी जातियों के समान ही है। सोंधिया जाति के अधिकतर पुरुष तथा कई महिलाएँ भी देशी शराब का प्रचुर मात्रा में सेवन करने के कारण अनेक प्रकार के अपराधिक कृत्यों में लिप्त पाये जाते हैं।

शैक्षणिक स्थिति – भारत स्वतंत्र होने पर इनको भी स्वतंत्रता की वायु में श्वास लेने का अवसर मिला। उस स्थिति में खेड़े-खेड़े (गाँव-गाँव) में ग्राम प्रधान के साथ एक-दो व्यक्ति ही ऐसे मिलते थे, जिन्हें "कक्का केवल्यो" या "सीधो बरना समामुनाया चत्रु-चत्रु दासा-दाऊ सवेरा" तथा गिनती-पहाड़े के नाम पर "एक दूं-दूं भें दूं-चार" याद हो। यद्यपि अब धीरे-धीरे ये शिक्षा की ओर उन्मुख हुए और सन् 70 के दशक के बाद गाँव-गाँव में पाठशालाएँ खुल जाने पर इन्होंने अपने बालकों को पढ़ाना प्रारम्भ किया। इसके पूर्व तक गाँव के समझदार यह कहकर कि, "म्हाँके छोरा ऐं भणई के कई पटवार पणों करनो?" या म्हाँका छोरा तो ढाँडा चरई ने पेट भरी लेगा", पढ़ाने को उचित नहीं सकझते थे। अब थोड़ा साक्षर होने लगे हैं। तथापि शिक्षा का प्रचार-प्रसार व्यापक रूप में न होने से इनका जीवन सुखी व समृद्ध नहीं है। महिला वर्ग की स्थिति तो अब भी दयनीय है। इनमें शत प्रतिशत पिछड़ापन अब भी कूट-कूट कर भरा है, क्योंकि इनकी सामाजिक स्थिति अत्यंत कमजोर है।

अब शैक्षणिक प्रगति भी शनैः-शनैः इस समाज में व्याप्त हो रही है। अब इस समाज के युवक, मुख्य शिक्षक, पटवारी, वकील, इंजीनियर आदि पदों पर प्रतिष्ठित होने लगे हैं। शैक्षणिक जागरण से इनकी सभ्यता और संस्कृति भी प्रभावित हुई हैं।

अतः श्रीमान् से निवेदन है कि उपरोक्त तथ्यों को ध्यान में रखकर सोंधिया राजपूत जाति को शीघ्रातिशीघ्र राज्य एवं भारत सरकार की पिछड़ी जाति की सूची में शामिल करवाने का कष्ट करें ताकि इस अत्यंत पिछड़ी जाति के लोगों का भी विकास अन्य पिछड़ी जातियों के समान ही समय पर हो सके।

धन्यवाद।

भवदीय

दिनांक : 20.03.94

(हरिसिंह चौहान)

सदस्य

अखिल भारतीय सोंधिया राजपूत समाज सुधार समिति, कोटा

प्रतिलिपि सूचनार्थ एवं आवश्यक कार्यवाही हेतु प्रेषित है–

1. माननीय श्री टी. आर. वर्मा, सदस्य सचिव - राजस्थान राज्य पिछड़ा वर्ग आयोग, राजस्थान सरकार।
2. माननीय श्री पूनमचंद जी विश्नोई, सदस्य - राज्य पिछड़ा वर्ग आयोग, राजस्थान जयपुर।
3. माननीय श्रीमती रमा पायलेट, सदस्य - पिछड़ा वर्ग आयोग

पत्र-व्यवहार हेतु पता - हरिसिंह चौहान,

मकान नं. सी-94, थर्मल, कॉलोनी, सकतपुरा, कोटा (राज.) पिन-324 008

वर्धित राजनीतिक एवं सामाजिक चेतना का यह परिणाम भी सामने आया है कि कुछ प्रसिद्ध सोंधियाजन विधायक, मंडी-समितियों के अध्यक्ष, ग्राम पंचायत के सरपंच, विभिन्न स्तरीय पंचायत के सदस्य के रूप में अपना स्थान बनाने में सफल हुए हैं। इन महानुभावों की सक्रियता से सोंधियाजन की राजनीतिक, सांस्कृतिक एवं व्यावसायिक चेतना में पर्याप्त अभिवृद्धि हुई है।

अपने क्षेत्रों में शांति एवं व्यवस्था को बनाये रखने के लिये शासक-प्रशासक वर्ग ने बहुत से सोंधियाजन को अपराध-जगत् से मोड़कर कृषि एवं पशुपालन की ओर मोड़ने का प्रयास किया जिसमें वे पश्चिमी सोंधवाड़ में थोड़ी-बहुत मात्रा में सफल हुए स्वतंत्रता के उपरांत भी सोंधियाजन की अपराधवृत्ति यद्यपि पूरी तरह समाप्त नहीं हुई किन्तु सोंधिया समुदाय अब लुटेरा समुदाय की अपेक्षा कृषक समुदाय के रूप में उभर आया। फिर भी आर्थिक दृष्टि से इस जाति की स्थिति अच्छी नहीं है। शिक्षा के अभाव में वे अपना पुश्तैनी व्यवसाय उसी रूप में पकड़े हुए हैं, जो स्वतंत्रता पूर्व तक था। सारा समाज साहूकारों, पटेलों एवं नम्बरदारों के ऋणों से दबा हुआ है। बैंकों के कर्जों से भी उऋण नहीं हो पाते।*

---

*राजगढ़ जिले की सारंगपुर तहसील में सोंधिया बहुल का एक ग्राम झिरी है। हमारे एक सर्वेक्षक डॉ. लक्ष्मीकान्त सक्सेना की यह रपट बड़ी अपवादस्वरूप एवं उत्तेजक है—

शासकीय कन्या उच्चतर माध्यमिक विद्यालय में तीन दिवसीय संस्कृत प्रशिक्षण शिविर आयोजित हुआ, उसमें ग्राम झिरी के संस्कृतज्ञों ने भी भाग लिया। इनमें अधिकांशतः सोंधियाजन थे। उनके सान्निध्य से इस ग्राम के हुए क्रांतिकारी सामाजिक सांस्कृतिक परिवर्तन की झलक देखने को मिली।

इस गाँव का बच्चा-बच्चा संस्कृत भाषा से पूर्ण परिचित है। वृद्धजन, महिला-समाज, किसान, हाली, मजदूर सभी जाति के लोग अपने दैनिक कायक्रम की वार्तालाप संस्कृत में करते हैं। यहाँ का सोंधिया समाज इस भाषायिक परिवर्तन से सांस्कृतिक दृष्टि से बड़ा अग्रणी बन गया है। सरकार द्वारा इस कारण यह ग्राम "गोकुल ग्राम" घोषित हो चुका है।

इस गाँव में मद्यपान, झगड़ा, जुआ, सट्टा, लड़ाई, मृत्युभोज, बालविवाह, अशिक्षा, पर्दा प्रथा सभी में आश्चर्यजनक परिवर्तन हुआ है। यहाँ का समाज धीरे-धीरे साक्षर हो गया है। यहाँ कोई भी अपराधिक कृत्य नहीं होते। लोग मिलजुल कर संगठन बनाकर सोत्साह ग्राम सुधार में लगे हुए हैं। अपने गाँव को साफ-सुथरा, व्यवस्थित, सुरक्षित स्वयं ग्रामवासी ही बना रहे हैं। इनके द्वारा ही सड़क, नाली, ट्यूबवेल लगाये गये हैं। सड़के व नालियाँ पक्की हैं। जल-आपूर्ति व बिजली की व्यवस्था स्वयं उन्होंने ही यहाँ के सोंधियाजन आन, बान, शान, मान, पान से समाज को मजबूत कर रहे हैं। इस सुधार आन्दोलन में झिरी के एक शिक्षक श्री उदयसिंह चौहान एवं ग्राम के प्रबुद्धजन की महती भूमिका रही हैं।

अभी भी इनके छोटे-छोटे बच्चे या तो गोप जीवन व्यतीत कर रहे हैं या दूसरों के घरों पर हालीपना (बन्धुआ मजदूर) का जीवन जी रहे हैं। अधिकांश कृषकों की माली दशा समुन्नत नहीं है। वर्तमान औद्योगिक क्रांति के फलस्वरूप वैज्ञानिक कृषि करने की तमन्ना तो रखते हैं, किन्तु अर्थाभाव इन्हें आगे बढ़ने नहीं देता। कुछ लोग तो भयंकर रूढ़िवादी हैं। वे माण्डा-मोसर-थाना-कचहरी और शराब, माँस एवं लड़ाई-झगड़े के पीछे जहाँ हजारों रुपयों का कर्ज ओढ़ लेने में अपनी शान समझते हैं, वहीं खाद-बीज के नाम पर मुकर जाते हैं। अशिक्षा, पिछड़ापन एवं आदिम-मानस होने से इनकी मनोवृत्तियों में कोई सुधार नहीं हो पा रहा है। समाज में बिरला ही कोई व्यक्ति होगा जो पढ़ लिख कर कहीं नौकरी पा गया हो अन्यथा नौकरी करने को तो ये अपनी मर्यादा के विरुद्ध समझते हैं। यही कारण है कि समाज का बहुसंख्यक वर्ग अद्यतन पिछड़ेपन का अभिशाप भोग रहा है। सन् 90 का दशक कृषि क्षेत्र में संक्रांति काल रहा, जब से मालवा में सोयाबीन एवं गेहूँ का उत्पादन शुरू हुआ। सोंधिया समाज के कृषकों ने भी कृषि में इसका प्रयोग किया। अब ये उनकी केश क्रॉप (नगद फसल) के रूप में जीवन-स्तर को सुधारने में महत्त्वपूर्ण भूमिका अदा कर रही है। प्राचीन परम्परागत कृषि तथा ज्वार, मक्का, कपास, मूँगफली आदि का उतपादन नहीं के बराबर हो रहा है, तथापि इनका पूरा लक्ष्य सोयाबीन, धान, गेहूँ, मसूर जैसी फसलों पर स्थिर हो गया है। इससे दस गुनी आय मिलने लगी है एवं शनैः-शनैः इस समाज में कृषकों की आर्थिक स्थिति सुदृढ़ होती जा रही है।

सोंधिया समाज की संगठनात्मक गतिविधियाँ

पूर्व पंचायत के आधार पर जातीय फैसले अनिवार्य रूप से मान्य होते थे और इन्हें अमान्य करने पर इन्हें सम्बंधित पक्ष को समाज-व्यवहार से पृथक् कर दिया जाता रहा। स्थिति में अब पर्याप्त परिवर्तन है। फिर भी जातीय पंचायतों का प्रभाव गाँवों में पूर्ण या आंशिक रूप से देखा जा सकता है।

सोंधिया समाज ने दिनांक 15 जून, 1987 रविवार गोपालपुरा (सारंगपुर) के द्वि-दिवसीय प्रथम अखिल भारतीय अधिवेशन में सर्वानुमति से जो प्रस्ताव पारित किया, उसमें संस्था के नियम, उपनियम, उद्देश्य आदि का बिन्दुवार विवेचन किया गया। शासकीय नियम के अनुसार संस्था पंजीयन कराई गई। इसका पंजीयन क्रमांक 1792 है। संगठन की नियमावली का द्वितीय प्रकाशन संस्करण के रूप में जून 1990 को हो चुका है। यह इस समाज के जागरण का एक महत्त्वपूर्ण उदाहरण है। पंजीकृत विधान "अखिल भारतीय सोंधिया राजपूत" नामक

पंजीकृत संस्था के कार्यालय राजगढ़ (ब्यावरा) म. प्र. में स्थाई रूप से रखने का निर्णय किया गया। अन्य संभाग, जिलों, तहसीलों व नगरों में इस संस्था की शाखाएँ खोलने का प्रावधान रखा गया। पंजीकृत विधान के अनुसार शाखा-इकाईवार पदाधिकारी अध्यक्ष, उपाध्यक्ष, कोषाध्यक्ष, संयुक्त सचिव, सचिव व कार्यकारिणी सदस्य रहेंगे।

मुख्य बात है सोंधिया समाज राजगढ़, शाजापुर, उज्जैन, झालावाड़ जिलों में ही रहता है। इस कारण सामाजिक संगठनों का कार्यक्षेत्र से ही जिले हैं। कुछ और संगठन भी सामने आते हैं। इन संगठनों की समय-समय पर बैठकें होती हैं और वार्षिक आधार पर अधिवेशन होते हैं इनमें सामाजिक संगठन एवं समाजोत्थान की चर्चा विशेष रूप से होती है तथा सरकार से अपने लिये सुविधाओं की मांग की जाती है।

इन संगठनात्मक गतिविधियों से जो सामाजिक-चेतना जागृत हुई, उसका प्रभाव भी सामने आ रहा है। विगत दशक में बाल-विवाह में 2% की कमी आई है। बड़े ग्रामों और कस्बों में सोंधिया नारियों ने धीरे-धीरे घूंघट प्रथा से मुख मोड़ लिया है। उज्जैन के बुधवारिया क्षेत्र में तो एक विशाल सोंधवाड़ी धर्मशाला एवं मंदिर निर्मित हो चुके हैं। अन्य स्थानों पर भी ऐसे ही छोटे-मोटे प्रयासों की सूचना है।

मालवा के सोंधवाड़ी क्षेत्र में 1857 का विद्रोह

सन् 1857 में सोंधवाड़ क्षेत्र का महान् विद्रोह हुआ। जब राजस्थान के शेखावाटी क्षेत्र में अंग्रेजी सत्ता के विरुद्ध क्रांतिकारी लोकनायक डूंगरसिंह शेखावत ने प्रभावशाली प्रयास किया। तब क्रांति का बिगुल बजाया गया। नरसिंहगढ़ का डूंगरसिंह, अमझेरा के बख्तावरसिंह, महिदपुर के हीरासिंह तथा सोंधवाड़ के वीरनायक अमरसिंहजी, लालजी और कचरूजी ने अपनी मातृभूमि की स्वतंत्रता के लिये अंग्रेजों के छक्के छुड़ा दिये। जनश्रुति के अनुसार सोंधवाड़ी क्षेत्र के अंतर्गत कलस्या ग्राम के जागीरदार अभयसिंह ने डूंगरसिंह को सहयोग दिया। सन् 1836 ई. तक अंग्रेजों के ठिकाने लूटने के बाद अजमेर के समीप नसीराबाद को लूटा। इधर जवाहरसिंह ने मालवा क्षेत्र के मंदसौर, नीमच पर धावा करने का कूच किया। लोक संस्कृतिविद् डॉ. शैलेन्द्रकुमार शर्मा के अनुसार कलस्या ग्राम आलोट तहसील की सीमा के अंतर्गत पुरातात्त्विक दृष्टि से बड़ा महत्त्वपूर्ण है। यहाँ ताम्राश्म काल से लेकर शक-कुषाण काल के मृत्तिका पात्रों के अवशेष मिले हैं। जवाहरसिंह को

मदद देने के लिए कलस्या के अभयसिंह और उनका पुत्र अमरसिंह आगे आये, डूंगरजी को मुक्त करवाने के लिए कलस्या के ये दो वीर जवान जवाहरसिंह के साथ आगरा छावनी पहुँचे। वहाँ सरकारी खजाने को लूटा। कलस्या में प्रचलित एक लोकगीत के अंश में उल्लेख है "कोटो लूट्यो, बूंदी लूटी, और लूट्या आगरा।" डूंगरजी जैसे क्रांतिकारी के साथ जनक्रांति के हमराह रहे अभयसिंह और उनका पुत्र अमरसिंह, भाई लालजी ने सोंधवाड़ क्षेत्र में अपना संघर्ष जारी रखा। मल्हारगढ़ में 8 जून, 1857 ई. को विद्रोह हुआ। साथ ही 6-8 जून को महिदपुर में भारतीय सैनिक विद्रोही हो गये। तब मालवा के सोंधवाड़ी क्षेत्र में इस विद्रोह का व्यापक असर हुआ। कामरानी, विलायती आदि हजारों मुस्लिम, अंग्रेजों के विरुद्ध उठ खड़े हुए तो दूसरी ओर कलस्या के अमरजी सहित अनेक गिरासिये (ग्रास पाने वाले) भी जुटे। सोमवार 8 जून, 1857 ई. को महिदपुर काण्टिजेण्ट में विद्रोह फूट पड़ा। सैनिकों ने अपने अधिकारी केप्टन बोर्ड़ो एवं लेफ्टिनेंट हंट की हत्या कर दी। महिदपुर के अंग्रेजों को लूटकर ये लोग ताल, तहसील आलोट की ओर चले गये। 10 जून, 1857 ई. को ताल होते हुए इन्होंने सोंधवाड़ के वीरों का उत्साहवर्धन स्वागत किया। 4 जुलाई, 1857 ई. को आगर के सैन्य-दल ने विद्रोह कर दिया। अनेक अंग्रेजों को मारा और जो बचे वे महिदपुर की ओर भागे। पर वहाँ की नाजुक स्थिति देख ये अंग्रेज ताल-मंडावल के रास्ते भागे। कुछ अंग्रेज अपने परिजनों के साथ आगर के करनाली गाँव के जंगल में भागे जिन्हें वहाँ के हाकिम बापूखाँ दंडी ने मारा। शेष जो बचे वे सोंधवाड़ क्षेत्र से होकर पहुँचें। आलोट के समीयतखाँ व फरीद खाँ ने मेवातियों के साथ विद्रोह का झंडा उठाया था। इन्होंने आगर से भाग कर आये अंग्रेज परिवारों को घेर लिया। आलोट के हाकिम ने इन्हें गुड़गुच्या (वर्तमान में विक्रमगढ़) पहुंचाया और अपनी सवारी और हथियार उपलब्ध करवाकर सीतामऊ रवाना किया।[2]

आगर-विद्रोह से बचे कुछ अंग्रेज, महिदपुर में मेजर टिमिन्स की शरण में आये। फिर वह अंग्रेज-परिवारों को सुरक्षित लेकर ताल की ओर निकला। वहाँ से आलोट के उत्तर की ओर सोंधवाड़ के समीपवर्ती क्षेत्र से चंबल नदी पार कर 11 जुलाई, 1857 ई. को सीतामऊ पहुँचा। सीतामऊ राज्य की पुरानी राजधानी लदूना के राजमहलों में उन्हें सुरक्षित ठहराया गया। उपरांत सीतामऊ नरेश ने टिमिन्स को हाथी देकर सुरक्षित महिदपुर पहुँचाया।[3] इधर सोंधवाड़ी क्षेत्र में गंगाधार के आसपास सोंधिया विद्रोहियों ने अपनी गतिविधियाँ तेज कर दीं। इनमें कलस्वा के वीर अमरसिंह भी शामिल थे। 11 अगस्त, 1860 ई. को विद्रोह का नेतृत्व कर रहे

शाहजादा फिरोज अपने साथियों की सहायता से मंदसौर की गादी पर बैठा। उसकी सेवा में रत मकरानी, विलायती, अरब आदि विद्रोही सिपाही एकजुट हो गये। उनके समान्तर सोंधवाड़ी क्षेत्र में अमरसिंह के नेतृत्व मे विद्रोह जारी रहा। अगस्त-सितम्बर, 57 में मालवा के सोंधवाड़ क्षेत्र में तीव्र वर्षा हुई। इसमें हजारों घर उजड़ गये। अनके पुलों के टूटने से सड़क सम्पर्क भी टूट गया। वर्षा-समाप्ति के बाद महिदपुर-ताल एवं आलोट क्षेत्रों में विद्रोही गतिविधियाँ फिर शुरू हो गईं। महिदपुर के उत्तर पश्चिम में स्थित गोगापुर गाँव को विद्रोहियों ने लूट लिया। ऐसे ही पास के गाँव नापाखेड़ी को भी जला दिया। महिदपुर परगना के सोंधवाड़ी क्षेत्र के गाँव भी जला दिये गये। आलोट के विद्रोहियों की गतिविधियाँ समियतखाँ के नेतृत्व में तीव्र हो गई।[4]

महिदपुर के विद्रोही जमादार ने भी जुलाई, 57 के आसपास गतिविधियाँ तेज कर दी थीं। नवम्बर, 57 में वह अपने साथियों को लेकर सोंधवाड़ क्षेत्र स्थित बड़ीद, ससुनेर की ओर आया। वहाँ से कुछ साथियों को इकट्ठा करके लगभग दो सौ पैदल लेकर आलोट, गुडगुच्या (विक्रमगढ़) तथा बरखेड़ा होकर सीतामऊ और मंदसौर की ओर गया। हीरासिंह को मारने के लिये अंग्रेजों ने दो हजार रुपयों का इनाम रखा। सोंधवाड़ क्षेत्र के ग्रामों में प्रायः प्रतिदिन लूटपाट की घटनाएँ होने लगी थीं। इसी बीच 8 नवम्बर, 1850 के दिन महिदपुर छावनी पर धार के विलायती विद्रोहियों ने आक्रमण कर दिया। अनेक अंग्रेज अधिकारियों व कर्मचारियों के बंगले लूटकर जला दिये। यहाँ के पठान और मेवाती विद्रोहियों ने पर्याप्त शस्त्र भी इकट्ठे कर लिये थे। दिसम्बर, 57 प्रथम सप्ताह में डयूरण्ड ने भगोर (सीतामऊ), बरखेड़ा आदि क्षेत्रों का दौरा किया। 5 दिसम्बर, 1857 को सोंधवाड़ के ग्राम भोजाखेड़ी (तत्कालीन देवास राज्य) में आया। वहाँ से अगले दिन ग्राम कीट्या (परगना गंगधार) गया। तीसरे दिन फिर भोजाखेड़ी लौट आया।[5]

संभवतः उसकी यात्रा का उद्देश्य सोंधवाड़ क्षेत्र के विद्रोहियों की गतिविधियों पर अंकुश लगाना था। वहाँ से ढाबला हरदू (उज्जैन) होता हुआ महिदपुर लौट गया। फिर 15 दिसम्बर, 1857 को इन्दौर पहुँचा। कलस्या के अभयसिंह (अबजी) द्वारा अंग्रेजी सत्ता के विरुद्ध विद्रोही गतिविधियों के लिए गाँव को जब्त कर लिया गया और नगद रोटी कर दी गई। अबजी की मृत्यु के बाद उसके भाई लालजी और पुत्र अमरजी ने विद्रोह का झंडा अपने हाथ में उठाया। वे इस समय कई गाँवों से धन-संग्रह करते रहे। जनवरी, 1858 में अंग्रेजों ने उनके विरुद्ध गिरफ्तारी वारंट जारी कर दिया। कलस्या और सोंधवाड़ के समीप के इलाकेदारों, जिनमें आलोट परगना (देवास राज्य), महिदपुर (होल्कर राज्य), मन्दसौर (सिंधिया राज्य), ताल

परगना (जावरा नवाब) सीतामऊ तथा गंगधार (झालावाड़) भी प्रमुख रूप से शामिल थे। इन्हें निर्देश दिया गया कि उनकी गिरफ्तारी में जो सुस्ती या गफलत करेगा, वह सजा का पात्र होगा। अमरजी और लालजी जगह-जगह से हथियार लूटकर सोंधवाड़ी क्षेत्र के लोगों को उपलब्ध करवाते थे। इसलिए अंग्रेजों ने आदेश जारी किया कि जिस इलाके, गाँव या जंगल में उनके द्वारा फेंके गये हथियार मिले, उनकी सूचना तत्काल दी जाय।[6]

अमरजी पिता अभयजी तथा लालजी मंदसौर के विद्रोहियों के साथ मिल गये। उधर आलोट में समियतखाँ और मुरीदखाँ ने स्वतंत्रता का झंडा फहरा दिया और बहुत से मेवातियों को इकट्ठा कर लिया। फिर अपनी छोटी सेना भी तैयार कर ली और अपने को आलोट का नवाब घोषित कर दिया। वह भी मंदसौर वालों के साथ मिल गया।[7] करनाली के जंगलों में बापूखाँ दण्डी ने आतंक मचा दिया था। उधर समियतखाँ के साथी मंदसौर संघर्ष में मारे गये। गुराड़िया ग्राम के पास शहजादा फिरोज से अंग्रेजों द्वारा लड़ा गया युद्ध निर्णायक रहा। शहजादा कर सेना को परास्त कर अंग्रेजों ने फिर से 25 नवम्बर, 1857 को मंदसौर पर कब्जा की लिया। पर कलस्या के अमरसिंह अपने सहयोगियों के साथ बच निकले। उसकी गतिविधियाँ सन् 1858 के अंत तक जारी रही।[8]

अमरजी, लालजी ने सोंधवाड़ क्षेत्र के एक बड़े भू-भाग पर अपनी गतिविधियाँ जारी रखीं। उनके साथ एक अन्य वीर कचरू भी था। इन सबने अपने रण-कौशल तथा अप्रतिम वीरता से अंग्रेजी सत्ता की नाक में दम कर दिया था। आगर-मालवा की छावनी से लेकर आगरा तक इन लोगों ने अपने शौर्य की धाक जमाई थी। इनके साथ पाँच सौ साथियों की फौज थी, जिनमें एक से बढ़ कर एक वीर योद्धा थे। वीर कचरू ने आगर छावनी के घुड़सवार के दल के घोड़ों को मार डाला। अंग्रेजों ने उसे घेरने का प्रयास किया, पर वह बच निकला। आगर छावनी में उसे 'कचरू फौजा' के नाम से जाना जाता था।[9]

मार्च, 1858 में कोटा में विद्रोह हुआ। कलस्या के अमरजी और उनके साथियों ने कोटा एवं बूंदी में लूट मचाई। एक लोक-गीत "कोटो लूटयो बूंदी लूटी" वाली पंक्ति में कलस्या के इन वीरों के शौर्य की गाथा आज भी घर-घर में कही जाती है। अंग्रेजों ने मार्च, 1858 के अंत तक कोटा के विद्रोहियों पर विजय पा ली थी, किन्तु कलस्या के ये वीर वहाँ से निकलकर फिर से सोंधवाड़ क्षेत्र में छिप गये। कोटा के विद्रोहियों में शामिल मंदंसौर के कुछ योद्धा गिरफ्तार कर लिये गये जिन्हें फाँसी दे दी गई। अगस्त, 58 में बूंदी में विद्रोहियों का दल पहुँचा। इसमें

सोंधवाड़ के वीर शामिल थे। इसी प्रकार रामपुर आदि क्षेत्र में इन्होंने घुसपैठ की। महिदपुर काण्टिन्जेंट के विद्रोही हीरासिंह जमादार और ठाकुर जोरावरसिंह खजूरी वाले की गतिविधियाँ तेज हो गई थीं। उनके सोंधवाड़ या सीतामऊ (सोंधवाड़) क्षेत्र में होने की खबर से अंग्रेज सतर्क हो गये। इन्हें पकड़ने की मुहीम तेज कर दी गई। नाकों और घाटों पर चौकसी रखने के आदेश प्रसारित कर दिये गये। फिर भी सोंधवाड़ के विद्रोहियों ने दो-तीन सौ की संख्या में इकट्ठे होकर सीतामऊ के महुवी गाँव में डाका डाला। वहाँ से समान और पशु हाँक ले गये। उधर कलस्या सहित सोंधवाड़ क्षेत्र के विद्रोहियों की गतिविधियाँ जारी रहीं। उनके दमन के लिए सर ह्यूरोज तथा बर्टन अपनी सेना और तोपखाने के साथ गंगधार की ओर आये। साथ में 3-4 हजार सैनिकों का दल था, किन्तु विद्रोही सुसनेर (सोंधवाड़) क्षेत्र की ओर चले गये। उन्होंने जनवरी, 1859 में पाटन (झालावाड़) के वकील रामदयाल को पाटन से इन्दौर की ओर लौटते समय डग-गंगधार क्षेत्र में लूट लिया। इस लूट में कलस्या के विद्रोही अमरसिंह प्रमुख थे। यह बात गंगाबाई (कलस्या) से प्राप्त लोकगीत से भी पुष्ट होती है।[7] कलस्या के अमरजी की विद्रोही गतिविधियाँ जारी रहीं। उन्होंने अपने दल की शक्ति को संचित किया तथा दो सौ योद्धाओं से मिलकर आलोट परगने (देवास-बड़ी पाँती) के खजाने को लूटने के लिए कूच किया। कलस्या और आलोटे के बीच शिप्रा नदी पर पड़ाव डाला गया। अमरजी और लालजी ने आलोट के तहसीलदार के पास खजाना लूटने के लिए सूचना भेजी। तब तहसीलदार के निवेदन पर भोजाखेड़ी जागीर के ठाकुर ने बीच में पड़ कर समझौता करवाया। इसके बदले अमरजी ने आलोट खजाने से पर्याप्त राशि हर्जे-खर्चे के तौर पर ली। स्थानीय जनश्रुति के अनुसार देवास महाराज रुक्मांगदराव से कलस्या के अमरजी द्वारा ली गई राशि के कारण अंग्रेज बहुत नाराज हुए। फलस्वरूप क्षेत्र की विभिन्न रियासतों एवं राज्यों के प्रमुखों को अमरजी के दमन के हेतु प्रेरित किया। आलोट खजाने की लूट और देवास महाराज के भय को लोकगीत में कुछ इस प्रकार अभिव्यक्ति मिली है—[10]

गाँव लूट्या, खेड़ा लूट्या और लूट्या देवास खजाना।

गाँव डराया शहर डराया और डराया देवास नवाब।।

जनवरी, 1859 में अमरजी और उनके साथियों ने जावरा क्षेत्र के गाँव में उपद्रव किया। इस संदर्भ को इतिहास ग्रंथ **'तारीखे जावरा'** में इस प्रकार बयान किया गया है—"जावरा पहुँचकर मालूम हुआ की सोंधवाड़ी में सोंधियों ने जाबजा में लूटपाट मचा रखी हैं। जावरा के 6-7 गाँव भी बर्बाद कर दिये हैं। लुटेरों की

सरखूबी के लिए जावरा नवाब गौस मोहम्मदखाँ बरखेड़ी तशरीफ ले गये। वहाँ पहुँच कर मालूम हुआ कि रेजिडेण्ट हेमिल्टन कोण्डला वाकये (झालावाड़) में मुकीम हैं। नवाब सा बहादुर चंद रोज वहाँ कयाम करके लूटमार करने वाले सोंधियों और डाकुओं को मार भगाया। जो पकड़े गये जावरा भिजवा दिया गया। इसके बाद बराहे सीतामऊ संजीत तशरीफ ले गये।[11]

सोंधवाड़ के विद्रोहियों के दमन के लिये जावरा नवाब ने फरवरी, 1859 में इन्दौर स्थित रेजीडेंसी में सर राबर्ट नाथकोली हेमिलटन से मिलना तय किया। इधर मंदसौर से भाग कर आये विद्रोही भी सोंधवाड़ के विद्रोहियों से मिल गये। अमरजी के नेतृत्व में पास के इलाके में विद्रोह की ज्वाला भभकने लगी। इन लोगों ने आलोट (देवास), गंगराड़ (गंगधार), पाट और ताल के इलाकों पर अपना शिकंजा कसा। ये लोग आसपास के इलाकों को लूटकर कलस्या के दक्षिण-पूर्व में स्थित ग्राम बनसिंग (तहसील महिदपुर) तथा ग्राम नरेला (तह. बड़ौद) के जंगलों में छिप गये।[12]

फरवरी 1859 में सोंधवाड़ के इन विद्रोहियों के दमन के लिए अंग्रेजी सरकार ने जावरा नवाब गोस मोहम्मद को अपनी ओर से मालवा की फौजों का सिपहसालार नियुक्त किया। जावरा नवाब के नियंत्रण में समीपवर्ती क्षेत्र की फौजों ने मिलकर अमरसिंह और साथियों के दमन के लिए बनसिंग नरेला के क्षेत्र पर आक्रमण किया। इन सेनाओं में महिदपुर में नियुक्त होल्कर राज्य की सेना, मंदसौर में नियुक्त सिंधिया राज्य की सेना, आलोट में नियुक्त देवास राज्य की सेना और गंगधार में नियुक्त झालावाड़ की सेनाएँ शामिल थी। स्वयं जावरा नवाब ने अपनी रियासत के सवार, पलटन और तोपखाने के साथ बनसिंग-नरेला क्षेत्र पर हमला किया। इन ग्रामों के ध्वंसावशेष आज भी इस हमले की कथा कहते हैं।

इस युद्ध में अमरसिंह और उनके साथी वीरतापूर्वक लड़े। उन्होंने शत्रु सेना के अनेक लोगों को मार गिराया। ग्राम कचनारा के मगरे पर भीषण युद्ध हुआ। सेनाओं से वीरता देख अमरसिंह ने निकल भागने का प्रयत्न किया, किन्तु उन्हें पीठ दिखाना मंजूर न था। अंततः ग्राम कचनारा और महूड़िया के बीच अमरजी ने जीवित रहते अंग्रेजों के हाथों गिरफ्तार होने के बजाय आत्मोत्सर्ग का मार्ग अपनाया। उन्होंने पहिले स्वयं के घोड़े को मारा फिर स्वयं का सिर धड़ से अलग कर लिया। वे पोलिया देव हो गये। आज भी उसी स्थान पर **'अमरजी पोल्या'** (मूर्ति) स्थापित है। उस क्षेत्र में उनके साथ वीरगति को प्राप्त हुए अनेक वीर सेनानियों के पोल्ये भी स्थित हैं। श्रद्धालु-जन आज भी **'अमर बापजी'** द्वारा अपनी

मातृभूमि को मुक्त करने एवं तदर्थ बलिदान देने वाले भाव के प्रति श्रद्धा सुमन अर्पित करते हैं। उनकी शूरवीरता और मातृभूमि के प्रति निःस्वार्थ भक्ति भावना को यहाँ प्रचलित एक सोंधवाड़ी लोकगीत में कुछ इस प्रकार की अभिव्यक्ति मिली है—

चार रियासत की फौजाँ पड़ी, लड़्या उगाड़ी छाती।

अणी मालवा की जमीन के कारण केई सीस कटाया।

सोनो का तो छोगा मेल्या खूब बजई तलवार।

ठिकाना कलस्या के खेड़े शूराव्या अभयसिंहजी का जाया।

धन धन हो अमरसिंहजी की माता थणे अमरसिंहजी सा जाया।

अभी तक अमरजी की वीरता के प्रसंग लोक-मानस के हृदय तल में गीतों के रूप में सुरक्षित हैं। अमरजी के शहीदी स्थल पर प्रतिवर्ष आस-पास के ग्रामवासी इकट्ठे होकर उनके "पोव्ठ्ये" पूजते हैं। लोकगायक अपने मुँह से उसकी अपूर्व शौर्य गाथा गाकर पूजार्चन करते हैं। यद्यपि अमरजी के प्राणोत्सर्ग 1857-58 के महान विद्रोह के दौरान जारी सोंधवाड़ की क्रांतिकारी गतिविधियों पर विराम-चिह्न लग गया, लेकिन उनका श्रद्धापूर्वक स्मरण सोंधवाड़ के जनमन में उत्साह का संचार करता है। अमरजी का लोकनायकत्व, अपनी मातृभूमि के उद्धार के लिए किया गया अनुराग, आज भी इस प्रदेश की माटी में सुप्रतिष्ठित और बहुपूजित हैं जो देशवासियों को वर्तमान में मौजूद विभेदक तत्त्वों से परे एकसूत्रता के बंधन में बाँधे हुए हैं।

ठाकुर मेहताबसिंह सोंधिया बड़ा नामी डकैत और भारी लड़ैत था। वह सेठ साहूकारों व पूँजीपतियों को लूटता। वह बड़े-बड़े जमींदारों व ठिकानेदारों की रत्तीभर पर्वाह नहीं करता था। पर वह एक सच्चा राष्ट्रभक्त एवं अंग्रेजों का घोर विरोधी था। सन् 1857 ई. के महान् विद्रोह के समय वह महारानी लक्ष्मीबाई एवं तात्या टोपे से प्रभावित होकर अंग्रेजों से बदला लेने की जी-जान से उत्सुक था और इसी दिशा में अंग्रेजों के विरुद्ध लड़ते हुए शहादत को प्राप्त हुआ था। यह विवरण हमें एक लोक-गाथा से प्राप्त होता है।*

*यह लोक-कथा इस प्रकार हैं—

पाद-टिप्पण निरंत

।। ठाकुर मेताबसिंह होंदूयो।।

(लोक-कथा)

एक हेतो ठा. मेताबसिंग होंदूयो/बड़ो नामी डकैत/हन लड़ैत/खादे बंदूक टांगतो/तीर खमंटो बी टांगतो/खम्मर में तरवार-कटार राखतो/मूंगिया साफो बाँधतो/बड़ो रोबदार वण को मोंड़ो/रत्तीलाल वण की आँखाँ जाणे कोई वरगड़ो/मोटी जाड़ी नाख/मूँछाँ लम्बी इन आबरी/हो जणा न भोजे काइनी।

लुटणी नी करतो/बड़ा-बड़ा धाडा घालतो/वाणियाँ, माजणा, कलाराँ इन होनाराँ ने लूटतो/बड़ा-बड़ा जगीदारां, ठिकानेदारां ने मोजतो कोइनी/घणीदाण का वणन ठिकानेदारां पे धाड़ा चढ़ाया।

अंग्रेजों को पक्को वेरी/ऊ केतों मूँ लूटाँ/धाड़ा धालूँ/गरीब गुरब ने पारूँ/देस को धन देस में राखूँ/घणो होल्कर राज को माल-धन सींधिया का राज में इन सींधिया को माल-धन होल्कर राज में ले जाऊँ/ई फीरंगी घोर्‌या तो हमरो माल लूट हन लंदन पऊँचावे।

चार पान से धाड़ेतियाँ को जमावड़ो/वण की घणी इंछा के मारानी लछमीबाई की फौज की मदत पे जाऊँ/खबर आई के लछमीबाई मारी गी/आँखाँ में झालाँ फूट पड़ी/ लछमीबाई को बदलो लई ने मानूँगा/ अतरे आरे तत्याटोपे/तात्या ने झालावाड़ लूट लियो बणपे कब्जो बी कर लियो/मेताबसिंह झालावाड़ पोच्यो/तात्याटोपे ती मल्यो/तात्या ने कह्यो के अंग्रेजाँ ती हीदी लड़ाई मति लड़ो/झापटामार करता रो/मोको देखो ने टूट पड़ो/मारकूट, लूटपाट कर गुपत वई जाओ/म्हारे साथे मति लागो।

तात्या टोपे तो बढ़ गया आगे/मेताबसिंह मोको देखे/एक दन हुण्यों के दिल्ली को शेजादो मंदसोर आयो/वण ने सेना वणाई/अंग्रेजाँ ने देस ती नवाड़ेगा/फकीर का वेस में गुपत रेवे।

मेताब पोंच गयो शेजादा के पासा/वात-विचार कर्‌यो/बात पक्की करी/आपणी फोज ली ने शेजादा ती जाई मल्यो/हेरण्या हेरो लाया।

अंग्रेजाँ की फोज मऊ छावणी ती चाली ने मंदसोर आई गी/शेजादा आपणी फोज लई हने मीणच का रास्ता पर मलारगढ़ के वचे तैयार ऊबा/फौज चारी चुमेर फैलाई दी/गोमोगाम बदल्या हंपाई ने तम तैया बैठा।

अंग्रेज आयो फोज चढ़ा ने/शेजादा का साथ में थोड़ी सी फोज देख टूट पड़्‌यो/यें तो अंग्रेजाँ को शेजादा की फोजती भिड़नो ने वे मेताबसिंह होंदूया को अंग्रेजाँ पे टूट पड़नो/मेताब को झपटो मारणों व्यो के चारी चुमेर ती बदल्या टूट पड़्‌या/अंग्रेजाँ की फोज बदल्या सिपाइयाँ ती घिर गी/दन ढल्याँ पेलाँ अंग्रेजाँ को सफायो कर दियो/बदल्या मीणच का किला में जाई पोंचया।

मेताब ने करनल की छाती में तरवार घुसेड़ दी ने ललकार लगाई यो माराणी लछमीबाई को बदलो/ये तो करनल की छाती फाटी हने पाछेती छमाको त्यो/बंदूक की गोली मेताब की

सोंधवाड़ के इन वीरों के बलिदान एवं अतुलित त्याग से सोंधवाड़ी लोक-साहित्य एवं संस्कृति को एक नया आयाम मिला है। इस समाज की लोक-संस्कृति के ये जममगाते हीरे, सदैव के लिए समाज को जागृति का नूतन आयाम दे गये हैं, सोंधवाड़ के इतिहास में अमर हो गये हैं। जिस देश और समाज में ऐसे हीरे हों, वह समाज पिछड़ा हुआ कदापि नहीं रह सकता। इस लेख के समापन होने तक सोंधवाड़ी साहित्य एवं संस्कृति में नूतन परिवर्तन स्पष्ट झलक रहा है जो समाज को उन्नति के शिखर पर पहुँचाने में योगदान दे सकेगा।

सोंधिया-जन की यह स्वातंत्र्य-चेतना सहसा लुप्त न हुई। वह भीतर ही भीतर सुलगती रही। सोंधिया समुदाय मूलरूप से उद्धत, पराधीनता-विरोधी एवं स्वाभिमानी रहा है। इस कारण उसे परतंत्रता स्वीकार नहीं हुई। राज्य और प्रशासन के आरोपण को उसने स्वेच्छा से ही स्वीकार किया। उस पर लादी गयी व्यवस्थाओं को उसने कभी स्वीकार नहीं किया। इसी कारण से शासकीय या सामन्तीय सेवाओं से उसने सदैव किनारा किया किन्तु इन तत्त्वों के समझाने-बुझाने पर उन्हें आर्धमन से ही स्वीकार किया। जैसा कि हम पूर्व में देख चुके हैं, सोंधवाड़ क्षेत्र के जागीरदारों एवं सामन्तों ने उनके सदैव मधुर सम्बन्ध बनाये रखे। सच तो यह है कि सोंधिया-जन द्वारा की गई लूटमार में उनकी भी परोक्ष भागीदारी रही। उनके द्वारा सोंधिया मुखिया को विशेष शरण एवं मान-पान प्राप्त होता रहा। अपने क्षेत्र में शांति और सुव्यवस्था बनाये रखने के लिये उन्हें कृषि एवं पशुपालन केन्द्रित व्यवसायों की ओर मोड़ने का प्रयास किया। इस प्रयास में उन्हें पर्याप्त सफलता प्राप्त हुई। अधिक सफलता उमटवाड़ क्षेत्र में मिली जहाँ सोंधियाजन वहाँ विद्यमान जनसंख्या के अनुरूप बहुत कुछ ढल गये हैं, किन्तु पश्चिमी सोंधवाड़ इस दृष्टि से अभी सुधार एवं समामेलन की बाट जोह रहा है। इसके सामाजिक परिवर्तनों के उपरांत भी यह कहना उचित नहीं होगा कि सोंधियाजन अब पूरी तरह अपराध-वृत्ति से मुक्त हो ही चुके हैं।

पीठ ती वेती छाती ती पार/होंद्र्यो मेताब शईद वई ग्यो/भले वण को नाम को जस कण ने नी गायो/होंद्र्या ने जसो धार्‍यो वस कर दिखाओ।

होंद्र्या बदला का पक्का वे/मरतां-मरता बी बदलो ले इन माने।

मेताबसिंग होंद्र्या ने बी मरतां-मरतां बी लछमी माहराणी को बदलो अंग्रेजाँ ती चुका लियो/मूंड के बदले मूंड।

संदर्भ

1. खान, एस. आर. (हिन्दी अनुवादक, डग का इतिहास), पृ. 31
2. आलोट का इतिहास (अप्रकाशित), कुण्डला संग्रह की पोथी, पृ. 38
3. शर्मा, गोवर्धन, 1857 की क्रांति और सीतामऊ राज्य, शोध साधना, व्हा, 14, अंक 10, पृ. 31-33; श्रीवास्तव के. एल., रिवोल्ट आफ 1857 इन मालवा
4. रघुवीरसिंह, मालवा का महान् विद्रोह पृ. 87, 119, 121,
5. जोशी, प्र. च. सोंधवाड़ी साहित्य, संस्कृति और व्याकरण, पृ. 26-27
6. रघुवीरसिंह, पूर्वोक्त
7. विद्यालंकर, सत्यदेव, मध्यभारत जनपदीय अभिनन्दन ग्रन्थ, पृ. 291
8. सर्वेक्षण द्वारा ज्ञात
9. जोशी, प्र. च., पूर्वोक्त, पृ. 28
10. ठाकुर नरवरसिंह परिहार, कलस्या से डॉ. श्यामसुन्दर निगम का साक्षात्कार
11. शर्मा, गोवर्धन, 'तारीखे जावरा' की लिप्वन्तर प्रति, पृ. 82
12. जोशी, प्र. च., पूर्वाक्त, पृ. 29

9
पुनरवलोकन एवं सारांश

भूमिका – सबसे पूर्व आभार एवं धन्यवाद भारतीय सामाजिक अनुसंधान परिषद् एवं उसके सुधी कर्णधारों का जिन्होंने मुझे इस परियोजना पर उदार वित्तीय एवं बौद्धिक सहयोग प्रदान कर कार्य करने का अवसर प्रदान किया।

भारत न केवल विभिन्न राज्यों एवं भाषाई क्षेत्रों में विभक्त रहा है, अपितु अनेक सांस्कृतिक अंचलों में भी वह अपनी पहचान एवं परम्पराओं को उद्भासित करता रहा है। इन अंचलों की विशिष्ट पहचान उनकी बोलियों, उनमें बसने वाली जातियों तथा उनमें विकीर्ण सांस्कृतिक एवं सामाजिक परिवेश से होती है। इनका समन्वेषण, अध्ययन एवं अनुशीलन एक सामाजिक दायित्व तो है ही, आंचलिक वैशिष्ट्र्य को सुरक्षित एवं संरक्षित करने का प्रयास भी है। सामान्यतया अनेक लघु अंचलों का परिगणन उसे समाहित करने वाले बृहद् अंचलों में कर लिया जाता रहा है, इस कारण लघु अंचलों की पहचान एवं उनके सामाजिक-सांस्कृतिक रेखांकन पर प्रश्न-चिह्न ही लगता रहा है। मध्य प्रदेश के मालवा क्षेत्र को ही लें। यह शस्य-श्यामल अंचल केन्द्रीय मालवा, गुर्जरवाड़ी, कांठल, रजवाड़ा, उमटवाड़, सोंधवाड़ आदि उपांचलों में विभक्त रहा है। इनमें सोंधवाड़ अंचल अत्यंत विशिष्ट है जो मध्यप्रदेश के निकटवर्ती क्षेत्र राजस्थान के झालावाड़ क्षेत्र तक विस्तीर्ण होने से हमारे प्रस्तावित अध्ययन का विषय रहा है। सोंधवाड़ क्षेत्र मध्यप्रदेश के पश्चिम मालवा एवं राजस्थान के झालावाड़ क्षेत्र में अवस्थित एक विशिष्ट सामाजिक-सांस्कृतिक अंचल है।

प्रस्तुत अध्ययन का क्षेत्र समग्र मध्य प्रदेश के मालवांचल एवं राजस्थान के झालावाड़ क्षेत्र में अवस्थित सोंधवाड़ अंचल है। इस अंचल के बहुसंख्यक सोंधिया लोगों के सामाजिक जीवन का विशिष्ट अध्ययन इस परियोजना का विशिष्ट उद्देश्य रहा है। सोंधिया समुदाय के इस अंचल की विभिन्न जातियों से सामाजिक एवं सांस्कृतिक अन्तःसम्बन्धों का विश्लेषण भी अभीष्ट रहा है।

सोंधवाड़ अंचल का अधिकांश क्षेत्र मध्य प्रदेश एवं राजस्थान राज्यों के 6 जिलों एवं 13 तहसीलों में अवस्थित है :

मध्य प्रदेश में –

(1) उज्जैन जिले की घटिया व महिदपुर तहसीलें,

(2) रतलाम जिले की आलोट तहसील,

(3) शाजापुर जिले की आगर, सोयत व सुसनेर तहसीलें,

(4) मन्दसौर जिले की गरोठ भानपुरा एवं सीतामऊ तहसीलें,

(5) राजगढ़ जिले की राजगढ़, नरसिंहगढ़, जीरापुर-माचलपुर व खिलचीपुर तहसीलें।

राजस्थान में–

(1) झालावाड़ जिले की पिड़ावा, पचपहाड़ व गंगधार तहसीलें,

(2) हाड़ौती अंचल में बूंदी जिले का कुछ क्षेत्र।

सामग्री-संकलन हेतु आंशिक रूप में समग्र (Census) एवं प्रतिचयन (Sample) दोनों ही विधियाँ अपनायी गईं। छोटे खेड़ों, जहाँ शत-प्रतिशत सोंधिया जाति के लोग निवास करते हैं, समग्र पद्धति अपनायी गई। ग्राम व कस्बे में जहाँ विभिन्न जातीय-समूह निवास करते हैं, प्रतिचयन पद्धति (Random) अपनाई गई।

विषय-प्रस्तुति

सामग्री-संकलन एवं उनके तुलनात्मक अध्ययन एवं विश्लेषण के उपरांत विषय-वस्तु को विभिन्न अध्यायों में विभक्त किया गया। प्रथम अध्याय का शीर्षक है – 'प्रस्तावना' जिसके अंतर्गत परियोजना की उपादेयता, शेध-प्रविधि, क्षेत्र-विस्तार, विषय की रूपरेखा एवं प्रस्तुतिकरण की सीमाएँ एवं कठिनाइयों का निरूपण किया गया है। द्वितीय अध्याय में सोंधवाड़ अंचल का भौगोलिक परिवेश तथा तृतीय

अध्याय में उसकी ऐतिहासिक एवं पुरातात्त्विक पृष्ठभूमि प्रस्तुत की गई है। चतुर्थ अध्याय में सोंधवाड़ क्षेत्र की जातीय संरचना का संक्षिप्त विवेचन प्रस्तुत किया गया है, इसी अध्याय में सोंधिया-जन की उत्पत्ति, इस क्षेत्र में आगमन तथा वर्तमान अवस्थिति पर प्रकाश डाला गया है। पंचम व षष्ठ अध्याय क्रमशः सोंधवाड़ अंचल के सामाजिक एवं सांस्कृतिक परिस्थिति में सोंधिया समाज की भूमिका निरूपित की गई है। सप्तम अध्याय में सोंधिया समाज का आर्थिक परिप्रेक्ष्य प्रस्तुत करने का उपाय किया गया है। अष्टम अध्याय में सोंधवाड़ व सोंधिया समुदाय में आये सामाजार्थिक परिवर्तनों को रेखांकित करने का प्रयास किया गया है। इस सारे कथ्य को अन्तिम अध्याय में सार रूप में प्रस्तुत करने का उपक्रम किया गया है।

प्रस्तावित साक्षात्कार-अनुसूचियों, प्रश्नावालियों, साक्षात्कार डायरियों एवं अन्य स्रोतों से प्राप्त सूचनाओं और तथ्यों के आधार पर संकेत पंजी (Code Book) बनायी गई जिसमें विभिन्न स्रोतों को संक्षिप्तीकृत किया गया। प्रतिमास प्राप्त सूचनाओं एवं तथ्यों का संकलन शोध-सहायकों द्वारा नियमित रूप से किया गया। तथ्यों एवं सूचनाओं के संकलन होने पर उनका तुलनात्मक अध्ययन (Comparative Analysis) शोध-सहायकों द्वारा परियोजना निदेशक के मार्ग-दर्शन में किया गया। अन्ततः पृथक-पृथक् अन्वेषकों को एक टीम के रूप में जोड़कर समूची सामग्री का वर्गीकरण एवं विश्लेषण अन्तिम रूप से किया गया।

सोंधवाड़ का भौगोलिक परिवेश

सोंधवाड़ का पूर्वी भू-भाग मध्य मालवा के पठारी क्षेत्रों से अवस्थित है। यह क्षेत्र दक्कन ट्रेप की चट्टानों से युक्त हैं। समुद्रतल से इसकी सामान्य ऊँचाई 450 से 500 मीटर है। इस क्षेत्र में विस्तीर्ण विन्ध्य की उत्तरी श्रेणियाँ ऊँचाई में कम तथा चौड़ाई में सँकरी है तथा V का आकार बनाती हुई आगर तहसील के दक्षिण-पूर्वी भाग सुसनेर तहसील के पूर्व तथा राजगढ़ जिले के पश्चिमी सीमांत होती हुई राजस्थान में प्रवेश कर जाती हैं।

राजस्थान का सोंधवाड़ क्षेत्र अधिकांशतः झालावाड़ जिले में स्थिति है। झालावाड़ जिला 23° से 45′ 20″ से 24° 52′ 17″ उत्तरी अक्षांसों तथा 75° 27′ 35″ से 76° 56′ 48″ पूर्वी देशान्तरों के बीच स्थित है। मालवा पठार के किनारे स्थित यह जिला विन्ध्याचल पर्वतमाला से घिरा हुआ है। इसके पश्चिम, दक्षिण एवं दक्षिण-पूर्व में मध्यप्रदेश राज्य है। उत्तर-पश्चिम में राजस्थान राज्य का कोटा तथा

उत्तर-पूर्व में बारां जिला स्थित है। झालावाड़ जिले का कुल क्षेत्रफल 6,619 वर्ग किलोमीटर है।

दक्षिणी झालावाड़ में मालवा पठार के सभी गुण विद्यमान है। यह क्षेत्र पहाड़ियों व मैंदानों से घिरा हुआ है। झालावाड़ मैदान भवानी मण्डी से पश्चिम में एक लम्बा क्षेत्र है जो पूर्व में असनावर तक फैला है एवं उत्तर-पूर्व एवं दक्षिण में मुकन्दरा पहाड़ियों से घिरा हुआ है। यह क्षेत्र उपजाऊ है एवं अच्छे पानी का क्षेत्र है जो आहू तथा कालीसिंध आदि नदियों एवं छोटे-छोटे अन्य स्त्रोतों से सिंचित है। जिले की नदियाँ एवं सोते चम्बल से सम्बन्धित हैं। गंगधार तहसील को छोड़कर बहाव दक्षिण से उत्तर की ओर है। सुविधा की दृष्टि से झालावाड़ जिले की नदियाँ दो समूहों में विभक्त की जा सकती हैं : पश्चिमी समूह व पूर्वी समूह। पश्चिमी समूह की नदियाँ आहू, पिपलाज, क्यासरा, कंताली, रेवा, कालीसिंध एवं चन्द्रभागा हैं। पूर्वी समूह में परवन, अँधेरी, नेवज, धार व उजाड़ नदियाँ हैं। मुख्य नदियाँ आहू, परवन एवं कालीसिंध हैं। इन समस्त नदियों का प्रारम्भ मध्यप्रदेश के मालवा पठार से है। परवन नदी अजनार एवं घोड़ापछाड़ नदी के संगम से बनी है। कालीसिंध, परवन, उजाड़ छापी एवं आहू नदियाँ बारहमासी हैं। अन्य नदियाँ मौसमी हैं जो वर्षा ऋतु के दौरान प्रभावित होती हैं।

स्वतंत्रता-प्राप्ति के पूर्व इस क्षेत्र के लगभग 21 प्रतिशत भाग में बीहड़ वन था। यह वन प्राचीन काल से लेकर आज तक अविच्छिन्न रहा है। इसमें सदाबहार नदियाँ प्रवाहित होती रहती थीं। चीतल, सांभर, हिरण, सियार, लोमड़ी, नील गाय, लकड़ बग्गे, बाघ, चीते, वन्य वराह, जंगली भैंसे आदि का इनमें अबाध विचरण होता रहता था। ये वन धावड़ा, बिंया, धोंक, गूलर, पीपल, महुआ, वट, कबीट, गूँदी, करंज, अर्जुन, बहेड़ा, खेर, खेपड़ा, बबूल, जामुन, खजूर, आम, तेंदू, करोंदी, बोर, पलाश, झरबेरी आदि के वृक्षों एवं झाड़ियों से भरपूर रहा करते थे। इनमें समाहित या निकटवर्ती चरागाहों में गाय, बैल, भैंस, भेड़, बकरी, ऊँट आदि पशु अपना आहार प्राप्त करते थे। ऐसे बीहड़ों एवं वन्य क्षेत्र को आखेटक, लुटेरे, पारदी, राजनीतिक व सैनिक भगौड़े अपराधी आदि अपना सुरक्षित शरण-स्थल मानते थे। कई एक विदेशी या समाज-च्युत राजपूत भी अपने-अपने क्षेत्रों से चलकर इतिहास के अंतराल में इस क्षेत्र में आ बसे थे, जैसे मंगोल, हूण, कंजर आदि। सोंधिया-जन भी एक ऐसा ही मानवीय-समूह था। वर्तमान में वनों की भारी कटाई हुई है, जनसंख्या के दबाव में वनों को कृषि-भूमि में परिवर्तित किया गया है, जल-स्त्रोत सूखते जा रहे हैं एवं औद्योगिक माँग के परिणामस्वरूप प्राकृतिक

संसाधनों का विदोहन हो रहा है। पूर्व की स्थितियों में काफी कुछ परिवर्तन आ गया है। प्रस्तुत अध्ययन न केवल अतीत को समेटने का प्रयत्न है अपितु सोंधवाड़ की परिवर्तित होती जा रही समाजार्थिक परिस्थिति के अध्ययन का एक लघु प्रयास भी है।

ऐतिहासिक एवं पुरातात्त्विक पृष्ठभूमि

सोंधवाड़ क्षेत्र का एक लम्बा ऐतिहासिक क्रम रहा है। यह क्षेत्र पर्याप्त लम्बे समय तक मालवांचल का भाग रहा। इस कारण प्राचीन एवं मध्यकालीन मालवा का पुरैतिहास, आद्य व पौराणिक इतिहास तथा ऐतिहासिक काल ही इसका इतिवृत्त रहा है। इस अंचल पर इस तरह प्रद्योत, मौर्य, गर्दभिल्ल, शक, मालव, गुप्त–औलिकर, मौर्य व नाग, गुर्जर-प्रतिहार, राष्ट्रकूट, परमार, खीची, सल्तनत, मुगल, मराठा, हाड़ा, झाला आदि राजवंशों अथवा राजशक्तियों का पूर्ण या आंशिक शासन रहा है।

ऐतिहासिक घटनाओं एवं गतिविधियों का सीधा प्रभाव धार्मिक एवं कलात्मक गतिविधियाँ पर पड़ता है। सोंधवाड़ क्षेत्र भी इसका अपवाद नहीं रहा। अति प्राचीन काल में जब पाषाणकालीन मानव पेबुल उद्योग, हस्तकुठार उद्योग या ब्लेड-ब्यूरिन उद्योग से सम्बन्धित प्रस्तर उपकरणों सहित इस क्षेत्र में यायावरी एवं आखेटक जीवन बीताता था, तब चम्बल एवं उसके बीहड़ उसके आश्रयदाता थे, प्राप्त उपकरण प्रमाणित करते हैं। सभ्यता के विकास के साथ-साथ इस क्षेत्र का ताम्राश्मीय मनुष्य अन्न-संग्राहक की अपेक्षा अन्न-उत्पादक बनने लगा था, कृषि कला सीख गया था, विभिन्न प्रकार के मृद्भाण्ड निर्मित करने एवं ताम्र व सूक्ष्माश्म उपकरणों का प्रयोग करने लगा था। लौह युग के प्रारम्भ होने पर वह आहत सिक्के भी प्रयुक्त करते हुए वस्तु-विनिमय प्रणाली के साथ-साथ मौद्रिक अर्थव्यवस्था को अपनाने लगा था। महिदपुर, कलस्या, गुल बालोद, सिपावरा, गंगधार आदि के पुरा-टीलों से यह तथ्य स्पष्ट होता है जहाँ काले व लाल एवं चित्रित मालवा मृद्भाण्ड भारी मात्रा में प्राप्त होते हैं।

पुरा-स्मारक

सोंधवाड़ क्षेत्र दुर्लभ स्मारकों की दृष्टि से अत्यंत सम्पन्न है। प्रारम्भिक औलिकर शासकों ने बौद्ध धर्म को पर्याप्त प्रश्रय दिया था। उससे प्रेरित होकर पतनशील बौद्ध धर्म के अनेक भिक्षु सोंधवाड़ क्षेत्र में आ गये थे। पाँचवीं से आठवीं सदी के मध्य उन्होंने परस्पर मिलकर अनेक शैलोत्कीर्ण बौद्ध गुहाएँ निर्मित कीं।

आज भी धमनार में 70, पोला डोंगर में 100, बिनायक में 16, खेजड़िया भोप में 5, कोलवी में 45, हत्यागौड़ तथा गुनई में 4 बौद्ध गुफाएँ देखी जा सकती हैं। किन्तु इन बौद्धों का शरण पाने का अभीष्ट अधूरा ही रह गया। इन्हें संरक्षण देने वाले परवर्ती औलिकर शासक शैव मत के अनुयायी हो गये थे। तोरमाण एवं मिहिरकुल के नेतृत्व में क्रूर हूण इस क्षेत्र में दूर-दूर तक सैनिक अभियान कर रहे थे। वे बौद्धों के कट्टर शत्रु थे। बहुत संभव है कि बौद्ध भिक्षुओं को उनकी हिंसक गतिविधियों का शिकार होना पड़ा। पराजित होकर हूण तो लौट गये किन्तु चम्बल की बीहड़ों को सुरक्षित शरण-स्थली मान उनमें से कई इस क्षेत्र में बस गये। इस कारण परमार काल तक इस अंचल में एक हूण-मण्डल अस्तित्व में रहा। इन परिस्थितियों में ये बौद्ध-गुफाएँ अर्ध-निर्मित होकर मात्र अध्येताओं एवं पर्यटकों के आकर्षण का केन्द्र रह गई। राजा और प्रजा की परिवर्तित सांस्कृतिक मनोदशा का परिज्ञान मात्र इससे हो सकता है कि धमनार की इन बौद्ध-गुफाओं के मध्य 7वीं-8वीं सदी में एक विशाल एकाश्मीय पंचायतन वैष्णव मन्दिर शैलोत्कीर्ण किया गया। बौद्ध धर्म के तेजी से लुप्त होने का यह एक ज्वलन्त उदाहरण है।

गुर्जर-प्रतिहार काल के अनेक निर्माण भी हमें इस क्षेत्र की पुरा-सम्पदा का परिचय देते हैं। चन्द्रावती (झालरापाटन) के शीतलेश्वर, कालिका एवं वराह मन्दिर तथा इन्द्रगढ़ एवं शेरगढ़ के ध्वंसावशेष इसके जीवन्त प्रमाण हैं। इस काल में सोंधवाड़ में हिंगलाजगढ़ एवं गागरोन के सुप्रसिद्ध गढ़ अस्तित्व में आये। ये विशाल एवं सुदृढ़ किले सैनिक एवं सांस्कृतिक दृष्टि से भारत के प्रसिद्ध किलों में अपना स्थान रखते हैं। मंदिरों और प्रतिमा-निर्माण की दृष्टि से परमार काल अत्यंत उल्लेखनीय है। इस काल में महिदपुर तहसील के झार्डा, मकला व इन्दौख, आगर के निकट नरवर, आगर-बड़ोद मार्ग पर बीजानगरी, कालीसिंध तट पर बरई, झालावाड़ का सूर्य मंदिर व शन्तिनाथ का जैन मन्दिर तथा हिंगलाजगढ़ केथुली, नीमथपुर, कँवला, मोड़ी, संधारा, भानपुरा, बारोली, रातादेई आदि के धार्मिक निर्माण बड़ा महत्व रखते हैं। इन स्थानों की प्रतिमाओं का कलात्मक वैभव भारत की मूर्तिकला में अपना विशिष्ट स्थान रखता है।

राजपूत, उत्तर मुगल एवं मराठा काल में भी अनेक नगर अस्तित्व में आये एवं अनेक पुरानी बस्तियों का नव-निर्माण संभव हुआ। इन स्थानों पर प्राकार, प्रवेश-द्वार, राजमहल, हवेलियों एवं आकर्षक धर्मस्थलों का निर्माण हुआ। मध्यप्रदेश के सोंधवाड़ क्षेत्र में ऐसे स्थल महिदपुर, पिपलोन, झार्डा, इन्दौख, आगर, सोयत, सुसनेर, नलखेड़ा, कानड़, अमरकोट, जीरापुर, माचलपुर, खिलचीपुर, राजगढ़, नरसिंहगढ़

आलोट-गुडगुच्या, गरोठ, रामपुरा, भानपुरा आदि हैं; जबकि राजस्थानी सोंधवाड़ में बड़ोद, डग, कोटरी, पिड़ावा, पचपहाड़, झालरापाटन, झालावाड़, खानपुर, अकलेरा, भवानीमण्डी, सुनेल आदि हैं।

सोंधिया-जन

परियोजना का एक प्रमुख उद्देश्य इस अंचल के सोंधिया-समुदाय का सामाजार्थिक एवं सांस्कृतिक अध्ययन करना रहा है। सोंधिया-जन के उद्भव, विकास एवं इस क्षेत्र में आगमन पर अनेक मत व्यक्त किये गये हैं। उक्त सारे मतों का परीक्षण करने पर निम्न निष्कर्ष आते हैं–

1. सोंधिया मूल समुदाय कोई जाति-विशेष न होकर एकाधिक राजपूत उप-जातियों का समूह है।
2. अपने मूल स्थान से किसी कारण च्युत होकर ये वर्तमान में सोंधवाड़ क्षेत्र में अपने अस्तित्व को सुरक्षित रखने हेतु आ गये।
3. 'सोंधिया' शब्द के नामकरण पर विद्वज्जन एकमत नहीं हैं। यह मत सर्वमान्य नहीं है कि सोंधिया समुदाय के बहुतायत में निवास करने के कारण इस क्षेत्र का नाम सोंधवाड़ पड़ा। कुछ भाटों ने सामुख्य में बताया कि इन विभिन्न ठाकुर-कबीलों को यह क्षेत्र विजन होने से अपनी यायावरी गतिविधियों के लिये निर्जन या जन-शून्य लगा। इस कारण उन्होंने इस क्षेत्र को शून्यवाड़ कहना प्रारंभ कर दिया। यह शून्यवाड़ ही आगे चल सोंधवाड़ बन गया।

अधिकांश मत दो कालीसिंध सरिताओं के मध्य सोंधवाड़ मानते हैं और व्यक्तित करते हैं कि इस क्षेत्र के निवासी सोंधिया कहलाते हैं। इस मत को मानने में कठिनाई है कि फिर इस क्षेत्र के सभी निवासियों को सोंधिया कहना होगा, किसी समुदाय विशेष को नहीं। यह मत है कि विभिन्न राजपूत उपजातियों ने एक मत होने की सामाजिक संधि कर ली होगी, अतः वे संध्या या सोंधिया कहलाये, अधिक मान्य नहीं होता क्योंकि स्वयं सोंधिया सम्प्रदाय के लोग स्वयं को किसी एक जाति का नहीं मानते, उनके विभिन्न समुदाय अपनी-अपनी उपजातियों को ही अपनी जाति बताते हैं। इन विभिन्न राजपूत उपजातियों ने पारस्परिक सम्बन्धों के लिये अपनी उपजाति को ही गोत्र मान लिया। वे अपनी गोत्र में विवाह नहीं करते हैं। इस घने वन और घनी झाड़ियों वाले क्षेत्र में आने के पूर्व

पृथक्-पृथक क्षेत्र से आने वाले इन राजपूत भाइयों ने बाघा रावत को अपना नायक मान लिया लगता है। सबने कुल देवी आसावरी के सम्मुख सौगन्ध लेकर साथ-साथ रहना तय किया। वे सौगंधिया भाई कहलाने लगे और धीरे-धीरे दल बनाकर मालवा की ओर चले आये। सब बाघा रावत को अपना नायक मानकर आगे बढ़ चले। अपने मूल स्थान से संबंध तोड़ने में उन्हें बहुत दुःख हो रहा था, लेकिन क्या करते? वे अपने परिवारों की रक्षा तथा उनके भरण-पोषण के लिये ऐसा करने को विवश थे। इस सौगंध के अनुपालन के कारण इन्हें अपना सम्मिलित नाम सोगन्ध्या या सोंधिया (मालवी-होगंद्या या होंदिया) स्वीकार हो गया। इन सोंधिया-जन की बहुतायत के कारण भी यह क्षेत्र क्रमशः सोंधवाड़ा कहलाने लगा।

एक सम्मिलित नाम होने पर भी सोंधिया-समुदाय कोई एक पृथक् जाति न बन पाया। वे विभिन्न जातियों में विभक्त रहकर पारस्परिक विवाहादि सम्बन्ध करते रहे। पूर्व की यह धारणा कि सोंधिया-जन के परमार, गेहलोत, चौहान, परिहार आदि गोत्र रहे हैं, इस सर्वेक्षण से असिद्ध हुई है। ये नाम गोत्रों के न होकर राजपूत-जातियों के ही हैं। उनके आराध्य देवी-देवता भी लगभग वही हैं। अलबत्ता सोंधवाड़ क्षेत्र की पंच पिछावा देवी को वे विशेष मान्यता प्रदान करते हैं।

प्रश्न यह उठता है कि यदि अनेक मामलों में यदि राजपूतों और सोंधिया ठाकुरों में कोई अन्तर नहीं है तो उनमें पारस्परिक सांस्कृतिक एवं सामाजिक अन्तर क्यों है? क्यों मुख्य राजपूत जातियाँ स्वयं को सोंधिया-समुदाय से श्रेष्ठ मानकर उनसे रोटी-बेटी व्यवहार से परहेज करती है? सामुख्य से निम्न कारण सामने आये हैं–

(i) बहुत से सोंधिया-जन वे सैनिक क्षत्रिय थे जिन्हें विदेशी आक्रमणों के कारण अपना सब कुछ गंवाकर इधर भाग आना पड़ा था;

(ii) सोंधिया-जन उन राजपूत-कबीलों के वंशज हैं जिनके मूल पुरुषों ने अपनी जाति से एकाधिक कारणों से विद्रोह कर अपनी मातृभूमि से पलायन कर दिया था; तथा कतिपय राजपूत कबीलों या समूहों को जाति से बहिष्कृत कर उनकी मूल भूमि छोड़ने को बाध्य किया गया था;

(iii) अपनी मूल भूमि में जिन राजपूतों ने संकरत्व की दिशा पकड़ ली थी या जिन्होंने अपने नवीन क्षेत्र में जाति से बाहर जाकर वैवाहिक संबंध स्थापित कर लिये थे, उन्हें अपनी जाति से बहिष्कृत होकर स्वभूमि

छोड़ने को बाध्य होना पड़ा था। ऐसे विभिन्न राजपूतों कबीलों को घने वन एवं झाड़ियों से आच्छादित निर्जन में या भीलों और मीणों द्वारा अधिकृत इस क्षेत्र में आकर निवास करने या उसे अधिकृत करने में कोई कठिनाई नहीं हुई। एक-दूसरे की देखादेखी ऐसे कबीले एक के बाद एक इस क्षेत्र में आ बसे और उन्होंने अपने मूल समाज से उपेक्षा-भाव एवं अपने सामाजिक एकाकीपन से मुक्त होने के मनोभाव के कारण अपना एक स्वतंत्र सामाजिक-सांस्कृतिक मंच सोंधिया-समुदाय के रूप में स्थापित कर लिया था। स्पष्ट है, उच्च राजपूत जातियों को यह वर्ग कदापि स्वीकार न होता। इस कारण विभिन्न सोंधिया उपजातियों को निम्न राजपूत-उपजातियों के रूप में अपने एक पृथक् समुदाय के रूप में संगठित होकर अपने अस्तित्व-बोध हेतु बाध्य व संतुष्ट होना पड़ा।

वर्तमान में सोंधिया-समुदाय निम्न जातियों में विभक्त हैं–

परिहार (पड़िहार या प्रतिहार), पंवार (परमार), चौहान, सोलंकी, तँवर, गेहलोद, (सिसौदिया), लढ़ा, लापला, (लोपड़ा) बोड़ाना, बगड़ावत, सरोज, जैन्दी, आलू (कछावा), नागड़ (राठौर) आदि। कुछ उप-जातियाँ नाराण, हरावत, गैंडा, काजला, कालव आदि नाम धारण किये हुए हैं। जो राजपूत वर्ग जिस क्षेत्र में प्रमुखता रखते थे, ये सोंधिया-जन भी उसी क्षेत्र से विभिन्न मार्गों से होते हुए सोंधवाड़ में आ बसे थे, एक समष्टिगत पृथक् वर्ग के रूप में इतिहास के पहल पर रेखांकित होने के लिये।

आगमन का समय – उपलब्ध जानकारियों के अनुसार सोंधिया–जन का इस क्षेत्र में आगमन ग्यारहवीं सदी से प्रारम्भ हो गया था। प्रारम्भिक आगमनकर्ता संभवतः वे भगोड़े राजपूत थे जिन्हें विदेशी आक्रमणों के कारण अपनी मूलभूमि छोड़ना पड़ी थी। ऐसे आगन्तुकों में प्रमुख थे–पड़िहार, तँवर और चौहान। तेरहवीं-चौदहवीं सदी में मालवांचल के बहुत से सोलंकी व परमार राजपूत एवं स्थानीय हूण मुस्लिम आक्रमणों से पराजित होकर पलायन कर इस क्षेत्र में आ बसे। पन्द्रहवीं सदी एक शेष कबीले या भगोड़े भी इस क्षेत्र में आ चुके थे। मुगल-काल में इनमें से अनेक परिवार क्रमश्सः पूर्व की ओर बढ़ते हुए उमटवाड़ क्षेत्र में उन स्थानों पर भारी मात्रा में जा बसे थे जो आजकल खिलचीपुर, राजगढ़, नरसिंहगढ़, जीरापुर-माचलपुर तहसीलों के प्रशासनिक क्षेत्रों में आते हैं। लगभग

इसी समय से ये राजस्थान के हाड़ौती क्षेत्र में भी प्रविष्ट होने लगे थे। अठारहवीं सदी के प्रारम्भ में मालवा में जो मुगल-मराठा द्वंद्व प्रारम्भ हुआ, उससे इस अंचल को जान-माल की भारी क्षति उठानी पड़ी। अब तक इस क्षेत्र के सोंधिया-जन यहाँ पूर्व में बसे मीणाओं, मोघियों एवं भील-भीलों को या तो इस क्षेत्र से बेदखल कर चुके थे या धीरे-धीरे उनमें घुल-मिलकर लूटमार, डाकेजनी या अपहरण जैसे धंधों में लिप्त हो चुके थे। पूर्व के कबीलाई लोगों के भूमिया एवं ग्रासिया मुखिया इस समय तक मराठों, हाड़ाओं एवं अंग्रेजों की सैनिक एवं प्रशासनिक गतिविधियों के कारण अपने प्रभाव एवं गढ़ियों को लगभग खो चुके थे। इस कारण अन्य स्थानीय-जन के साथ-साथ सोंधिया-जन को भी पूर्व एवं उत्तर की ओर गतिशील होना पड़ा। ऐसा करते समय उन्होंने बड़ी कालीसिंध क्षेत्र में बसे गूजरों से बहुत से क्षेत्र व धंधे छीन लिये। बाध्य होकर इन गूर्जरों को अपने स्थान से च्युत होकर आलोट क्षेत्र में आकर गुर्जरवाड़ी बसाना पड़ी तथा उज्जैन जिले की तराना तहसील के सतमेला (सतमहला) क्षेत्र के कई ग्रामों को बसाकर वन व पशु केन्द्रित जीवन एवं लूटमार को आजीविका का साधन बनाना पड़ा। उन्नीसवीं सदी में ब्रिटिश दबाव के कारण जब हाड़ौती क्षेत्र में पृथक् झालावाड़ राज्य का निर्माण हुआ तो सोंधिया-जन उसके गंगधार, पिड़ावा, डग, पचपहाड़ आदि क्षेत्रों में भारी मात्रा में जा बसे और स्वयं को झालाओं के प्रति वफादारी का संकेत देने में सफल हो गये।

सोंधवाड़ की जातीय संरचना एवं सोंधिया समुदाय

मालवा की परमार सत्ता के पतन के साथ ही सोंधवाड़ दिल्ली के सुलतानों के अधीन अवश्य हो गया, किन्तु सर्वत्र अराजकता एवं विघटन के दृश्य उपस्थित हो गये थे। क्षेत्रीय मुस्लिम प्रशासक इस स्थिति को सँभाल पाने में लगभग असमर्थ थे। इस कारण अनेक जनजातीय एवं अर्ध-क्षत्रिय जातियों के विद्रोहों और विप्लवों का सामना करने के लिये राजपूत शक्तियों को सामन्तीय पद प्रदान किये गये। यह स्थिति मुगल व मराठा काल में न्यूनाधिक अन्तर से जारी रही। मालवा के कई पतनोन्मुखी परमार परिवार विभिन्न दिशाओं में पलायन कर गये। बहुसंख्यक परिवार ग्रामीण क्षेत्रों में दुबक कर कृषि-कार्यों में संलग्न हो गये। कुछ मेवाड़ की ओर प्रस्थित हुए। सर्वेक्षण से यह तथ्य ज्ञात हुआ कि वर्तमान सोंधवाड़ के निवासियों के पूर्वजों में अधिकांशतः बाहर से आई जातियों के सदस्य हैं। इनमें ब्राह्मणों की लगभग 40, राजपूतों एवं क्षत्रियों की लगभग 30, महाजनों एवं जैनों की लगभग 15, कृषकों एवं पशुपालकों की लगभग 25, दस्तकारों की लगभग 30, श्रमिकों एवं वन्य जातियों की लगभग 30, बुद्धिजीवियों एवं धार्मिक-जनों की

लगभग 10, यायावरी-जन की लगभग 10, इस्लाम मतावलम्बियों की लगभग 15 व आदिवासियों की लगभग 10 जातियों का समावेश है।

जहाँ तक सोंधिया-जन का प्रश्न है, उनके ग्रामों एवं वहाँ की सोंधिया जनसंख्या को जानने के लिये व्यापक सर्वेक्षण किया गया। उसका सार निम्न सारणी में दर्शित है–

सोंधवाड़ के सोंधिया-जन के ग्रामों का सर्वेक्षण

क्र.	राज्य	जिला	तहसील	कुल ग्राम
1.	मध्य प्रदेश	उज्जैन	घटिया	11
			महिदपुर	102
		रतलाम	आलोट	101
		शाजापुर	आगर	41
			सोयत	24
			सुसनेर	51
		राजगढ़	राजगढ़	89
			ब्यावरा	89
			सारंगपुर	29
			नरसिंहगढ़	56
			जीरापुर	22
			माचलपुर	
		नीमच	नीमच	26
			मल्हारगढ़	45
			मनासा	06
		मन्दसौर	मन्दसौर	08
			भानपुरा	18
			गरोठ	122
			सुवासरा	61
			सीतामऊ	13
			कुल	**854**

क्र	राज्य	जिला	तहसील	कुल ग्राम
	राजस्थान	झालावाड़	गंगधार	180
			पचपहाड़	105
			पिड़ावा	62
			कुल	**347**
	महायोग (मध्य प्रदेश + राजस्थान)			**1,201**

सोंधिया जाति की जानसांख्यिक सारिणी

2001 की जनसंख्या (स्रोत – जनगणना विभाग के एतद् विषयक प्रकाशन)

क्र.	जिला	तहसील	कुल जनसंख्या (2001 ई.)	सर्वेक्षित सोंधिया जनसंख्या
1.	उज्जैन	महिदपुर	2,20,883	21,846
2.	रतलाम	आलोट	1,86,065	27,833
3.	शाजापुर	आगर	1,22,477	5,545
		सोयत-सुसनेर	1,17,190	30,807
4.	राजगढ़	राजगढ़	1,92,182	21,693
		ब्यावरा	2,27,421	25,056
		सारंगपुर	1,75,927	4,053
		नरसिंहगढ़	2,45,867	720
		जीरापुर-माचलपुर	1,36,363	14,683
5.	नीमच	नीमच	2,71,855	22,364
		मल्हारगढ़	1,85,679	36,403
		मनासा	2,35,399	7,832
6.	मन्दसौर	मन्दसौर	3,96,919	4,776
		गरोठ	2,24,325	39,853
		सुवासरा + सीतामऊ	2,44,679	23,645
		कुल	**33,16,963**	**2,96,745**

राजस्थान

क्र.	जिला	तहसील	कुल जनसंख्या (2001 ई.)	सर्वेक्षित सोंधिया जनसंख्या
1.	झालावाड़	गंगधार	1,42,281	72,437
		पचपहाड़	1,52,285	53,595
		पिड़ावा	1,83,082	27,561
		कुल	4,77,748	1,53,503
	मध्यप्रदेश + राजस्थान		37,94,441	4,50,248

बृहत्तर सोंधवाड़ के सोंधिया जनसंख्या पर एक विहंगम दृष्टि

क्र.	शीर्षक	जनसंख्या
1.	उक्त सारणी में मध्य प्रदेश	296,745
2.	उक्त सारिणी में राजस्थान	1,53,593
3.	उज्जैन जिले की घटिया तहसील	1,555
4.	शाजापुर जिले के शाजापुर-बड़ोद में विकीर्ण	4,850
5.	राजगढ़ जिले में विकीर्ण	12,600
6.	झालावाड़ जिले में विकीर्ण	5,330
	योग	4,74,673
	निकटतम	4,75,000

इस प्रकार कुल जनसंख्या में सोंधिया-जन का प्रतिशत 12.5% है।

सोंधवाड़ की जनसंख्या में लिंगानुपात

वर्ष	प्रति 1,000 पुरुषों पर स्त्रियाँ
1901	932
1911	927
1921	920

वर्ष	प्रति 1,000 पुरुषों पर स्त्रियाँ
1931	920
1941	928
1951	954
1961	928
1971	929
1981	926
1991	918
2001	928

सोंधवाड़ की दशक-दर-दशक वृद्धि

वर्ष	प्रतिशत वृद्धि
1911	6.70%
1921	6.30%
1931	14.20%
1941	18.00%
1951	20.40%
1961	26.10%
1971	27.80%
1981	31.70%
1991	29.50%
2001	30.60%

(दशमलव के निकटतम अंक तक)

पूर्व विवरण पर टिप्पणियाँ

1. सोंधवाड़ क्षेत्र की लगभग दो-तिहाई सोंधिया आबादी मध्यप्रदेश राज्य के पश्चिमोत्तर मालवा अंचल में विद्यमान हैं।

2. विगत 10 वर्षों में सोंधवाड़ क्षेत्र की जनसंख्या में वृद्धि 23.34 प्रतिशत वृद्धि हुई जबकि सोंधिया-जन की प्रतिशत वृद्धि 28.3 प्रतिशत से कुछ अधिक है। इस प्रकार सामान्य जनसंख्या-वृद्धि से सोंधिया समुदाय की वृद्धि विगत दशक में लगभग 5 प्रतिशत अधिक रही। जनसंख्या-वृद्धि विषयक संचेतना एवं दायित्व-बोध का अभाव इसका कारण माना जा सकता है।
3. 2001 ई. की जनगणना से तथ्य भी प्रकाश में आया है कि सोंधवाड़ में प्रति 1,000 पुरुष पीछे 928 महिलाएँ थीं। सर्वेक्षण से ज्ञात हुआ कि सोंधिया-जन का लिंगानुपात, 1,000 पुरुषों पर 923.4 स्त्रियाँ हैं।
4. सोंधवाड़ में कुल आबादी अनुसूचित जनजाति एवं अनुसूचित जातियों का अनुपात केवल 14% ही है।
5. क्षेत्र की कुल जनसंख्या के मुकाबले सोंधिया-जन का प्रतिशत 12.5 है।

सामाजिक जीवन के विशिष्ट पहलू

खान-पान – उत्तर भारत के अन्य क्षेत्रों की भाँति तत्कालीन सोंधवाड़ में शाकाहार एवं मांसाहार दोनों ही प्रचलित रहे। अन्तर केवल इतना है कि इस क्षेत्र में विशुद्ध शाकाहारी जन अन्य क्षेत्रों की अपेक्षा कहीं अधिक प्रतिशत में रहे। सोंधवाड़ में इस काल में आम जनता पर्याप्त शोषित एवं निर्धन थी। कृषि एक लाभप्रद व्यवसाय नहीं था, कुछ अपवादों को छोड़कर। जब कृषकों की ही यह दशा थी तो भूमिहीन श्रमिकों, हालियों, वनवासियों, यायावरों आदि की दयनीय स्थिति की कल्पना ही की जा सकती है। इनमें से कई तो अधपेट और अध-नंगे ही रहते थे। इसी कारण छाछ और मक्का से निर्मित राबड़ी मिल जाना सोंधवाड़ के निर्धन अपना सौभाग्य मानते रहे। चूँकि आलोच्य क्षेत्र में पर्याप्त वन चारागाह, जल-पूरित तालाब, नाले, व सरिताएँ रहीं, इस कारण आखेटकों, घुमक्कड़ कबीलों व अन्य मांसाहारी-जन को पर्याप्त मात्रा में वन्य पशु-पक्षी, पालतू जानवर एवं मुर्गे-मछलियाँ आदि अत्यंत सुलभ रहा करते थे। सामान्य जन मक्का, ज्वार बाजरा, मूँग, हरी मिर्च, अदरक, पान, प्याज, लहसुन, धनिया, अरहर, गन्ना तथा सीमित मात्रा में उगाई जाने वाली गिलकी, तुरई, बैंगन, लौकी, कद्दू, व हरी सब्जियों पर ही आश्रित रहता था। गेहूँ एवं धान कम ही उगाये जाते थे, कम ही उपभोग में आते थे। अच्छी आर्थिक हैसियत वाले ही इनका नियमित उपयोग कर पाते थे। सोंधवाड़ का औसत आदमी चाहे निर्धन रहा हो किन्तु खाने-पीने के मामले में वह अत्यंत शौकीन रहा। इन्हीं पदार्थों से वह कई प्रकार के स्वादिष्ट व्यंजन बनाता

रहा, उपभोग करता रहा। पशुओं की कमी नहीं होने से सामान्य जन को दूध, दही, घी आदि सुलभ व सस्ते तो थे, किन्तु निर्धन इनका उपयोग सीमित मात्रा में ही कर पाते थे। उच्च वर्ग जहाँ अपनी आँखों में दूध और दही की नदियों का सपना संजोये हुए था, वहीं निर्धन वर्ग के बच्चे सामान्यतया इनसे वंचित ही रहते थे। इनके मेहनतकश भूमिहीन पालक इन्हें अफीम की हल्की मात्रा देकर सुला दिया करते थे ताकि वे बच्चों की समस्या का अल्पावधि निराकरण कर अपनी दो जून की रोटी जुटा सके। इस वर्ग का पुरुष भी अफीम, बीड़ी, तम्बाकू, चिलम, कुसुम्बा, ताड़ी, दुबारा, रासी आदि मादक द्रव्यों का अधिकतर सेवन करता था।

सोंधवाड़ में तिल व मूँगफली का उन दिनों बहुत उत्पादन होता था। इन तिलहनों से खाद्य-तेल निर्मित होता था। तिल का तेल अधिक प्रयोग में आता था। धीरे-धीरे मूँगफली का तेल उपभोग की दृष्टि से उसे क्रमशः पीछे धकियाता चला गया।

वैसे तो सोंधवाड़ में खाद्य व पेय पदार्थों का वैविध्य था किन्तु कुछ पदार्थ मालवा की अपनी विशिष्टता थे। ऐसे पदार्थों में दाल-बाटी, दाल-बाफला, रायता, अमरस, पानिया, पूरण-पोली, लपसी, घुघरी, बाबूचोखा (थूली-चावल), कड़ी, राबड़ी, मालपुआ, पेठा, कलाकन्द, जलेबी, नुकती, राखोड़्या-लड्डू, सेव-पापड़ी आदि उल्लेखनीय हैं। होला, ऊम्बी, सिकके, भुट्टे, धानी आदि भी लोकप्रिय खाद्य सामग्री थे। अचार, बड़ी, पापड़, राब, गुड़ आदि लोकप्रिय थे। त्योहारों, व्रतों, उत्सवों आदि पर शाक-पूड़ी, खिचड़ा, फरियाली खिचड़ी, गुणी, गुलगुले, चीले, भजिये, हलवा आदि का पर्याप्त प्रचलन रहता था। वन, बाड़ियों व उद्यानों में उपजे अंगूर, जामफल (अमरूद), आम, सीताफल, जामुन, तरबूज, खरबूज, टीमरू, करौंदा, खजूर, चिरौंजी, खिन्नी, कबीट, बिल्व, इमली आदि के फलों का प्रयोग भारी मात्रा में होता था। नगरों में ग्रामों अथवा अमीरों और गरीबों के खाद्य-स्तर एवं व्यंजनों के प्रकारों में काफी अन्तर रहता था। मांसाहार या मदिरा-पान उस समय इतने खूले रूप में नहीं था, जितना आज है। चाय या काफी का धीरे-धीरे जीवन में प्रवेश होता जा रहा था। शहरों और कस्बों में होटलें खुलने लगी थीं, किन्तु वहाँ जाने और वहाँ कुछ खाने-पीने के लोग अभी भी अधार्मिक मानते थे। फिर भी विभिन्न गाँवों और नगरों में कलालों का धन्धा काफी मुनाफे में रहता था।

वेश-भूषा – आलोच्य काल में सोंधवाड़ में विविध प्रकार के वस्त्र एवं वेश-भूषाएँ प्रचलन में रहे। इनका समग्र अध्ययन वस्तुतः एक कठिन कार्य है जो दीर्घकाल एचं साधन-सुविधा माँगता है। स्त्रियों और पुरुषों के वस्त्रों व उनकी

वेश-भूषा में पर्याप्त अन्तर रहा करता था। पुरुष वर्ग के शिरोवस्त्रों में विभिन्न प्रकार की पगड़ियाँ, साफे, फेटे, टोपियाँ आदि थीं। शरीर के मध्य भाग में अंगरखा-अंगरखी, कुर्ता-कुर्ती अचकन, कोट, शेरवानी, झगा, कमरबंद, पेशावज आदि पुरुषों द्वारा पहिने जाते थे। समय और मौसम के अनुसार, शाल, कम्बल, खेस, दुशाले, पंछे, लोई आदि का प्रयोग भी होता था। अद्योवस्त्र में धोतियाँ विभिन्न प्रकार के पजामे, लंगोटें, चड्डियाँ, जाँघिये, पंछे, सलवारें, बिरजिशे, पैण्टें, हाफ-पेण्टें आदि प्रमुख थे। निम्न वर्ग पनही या जूतियाँ तथा उच्च वर्ग, बूट या जूते पहनते थे।

स्त्री-वर्ग की पोशाक में साड़ी, ओढ़नी, लुगड़ा, धोती, पोलका, कांचली, कुर्ती, गगरा, सलवार, घाघरा लहंगा आदि प्रमुख थे। उच्च वर्ग की स्त्रियाँ कीमती, जरीदार, रेशमी एवं विभिन्न रंगों के वस्त्र पहनती थीं, जबकि, निर्धन स्त्रियों को सस्ती छीटों व चोल से ही काम चलाना होता था। उच्च वर्ग की स्त्रियाँ जूतियाँ या चप्पलें पहनती थीं।

आर्थिक हैसियतों, जातियों, धंधों, वर्गों एवं परिस्थितियों के अनुसार वस्त्रों के स्तर, फैशन पहनने की पद्धतियों आदि में अन्तर हुआ करता था।

राजसी व उच्च वर्ग के वस्त्र अतलस, कीमखाब, टसर, मलमल, रेशम, चीकन, ऊन; बाफता, सालु आदि से निर्मित किये जाते थे, जबकि सामान्य व निर्धन जनता हरक, पोपलीन, लट्ठा, छींट, चोल आदि के वस्त्र मिल जाने को अपना सौभाग्य मानती थीं।

शृंगार एवं आभूषण

सोंधवाड़ के समाज में पुरुष एवं स्त्रियों द्वारा सौन्दर्य-प्रसाधनों के लिये विभिन्न सुगन्धित पदार्थों का उपयोग किया जाता था। चांदनी, चमेली और चंदन के तेल का प्रयोग उच्च वर्ग में किया जाता रहा था। विभिन्न प्रकार के इत्रों और सुगन्धित द्रव्य प्रयोग में लिये जाते थे। इनमें गुलाब और चंदन के इत्र प्रसिद्ध रहे थे। स्नान के समय उबटन और लेप में केसर, कुकुंम और अरगजा का प्रयोग अधिक किया जाता था। कलात्मक फुंदनों और फूलों से वेणी गूँथना स्त्रियों में प्रिय रहा था। सभी वर्ग की स्त्रियों में आँखों में काजल और सुरमा का अंजन तथा भाल पर कुंकुंम–टीकी लगाने की समान प्रवृत्ति रही थी। मेंहदी का प्रयोग सभी वर्गों में प्रचलित रहा था। पुरुषों में भी मेंहदी लगाने का शौक रहा था। मेंहदी शृंगार के साथ-साथ स्वास्थ्य के लिये भी हितकर थी, इससे व्यक्ति के शरीर में ठंड

की तासीर बनी रहती थी। पुरुषों में पंचकेशी (बँटे हुए बाल), दाढ़ी और मूँछे रखना पौरुष का प्रतीक माना जाता था। किन्तु 19वीं शताब्दी के उत्तरार्द्ध ने आंग्ल फैशन के प्रभावस्वरूप दाढ़ी के स्थान पर गलमुच्छे रखने का प्रचलन बढ़ने लगा था। सिर के बाल साफ करने के पश्चात् सेहरे बनवाना भी लोगों का शौक रहा था। धनाढ्य लोगों द्वारा दाँतों को सोने से मढ़वाने का प्रचलन भी विद्यमान रहा था।

शरीर—शृंगार के लिये आभूषणों का प्रयोग स्त्री और पुरुषों में समान रूप से प्रचलित रहा था। स्वर्ण, रजत, मोती, हीरा, पन्ना, माणिक, पीतल, कांसा, हाथी दाँत, लाख तथा नारियल के खोपरे से बने आभूषण शिशुओं से वृद्ध तक सभी लोगों में पहने जाते थे। किन्तु सामाजिक-आर्थिक प्रतिष्ठा, पद और सम्मान के साथ-साथ जातीय निमानुसार ही आभूषण में धातुओं का प्रयोग किया जा सकता था। साधारण-जन द्वारा स्वर्ण तथा बहुमूल्य धातुओं के आभूषणों का शौक स्वप्न-मात्र था। ऐसे रत्नजड़ित एवं मूल्यवान आभूषणों का शृंगार केवल अभिजात्य वर्ग तथा धनिक लोगों तक ही सीमित था। द्विज जातियों में चाँदी, हाथी दाँत व लाख के आभूषण, निम्न जातियों में चांदी, पीतल, काँसा, लाख तथा नारियल के आभूषण तथा दलित व आदिवासियों में काँसा, कथीर व नारियल के आभूषण पहने जाते थे। स्वर्ण पहिनने का सम्मान शासक द्वारा प्रदान किया जाता था। इसी प्रकार भिन्न-भिन्न जातियों के लिये आभूषण की किस्म तथा विशिष्ट धातु पहनने की विस्तृत सामाजिक नियंत्रण के कारण राज्य में साधारण और लालसाविहीन आर्थिक जीवन चलता रहा था। यद्यपि आधुनिक दृष्टि से यह सामन्तिक एवं राज्य की स्वेच्छाचारी प्रवृत्ति का प्रतीक था परन्तु सामाजिक-आर्थिक व्यवस्था को बनाये रखने में इनका महत्त्व गौण नहीं किया जा सकता है।

फुटकर उपभोग वस्तुएँ – उपभोग में आने वाली अन्य सामग्रियों की संख्या वस्तुतः कई सौ तब पहुँच सकती है। वस्तुतः ये सामग्रियाँ कई प्रकार की होती थीं ये ओढ़ने-बिछाने, सीने-पिरोने, उठने-बैठने अभिवादन एवं भण्डारण, पूजा-उपासना, तिथि-त्यौहार, लीपने-छाबने-पोतने, स्वास्थ्य एवं स्वच्छता, उपस्कर एवं साज-सज्जा, रहन-सहन आदि से सम्बन्धित रहीं और दैनंदिनी अपरिहार्य उपभोग के माध्यम से मानवीय आवश्यकताओं को परितृप्त करती रहीं। इस प्रकार के उपभोग के अध्ययन से पूर्वाधुनिक सोंधवाड़ आर्थिक जीवन की आधारशिला का सहज ही परिज्ञान हो जाता है।

उपभोग संस्कृति – सोंधिवाड़ की उपभोग संस्कृति को दो प्रमुख आधारों पर

विभक्त किया जा सकता है–

1. धार्मिक एवं जातिगत आधार, तथा
2. ग्रामीण एवं नगरीय आधार।

तत्कालीन मालवा में प्रमुखतः हिन्दू एवं इस्लाम धर्म थे। गौण रूप से जैन एवं सिक्ख धर्म भी अस्तित्व बनाये हुए थे। ईसाई धर्म भी पिछड़े हुए तथा आदिवासी क्षेत्रों में फैलता जा रहा था। ये धर्म भी विभिन्न सम्प्रदायों एवं जातियों-उपजातियों में विभक्त थे। इन विभिन्न धर्मों, मत-सम्प्रदायों, जाति-समूहों तथा जन-जाति कबीलों की अपनी धार्मिक, सामाजिक, सांस्कृतिक, भौतिक मान्यताएँ, परम्पराएँ, प्रथाएँ, रीति-रिवाज, संस्कार-पद्धतियाँ, आस्थाएँ एवं विश्वास हुआ करते थे, आज भी है। इन आधारों पर विभिन्न सामाजिक संगठनों, संस्कार-विधानों एवं कुल संगठनों के अनुसार जीवन-पद्धति में थोड़ा-बहुत परिवर्तन एवं वैभिन्य रहता था, जिसका प्रभाव उपभोग के प्रति उनकी दृष्टि एवं व्यावहारिक प्रवृत्तियों पर भी पड़ता था।

उपभोग संस्कृति का दूसरा आधार था – ग्रामीण एवं नगरीय जीवन, ग्रामीण-जीवन अधिकांशतः कृषि-प्रधान था। वह अशिक्षा, रुढ़िग्रस्तता, अंधविश्वास, धर्मभीरूता, अभाव एवं निर्धनता से ग्रस्त रहा करता था। दूरस्थ आदिवासी वनांचलों में तो स्थिति और भी दयनीय थी। इस कारण इन क्षेत्रों का जीवन स्तर अपेक्षाकृत निम्न था। सामन्तीय प्रथा इस पर 'कोढ़ में खाज' का काम करती थी। इन क्षेत्रों के निवासियों की आवश्यकताएँ अत्यंत सीमित रहती थीं, फिर भी साधनों के अभाव में वे बहुत कुछ अपूर्त ही रह जाती थीं। अनिवार्यताओं की ही पूर्ति न कर पा सकने वाला पूर्वाधुनिक सोंधवाड़ का ग्रामीण, दलित, व पिछड़ा समाज आराम एवं विलासिता की कल्पना से कोसों दूर था। सस्ती झोंपड़ियों, झुग्गियाँ, फालिये, ढालिये, ओरों आदि के ग्रामीण आवास-गृह शरण-स्थली थे। फिर भी सोंधवाड़ का यह शोषित, उपेक्षित एवं अभाव-ग्रस्त-जन नाचता रहा, गाता रहा, ढोल व थाली पर ठुमकता रहा और यहाँ की लोक-संस्कृति का निर्माण करता रहा, बावजूद इस तथ्य के कि वह कच्ची दारू पीता रहा, अकाल-ग्रस्तता के समय पत्तियाँ चबाता रहा, कई रूपों में यायावरी रहा, ऋण-ग्रस्तता के अभिशाप से सदैव ग्रस्त बना रहा, बंडी और लंगोट में जीवन-यापन करता रहा, बेगार करता रहा, अपने श्रम से कस्बों, नगरों, सामन्तों, महाजनों व राज-परिवारों के वैभव को विवशतापूर्वक पनपाता रहा। निश्चित की कस्बों एवं नगरों में बसने वाले मध्यम एवं उच्च वर्ग का सामाजार्थिक जीवन अपेक्षाकृत पर्याप्त अच्छा था। उनके पास अधिक कमाई वाले व्यवसाय या

रोजगार के अवसर थे। आय के अधिक साधन थे, अधिक आवश्यकताएँ थीं, अधिक उपभोग पदार्थ थे। मध्यम वर्ग प्रतिष्ठामूलक आवश्यकताओं एवं आरामदायक वस्तुओं तक पहुँच रखता था, जबकि उच्च वर्ग इनके साथ-साथ अपनी विलासिता एवं फिजूलखर्ची की सुविधापूर्ण परिपूर्ति कर लेता था।

संक्षेप में यही प्रस्तुत अध्ययन की आंचलिक गाथा है, यह बृहत् उपभोग-प्रणाली का आंशिक सत्य है। बहुत कुछ अतीत में खो गया और बहुत कुछ आज भी प्रासंगिक है।

सांस्कृतिक जीवन – सोंधवाड़ के सांस्कृतिक जीवन को या तो लोक-साहित्य से जाना गया है या सर्वेक्षण एवं सामुख्य के द्वारा। सोंधवाड़ के लोक-साहित्य का एक बड़ा भाग लोक-कथाओं का है। सोंधवाड़ अंचल में ये लोक-कथाएँ धार्मिक आख्यानों, सामान्य कहानियों, बाल-गाथाओं, लौकिक आख्यानों आदि के रूप में प्रचलित रही हैं। लोक-कथाओं के अतिरिक्त लोक-गीत, लोक-परक नाट्य रूप, मनोरंजक वार्ताओं, कहावतों व पहेलियों आदि रूपों में भी लोक-साहित्य व्यापक हुआ है।

सोंधवाड़ की लोक-गाथाएँ गेय भी हैं और अज्ञेय भी। इन्हें साधारणतया विषयगत, वस्तुगत एवं शैलीगत आधारों पर वर्गीकृत किया जा सकता है। इन गाथाओं के विषय धार्मिक या सांस्कृतिक, सामाजिक या जातिगत, मनोरंजक या हास्यपरक, दैविक या लोकोत्तर, ऐतिहासिक या अनुश्रुतिक, कृषि अथवा पशुपालन विषयक, चमत्कारों या कल्पना-लोक से सम्बन्धित होते हैं। इन कथाओं में करुणा, प्रेम-भक्ति, वीरता, आश्चर्य, ममत्व, विरह आदि के भावों व स्मृतियों की अभिव्यक्ति हुई हैं। इन स्रोतों से हमें सोंधवाड़ के लोक-नायकों यथा राजा विक्रम, भरथरी, जगदेव, सुधबुध सालंगा, ढोलामारू आदि : लोक-देवता यथा बाबा रामदेव, तेजाजी, देवनारायण, पाबूजी, गोगाजी, डूंगरजी, नारसिंह, बंदीछोड़ आदि ; व्यंतर देवता यथा हनुमान व भैरव ; लोकदेवियों यथा राणी माता, सती माता, नारसी माता, परी माता, मरी माता, शीतला, भूखी माता आदि का परिचय एवं सांस्कृतिक महत्त्व ज्ञात होता है। सोंधवाड़ क्षेत्र की लोक-आस्था मालवा एवं राजस्थान की लोकाभिव्यक्तियों से अभिन्न रही है। ढारा-ढारी, गरबा, स्वाँग, नौटंकी, तुर्रा-किलंगी जैसे लोकानुरंजन के माध्यमों; बाना, मटकी, गैर, अंटिया, छल्ला, छतरी, भान-गुवाल, गणगौर, जैसे लोक नृत्यों शिशुओं, महिलाओं व पुरुषों, जनम-परम-मरण में संस्कारों, कृषि, पशुपालन, तीर्थाटन, पथवारी व विभिन्न व्रतों व तिथि त्यौहारों से सम्बन्धित लोक-गीतों; कथाओं, पारसियों, देवी-देवताओं, पूर्वजों, सतियों, जुझारों, आदि की लोक-गाथाओं

से सोंधवाड़ अंचल सराबोर रहा है। सोंधवाड़ी लोक-गीतों की अपनी विशिष्ट धुनें होती हैं। इन धुनों में की जाने वाली गायकी को विभिन्न वाद्य-यंत्रों द्वारा संगत प्राप्त होती रही। ये वाद्य-यंत्र युद्ध-भूमि से लेकर सामन्तों की ड्योढ़ियों, जन्म से लेकर मृत्यु, कथा-भागवत से लेकर लोक-नृत्यों तक प्रयोग में आते रहे। इस अंचल में निम्नलिखित वाद्य-यंत्रों का प्रचलन रहा–

1. **चर्म-मंडित वाद्य** – नगाड़ा, नक्कारा, तबला, तासा, डाक मृदंग, ढोल, मादल, डमरू, खंजरी, चंग, धौंसा, नौबत आदि,
2. **ठोस वाद्य** – थाली, झांझ, करताल, मंजीरा, कटोरा आदि;
3. **तन्तु वाद्य** – इकतारा, सारंगी, जंतर, रावणहत्था, तम्बूरा, चिकारा आदि; तथा
4. **अन्य** – बाँसुरी, अलगोझा, मुरली, घुँघरू, घंटियाँ, शहनाई, पुंगी, शंख, खिपचियाँ, डंडे, मूँगल, बंकिया, सींगी आदि।

आदिवासियों का भगोरिया एक आकर्षक शृंगार प्रधान संस्कारोत्सव है। गल, चूल, घट-स्थापन, बाड़ी आदि के माध्यम से अनेक विचित्र सांस्कृतिक प्रथाओं को सोंधवाड़ क्षेत्र में देखता आया है।

सोंधवाड़ क्षेत्र में परम्परागत लोक-कथाओं क़ी भी कमी नहीं है। चांग, चौक, चौपड़, डेली, फूल-बेल आदि मांडनों; नागजी, माय माता, सरवण, भेरू, पगल्या, साँझी की मनोहारी परम्परागत आकृतियों; धार्मिक, पारिवारिक, युद्ध-विषयक चित्रवणों; विभिन्न प्रकार की मेहंदी-भांतों; आदि से सोंधवाड़ की गृह एवं गृहस्थ सज्जित रहे हैं।

सोंधवाड़ की लोकाभिव्यक्ति एवं जन-जीवन के तुलनात्मक अध्ययन से निम्न तथ्य प्रकट होते हैं–

1. सोंधवाड़ का जन-जीवन प्राकृतिक तत्त्वों से संघर्ष एवं सामंजस्य की अद्‌भुत क्षमता रखता रहा।
2. वह कृषि-प्रधान अधिक रहा किन्तु उसमें पशुपालन एवं उद्योग-व्यापार आदि से सम्बन्धित आनुभाविक विचार एवं जिज्ञासु भावनाएँ बनी रहीं।
3. लोकाभिव्यक्ति न जन-जीवन की सामाजिक एवं सांस्कृतिक स्थितियों क़ो न केवल चित्रित या अभिव्यक्त किया है, अपितु, उन्हें अपनी लोकप्रियता एवं निरन्तरता द्वारा थामे भी रखा है।

4. उसने मानवीय संवेदनाओं, हर्ष-विषाद, लोकानुरंजन आदि का पूरी तरह ध्यान रखा।
5. उसने सोंधवाड़ की परम्पराओं, प्रथाओं, आस्थाओं, रीति-रिवाजों एवं संस्मरणों को जीवित रखा है किन्तु समय-समय पर प्रक्षिप्त व संशोधित होने से वह स्वयं को बचा नहीं सका है। परिवर्तन की यह प्रक्रिया नगरीय एवं कस्बाई क्षेत्रों में अधिक तेजी से सम्पन्न हुई।
6. मानवेतर शक्तियों के प्रति जन-जीवन की श्रद्धा या भक्ति स्वार्थ या भयवश अवश्य रही किन्तु देवी-देवताओं के प्रति उसका कहीं-कहीं निश्छल व विश्वासी समर्पण भी हुआ है।
7. सोंधवाड़ का जन-जीवन जहाँ एक ओर राजसी एवं सामन्ती वैभव के प्रति प्रभावित एवं चमत्कृत हुआ है, वहीं दूसरी ओर उसके प्रति ईर्ष्यालु एवं मौन विद्रोही भी रहा है।
8. जन-जीवन ने लोकाभिव्यक्ति के माध्यम से प्रकृति, वनस्पति, पशु-पक्षी तथा ऋतुओं के नियमों एवं रहस्यों को यथानुभव प्रकट करने का व्यापक प्रयास किया है।
9. सोंधवाड़ के लोक-साहित्य का आधार वह बोली रही है, जिसे सोंधवाड़ी कहा जाता हैं। इस क्षेत्र में यह उक्ति पर्याप्त प्रचलित रही है कि 'बारह कोस पर बोली बदले'। इस उक्ति में दम है।
10. सोंधवाड़ के जन-जीवन की संरचना उसके ऐतिहासिक विकास में समाहित रही । ऐसा करते हुए सोंधवाड़ सामान्य जीवन में रचे-बसे व्रतों, तिथि-त्यौहारों, पर्वों एवं उत्सवों को परम्परागत रूप में मनाता रहा, आंचलिक वैशिष्ट्य के साथ-साथ समष्टिगत सांस्कृति के धार्मिक जीवन का अंग बना रहा।

सोंधवाड़ का आर्थिक-जीवन – सोंधवाड़ अंचल का आर्थिक जीवन मालवांचल एवं झालावाड़ की भाँति कृषि, वन एवं पशुपालन केन्द्रित रहा है। व्यापार एवं उद्योग तुलनात्मक रूप से काफी गौण हैं। इतना होने पर भी सोंधिया समुदाय का आर्थिक जीवन ध्यान आकर्षित करता है। भारतीय इतिहास के मध्य काल में अनेक राजस्थान के विभिन्न अंचलों से आये भगौड़े राजपूत-जन हेतु सोंधवाड़ क्षेत्र एक निरापद एवं सुरक्षित शरण-स्थली सिद्ध हुआ था। अपनी मूल भूमि से कटे इन लोगों के पास न तो जमीन थी और न जायदाद। सघन झाड़ियों एवं वन से

आच्छादित तथा अनेक सदाबहार नदियों से जल-पूरित, वन्य पशु-पक्षियों से भरपूर एवं पूर्व में इस क्षेत्र में बसी लुटेरे जातियों की छद्मभरी आतंकी गतिविधियों से थरथराता यह बीहड़ों भरा भू-क्षेत्र अपने निकटवर्ती अन्य अंचलों के सामाजिक एवं आर्थिक परिदृश्य से नितांत भिन्न परिवेश उपस्थित कर रहा था।

आगन्तुक राजपूत-जन प्रारम्भ में इस क्षेत्र में उसी आर्थिक ढर्रे पर चले जो यहाँ की दस्यु-कर्म में संलग्न पूर्व जातियाँ मोघिया, कीर, भील, कालबेलिया आदि द्वारा अपनाया जा रहा था। निश्चित है इन जातियों ने इस क्षेत्र के क्षेत्रीय ग्रासिया सामन्तों को पर्याप्त परेशान किया था, अतः सोंधिया एवं ग्रासिया समूहों में सदैव कटुता एवं वैमनस्य बना रहा। विभिन्न लुटेरे लोगों का कुछ समय तक द्वंद्व चलता रहा किन्तु बाद में वे क्रमशः समूहबद्ध होते चले गये। इस क्षेत्र में निर्णायक बनने का सोंधिया-स्वप्न मीणाओं और हाड़ाओं ने सफल नहीं होने दिया, इस कारण सोंधिया-जन भारी मात्रा में उमटवाड़ क्षेत्र में जा बसे।

लोकानुश्रुतियों ने सोंधिया ठाकुरों के सामाजार्थिक जीवन को बहुत कुछ सुरक्षित रखा है। सेवकदास कृत 'बाघा रावत की वात' के अनुसार अपने घर, क्षेत्र और ग्राम से परिवार-सहित बहिष्कृत होकर आये सात जातियों के सूरमा-गण जाति-बंधन से दूर होकर मनचाहे विवाह करने लगे। पारस्परिक एकता के सूत्र में बँधे ये लोग माँ आसावरी के प्रति समर्पित होकर यायावरी जीवन बिताने लगे। जहाँ भी वे परिवार सहित जाते, अपने डेरे डाल लेते। घनी राड़ियाँ और सघन वन उनके जीवनाधार होते। पर्याप्त लम्बे समय तक ये वन्य पशुपक्षियों व जल-जीवों के आखेट पर निर्भर रहे। अन्य अनिवार्यताओं के लिय इन्होंने लूटमार, राहजनी एवं ठगी का रास्ता अपनाया। दिन में ये इन आपराधिक व हिंसक गतिविधियों में संलग्न रहते और रात्रि को धाड़ा (डकेती) डालते और गाँवों धनपतियों को लूटते। पेट भरना और लूट करना ही इनका काम था। इस प्रकार कमाये धन को ये दोनों हाथों से समूहबद्ध होकर खर्च करने और रात में धनी और दिन में पुनः कंगाल होते। सदैव देशी मदिरा में धुत्त रहते और खूब धामा करते। तलवारें और लुगाइयाँ (स्त्रियाँ) इनकी संगिनियाँ होतीं। स्त्रियाँ भी कम उद्धत नहीं होती। वे भी मदिरा-पान करतीं और अपने भर्ताओं व संतानों के लिये मांसाहारी भोजन पकाती रहतीं। कुछ सोंधिया सरदार तो दिन-रात 'दारू' में 'गच्च' (मदहोश) रहते। चोरी करने में भी इनका कोई सानी नहीं होता। ये मकानों की छत पर चढ़कर भीतर आँगन में घुसते या दीवारों में सेंध लगाकर अन्दर जा धँसते। यह काम बड़ी चुप्पी एवं दक्षता से करते। अवसर पाते ही ये द्वार तोड़ देते। सामान चोरी कर भाग निकलते या थोड़ा

भी असफल होते देख कूटने (मारधाड़ करने) और लूटने में संकोच नहीं करते। चोरी और धाड़ा डालकर अपनी आराध्या देवी की पूजा करते और फिर प्राप्त सामग्री को मिलजुल कर बाँट लेते। इनके कारण क्षेत्र की जनता थर्राती रहती। राजा व सामन्त भी इनके सामने निरीह होते। कुछ तो भीतर ही भीतर इनसे मिले होते। इन्हें पुलिस और प्रशासन की बिल्कुल पर्वाह नहीं होती। इनकी गतिविधियों की सूचनाएँ इन्हें एकाधिक स्रोतों से मिल जाती और ये वनों, नदी-नालों के कोटरों या घनी झाड़ियों में जा दुबकते। मांसाहार करना, खूब दारू पीना और किसी की अधीनता स्वीकार न कर अपनी मनमर्जी करते रहना सोंधिया-जीवन का अपरिहार्य अंग था।

परियोजना-सर्वेक्षण से सोंधिया-जन का आर्थिक आधार का प्रतिशत निम्न प्रकार से ज्ञात हुआ है—

क्र.	व्यवसाय का नाम	प्रतिशत
1.	कृषि एवँ पशुपालन	72
2.	अ. भूमिहीन श्रमिक (कृषि)	11
	ब. (खान एवं अन्य)	03
3.	सैनिक-कर्म, चौकीदार आदि	04
4.	व्यापार एवं दस्तकारी	02
5.	अन्य	08
	कुल	100 प्रतिशत

'अन्य' शीर्षक के अन्तर्गत सरकारी व निजी सेवाओं में रत कर्मचारी, वन की कटाई करने वाले, यातायात के धंधे में जुटे लोग एवं आर्थिक अपराधों में प्रवृत्त लोग आते हैं। सोंधिया-जन के आर्थिक अपराधों में देशी मदिरा का निर्माण, चोरी, डकेती, अफीम आदि की तस्करी, आखेट आदि हैं।

निष्कर्ष रूप में कहा जा सकता है कि सोंधिया-जन के आर्थिक जीवन में वर्तमान में आशातीत परिवर्तन हुआ है और सदियों की आजीविका विषयक जद्दोजहद के उपरांत वे अपने क्षेत्र के आम एवं औसत आर्थिक जीवन से लगभग समरस हुए हैं।

परिवर्तनशील सोंधिया-समाज

पूर्वाधुनिक मालवा के सोंधवाड़ क्षेत्र की शस्य-श्यामल व सौंधी सुरभि वाली धरित्री की उर्वरता, अनुकूल जलवायु एवं विशिष्ट प्राकृतिक संरचना ने इस अंचल को समन्वयकारी सामाजिक संस्कृति से युक्त जीवन-दर्शन दिया है। यहाँ के सामाजिक एवं आर्थिक जन-जीवन में रची-बसी परम्पराओं, प्रथाओं व पद्धतियों ने ऐसा बहुत कुछ दिया है जो सोंधवाड़ का अपना एक पृथक् निजत्व माना जाता रहा है। यह सही है कि मध्यकालीन सोंधवाड़ मुस्लिम एवं मुगल शक्तियों द्वारा लम्बे समय तक शासित रहा, किन्तु इन शक्तियों को भी अपनी प्रशासनिक संरचना में राजपूत सामन्तों की बैसाखियाँ चुनना पड़ी। अठारहवीं सदी के मध्य मराठे मालवा में निर्णायक अवश्य हो गये थे किन्तु उन्हें भी यहाँ विद्यमान राजपूत व मुस्लिम राज्यों का अस्तित्व स्वीकार करना पड़ा। मराठों ने मालवा में इन्दौर, ग्वालियर, धार, देवास (छोटी व बड़ी पांती) के राज्य स्थापित किये किन्तु ये राज्य भी प्रारम्भ में पेशवा व कालान्तर में अंग्रेजों की सम्प्रभुता को स्वीकारने को बाध्य हुए। स्वतंत्रता की प्राप्ति के उपरांत मालवांचल में विद्यमान इन राज्यों को नव-निर्मित मध्य भारत राज्य में विलीन हो जाना पड़ा। सन् 1956 में यह राज्य भी एक नये मध्य प्रदेश राज्य का अंग बन गया। ठीक यही स्थिति राजस्थान के सोंधवाड़ क्षेत्र की भी रही।

स्वतंत्रता के उपरांत मालवा पर संवैधानिक व सामाजिक परिवर्तनों, औद्योगिक एवं वैज्ञानिक विकास, यातायात व संवाद-वाहन के द्रुत साधनों, नवीन कृषि-तकनीक एवं सिंचाई व विद्युत सुविधाओं आदि का जो प्रभाव पड़ा, उससे इस क्षेत्र को हरित-क्रांति एवं प्रौद्योगिकी का साक्ष्य लेने का अवसर प्राप्त हुआ। इन समस्त पृष्ठभूमि में सोंधवाड़ के भौतिक एवं आर्थिक चेहरे में पर्याप्त रूपान्तरण आ गया। ऐसा लगने लगा कि पूर्वाधुनिक युग चला जा रहा है और एक आधुनिक युग उसे ठेलते हुए चला आ रहा है। वस्तुतः होता यह है कि युगान्तर होते हुए भी अतीत सहसा लुप्त नहीं होता : किन्तु कहीं तो यह यथावत् रहता है और कहीं संशोधित, परिवर्तित, परिवर्धित या नव-संस्कारित होकर वर्तमान के साथ यात्रा करता रहता है। ऐसी स्थिति में पूर्वाधुनिक सोंधवाड़ के लोगों की सामाजार्थिक प्रवृत्तियों का अध्ययन न केवल इतिहास का सर्वेक्षण होगा, अपितु उस पर आधारित समस्त गतिविधियों का परोक्ष विश्लेषण भी होगा। क्षेत्रीय नियोजन एवं विपणनीय संभावनाओं का द्वार खोलने के लिये भी ऐसे अध्ययन आवश्यक होते हैं क्योंकि ये अध्ययन क्षेत्र, समाज एवं परिस्थिति सापेक्ष ही होते हैं और यह सापेक्षतां ही सामाजिक जीवन के समस्त आयामों की आधारशिला है।

सोंधवाड़ अंचल के साथ-साथ सोंधिया-जन में भी पर्याप्त परिवर्तन आये हैं। यह क्रम सन् 1857 के महान विद्रोह से प्रारम्भ होता है जबकि अनेक सोंधिया धाड़ेतियों ने अपराध-प्रवृत्तियों का त्याग कर राष्ट्रीय चेतना की वल्गा थामी एवं अंग्रेजों के विरुद्ध संघर्ष करते हुए शहादत का इतिहास लिखा। शनैः-शनैः सोंधिया-जन कृषि एवं पशुपालन केन्द्रित जीवन की ओर आमुख हुए। लगभग तीन-चौथाई जनसंख्या इन धंधों में आ गई। अपराध-वृत्ति फिर भी जारी है किन्तु वह अब लगभग नगण्य हैं। अब सोंधिया-जन खानों और विभिन्न उद्योगों में भी अपनी उपस्थिति दर्ज करा रहे हैं। शैक्षणिक विकास पर्याप्त तो नहीं है किन्तु भावी संभावनाओं के द्वार निराशाजनक नहीं है। महिलाओं में भी अब जागरण के चिह्न दृष्टिगत होने लगे हैं। सोंधिया समुदाय में पारस्परिक एकता एवं समाज सुधार की दृष्टि से कुछ संगठन सामने आये हैं राजनीतिक चेतना भी उनमें दिन-प्रतिदिन विकसित हो रही है। इस कारण सोंधिया-जन विधायक, पंचायतों के प्रमुख, मंडी-समितियों के कर्णधार आदि होने लगे हैं। सोंधिया अब अतीत से मुक्त होकर नई दशा एवं दिशा का अन्वेषण कर रहा है, अपना मार्ग गढ़ रहा है।

— प्रस्तोता

डॉ. श्यामसुन्दर निगम

परियोजना-निदेशक

परिशिष्ट

संक्षिप्तिकरण

1. जानकारी-पत्रक का प्रारूप ....

2. जानकारी-पत्रकों का संक्षिप्तीकरण प्रपत्र..............................

3. साक्षात्कार अनुसूची का प्रारूप ....

4. बाघा रावत की वात ....

5. होंदूया रजपूत (लोक-श्रुतियाँ) ....

6. सोंधिया भोमसी धाड़ेती (लोक-कथा) ....

7. सोंधिया अजीतसिंह अण मीणो भोमियो (लोक-कथा) ....

8. सोंधिया अजीतसिंह धाड़ेत (लोक-श्रुति) ....

9. राजस्थान के बूंदी जिले में सोंधिया समाज ....

10. तबला बाजे धीन धीन, एक एक पर तीन-तीन ....

इस प्रतिवेदन में प्रदत्त सूचनाओं को विभिन्न सारणियों, चित्रों एवं मानचित्रों द्वारा भी दर्शित एवं विश्लेषित किया गया है। यह सामग्री प्रदत्त विवरण के साथ ही यथा-स्थान एवं यथा-संदर्भ प्रस्तुत की गई है। इस कारण उसकी पृथक् से सूची नहीं दी गई है।

– परियोजना – निदेशक

परिशिष्ट-1

श्री कावेरी शोध संस्थान, ३४, केशवनगर, उज्जैन

दूरभाष (0734) 2551317

सोंधवाड़ अंचल की सामाजिक-सांस्कृतिक परिवेश

(जानकारी-पत्रक,............................तहसील)

श्री/श्रीमती.......................................

....

(कृपया इस पत्रक को भरकर एक सप्ताह में श्री.......................... को प्रदान करने का कष्ट करें। हम आपके सहयोग के प्रति आभारी रहेंगे।)

(खण्ड – 1)

सूचनादाता

1. **आपका नाम : ....**
2. **पता : ....**
3. **लिंग – स्त्री/पुरुष आयु...........वर्ष..........................**
4. **शैक्षणिक स्थिति..**

(खण्ड – 2)

(जहाँ आवश्यक हो वहाँ ✔ सही का चिह्न अंकित करें।)

1. **आपकी दृष्टि में सोंधिया-जन इस क्षेत्र में कब से हैं–**

1. ....
2. ....
3. ....
4. ....
5. ....

(2)

2. आपकी तहसील में कौन-कौन सी जातियाँ निवास करती हैं ?

1. ....

2. ....

3. ....

4. ....

5. ....

उनमें से सोंधिया-जन का किनसे निकट सम्पर्क रहा है ?

1. ....

2. ....

3. ....

4. ....

5. ....

3. आपकी तहसील में सोंधिया ठाकुर किन ग्रामों में निवास करते हैं ?

1. ....

2. ....

3. ....

4. ....

5. ....

4. आपकी तहसील के प्रमुख व्यवसाय क्या हैं ?

1. ....

2. ....

3. ....

4. ....

5. ....

(3)

5. सोंधिया-जन पूर्व में कौन-सा व्यवसाय करते थे–?

1. ....
2. ....
3. ....
4. ....
5. ....

6. वर्तमान में सोंधिया-जन का प्रमुख व्यवसाय क्या है ?

1. ....
2. ....
3. ....
4. ....
5. ....

7. सोंधवाड़ क्षेत्र के प्रमुख लोक-देवता कौन और कहाँ हैं ?

	देवता	**स्थान**
1.	....	....
2.	....	....
3.	....	....
4.	....	....
5.	....	....

8. आपकी तहसील में सोंधिया ठाकुरों के प्रमुख धर्म-स्थल ?

	धर्म-स्थल	**स्थान**
1.	....	....
2.	....	....
3.	....	....
4.	....	....
5.	....	....

(4)

वे वहाँ किस प्रकार की पूजा-उपासना करते हैं ?

1. ....
2. ....
3. ....
4. ....
5. ....

9. आपकी तहसील में स्वतंत्रता के पूर्व किन स्थानों पर सामन्तीय (जमींदारी/जागीरदारी) व्यवस्था रही ?

1. ....
2. ....
3. ....
4. ....
5. ....

10. सामन्तीय प्रथा के भंग होने पर अधीनस्थ कृषकों की हैसियत क्या रही है ?

1. ....
2. ....
3. ....
4. ....
5. ....

11. क्या आपके अंचल में बंधुआ/हाली प्रथा रही है ?

हाँ/नहीं/ज्ञात नहीं

यदि हाँ तो कौन-सी जाति के लोग इस प्रथा के शिकार हुए हैं ?

1. ....
2. ....
3. ....
4. ....
5. ....

(5)

12. आपके क्षेत्र की प्रमुख आर्थिक समस्याएँ क्या हैं ?

1. ....

2. ....

3. ....

4. ....

5. ....

13. आपकी क्षेत्र की प्रमुख सामाजिक समस्याएँ क्या हैं ?

1. ....

2. ....

3. ....

4. ....

5. ....

14. सोंधिया-जन ने पूर्व में कौन-कौन सी सामाजिक समस्याएँ उत्पन्न की थी ?

1. ....

2. ....

3. ....

4. ....

5. ....

15. समाज के अन्य लोगों ने सोंधिया-जन के सामने कौन-सी समस्याएँ पैदा की ?

1. ....

2. ....

3. ....

4. ....

5. ....

16. स्वतंत्रता-प्राप्ति के उपरांत हुए सुधारों से क्या आप संतुष्ट हैं?

1. पूर्णरूपेण ☐ 2. अत्यधिक ☐
3. आंशिक ☐ 4. बिल्कुल नहीं। ☐

17. स्वतंत्रता-प्राप्ति के उपरांत आपकी तहसील की शैक्षणिक प्रगति से आप प्रगति से आप कहाँ तक प्रभावित हैं ?

1. पूर्णरूपेण ☐ 2. अत्यधिक ☐
3. आंशिक ☐ 4. बिल्कुल नहीं। ☐

18. आपके क्षेत्र के प्रमुख अंध-विश्वास क्या रहे हैं ?

1. ....
2. ....
3. ....
4. ....
5. ....

स्वतंत्रता-प्राप्ति के उपरांत इन अंध-विश्वासों पर किस सीमा तक अंकुश लगा है?

1. पूर्णरूपेण ☐ 2. अत्यधिक ☐
3. आंशिक ☐ 4. बिल्कुल नहीं। ☐

19. स्वतंत्रता-प्राप्ति के उपरान्त सामाजिक परिवर्तनों के प्रमुख कारण आपकी दृष्टि में क्या रहे हैं ?

1. ....
2. ....
3. ....
4. ....
5. ....

20. आपकी दृष्टि में अंचल में कौन-सी सामाजिक एवं सांस्कृतिक कुरीतियाँ रही हैं ?

1. जाति-प्रथा ☐ 2. स्पशास्पर्श भावना ☐

3. पर्दा प्रथा	☐	4. बाल विवाह	☐
5. भ्रूण हत्या	☐	6.मृत्यु भोज	☐
7.	☐	8.	☐
9.	☐		

(7)

स्वतंत्रता के उपरांत ये कुरीतियाँ किस सीमा तक दूर हुई हैं ?

1. पूर्णरूपेण	☐	2. अत्यधिक	☐
3. आंशिक	☐	4. बिल्कुल नहीं।	☐

21. आपकी तहसील की किन जातियों में बहुपत्नी प्रथा विद्यमान रही हैं ?

1. ....
2. ....
3. ....
4. ....
5. ....

इस प्रथा पर स्वतंत्रता-प्राप्ति के उपरांत किस सीमा तक अंकुश लगा है ?

1. पूर्णरूपेण	☐	2. अत्यधिक	☐
3. आंशिक	☐	4. बिल्कुल नहीं।	☐

22. आपकी तहसील में सामाजिक दृष्टि से किन जातियों में स्त्रियों के पुनर्विवाह (नातरा) की प्रथा विद्यमान हैं ?

1. ....
2. ....
3. ....
4. ....
5. ....

23. आपकी तहसील में निवास करने वाली किन जातियों में बाल-विवाह प्रथा आज भी जारी है।

1. ....

2. ....

3. ....

4. ....

5. ....

इस प्रथा के उन्मूलन में बाधक तत्त्व क्या हैं ?

1. जाति परम्परा	☐	2. जातीय पंचायत	☐
3. पारिवारिक आग्रह	☐	4.	☐
5.	☐	6.	☐

24. आपके क्षेत्र की किन जातियों में जातीय पंचायतों का आज भी पर्याप्त प्रभाव है ?

1. ....
2. ....
3. ....
4. ....
5. ....

25. सोंधवाड़ अंचल मालवा और राजस्थान के कई क्षेत्रों में विद्यमान है ऐसी 5 विशेषताएँ बताइये जो सोंधवाड़ को इन क्षेत्रों से पृथक् करती हो ?

1. ....
2. ....
3. ....
4. ....
5. ....

विशिष्ट विवरण– (यदि आप अपनी ओर से कुछ अतिरिक्त सूचनाएँ देना चाहते हों तो निम्न स्थान का उपयोग करें।)

....

....

....

....

परिशिष्ट – 2

श्री कावेरी शोध संस्थान, ३४, केशवनगर, उज्जैन

दूरभाष (0734) 2551317

सोंधवाड़ अंचल की सामाजिक-सांस्कृतिक परिवेश

(जानकारी-पत्रकों का संक्षिप्तिकरण प्रपत्र)

तहसील..जिला..................................राज्य.................................

			खण्ड–2			
जानकारी	बिन्दु क्रमांक	1	2	3	4	5
प्रपत्र संख्या	जानकारी विगत					
1.	चिह्नित उत्तर					
2.						
3.						
4.						
5.						
5.						
6.						
7.						
8.						
9.						
10.						
11.						
12.						
13-25						

परिशिष्ट क्र. 3

साक्षात्कार अनुसूची

कस्बाई एवं नगरी शिक्षित जन एवं विद्वानों से सामुख्य में प्राप्त की गयी प्राथमिक सूचनाओं का प्रारूप

1. आपकी दृष्टि में सोंधवाड़ क्षेत्र की क्या सीमाएँ हैं ?
2. इस क्षेत्र में सोंधिया–जन कब आये ?
3. क्या सोंधिया लोग एक जाति है ?
4. स्वतंत्रता के पूर्व सोंधिया-जन के प्रमुख व्यवसाय क्या रहे हैं ?
5. स्वतंत्रता के उपरान्त सोंधिया समुदाय के सामाजिक एवं आर्थिक जीवन में परिवर्तन परिलक्षित हुआ।
6. सोंधिया समुदाय की सांस्कृतिक विशेषताएँ क्या रही हैं ?
7. सोंधिया–जन का अन्य जातियों से क्या सम्बन्ध रहा है ?
8. क्या सोंधिया–समुदाय में सामन्तीय पद्धति रही है ?
9. सोंधिया–जन के विभिन्न राजघरानों से कैसे सम्बन्ध रहे ?
10. स्वातंत्र्य-आन्दोलन में सोंधिया समुदाय की क्या भूमिका रही ?

(संलग्न डायरियाँ सामुख्य–कर्ता के उपयोग के लिये है।)

परिशिष्ट – 4

बाघा रावत की वात

– सेवगदास कृत

देवी तो आसावरी, फर–फर उड़े निसान।
सिमरूँ गणपत सारदा, सदा राखजो मान।। 1।।

बाघो रावत सूरमो, जंगल बीच मुकाम।
राज छिन्यो, बागी, हुओ, नी घर रह्यो नी गाम।। 2।।

हक छिन्यो, बेहक हुओ, जद[1] की बंधगी राड़[2]।
मारवाड़ छोड्यो बिबस, बसा लियो सुँधवाड़।। 3।।

राजा की तो दसमणी, आसावर को स्राप।
सात जात भीली[3] हुवी, कुण बेटो कुण बाप।। 4।।

जात-जात की करी लुगाइयाँ,[4] जण तीं वटरी[5] जात।
रागीराँ ने लूटे–पाटे, घेर लगावे घात।। 5।।

होगंद[6] खा हंडो[7] कर्‌यो, होया हात का एक।
मरणो–जीणो एकठो, आसावर की टेक।। 6।।

बाघाजी ने थेपयो,[8] खापाँ[9] को सरदार।
चाल पड़ सब मालवे, छोड़ दियो मरवाड़।। 7।।

ज्यों-ज्यों पग आगे धरे, फिरि-फिरि देखे राण।
उठे जीव में टीस को, जनम–भोम[10] की हाण।। 8।।

नातो[11] छूट्यो देस ती, होया बद्दर[12] जात।

हिन्दी रूपान्तर – (1) तब, (2) बेबनाव, (3) एकत्रित, (4) स्त्रियाँ, (5) विकसित, (6) सौगंध, (7) साथ, (8) स्थापित किया, (9) शाखा, (10) जन्मभूमि। (11) सम्बंध (12) निम्न (13) औकात

रजपूती छूटी नहीं, टूटी नहीं उकात[13]।। 9।।

बाग ती बगड़ावत हुआ, मूल वंश चव्हाण।
गोचारण करवा लग्या, छोड़्यो तीर-कमाण।। 10।।

असल कोम रजपूत की, खून वंस सब एक।
गूजरा बाज्या[1] गुर्जरा, बाघाजी की टेक।। 11।।

मेवाड़ी, मरवाड़ी[2] हीम ती, हात[3] खाँप का लोग।
होगंद्या को एकठो, देस बदर का जोग।। 12।।

होगंद खा एकठ कर्‌यो खाँप–खाँप का लोग।
धार लगाई मात ने, फेर लगाई धोग।। 13।।

छोड़ मेवाड़ी हीम घुस गया, हाड़ोती के बीच।
याँ बी पग नी ठेरिया, आई फस्या अद्‌बीच।। 14।।

होगंद्या ती बढ़े मीणका,[4] नी लग पायो दाव।
घण जब्बर गादी तपे, हाड़ोती का राव।। 15।।

कुछ वस्या[5] कुछ खसक्या,[6] पौंच्या[7] परले पार।
नदी सिंध ने पार कर, ढाब लिया परवार।।। 16।।

छोटी-बड़ी सिंघ के बीचाँ, घन राड़ी, घन झाड़ ।
होगंद्या वस्या अठे, वाज[11] गयो सिंघवाड़।। 17।।
लूटण करता चालिया, संग चाल्या परवार ।

हिन्दी रूपान्तर– (1) कहलाये, (2) सीमा, (3) सात, (4) मीणा, (5) बसे, (6) खिसक गये, (7) पहुँचे (8) पुकारा गया (9) पछताते हुए (10) भूमि

जगाँ-जगाँ डेरा पड़्या, जद् छूट्यो मेवाड़।। 18।।

एक आसरो, आसावरि को, दूजी या तरवार ।
अछताँ—पछताँ,[9] छोड़यो, घणवालो मरवाड़।। 19।।

जसो मुलक रजपूत को, मरवाड़ो मेवाड़ ।
वसो बसाथो मालवे, होद्याँ ने हुँदवाड़।। 20।।

इत चायल, उत सिंध हे, राड़—झाड़ की भोम[10] ।
सिंधवाड़ो मल थाप्यो, होगंद्या की कोम।। 21।।

होद्या वाज्या, वाज गया, होंदवाड़ में नूत ।
रजपूती छोड़ी नहीं, असम कोम रजपूत।। 22।।

होगंद्या होंद्या विया, होंदवाड़ को राज ।
दारू पी धींगाँ करे, लूट—पाट को काज।। 23।।

होंद्या वाज्या जगत् में, असल जात रजपूत ।
नाम पलट ती नी बणे, पूत हपूत-कपूत[1] ।। 24।।

नाता-गोता[2] छूट ग्या,[3] नवा जुड़्या परवार ।
जो जुड़्या, सोई, होंद्या, मिटगी सब तकरार।। 25।।

मारवाड़ छूट्यो बिबस, आई वस्या हिंधवाड़ ।
होंगद्या, होंद्या हुवा, मारवड़ो हुद्वाड़।। 26।।

होंगद्या जोई होंद्या, सिंघ सोई होंद्वाड़ ।
भोम छोड़ा वस्या जठे, सोई जाण्यो मरवाड़।। 27।।

रजपूती रिज्जक हुई, हाथाँ हुई तरवार ।
लूट—पाट के आसरे, पाल रह्या परवार।। 28।।

राज—पाट सब छिन गयो, छिन गयो, अस्सल[4] नाम ।
पेट भरण के कारणे, लूट करण को काम।। 29।।

देवी तो आसावरी, होगंध पीपर देव ।
आद पुरख बाघो कहूँ, चव्हाण की टेव।। 30।।

दस गोती भेला हुवा, सौगंध घाली[5] मात ।
हल-मल[6] रेहवाँ एकजुट, हल-मल घालाँ[7] घात।। 31।।

सब होगंद्या धाड़ती,[8] सब जातां की जात ।
एक हुवा, खम ठोकिया,[9] समम्मण[10] कर्यो मात।। 32।।

जेता, खेता, भोमसी, तीनई जब्बर[11] धाड़[12] ।
लूटे, धाड़े, गामड़ा[13] धूजाड़े[14] सिंदवाड़।। 33।।

वाँकी मूछाँ नहार[15] ज्यूँ, आँखों वाँको ओज़ ।
वाँकी बोले बोलड़ी, दारू पीवे रोज।। 34।।

मूछाँ वट[16] घाले गजब, आँखाँ गजबी झाल ।

हिन्दी रूपान्तर – (1) सपूत, (2) संबंध व गोत्र, (3) नया (4) असली, (5) ली, (6) हिलमिल, (7) करेंगे, (8) दस्यु, (9) प्रतिज्ञा लेकर, (10) स्मरण, (11) शक्तिशाली, (12) धाड़ा (डाका), (13) ग्राम, (14) कंपा दे, (15) सिंह,

होगंद्या सोई होंद्या, चाले अजबी चाल।। 35।।

डग-डग बोले बोतलाँ, छागाँ की मनुआर। ।
पीवे दारू रात-दन, गच होंद्या सरदार।। 36।।

दारू पी धामो[17] करे, धमकावे दरबार ।
वैर पुरानो याद कर, ले हाथाँ तरवार।। 37।।

अंस असल रजपूत को हुवो वंस में भेर[13] ।
रघवंसी सब होद्या, पड़्यो करम में फेर।। 38।।

ज्यों कांदा[1] का पात, पात में पात ।
त्यों होंद्या की जात, जात में जात।। 39।।

मारवाड़ ती मेवाड़, वाँ ती मेवात हाड़ोत ।
लूटण करताँ बढ़ चली, आगे हातइ[2] गोत।। 40।।

कई वसग्या कई बढ़ चल्या, लांघ्यो झालावाड़ ।
छूट गई मई राण की, मारवाड़ मेवाड़।। 41।।

सिंध अरे चामल परे, जोड़यो नवो जुगाड़ ।
होंदवाड़ ती होंद्या, होंद्या, ती हुँदवाड़।। 42।।

ये तो जाणो भानपर,[3] वे जाणों गंगधार ।
डग, चौमेला, पंचपाड़ आहु नदी की धार।। 43।।

फेर घसोई जाण लो, रुणजा आगे गरोठ ।
सामगढ़ो, सुवासरो, सीतामऊ को कोट।। 44।।

दूधालो अण बोलियो, केथूली ईरोद ।
ढलमू, कलमू, सेमली पावटी अण तरनोद।। 45।।

धीराँ-धीराँ बढ़ गया, ज्यों बढ़्या परवार ।
ऊमठवाड़ो ठेठ तक अरले-परले पार।। 46।।

चारी खूँट[4] ती आया भायला,[5] नवा वसाया गाम ।
बरसाँ-बरस तक आया रांगड़ा[6] करता गया मुकाम।। 47।।

भूल गया वा जलम–भोमका[7] भूल गया मरवाड़ ।
होंदवाड़ का होंद्या, होंद्याँ को हुंदवाड़।। 48।।

ज्याँ जनम्या वाई भोमका, पूरब जां को वास ।
सुणी, गुणी, जाणी कथी,[9] साँची सेवगदास।। 49 ।।

हिन्दी रूपान्तर – (16) मूछों पर बट लगाना, (17) हुल्लड़, (18) भेल।

हिन्दी रूपान्तर – (1) प्याज, (2) सातों, (3) भानपुरा, (4) दिशा, (5) बन्धुप, (6) देशज (7) जन्म-भूमि, (8) कही।

हिन्दी रूपान्तर – (9) कही।

सौजन्य – स्व, भँवरलाल भट्ट 'मधुपजी' के संग्रह से। स्व. भँवरलाल भट्ट 'मधुप' स्वतंत्रता सेनानी थे। सिद्ध कवि एवं लोक-जीवन के सिद्ध विद्वान थे।

– डॉ. पूरन सहगल के माध्यम से प्राप्त

परिशिष्ट क्र. 5

।। होंद्र्या रजपूत ।।

लोक–श्रुतियाँ

होंद्र्यों हुँदवाड़ों, लूटणी को धाड़ो।
नदी–नदी आसरे,[1] खार–नार, खाड़ो।।
होंदया को होंदवाड़ो, ऊमठ्या को ऊमठवाड़ो।
हाड़ा की हाड़ोती, झालाजी को झालावाड़ो।।
जावरो नवाब को, खावणो कबाब को ।
कोठी माई दाणा कोनी, रेवायो रुआब को।।
सिंधिया की पुलस, होल्कर को नाको ।
अणी राज में लूटणी, वणी राज में डाको।।
सीतामऊ रजवाड़ो, वगड़ गयो सब वाड़ो।
दने[2] कर लूटणी, राते घाल लो धाड़ो।।
होंद्र्या को कई ठोर–ठिकाणों, खार-नार में डूके।
रागीरां[3] पे घात लगावे, मज[4] मोको नी चूके।।
मीणा ती मले[5] करे लूटणी, मोधिया ती मले घालो[6] धाड़ो।[7]
हेंत[8] लगावे, चढ़े टापरा, लूटे, बारे वाड़ो।।
धोले[9] दने लूटे कूटे, राते घाले धाड़ो ।
मौके देखे किमाड़ तोड़े कर घर को झाड़ो।।[10]
धाड़्या धाड़ेती, लूटेगा कूटेगा।
पाँच जात करे एकटी,[11] एकला पे टूटेगा।
घेर लगावे घात, बोले छीन-छीन ।

हिन्दी रूपान्तर – (1) सहारे, (2) दिन, (3) राहगीरों, (4) थोड़ा भी, (5) मिलकर, (6) डाले, (7) डाका, (8) सेंधे, (9) दोपहर, (10) सम्पत्ति की लूट (11) एकत्रित होकर

हँपाण्या[1] घाती बाअर[2] निकरे, एक-एक पे तीन-तीन।।
लूटणी अण कूटणी[3] बाटणी अण चूटणी।[5]
माताजी के ओटले। बड़लाजी के कोट ले।।
दारू धार लागे गा। पुलस देख भागेगा ।
जग-जान होवेगा। होंदूया-भोग्या जागेगा।।
खावेगा पीवेगा। मौज मस्ती माणेगा ।
राज ने रजवाड़ा ने, कई बी नी जाणेगा।।
आखी रात लूट्यो। दन वेते[5] खूटियो।[6]
होंद्‌यो हुदवाड़ो। दने करे लूटणी, राते घाले घाड़ो।।

हिन्दी रूपान्तर –(1) छिपे हुए, (2) बाहर, (3) मारना, (4) बाँट-चूँट करना, (5) होते, (6) समाप्त हुआ।

सौजन्य – स्व. भंवरलाल भट्ट 'मधुप' एवं श्री मोहनलालजी वर्मा, रुणीजा का संग्रह एवं लोक-श्रुति।–**डॉ पूरन सहगल के माध्यम से प्राप्त**

परिशिष्ट क्र. 6

।। सोंधिया भोमसी धाड़ेती ।।

लोक कथा

एक हेतो होंदया हरदार।[1] जणको[2] नाम हे तो भोमसी। पाँच हात लंबो तो वण को डील। जाड़ो अतरो के तीन जणा बाथ में भरे तो भरावे कोनी। तागत को तो कई केणों। मगन्या पाड़ा के घुम्मो।[3] दे तो काम पड़्या जीव काड़ दे। डेढ़ हात गाबड़ वारा माद्‌या पाड़ा की गाबर[4] तरवार का एक वार में उड़ा दे।

नहार हरीखो[5] मुँडो[6]/मंजरी आँखा/लाल डोरा वारी/मूँछाँ वट घाले/माथा पर मूंगयो साफो/काना में होना मरकियाँ/धोरो अंगरखा/कमर में कमरबंद पटको/घुटना तक ऊँची धोती/पगाँ में मोचकड़ियाँ[7]/हाथों में नारमुख्या चाँदी की कड़ा।

जबरा[8] धाड़ेती/पच्चास कोस पे घाड़ो घाले/हात नी आवे/पूरो होंदवाड़ ने हाड़ोती नाम ती धूजे।

भोमसी का हंडारी[9] लूटण्या गामो गाम/एक आवाज पर भेरा वई जाता/वणाकी[10] गणती को हिसाब कोई नी जाणे थो/दो हंडारी खास।

एक तो हेतो जेता अण टूजो खेतो/जेतो तो कीर हेतो/खेता मोघियो हेतु/जेतो नदियाँ में लूटणी करतो/चम्बल नदी में वण की नब्बे छोटी-मोटी नावाँ चालती/तीर कामठो खाँदे/भालो हाथ में अण तरवार कटार कमर में/माथा पर आसमानी पाग/चीरम डाढ़ी/बड़ी-बड़ी मूछाँ/नान्हीं-नान्हीं आँखाँ/काना में होना की मरकियाँ/डावाँ[11] पग में ने जीमणा हाथ में चाँदी का नारमुख्या कड़ा/कम्मर में डपटो[12]/भालो ढाब हाथों में/एक पग नाव का कनार पर ने एक पग नाव का बीच में।

हिन्दी रूपान्तर – (1) सरदार (2) उसका, (3) घूँसा, (4) गर्दन, (5) सरीखा, (6) मुँह, (7) जूतियाँ, (8) पक्का, (9) साथ, (10) उनकी, (11) बाँया, (12) दुपट्टा,

वण का हगरा हंडारी एक हरखा/एक हंपे अण दूसरो नीकरे तो ओलखाण[1] में नी आवे। वकत पड्याँ भोमसी के लागे लाग जातो/धाड़ो घावला में पूरो गाठो[2] लड़ैत।

बर्रामा का देवड़ा ठाकर को तो दोस्त अण रामपुरा का चन्द्रावत राव को वैरी/भीला को मददगार/जेता की नाँवा[3] में कीर ने भील दोनाइ रेहता।

जेता को हुकम थो/लुगाइयाँ ने लूट तो सको/पण वणा की इज्जत मरजादा को ध्यान राखो/एक दाण तो जेता ने खुद का दो हंडारी बाँणाँ ती मार गिराया। ती[4] दोनोई एक लाड़ी की इज्जत पर लूटणी करणो छावे था/असो थो जेतो कीर/वण के लिये कह्यो हे के–

वाहरे जेतो जाबरो, कीराँ रो सिरताज ।
चढ़े चोमासे नब्बे नावाँ, लायो उरले पार।। 1।।
चम्बल रे तीराँ उबो, जेतो कीरबलवान। ।
औचक्यो हे देवड़ो, भौचक्यों द्रगभान।। 2।।
जेतो, धोलो बालियो, तीनई घणा[5] तराक।
नदियाँ-नदियाँ, चौगड़े, रजवाड़ाँ पे धाक।। 3।।
मगर तलक[6] कें-कें करे, मिनखाँ[7] नहिं बिसात।
नदियाँ में लूटण करे, दन देखे नी रात।। 4।।
गरीब गुरब लूटूँ नहीं, यो जेता रो कोल।[8]
जगत लूट्ण्या छोडूँ नहीं, यो हे पाको[9] बोल।। 5।।

(मालवा में अरावली पठार की आदिवासी संस्कृति एवं उसकी पुरा-संपदा –डॉ. पूरन सहगल)

हिन्दी रूपान्तर– (1) पहचान, (2) गठीला, (3) टुल्लर, (4) वे, (5) दक्ष, (6) तक, (7) मिनकी, बिल्ली, (8) प्रतिज्ञा (9) पक्का।

असा नराई किस्सा, केवाताँ अण विरदाँ जेती की भाट गावे।

खेतो मोघियो हेतो/घात घेरवा में, किमाड़ भागवा में, अण हेंत (सेंध) लगावा में उस्ताद/हेंत[1] में मूंडों धस जाव/जाणे ऊँदरो[2] ने हाँप/हेंत में पेलाँ पग वारतो फेर आखो डील।[3]

मोसमी होंदया के पास हात[4] घोड़ा हेता/दो हेता पीरका, दो हेता धीरा अण दो हेता कारा स्याम/एक घोड़ों काबर चीतो/ऊ जणी दिसा नीकरतो वणी दिसा का हकन को घोड़ो भीड़तो।

भेंसासरी माता को पूरो पक्को दास/घसोई अण रुणजा की देवियाँ पूजतो एक देवी चौड़े चौगान दूजी पहाड़ की बीच गुफा में/दोनोई देवियाँ तो भीलाँ की/पूजे भोमसी होंदयो/एक देवी गूजराँ की जण की बी पूजा कर भील भोपो/धार लगावे भोमसी होंदूयो/गुजरां की देवी पाती दे/चौथी देवी ठाकराँ की/अण पाँचवीं देवी फेर भीलाँ की गाँ रुणजा की कांकण में खेत की मेड़ पर विराजे/जणी दसा जावे वणी दिसा की माता के बकरी छड़ावे/मऊआ का दारू की धार दे/दारू तो पी जावे गट-गट/बकरा को मांस नी भावो/मूंडी तो भोपा के अण बाकी हंडावारा रांद[5] ले।

भोमसी दो मुर्गा देने अण दो मुर्गा राते खातो/पाँच बोतलाँ मऊआ की खालिस दारू पीतो/एक बोतल परभात में/दो बोंतलाँ दन में अण दो बोतलाँ राग में गटकातो।

भोमसी होंदया में बड़ा-बड़ा धाड़ा धाल्या/खूब लूटणी करी/हात सरकाराँ वण की ढूंढ राखती/इनयाम लागो/भोमसी नी पकड़ानो/न तो भौमसी हात आवे न वण का हंडारी/कालबेलिया हगरो भेद देता/ये ती तें अण तें ती ये निकर भागतो।

एक दाण का भोमसी ने खबर लगी अंग्रेजाँ को खजानो मऊ छावणी ती मीणच छावणी जावेगा/शंकरनाथ कालबेलियो पक्की खबर लायो।

भोमसी जाई पूगयो ने घोरा घाल खजानो लूट लिया/अंग्रेजाँ का सिपायी मार्‌या गया फेर तो अंग्रेज सरकार दौरे लागी/भोमसी को घर उजाड़ दियो/धन-दौलत, माल-असबाब, ढांढा—जानवर, गायाँ, भैसाँ, घोड़ा, ऊँटड़ा हगरा जपत कर लिया।

भोमसी तो हाते नी आयो/निकर भाग्यो/बाल-बच्चा, रखेलां-लुगाइयाँ हगरी[2] छीपगी/खेतो जेतो बी हाते नी आया/खजानो बी हाते नी लागो।

लोग वातां करे के भोमसी तो खजानो लूटतो सीदो हाड़ोती पार करतो मारवाड़ में जाई पोच्यो/वण की लुगाइयाँ रखेलाँ, बाल-बच्चा, खेता-जेता बी मारवाड़ जाई पोंचया/फेर कदी होंदवाड़ में वण का न तो नाम हुण्यों[3] न लूटणी जाणी।

(**सौजन्य** – डाफ. परन सहगल)

हिन्दी रूपान्तर – (1) सेंध, (2) चूहा, (3) शरीर, (4) सात, (5) साथ वाले।

हिन्दी रूपान्तर – (1) सतर्क हो गयी, (2) सारी, (3) सुना।

परिशिष्ट क्र. 7

।। सोंधिया अजीतसिंह अण[1] मीणो भोमियो ।।

(लोक कथा)

एक हो हौंदयो ठाकर अजीतसिंह/जण को खास हंडारी[2] थो भोमियो मीणो/अजीतसिंह होंदियों थे होंदवाड़ को अण भोमियो मीणो ठेठ हाड़ोती को।

दोनोई एकठा वई बड़ा-बड़ा धाड़ा घालता/अणा दोनाई की एक बड़ी खतरनाक फौज बणगी/फौज में मीणा, होंदिया, साँसी, मोघिया, वागरी, कालबेलिया सामिल था/कीर कोरी भी फौज में सामिल।

अजीत बड़ो जालिम धाड़ेती/मीणो भोमियो वण से बी आगे बढ़तो हेतो/घोड़ा की असवारी में दोनोई हुसियार/छोटो मोट कोट, खार-नार तो हाँ केता[3] में कूद जाता।

होंदियो ठाकुर अजीतसिंह सीतामऊ राज को बद्दर,[4] होल्कर अण सिंधिया राज को बद्दर/जावरा राज बद्दर/मीणो हाड़ोती राज को अण झालावाड़ राज को बद्दर।

जतरा[5] बी राज का बागी था सब अजीतसींग होंदिया अण मीणां भोमिया की फौज में धाड़ेती/दन भर छोटा-छोटा दल बणा चामल अण सिंध नदी अण दूसरा नाला में गुप्तया रेता[6]/नराई[7] भेस बणा अलख लगाता/कोई जातरी-रागीर ठंडी छाया जाण नदी में उतरतो/ठंडो पाणी पी बाबा साधू का दरसन करतो तो वी भेस बणया साधू बाबा वण में फांस लेता/ये वे गुपत[8] ठगाँ ने बम-बम अण दूसरा संकेत करी ने चेतमान कर देता/वी घात लगा अर बेचारा रागीराँ पर टूट पड़ता/मारकूट कर धन खोस लेता/मौको पड़याँ बी काड़ता ई ठगोर राते मेरा वेता अण घाड़ा घालता/एक रात में दस-बारा जगा धाड़ा घालता/हाड़ोती की हीम ती उमठवाड़ा अण खीचीवाड़ा तक ई धाड़ा घालता लूटणी अण ठगोरी करता।

हिन्दी रूपान्तर – (1) और, (2) सहयोगी, (3) कहता, (4) बदर, (5) जितना, (6) रहता, (7) कई, (8) यात्री–राहगीर, गुप्त, छिपे।

पानसे[1] घाड़ेती तो मीणा भोमिया का अण पानसे घाड़ेती होंदिया अजीतसिंह का।

आमद को बागी राव नाहरसिंह राज होल्कर का अण अंग्रेज की हुकुम–अदूली करवा लोगो/कर टेक्स भरतो कोनी[2]/आमद का किला का दरवाजा बंदकर बेठ ग्यो/अजीतसिंह ने[3] मीणा भोमिया ने नाहरसिंह चन्द्रावत ती साँठ-गाँठ कर ली/रामपुरा को राज चन्द्रावत नाहरसिंह का हाथ ती निकर गयो/आमद बैठ कतरा दन वेर लड़े/होंदिया ने मीणा पुगिया के माँकसे मेल राखो। मी लड़ाँगा होल्कर रानी अहिल्या ती बी ने अंग्रेज केप्टन ती बी।

दोई धाड़ेती राते धाड़ा माल लूट लाता/किला में गुप जाता/आधा हिस्सो राव को आधो धाड़ेतियाँ को/राव आपणा सैनिक भी धाड़ा पर मोकलतो।

आखिरकार अहिल्या का सेनापति आबाजी ने अण अंग्रेज केप्टन ने आमद को किलो घेर लियो/तोपाँ चाली/किलो धूलधाणी[4] वईग्यो[5]/मीणो भोमियो अण होंदियो अजीतसिंह तो भागी निकर्‌या/वणाकी[6] घणी सारी फौज मरकटगी।

चव्हाण राजी ने आमद को दरवाजो खोल द्यो/संधी वई गी/नाहरसिंह ने रामपुरा का मेहल पीछा निकल गया/ लगे-सगे अजीतसिंह अध भोमिया मीणा को फेर कई बण्यो अणकी खब्बर नी मली।

हिन्दी रूपान्तर – (1) पांच सौ, (2) कोई नहीं, (3) और, (4) ध्वस्त, (5) हो गया, (6) उनकी।

परिशिष्ट क्र. 8

।। सोंधिया अजीतसिंह धाड़ेत।।

(लोक–श्रुति)

अजीतसिंग धाड़ेत, नाम जब्बर[1] जबीरोलो।
धाड़ा घाले बड़ा-बड़ा, जम जंग हठीलो।।
सेना बड़ी घमसान, हजार धाड़ेती मेला ।
मीणा, मोघिया साँसी होंदया खास कमेला।।
कीर भगत जगराम, बागरी संकर चोयो ।
भेरूनाथ कालबेलियो, रतन्यो भोयो।।
मीणों भोकमसींग, होंदयो भम्मर ठाकर ।
होंदयों अजीतसिंग जालिम जाबर।।
धाड़ेती हगरा[2] अखर—बखर[3] जंगलां में रेवे ।
हमचो पातां झट अजीत की हंडो देवे।।
अदनो-कदनों[4] लूटे कोइनी, जद लूटे घण भारी ।
आग लगावे, तबा मचावे, करदे भारी-भारी।।
नराई[5] ठिकाणादार, अजीत ने गढ़ में राखे ।
हलमल[6] हगरा,[7] लूट मचावे, धाड़ा नाखे[8]।।

(सौजन्य– रामपुरा का इतिहास, भंवरलाल भट्ट 'मधुप', पृ. 53)

हिन्दी रूपान्तर – (1) साहसी, (2) सकल, (3) इधर-उधर, (4) छोटे-लोग, (5) काफी, (6) हिलमिल, (7) सारे, (8) डाले।

परिशिष्ट क्र. 9

राजस्थान के बूँदी जिले का सोंधिया समाज

राजस्थान प्रदेश के दक्षिणी-पूर्वी अंचल के बूँदी जिले की पंचायत समिति तालेड़ा के कुल गाँवों में से 5 ग्रामों में सोंधिया समाज के कई परिवार बरसों से बसे हुए हैं। पंचायत समिति तालेड़ा (जिला बूँदी) के इन सोंधिया–बाहुल्य ग्रामों के नाम क्रमशः सुन्धया की झोपड़ियाँ, पलंका, डाबी एवं सूतड़ा है। इनमें ग्राम सुन्ध की झोपड़ियाँ, नमाणा ग्राम पंचायत के अन्तर्गत आता है जबकि ग्राम पलंका गरडदा ग्राम पंचायत के अन्तर्गत एवं ग्राम डाबी व सूतड़ा ग्राम पंचायत डाबी के अन्तर्गत आते हैं।

पिछले दिनों किये उक्त ग्रामों के सर्वेक्षण के आधार पर 'सुन्धया की झोपड़ियाँ' ग्राम में सोंधिया समाज के 15 घर हैं। जिनमें 0 से 100 वर्ष के कुल 60 सदस्य हैं। इसी प्रकार 'पंलका' ग्राम में सोंधिया समाज के 40 घर हैं जिनमें 200 सदस्य हैं। 'डाबी' ग्राम में 35 घर हैं जिनमें 200 सदस्य हैं और 'सूतड़ा' ग्राम में 25 घर हैं जिनमें 150 सदस्य हैं। इन चारों ग्रामों में कई घरों में भील, गूर्जर, मेघवाल, चर्यकार एवं पूजा-पाठ करने वाले एक या दो घर ब्राह्मण पंडितों के हैं। इन ग्रामों में बसे सोंधिया समाज के लोगों ने बताया कि वे सिंधिया राजपूत हैं। इन बुजुर्गों के अनुसार बूँदी राज्य में पुराने समय के उनके समाज का 12 गाँवों में बाहुल्य था। दोनों बुजुर्गों के अनुसार लगभग 300 वर्षों पूर्व बूँदी महाराव के विवाह में रानी की पहरावणी में उनके पूर्वज खास तौर से मेजबानी में रहे। बूँदी के निकट के एक गाँव 'सिलोर' में एक बड़ा खड्डा खुदवाकर उस पर बाट लगाई गई व बूँदी महाराव को वहाँ बंद करके किसी ने आग लगाई जिसमें 'महाराव' की रक्षा में उनकी जाति/समाज ने आग में अपनी कुर्बानी दी। यह महाराव को समाप्त करने का एक षड्यंत्र था। इस आगजनी से सोंधिया जाति के कई लोग जल मरे। संयोगवश जो बचे, वे बूँदी के जंगलों में चले गये और वहाँ गुजर-बसर कर वहीं वास करने लगे ओर उनकी ही परम्परागत पीढ़ी में वे स्वयं भी हैं जो 4 ग्रामों में बसे हुए हैं।

यहाँ यह उल्लेखनीय होगा कि बूँदी जिले के ग्रामीण अंचल में बरसों से बसे इस सोंधिया समाज पर आज तक राजस्थान प्रदेश के किसी समाजशास्त्री शोधार्थी, पत्रकार अथवा समाजोत्थान को समर्पित किसी निजी या सरकारी संस्था ने न तो

दृष्टि डाली न ही इन पर कभी शेध की हैं। इन खोजकर्ताओं की दूर दृष्टि से कोसों दूर आज तक रहा 'सोंधिया समाज' का यह सामाजिक-सांस्कृतिक सर्वेक्षण इस दृष्टि से प्रथम ही माना जाना चाहिये। उक्त चारों ग्रामों में बरसों से बसी व जीवन व्यतीत कर रही 'सोंधिसा समाज' की इस शोध झाँकी को देखने-परखने की प्रथम सूचना मुझे मेरे परममित्र श्री निखिलेश सेठी (निदेशक, सेठी हर्बल हाइटेक अल्फा नगर, बूँदी) ने दी थी जिसका लेख व शोध मैंने भारतीय सामाजिक विज्ञान अनुसंधान परषिद् द्वारा एकीकृत परियोजना 'मध्य प्रदेश एवं राजस्थान के सोंधवाड़ अंचल की सामाजिक-सांस्कृतिक परिस्थिति का अध्ययन' के निदेशक एवं श्री कावेरी शोध संस्थान, उज्जैन के संस्थापक-निदेशक श्रद्धेय डॉ. श्री श्यामसुन्दर निगम के निर्देश पर किया था।

राजस्थान की सबसे बड़ी पंचायत समितियों में से एक बूँदी जिले की तालेड़ा पंचायत समिति के अन्तर्गत बूँदी मुख्यालय भी आता है। यही से लगभग 16 कि. मी. दूर पश्चिम में नमाणा ग्राम पंचायत मुख्यालय से मात्र 2 कि. मी. दूर है सोंधिया समाज का ग्राम 'सोंधिया की झोपडियाँ'।

सोंधिया की झोपड़ियाँ— इस ग्राम में सोंधिया समाज के 15 घर हैं। इनके अलावा नाथ बाबा के 3 भीलों के 5 व गुर्जरों का 1 घर है। सोंधिया समाज के 15 घरों में 0 से 100 वर्ष की आयु के 60 सदस्य है। ज्ञात जानकारी के अनुसार गाँव के पृथ्वीसिंह पुत्र हीरासिंह सोंधिया ने बताया कि वे सभी बाबा रामदेव को अपना आराध्य देव एवं नमाण की चावग्डमाता (सती का सराय) को अपनी आराध्य देवी मानते हैं। उनके गौत्र बड़ा चौहान, सरावत, गहलोत, सरोपी, नांगल, कावल, बोरणा, तंवर हैं। 60 वर्षीय सोंधिया पृथ्वीसिंह के अनुसार उक्त आराध्य देवी चावण्डमाता के अलावा हरीपुरा ग्राम के निकट 'लरा की माताजी' एवं घनेश्वर के पास व चम्बल नदी के किनारे 'अम्माराणी' को भी वे अपने ग्राम के सोंधिया परिवारों की आराध्या मानते हैं मनोकामना पूर्ण होने पर अथवा किसी शुभ अवसर में वे इन लोक देवी-देवताओं को ढोल-ढमाकों से पूजा—अर्चना करते हैं तथा उनकी महिलाएँ माताजी के गीत गाती हैं। एक प्रश्न के उत्तर में उनके अनुसार दशहरे का दिवस उनके लिये पूजन का श्रेष्ठ दिवस होता है। उन्होंने बताया कि उनकी शाखा का नाम 'अगणी', वरण का नाम व वंश का नाम भी 'अगणी' कहा माना जाता है। तंत्र-मंत्र में उनका कुछ-कुछ विश्वास भी है परन्तु इसमें वह अधिक समर्पित है जो दुःखी व निर्धन अधिक हैं।

समाज में खुशी का इजहार शादी-विवाह अथवा बालक के जन्म के अवसरों

पर किया जाता है। इसी क्रम में मन्नत पूरी होने पर समुदाय द्वारा नाच-गान का भी आयोजन किया जाता है। शगुन-अपशगुन के बारे में उनका मानना है कि यदि कोई महिला जल का भरा घड़ा लेकर आती हुई दिखाई दे तो वह जाने वाले व्यक्ति के कार्य की सफलता का सूचक होता है परन्तु मार्ग में काल सर्प या बिल्ली द्वारा रास्ता काटने को अपशगुन माना जाता है। सोंधिया की झोपड़ियाँ ग्राम के सोंधिया-जन में पुरुषों का पहनावा धोती, शरीर पर पर्दा वाली अगरंखी, साफा, पैरों में चमड़े की जूतियाँ एवं हाथ में लट्ठ परन्तु वर्तमान में अब वे धोती, कमीज व पैण्ट-शर्ट को भी पहनने लगे हैं। महिला वर्ग में कलियों वाला घाघरा—लुगड़ा काँचली, बाजूबंद, पेटीकोट, साड़ी व ब्लाऊज है।

इस ग्राम में अल्प घर होने से वे दूसरों गाँवों में विवाह न करके व्यक्तिगत विवाह करते हैं। उनके गाँव में सामूहिक विवाह नहीं होते। ग्राम के इन अल्प परिवारों में नाता प्रथा आज भी बदस्तूर जारी है तथा झगड़ा भी टूटता है। इस क्रम में एक विवाहित व्यक्ति की पत्नी दूसरी व्यक्ति के साथ चली जाती है तब दुगना आता है। विवाह में लगभग 50 हजार रुपये का खर्चा हो जाता है, जिसमें कन्या पक्ष वाले को दहेज में सोना-चाँदी की वस्तुओं, गहनों के साथ-साथ पशुधन भी देना होता है। सोंधिया की झोपड़ियाँ ग्राम के सोंधिया परिवार अपने नौनिहालों को शिक्षा की चेतना से जोड़ने की मंशा तो रखते हैं परन्तु उनके ग्राम में विद्यालय नहीं है। कुछ बच्चे 2 कि. मी. दूर नमाणा पढ़ने जाते हैं परन्तु मार्ग में नदी होने से खतरे का अंदेशा रहता है। ग्राम के पृथ्वीसिंह व जगदीशसिंह सोंधिया का मानना है कि उनका भी स्वप्न है कि उनके बालक भी पढ़े एवं समाज में अपना नाम करें। उनके अनुसार व सभी हिन्दू त्यौहारों क्रमशः रक्षा—बंधन, दीपावली, सावणी अमावस्या, भाई दूज, गणगौर आदि मनाते हैं एवं कंजली तीज का बूँदी में आयोजित मेले एवं भादवा में रामदेवजी के रामदेवरा में अवश्य जाते हैं। ये लोग मंगलवार को हनुमानजी को पवित्र दिवस मानते हैं एव नवरात्रि की अष्टमी को चावण्डमाता को पूरी श्रद्धा से पूजा-अर्चना करते हैं। सोंधिया की झोपिड़याँ गाँव से सोंधिया समाज के परिवार आज भी अधिकतर कच्चे कातले पोश कमरों—मकानों में ही अपना जीवनयापन करते हैं। यही उनका समाज है, यही उनकी जिंदगी है।

सूतड़ा, पंलका, डाबी के सोंधिया समाज — नमाणा ग्राम से पश्चिम की ओर 11 कि. मी. दूर स्थित है। सूतड़ा ग्राम, सूतड़ा ग्राम से पुनः पश्चिम की ओर लगभग 15 कि. मी. दूर है। पंलका ग्राम (पंलका ग्राम से मात्र 3 कि.मी. दूर बुधपुरा नामक ग्राम का खान क्षेत्र देशभर में 'सैण्ड स्टोन' के लिये विख्यात है।)

पंलका से 5 कि. मी. पश्चिमी की ओर स्थित डाबी। डाबी से एक मार्ग द्वारा 35 कि.मी. का मार्ग तय कर वाहन द्वारा कोटा पहुँचा जा सकता है। डाबी एवं पंलका का ग्राम उदयपुर–भीलवाड़ा मार्ग के निकट स्थित है।

पंलका ग्राम के किसोर पिता गेंदीलाल (61 वर्ष) एवं बापूलाल पिता गेंदीलाल (70 वर्षीय) स्वयं को सोंधिया राजपूत कहाना पसन्द करते हैं। उन्होंने बताया कि उनके बढ़वे या जागा मदनसिंह पुत्र शिवसिंह है जो दोखाड़ावाया बुड़ा तहसील मल्हारगढ़ जिला मन्दसौर के हैं। पंलका, सूतड़ा, डाबी के सोंधियाजन अपने को बूँदी महाराव की उक्त कथा से जोड़ते अवश्य हैं, परन्तु वे एक घटना से महाराव की रानी को भी उक्त कथा में सतीत्व चढ़ने पर सती होना बताते हैं और इसकी पुष्टि में वे रानी की मूर्ति बूँदी के द्वार पर लगाया जाना मानते हैं जिसे आम व्यक्ति किसी सती का निशान बताता है। उक्त सोंधियाजनों का कहना है कि राजाओं के समय में इस स्थान का दर्शन करने की मनाही थी। पंलका के मदनलाल पुत्र भँवरलाल (50 वर्ष) एवं राधेश्याम पुत्रं सीताराम (45 वर्ष) सोंधिया राजपूत का कहना है कि उनकी आराध्य देवी को 'नारायणी' व आराध्य देव चारभुजा नाथ को माना जाता है। पंलका गाँव में चारभुजा नाथ का एक मन्दिर भी है। वे लोग जब भी अवसरों पर पूजा करते हैं, उसे ब्राह्मण पुजारी से ही सम्पन्न करवाते हैं। पूजा में वे देवों की लड्डबाजी भोग लगाकर अर्पित करते हैं। इस अवसर पर सोंधिया महिलाएँ गीत गाकर नृत्य भी करती हैं।

पंलका, सूतड़ा, डाबी के सोंधिया–जन सत्संग से भजन गाकर अपना धार्मिक वातावरण बनाते हैं। ढोलक–हारमोनियम पर वे अधिकतर वैष्णवमय ग्रामीण भजन गाते हैं। उनके लिये अच्छा शगुन जल से भरा मटका एवं कोचर को बोलना शुभ माना जाता है। वही अशुभ संकेत में उनका मानना है कि छींक आना, काला बैल दिखाई देना, काला सर्प दिखाई देना एवं बिल्ली का मार्ग काटकर निकल जाना व अर्थ कार्य पूर्ण होने में अड़चन आने की आशंका रहती है। उक्त गाँवों के सोंधियाजन अपने खानपान में सामान्यतया दूध, दही, छाछ, घी, मक्का, गेहूँ, चावल का उपयोग करते हैं।

उक्त क्षेत्र के सोंधियाजन के विवाह उक्त 4 वर्णित ग्रामों में ही तय करते हैं। यहाँ अभी भी नाता प्रथा है तथा झगड़ों को पंचायत ही सुलझाती है। इन गाँवों के कोई भी सोंधिया–जन किसी नौकरी में कार्यरत नहीं है। वही उनके ग्रामों में विद्यालय नहीं होना उनके बालकों की शिक्षा के लिये एक बड़ी समस्या है। बालकों को डाबी मुख्यालय के विद्यालयों में भेजना भी एक समस्या है। मार्ग कच्चा एवं मध्य में 3 कुँए हैं जिनमें दुर्घटना होने का अंदेशा बना रहता है। ग्राम

में चिकित्सा–सुविधा का अभाव है। ये अभाव इन लोगों की असुविधा में बढ़ोतरी के कारण है जिनके कारण वे स्वयं को आज तक शहर के समाज और वहाँ की व्यवस्था से आज तक नहीं जोड़ पाये हैं।

पंलका गाँव में इस समाज के 40 घर, भील समाज के 5, गुर्जरों के 20, ब्राह्मणों के 2, मेघवालों के 2 एवं चर्मकार का 1 घर है। पंलका से ग्राम पंचायत करड़दा की दूरी लगभग 15 कि. मी. है। यहाँ का मार्ग कच्चा, पथरीला है जो काफी कष्टपूर्ण है। राजनैतिक घटनाओं के बारे में ये लोग कम ही जान पाते हैं परन्तु राजनीति के नाम पर इनकी जानकारी शून्य है। ग्राम पंलका के सोंधिया–जनों का कहना है कि बूँदी जिले के चार सोंधिया समाज वाले ग्राम आज पूर्णतया उपेक्षित और सुविधाओं से मरहूम है क्योंकि इनकी विकास की दौड़ में आज तक गिनती नहीं आ पाई है। उनका कहना है कि उनके समाज से राजनीति में कोई प्रतिनिधि भी नहीं है। यही अभाव उन्हें बरसों से खलता आ रहा है।

सांस्कृतिक, धार्मिक त्यौहारों, तीजों के अवसर पर वे सभी देवी की पूजा–अर्चना अवश्य करते हैं। मसलन रामदेव बाबा की भादवा मास की तीज को वे 'उजली तीज' के रूप में काफी पवित्र मानते हैं तथा उस दिवस पर छाछ नहीं बनाते एवं क्वांर माह की नवमी को बैलों की जोड़ी द्वारा खेत की जुताई नहीं करते हैं, ना ही बैल जोड़ी जोतते हैं। इस दिवस पर महिलाएँ हिंगलू का चूड़ा पहनना अपशगुन मानती है। इन सभी सोंधियाजन का शिक्षा के पिछड़ेपन के बारे में यह मानना है कि प्रथम तो उनके ग्रामों में विद्यालयों का अभाव होना तथा दूर के विद्यालयों में उनके बालकों से जाति के प्रमाण–पत्र माँगे जाते हैं, जिन्हें जगह-जगह जाकर बनवाना उनके लिये एक बड़ी समस्या है। सोंधिया समाज के जगदीश पुत्र अमरसिंह (40 वर्षीय) का कहना है कि उनके समाज के लोग एवं बन्धु मध्यप्रदेश की सीमा के क्षेत्र में हैं वे सभी 'सिंधिया' गोत्र लगाते हैं। राजस्थान की सीमाओं के ग्रामों में बसे सोंधिया समाज से उनका व्यवहार नहीं है। उनके समाज के अधिकांश आबादी मध्य प्रदेश में है।

अतिरिक्त जानकारी अथवा अन्य प्रश्न वार्ता के आधार पर – उक्त 4 ग्रामों में रहने वाले सोंधिया समाज के वाशिन्दे भोले, परिश्रमी एवं अपराध से कोसो दूर हैं। खेती एवं मजदूरी करके अपने परिवार का पेट पालना ही उनका जीवन है। बाहर की शहरी जिंदगी का स्वरूप उन्होंने अभी तक नहीं अपनाया। पंलका ग्राम के सोंधिया परिवारों के बुजुर्गों के अनुसार उनकी सतीमाता का एक प्रसिद्ध स्थल चित्तौड़ के किले के नीचे पूर्व दिशा में है। अधिकार सोंधिया–जन अनपढ़ है तथा कुछेक 5 वीं दर्जे की पढ़ाई किये हुए हैं। गाँवों में पेड़ों के नीचे

कुछ लोक देवी–देवताओं के थानक बने हुए हैं जिनके प्रति आज भी उनकी श्रद्धा है। सोंधियों की झोपड़ियाँ ग्राम के सोंधियाजनों के अनुसार अगनीवरण व पचरंगा झाड़ा (निशान) एवं लाल गादी एवं घोड़ा उनके लिये पूज्य है। उनका मानना है कि बरसों पहले उनके पूर्वज घोड़ा पर बैठकर उक्त गादी और निशान के साथ किसी सुरंग में प्रवेश कर गये थे जिनका बरसों से पता नहीं चल पाया। अतः वे आज भी घोड़े को पूज्य मानते हैं तथा अपने पितृगणों का पूजन त्रिवेदी नदी के संगम पर ही करते हैं।

खानपान से सम्बन्धित जानकारी चाहने पर युवा इसका उत्तर देने में सकुचाते हैं परन्तु ऐसा प्रतीत होता है रात्रि के समय ये मद्य का प्रयोग करते हैं। अफीम-चिलम पीने का शौक अभी भी इन लोगों में प्रचलित है। शादी-विवाह का मुहूर्त इस समाज में निश्चित रूप से नहीं निकाला जाता है। वे इस बारे में देव सोवणी, देव उठनी ग्यारस को मानते हैं। विवाह के लिये वे मध्य प्रदेश के साठखेड़ा गाँव के कालासर महाराज के स्थान से पाती लाते हैं, वहीं विवाह का तय होना माना जाता है। सोंधियाजन अग्निवरण, धर्म से सम्बन्धित बातों को ज्यादा तरजीह देते हैं। वे दशहरे पर अग्निवरण, अग्नि शाखा व अग्नीवंश का स्मरण अपने समाज से सम्बन्ध करते हैं। हवन करने के दौरान वे हवन कुण्ड बनाकर अग्निदेवता का स्मरण कर स्वयं की रक्षा की प्रार्थना करते हैं एवं उसकी प्रार्थना करते हुए यज्ञ–होम करते हैं। सोंधिया की झोपड़ियाँ, डाबी, सूतड़ा व पंलका में सोंधिया समाज के ग्रामीणों के अधिकाशः मकान कच्चे और कातले पोश हैं। कुछेक मकान पक्के हैं। मकानों में चौक हैं तथा मकानों के आगे पत्थरों के कोट खीचे हुए होते हैं महिलाओं में घूँघट प्रथा आज भी है।

सारतः बूँदी जिले की पंचायत समिति तालेड़ा की ग्राम पंचायतें क्रमशः डाबी, गरड़दा और नमाणा के अन्तर्गत दूरदराज कच्चे कष्टपूर्ण मार्गों के अन्त में बसे ग्रामों सोंधिया की झोपड़ियाँ, पंलका, सूतड़ा और डाबी में बरसों से बसे इन सोंधिया परिवारों के इस सर्वे से यह बात तो सामने आ ही जाती है कि ये लोग नगरीकरण की हवा और विकास की राह से आज भी काफी पिछड़े हुए हैं। बरसों पहले जिस मार्ग परम्परा पर ये चले थे, आज भी ये वहीं खड़े हैं। मूलभूत सुविधाओं से कोसों दूर इस समाज को वर्तमान समाज से कुछ हद तक जोड़ना तो इस पढ़े-लिखे मानवीय भाव रखने वाले सामाजिक प्राणियों के कर्तव्य के अन्तर्गत तो आता ही है।

(सर्वेक्षण एवं सामुख्य सहयोग श्री ललित शर्मा, झालावाड़)

परिशिष्ट – 10

तबला बाजे धीन-धीन एक-एक पर तीन-तीन

आसोज नवरात्रि से लगाकर कार्तिक पूर्णिमा तक पूरे मालवा क्षेत्र में अनेक स्थानों पर मेले जुड़ते हैं। रामलीलाएँ होती हैं। गरबा महोत्सव होते हैं। माच के तुर्रा–कलंगी ख्याल होते हैं। बाने खेले जाते हैं और हाट बाजा जुड़ते हैं। मालवा में ये सभी उत्सव फसलों के खलियानों में आगमन के उल्लास के कारण ही जुड़ते हैं। इस समय बरसात के चतुर्मास की तंगाई के बाद किसान के पास पैसा आता है। हाथ खुला होता है। व्यापार चल निकलता है। आवागमन बढ़ जाता है। इन्हीं दिनों राह में ठगी और लूट भी बढ़ जाती है।

मेले से शहर के बीच एक छोटी नदी बहती थी। लोग उसे नाला ही कहते थे। यह नाला पूरे क्षेत्र में 'बैरगिया नाला' के नाम से प्रसिद्ध था। इस नाले में सदा स्वच्छा पानी बहता था। उसके किनारे छायादार वृक्ष थे। यात्रियो के विश्राम के लिये प्राकृतिक स्थान भी थे। इसीलिए उस राह से गुजरने वाले यात्री वहाँ रुकते, स्नान करते, भोजन करते और विश्राम करके, फिर चल पड़ते थे। उसी नाले में तीन ठग भी रहते थे।(*) ये तीनों ठग साधुओं के वेश में रहते थे। पहले ठग के स्थान से थोड़ी दूरी पर दूसरे का तथा थोड़ा आगे चलने पर तीसरे साधु का मुकाम था। इन तीनों ठगों में मिलीभगत थी। इनके ठगने का तरीका भी बहुत रोचक था।

जब कोई यात्रि बैरगिया नाले पर आकर स्नान कर रहा होता या भोजन कर रहा होता, तब पहला साधुवेशधारी ठगोर 'बम्म-बम्म' का घोष करता। यात्री का ध्यान उधर जाता। साधु को देखकर यात्री उसके पास पहुँचता। उस साधु के पास जाने पर वह प्रणाम करता। तिलक–छापा लगाता जब भभूत लेकर उठने को होता तब वह ठगोर उसे आशीर्वाद देता। ठगोर से बहुत ही मीठी वाणी में कहता। थोड़ी दूर आगे एक सिद्ध महात्मा का निवास है। जाओ उनका आशीर्वाद ले आओ। यात्री श्रद्धावश अगले साधु की ओर चल पड़ता। 'बम्म-बम्म' की आवाज से दूसरा ठगोर पहले से ही सतर्क हो चुका होता था। जब यात्री पहले मुकाम से चलने को होता तब पहला साधु ठग 'नारायण-नारायण' का घोष करता। इसका अर्थ था, आने वाले यात्री के पास धन है।

(*) इन मुख्य ठगों में एक था सोंधिया, दूसरा था मोगिया तथा तीसरा कालबेलिया।

जब वह यात्री या यात्रीगण दूसरे ठग साधु के मुकाम पहुँचते और प्रणामकर भेंट चढ़ाते तब तक वह ठग उनके धन और शक्ति का अनुमान लगा लेता। यदि उसके बस में होता तब तो मारपीट कर उनका धन छीन लेता। यदि वह समझता कि वह अकेला सक्षम नहीं है तो वह 'बम्म-बम्म' का बार-बार घोष करके पहले वाले ठग को सहायता के लिये बुला लेता। फिर दोनों मिलकर उनका धन छीन लेते। अगर दोनों ठगों के बस के भी बाहर की बात होती तब वे यात्री या यात्रियों को फुसलाकर अगले साधुवेशधारी ठग के दर्शन करने के लिये भेज देते। जब यात्री वहाँ से चलने को होते, तब ये ठग जोर-जारे से घोष करते – 'वासुदेवम्-वासुदेवम्'। इसका संकेत में अर्थ था, बांस से मारो तब धन हाथ लगेगा। इसी संकेत को सुनकर पहला ठग भी सहायता के लिये चल पड़ता। जैसे ही यात्री तीसरे ठग के मुकाम पर पहुँचते, वह मौका पाते ही उन पर लट्ठ का प्रहार कर देता। तब तक दूसरा और फिर पहला ठग भी वहाँ पहुँच जाते और तीनों मिलकर यात्रियों को मारपीट कर धन छीन लेते। तीसरे साधु का मुकाम रास्ते से बहुत दूर था। यात्रियों के चिल्लाने की आवाज कोई सुन नहीं सकता था।

एक बार किसी नोटंकी वालों की टोली (मंडली) बेरगिया नाले में पहुँची। उस मंडली में नौ व्यक्ति थे। यह मंडली मेले से लौट रही थी। शहर जा रही थी। पन्द्रह दिन तक नौटंकी का खेल करने से उन्हें बहुत धन मिला था। मंडली ने दोपहरी काटने के लिये नाले में मुकाम किया, स्नान किया, भोजन बनाकर खाया। वे थोड़ी देर विश्राम करना चाह रहे थे कि उन्होंने 'बम्म-बम्म' की आवाज सुनी तो सब लोग किसी सिद्ध महात्मा का मुकाम जानकर वहाँ जा पहुँचे। बातों-बातों में पहला ठग जान गया कि मंडली के पास बहुत सा धन है। नौ आदमियों से धन छीनना भी कठिन है। उसने सदा की चालाकी की तरह मंडली को तीसरे ठग तक पहुँचा दिया। तीसरे ठग ने मौका देखकर उन पर लट्ठ से हमला कर दिया। मंडली वाले तो असावधान थे। बेचारों के साज़-बाज दूर जा गिरे। वे संभले तब तक शेष दोनों ठग भी जा पहुँचे। मंडली वाले अचानक हमले से घबरा गये और त्राहि-त्राहि करने लगे। ठगों ने हमला रोक दिया। उनके पास जितना भी धन था ठगों ने छीन लिया।

जब मंडली वाले अपने साज़-बाज उठाकर जाने लगे, तो तीनों ठगों ने चिल्लाकर कहा–रुक जाओ, नाच गा कर हमारा मनोरंजन करो, वर्ना तुम्हें मार डालेंगे। बेचारे नोटंकी वाले क्या करते? उन्होंने महफ़िल जमाई। उनमें जो नचैया था। वह नाचने लगा। बाकी सब अपने-अपने साज़ बजाने लगे। ठग शराब पीने

लगे। मण्डली का तबलची, जो मंडली का मुखिया भी था, गीत भी गा रहा था और तबला भी बजा रहा था, ठगों के चंगुल से बच निकलने की युक्ति भी सोच रहा था। उसके मन में एक तरकीब आई। वह तबला बजा-बजाकर एक गीत गाने लगा। तबलची अच्छा कवि भी था। वह गाने लगा जिसका एक अंश निम्न है–

जद तबलो बोले धीन-धीन
ढोलक जद बोले ता धिन-धिनं

तबला–वादक इस गीत को बार-बार दोहराता जाता और अपने साथियों को आँखों से संकेत भी करता जाता। उसने सबको सचेत कर दिया। जब उसने जान लिया कि सभी साथी सचेते हो गये हैं, तब उसने गीत को यूं पूरा किया– "जद तबलो बोले धिन-धिन, तब एक-एक पर तीन-तीन।" संकेत पाते ही मंडली वाले ठग बने साधुओं तथा उनके अन्य सहयोगियों पर टूट पड़े और उन्हें पीट पीटकर बेहाल कर दिया। फिर मुश्के बांधकर उन्हें राज की पुलिस के हवाले कर दिया।*

(**सौजन्य** – श्री देवीसिंह परमार 'देव', भानपुरा)

* बेरागिया नाला और उससे जुड़ी यह गाथा मध्यभारत के कुछ और अंचलों में भी प्रचलित है। वेरगिया का वास्तविक भूगोल ज्ञात नहीं हो पाया है। जो भी हो, ऐसी स्थिति सोंधवाड़ क्षेत्र में तो निश्चित ही विद्यमान रही।

संदर्भ–सूची

मूल ग्रन्थ,

लिंग पुराण,

वायु पुराण,

पद्म पुराण,

धनपाल : पाइअलच्छी नाममाला,

पद्मगुप्त : नवसाहसांक चरित,

नैणसी : मुंहतानैणसी री ख्यात

English Texts

Aitchison, C.V., A Collection of Treaties, Engagements and Sanads, Vol. IV, Calcutta, 1933.

Bhatia, Pratipal, The Paramar as, Delhi, 1970.

Bhati, Narayansingh (ed.), Sources of Socio-economic History of Rajasthan and Malwa, Jaipur, 1980.

Buddha Prakash, Aspects of Indian History and Civilisation, Agra, 1964

Day, U.N., Medieval Malwa, New Delhi, 1965

Das, Ashok, Discover Rajasthan, Jaipur, 1996

Harle, J.C. The Art and Architecture of the Indian Sub-continent (Penguin Books), 1986

Jain K.C., Malwa through the Ages, Delhi, 1972.

Kaye and Maleson, History of Indian Mutiny of 18577–58, Vol. VI., London, 1906-08

Malcolm, Sir John, A Memoir of Central India including Malwa, Delhi, 1970.

Paramara, Shyam, Folklores of Madhya Pradesh, New Delhi, 1981.

Pande, Rajbali, Vikramadityha of Ujjaiyini, Banaras, 1954.

Patil, D.R., The Cultural Heritage of Madhya Bharat, Gwalior, 1952.

Russel & Hiralal, Castes and Tribes of Central Indian, Delhi, 1997.

Shrivastav, K.L., The Revolt of 1857 in Central India-Malwa, Bombay, 1966.

Sherring , M.A., The Tribes and Castes of Rajasthan, Delhi, 1987.

Singh, R.L, (ed.) Indian Regional Geography, Delhi, 1992

Wakankar, V.S., Chalcolithic Cultures of Malwa, Prachya Pratibha, Vol. IV. Bhopal,

Reghubir Singh, Malwa in Transition, Bombay, 1936

Roy, S.N., History of Native States of India, Vol. I, Calcutta, 1988

Vyas, Rakesh, A Journey to the Buddhist Sites-Jhalawar, Rajasthan, Jaipur

हिन्दी ग्रन्थ

आढ़ा, आर. एस., राजस्थान की सांस्कृतिक धरोहर, जयपुर, 2005.

उपाध्याय, वासुदेव, गुप्त अभिलेख, पटना, 1974

उपाध्याय, चिन्तामणि, मालवी लोकगीत : एक विवेचनात्मक अध्ययन, जयपुर, 1964.

उपाध्याय, जगदीशचन्द्र, दिल्ली सुल्तानों के आधीन मालवा, नई दिल्ली, 1998.

कानुनगो, शोभा, उज्जयिनी का सांस्कृतिक इतिहास, इन्दौर, 1972.

कंवल, रामलाल, मालवा की प्राचीन मन्दिर वास्तु-कला, दिल्ली, 1984.

खड़ीकर, विजया, मालवा के लोक-नृत्य, इन्दौर, 2003.

खान, एस. आर. (हिन्दी अनुवाद), डग का इतिहास, कोटा.

गहलोत, जगदीशसिंह, राजस्थान का सामाजिक जीवन, जोधपुर.

गोयल, श्रीराम, भारतीय अभिलेख संग्रह, खण्ड–1, जयपुर, 1982.

गुप्ता, श्रीवल्लभ, राजगढ़ राज्य के उमट परमार, इलाहाबाद, 1943.

गुप्ता, मोहनलाल, राजस्थान : जिलेवार सांस्कृतिक एवं ऐतिहासिक अध्ययन, चाण्ड 1 एवं दो, जोधपुर, 2004.

जोशी, प्रहलादचन्द्र, सोंधवाड़ी साहित्य, संस्कृति और व्याकरण, उज्जैन.

तिवारी, शिवकुमार, मध्य प्रदेश के आदिवासी, भोपाल, 1984.

नाटाणी, प्रकाशनारायण, अपना राजस्थान, जयपुर, 2004-05 ई.

निगम, श्यामसुन्दर, भारत का नवीन इतिहास, आगरा, 1971.

मालवा के इतिहास एवं संस्कृति के कतिपय पहलू, उज्जैन, 2005.

नीरज, जयसिंह एवं शर्मा, भगवतीलाल, राजस्थान की सांस्कृतिक धरोहर, जयपुर, 2003.

द्विवेदी, हरिहरनिवास, मध्यभारत का इतिहास, भाग 1 व 4, ग्वालियर, 1959.

परमार, श्याम, मालवी लोक साहित्य, इलाहाबाद, 1969.

मधुर, शिवकुमार, मध्यप्रदेश का लोकनाट्य माच, दिल्ली, 1980.

मेहता, मंगल (संपा.) दशपुर जनपद संस्कृति, मन्दसौर, 1958.

मिश्र एवं भावसार, मालवांचल शाजापुर, शाजापुर, 1986.

मिश्रण, सूर्यमल्ल, वंश भास्कर, जयपुर

रघुवीरसिंह, मालवा के युगान्तर, इन्दौर, 1952.

मालवा के महान विद्रोहकालीन अभिलेख, सीतामऊ, 1986.

राणावत, मनोहरसिंह, सीतामऊ राज्य का इतिहास, सीतामऊ, 2002.

वर्मा, हजारीलाल, मालवा भक्तिकाव्य में निर्गुण सम्प्रदाय, इन्दौर, 1986.

विद्यालंकार, सत्यदेव, मध्यभारत जनपदीय अभिनन्दन ग्रन्थ, इन्दौर, 1954.

व्यास, केलाशनाथ एवं गेहलोत, देवेन्द्रसिंह, राजस्थान का जातियों का सामाजिक एवं आर्थिक जीवन, जोधपुर,

व्याज, सूर्यनारायण (संपा.), विक्रम स्मृति ग्रन्थ, ग्वालियर, संवत् 2001 वि.)

श्यामलाल, कविराजा, वीर विनोद, खण्ड 1-4, दिल्ली, 1986.

शर्मा, गणेशदत्त 'इन्द्र', आगर का इतिहास, आगर-मालवा, 1955.

शर्मा, गोवर्धन (हिन्दी लिप्यन्तर), तारीखे जावरा 1857 की क्रांति और सीतामऊ राज्य (शोध-साधना, व्हा, 14, सीतोमेंऊ)

सरदेसाई, गोविन्द सखाराम, मराठों का नवीन इतिहास, भाग–2 एवं 3, आरा, 1964.

सहगल, पूरन, लोकनायक, डूंगरजी जवारजी, मनासा, 1986.

टंकित शोध-प्रबंध एवं अप्रकाशित सामग्री

कोठारी, रीता, सीतामऊ राज्य का सामाजिक आर्थिक इतिहास (19वीं शताब्दी)

सक्सेना, लक्ष्मीकान्ता, पश्चिमी मध्य प्रदेश का राजनैतिक एवं सांस्कृतिक इतिहास, (1818-1947 ई.), 1992

सहगल, पूरन, दशपुर के सोंधिया

पाण्डुलिपियाँ

1. सेवगदास कृत बाघा रावत की बात,
2. ठाकुर मेताबसिंह होंद्र्यो.
3. होंद्र्या राजपूत.
4. सोंधिया भोमसी धाड़ेती
5. सोंधिया अजीतसिंह धाड़ेत
6. तबला बाजे धीन-धीन
7. आलोट का इतिहास, कुंडला संग्रह की हस्तलिखित पोथी, पत्र-पत्रिकाएँ, गजेटियर्स आदि.

शासकीय प्रकाशन

वीणा मालव विशेषांक, इन्दौर, 1971, (सं. मोहनलाल उपाध्याय, निर्मोही)
मालवी विशेषांक, इन्दौर, 1979, (सं. मोहनलाल उपाध्याय, निर्मोही)

जनधर्म मालव विशेषांक, भाग–1, भोपाल 1988, (सं. डॉ. श्यामसुन्दर निगम)
मालव विशेषांक, भाग–2, भोपाल 1990, (सं. डॉ. श्यामसुन्दर निगम)

Imperial Gazetteer of India - Central India, 1908.

Memoranda of Indian States, 1936-37.

Luard, Ratlam State Gazetteer, 1908.

Luard, Indore State Gazetteer, Vol. I, 1908.

Census Report of India, 2001, Madhya Pradesh.

Census Report of India, 2001, Rajasthan.

Ratlam District Gazetteer, Madhya Pradesh, Bhopal, 1994.

Ujjain District Gazetteer, Madhya Pradesh, Bhopal, 1982

Rajgarh District Gazetteer, Madhya Pradesh, Bhopal, 1996.

Shajapur District Gazetteer, Madhya Pradesh, Bhopal, 1994.